麻将竞技的基础与进阶

雷志鑫 主编

天津出版传媒集团

天津科学技术出版社

图书在版编目（CIP）数据

麻将竞技的基础与进阶 / 雷志鑫主编. -- 天津：
天津科学技术出版社, 2024.3
ISBN 978-7-5742-1699-0

Ⅰ. ①麻… Ⅱ. ①雷… Ⅲ. ①麻将－牌类游戏－基本
知识 Ⅳ. ①G892.2

中国国家版本馆CIP数据核字(2024)第003646号

麻将竞技的基础与进阶
MAJIANGJINGJIDEJICHUYUJINGJI
责任编辑：吴文博
责任印制：兰　毅

出　　版：　　天津出版传媒集团
　　　　　　　天津科学技术出版社
地　　址：天津市西康路35号
邮　　编：300051
电　　话：(022) 23332377
网　　址：www.tjkjcbs.com.cn
发　　行：新华书店经销
印　　刷：天津市宏博盛达印刷有限公司

开本 889×1194 1/16 印张 19.5 字数 320 000
2024年3月第1版第1次印刷
定价：99.00元

◀◀◀ 雷志鑫

男，1988年8月出生，籍贯：浙江省杭州市，本科学历，抖音知名麻将博主，全网粉丝500万，出版著作2部。

荣获：
2019届麻将大师赛亚军；
2021届麻将大师赛冠军。

前言

为什么有的人打麻将经常输？那是因为他们没有摆正打麻将的正确观念。运气和技术是麻将的 2 个重要组成部分。首先我们来谈谈运气，老话说"风水轮流转"，今天你好，明天他好，很正常。可以说每个人的运气在较长的一段时期来看是基本平均的，那为什么经常一起玩的几个麻友，赢的总赢，输的总输？这中间的差别在哪里？那就是技术，俗话说"强者输小赢大，弱者输大赢小"。假设你今天手气很好，但是技术很差，一手好牌打得稀巴烂，那一场牌局下来大概率是输的。反之如果这场我们手气很差，但是技术很好，最起码可以少输一点。运气我们没有办法控制，唯独可以控制的就是技术！

有人认为麻将九分运气一分技术，技术不足以决定胜负。退一万步讲，通过提高技术，打上 100 场就能有多赢 10 场的机会，我们何乐而不为呢？

如果你打麻将经常输，和谁打都是输，还一味地推说是因为自己运气不好，不知道从根本上找原因，那么你首先需要纠正自己打麻将的正确观念，摆正心态，想办法提高自己的麻将技术。

麻将一般分为 3 个阶层：新手、老手和高手。新手，刚学会打麻将，只会看着自己的手牌打，洞察力不够，顾不了那么多，不会算牌，不知道生熟张，不知道危险。但是新手也能打到和牌或自摸，为什么？因为新手刚开始玩，心态很好，而且只会一种打法，那就是快速原则：快速听牌，快速和牌！没有想过防守和技巧，只知道四副成牌加一对就是和牌。这恰恰也印证了麻将的 2 个核心要点：拆搭和快速听牌。这个时候新手的胜率能做达 50%—60%，但是随着打麻将次数的增多，知道的技巧多了，知道进攻和防守，知道危险牌，明白一些拆搭技巧，输的次数多了，心态也不好了。这个时候反而打不好。那么这个时候也就意味着他要进阶到下一个阶层——老手阶层。老手阶层是地狱、是魔鬼。

老手阶层很容易进阶，多打几次提高熟练度就成为老手。老手打牌速度快，但是处于这个阶层非常让人煎熬。由于麻将打得久，自然而然知道的技巧多，知道危险牌，知道生熟张，知道防止别人做大牌，摸到生张的时候不敢打了，知道贪大、贪自摸，心态也不好了，导致经常被反杀等！

这个阶层的胜率越打越低，从原来的50%打到30%，甚至10%。本来手气很好，却越打越差劲。这个阶段能打到怀疑人生，怀疑这个游戏，开始怀念初学时期的胜率，不明白为什么当时胜率这么高。甚至还有人认为是新手没有打过麻将，牌运好，现在牌运用完了，所以慢慢开始输了。

很多打了10年、20年的老麻友，还处于这个阶层。即使胜率越打越低，他们仍旧特别喜欢玩这项游戏。麻将这项游戏和其他博弈类的游戏不同，每一把都是一个新的开始，都会给你一个新的希望。而且由于我们输的次数多，赢的次数少，偶尔赢那么一次，我们就会特别开心，甚至接下来的几天都会特别开心。所以这也是为什么大部分人输多赢少，还那么喜欢玩的原因。

麻将的第3个阶层——高手。高手最大的特点就是打牌不快不慢，牌感好，经验佳，能够准确地判断抢牌，知道算牌。该赢的时候可以多赢一点，输的时候可以少输一点，心态很好。输赢不会看得很重，不会过分贪大！高手这个阶层，总体胜率可以控制在70%—80%。

那么如何才能进阶到高手这个阶层呢？首先需要30%的麻将天赋，即对数字特别敏感。其次40%的技巧学习和30%的心态。即便毫无天赋，如果能够做到其中的2点，也能达到60%—70%的胜率。当我们进阶成为高手，就可以游刃有余，享受麻将带来的乐趣！

本书语言通俗易懂，结合丰富实战案例，帮助大家轻松理解并掌握麻将技巧，快速从菜鸟进阶成麻将高手，提高麻将胜率。

最后，欢迎大家对本书的不足之处提出批评和指正，也欢迎有兴趣进一步学习、研究麻将的麻友们和我沟通交流！

目　录

第一章　麻将基础入门

一、麻将的组成和分类

北方麻将由 136 张牌组成，分为 5 类：筒子牌（饼子牌）、条子牌、万子牌、风牌和三元牌。南方麻将还多 8 张花牌，即春、夏、秋、冬、梅、兰、竹、菊各一张，共 144 张。一副麻将中还有 2 个必不可少的骰子。

◆ 筒子牌（饼子牌）

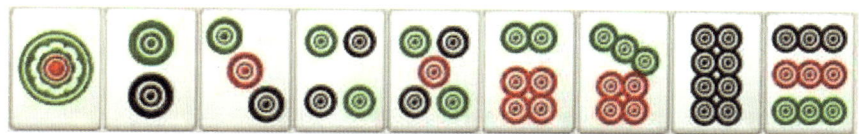

一筒到九筒，每种有 4 张相同的牌，共 36 张；

◆ 条子牌

注：一条俗称"幺鸡"或"小鸟"

一条到九条，每门有 4 张相同的牌，共 36 张；

◆ 万子牌

一万到九万，每门有 4 张相同的牌，共 36 张；

◆ 风牌

东风、南风、西风和北风，每门有 4 张相同的牌，共 16 张；

◆ 三元牌

红中　发财　白板

即中、发、白 3 种，每门有 4 张相同的牌，共 12 张；

◆ 花牌

春、夏、秋、冬、梅、兰、竹、菊各 1 张，共 8 张；

二、什么是和牌？

玩麻将时，每个玩家起手牌的数量是 13 张，和牌后是 14 张。听牌后如果自己摸到的牌或其他玩家舍出的牌，刚好使手中的牌组合成 ABC＊4＋DD 基本牌型，即可完成和牌。ABC 可以是任意三张一样或是连续三个数字，D 可以是任意两张一样的牌，即 4 副成牌＋一组对子。例如下图手牌：

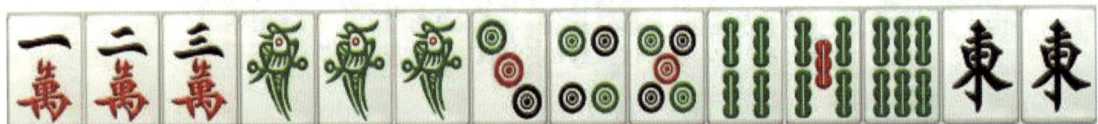

注：自己摸到要和的牌叫"自摸"

其余玩家舍出要和的牌叫"放炮"或"点炮"

三、开局时定位和定庄的方法

（一）开局时定位的方法

玩麻将时 4 个人需先确定各自的座位，即"定位"，也叫"搬庄"。常见的定位方法有点数法、骰点法和摸风法 3 种。

● 点数法

用两枚骰子，每人投掷 1 次，按点数大小逆时针排座，点数最大为
"东"，逆时针依次为"南""西""北"。如果 2 人投掷的点数相同，后投掷该
点数的人需要重新投掷一次。

● 骰点法

用两枚骰子，每人投掷 1 次，逆时针排位入座。"5、9"点为东，"2、6、
10"点为南，"3、7、11"点为西，"4、8、12"点为北。如果 2 人投掷的点
数相同，后投掷该点数的人需要重新投掷一次。

● 摸风法

取"东南西北"风各一张，打乱后每人随意摸一张，"东"原位不动，
南、西、北逆时针入座；

注：定位时的东南西北位和地理位置中的东南西北方位没有关系。

（二）开局时定庄的方法

当玩家确定位置后，接下来需要确定麻将开局谁是庄家，定庄的方法可
以通过骰子点数大小以及骰子点数确定的方位来确定。

◆ 通过点数大小定庄

用两枚骰子，每人投掷 1 次，点数最大的玩家为开局的庄家。如果前两
名的点数相同，相同点数的玩家再掷一次骰子，点数大的为庄家。

◆ 通过点数确定的位置定庄

通常多由坐东位的人掷骰一次，两骰点相加。按此数点从东开始逆时针
数，数到谁，谁即为庄家。

注：如果庄家和牌，将接着坐庄；如果是其余玩家和牌，由南家坐庄，
依次按照东、南、西、北轮流坐庄，四家均做一次庄称为"一圈"，四圈为
"一局"。

四、开局时抓牌顺序和数量

◆ 抓牌顺序

确定好抓牌位置后，从庄家开始抓牌，其余玩家按照逆时针方向依次循
环抓牌，即：庄家、下家（右手方玩家）、对家、上家（左手方玩家），然后

按照相同顺序依次拿牌。

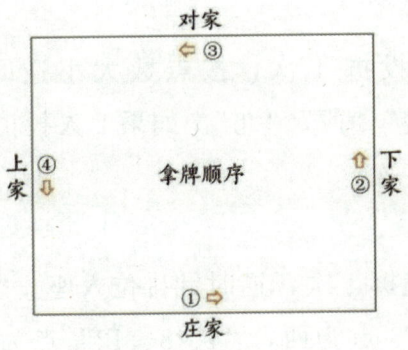

◆ 抓牌的数量

玩家每次抓 4 张牌，先抓 3 轮，第 4 轮庄家跳着抓 2 张，其余玩家分别抓 1 张。庄家一共 14 张，其余玩家 13 张牌。

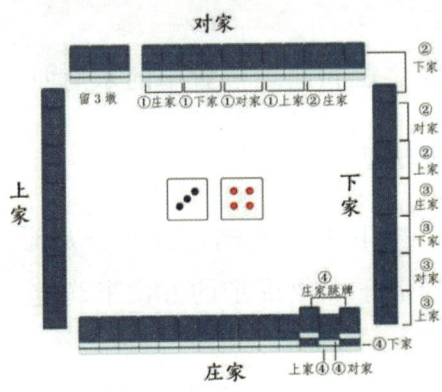

五、麻将常见的花型及番种

（一）麻将常见的花型

● 天和

天和是麻将中的一种和牌形式，指庄家最初摸完 14 张牌后就和牌，天和是庄家的特权。

14 张牌直接组合成 4 坎牌和 1 对将牌，庄家不用舍牌，直接和牌。

● 地和

指除庄家外的三家（闲家）第一圈摸牌就和牌，称之为地和。即闲家拿完 13 张牌后就听牌，第一圈摸牌就自摸和牌。

● 人和

人和指庄家外的三家（闲家）摸完 13 张就听牌，第一圈就有玩家放炮和牌。

● 七对

七对是比较特殊的牌型，和牌时不是基本的 4 个组合加一对将牌，而是由 7 个对子组成。如果组成的七对是由筒子、条子和万子牌中其中一种组成，叫作"清七对"；如果七对中有两对是相同的牌，即 4 张牌相同，叫作"豪七对"。

（1）七对是比较特殊的牌型，没有顺子和刻子等基本组合；

（2）如果要做七对，在玩牌过程中不能碰牌；

（3）"清七对"和"豪七对"比普通七对的筹码多。

● 全小

全小是指和牌后的牌全部是饼、条、万中小于 5 的数字牌，不能包含风牌和三元牌。

● 全大

全大是指和牌后的牌全部是饼、条、万中大于 5 的数字牌，也不能包含风牌和三元牌。

● 一条龙

一条龙是指和牌后，一手牌中包含有从一万到九万的顺子，或从一条到九条的顺子，或从一饼到九饼的顺子，也叫"青龙"。

（1）如果从 1 到 9 组成的顺子是由 2 种花色的麻将组成，称为"混龙"；

（2）如果从 1 到 9 组成的顺子是由 3 种花色的麻将组成，称为"花龙"。

● 混一色

混一色是指和牌后只有一种花色的数字牌与"东、南、西、北、中、发、白"中的任意牌组成，即：混一色由三元牌、风牌与饼、条、万中一种花色的牌组成。

注：成都麻将中没有三元牌和风牌，所以没有混一色

● 清一色

清一色是指和牌后手牌只有一种花色的牌，即一手牌要么全是万子，要

么全是条子或者全是饼子，三元牌和风牌也不能包含在其中。

● 大四喜

大四喜指和牌后需要包括有东、南、西、北风 4 组牌，以及任意一对将牌。

和北风 　　将牌

（1）上图手牌只能和北风，不能和九条，和九条不是大四喜；

（2）东、南、西、北 4 组牌可以通过摸、碰、杠的方式来组合。

● 小四喜

小四喜指和牌时需要 3 组由风牌组成的刻子（含杠），以及由第 4 种风牌做将牌。

和 25 饼 　　将牌

（1）将牌必须是风牌；

（2）和牌后要包含 3 组风牌的组合（含杠）。

● 大三元

大三元是指和牌后需要包括有红中、发财、白板 3 组牌，3 组牌可以是碰或杠牌。

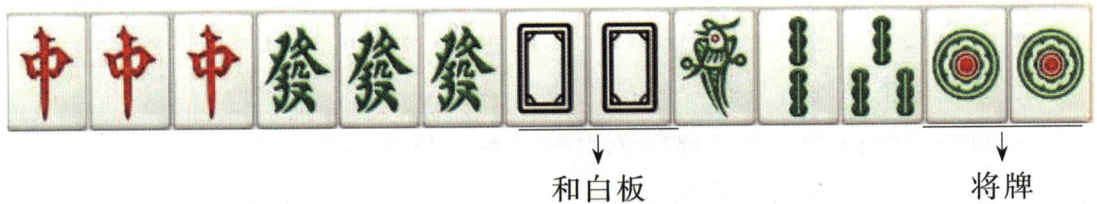

和白板 　　　　　　将牌

（1）上图手牌一饼也可以和牌，但和牌后不是大三元；

（2）和牌后必须要有红中、发财和白板 3 个刻子（含杠）。

● 小三元

小三元是指和牌后需要包括有红中、发财、白板任意 2 组牌和一对将牌，将牌必须是三元牌中的一对。

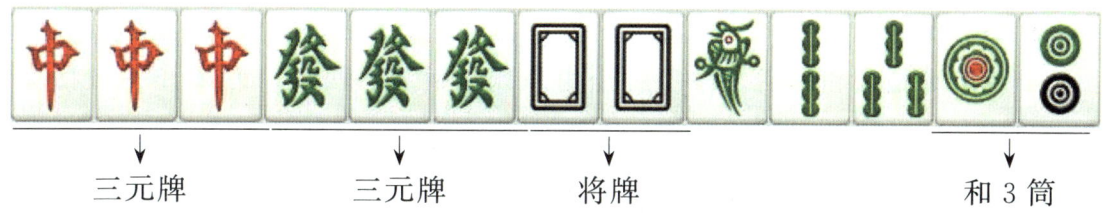

| 三元牌 | 三元牌 | 将牌 | 和3筒 |

● 对对和

对对和也叫"大对子"，指和牌由一对将牌及4组刻子或杠组成，刻子可以由自己摸，也可以是通过碰组合而成。

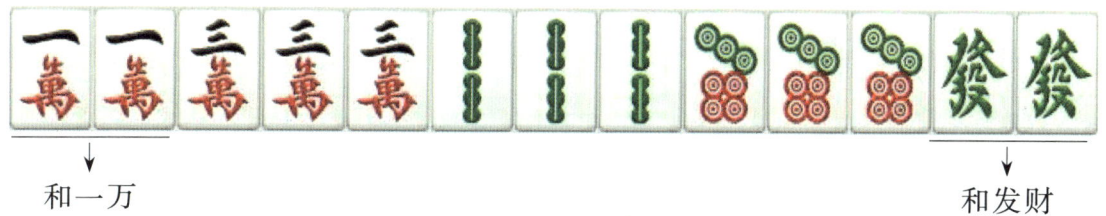

| 和一万 | 和发财 |

● 钓金龟

钓金龟是指单钓七条作将牌，其余4组牌可以任意组合而成。如果单钓三条作将牌，称"钓银龟"。

● 门前清

门前清也叫"门清"，指不吃、不碰、不明杠，全凭自己摸牌听牌。听牌后和别人点的炮，就叫"门清"，如果自摸就叫"不求人"。

● 全求人

全求人是指听牌时已经通过吃、碰或明杠组成4坎牌，手中只有一张单钓将牌，和牌是由其他玩家点炮。如果是自摸和牌，不算全求人。

● 十三幺

十三幺又称"国士无双"，是由一饼、九饼、一条、九条、一万、九万和东风、南风、西风、北风、红中、发财、白板13种牌组成，除了用作将牌的一对外，其余的都只有1张。

| 将牌 | 幺九牌 | 风牌 | 三元牌 |

（1）幺九牌中只差九饼，所以和九饼；

（2）如果13张牌中幺九牌、风牌和三元牌都各有一张，这13张中的任意一张都可做将牌。

● 恭喜发财

恭喜发财是指和牌后,一手牌全由东风、南风、西风、北风和一对将牌发财组成。

(1) 只能由风牌和一对发财组成;

(2) 只能用发财作为将对;

(3) 如果已经摸了一对发财,可以和风牌。

● 二龙戏珠

二龙戏珠是指和牌后由 123 万,789 万,123 条,789 条 4 组顺子和一对将牌 1 饼组成。

将牌

● 双龙抱柱

双龙抱柱是指用饼、条和万子中的一种或两种分别组成相同花色的 123、789 两条龙,再用 2 条、4 条或者 9 条中任意一对做将牌。

将牌

● 青龙在天

青龙在天是指牌只由一种花色组成,并且包含有从 1 到 9 组成的顺子(一条龙)。

● 八仙过海

八仙过海是指和牌后同一花色有 8 张,并且是由 2 个杠组成,由吧本门风牌作将牌,和牌后一共有 16 张牌。

（1）同一花色的杠有 2 个，一共 8 张牌，和牌中再没有相同花色的牌；

（2）将牌只能是风牌，且只能是本门风（庄家为东风，逆时针方向数，各玩家的本门风依次为南风、西风和北风）；

（3）因为有 2 个杠，所以和牌后一共有 16 张牌。

● 凤凰下蛋

凤凰下蛋是指由一对一饼做将牌，组合中包含有 123 条组成的顺子。

（二）麻将的番种

上节介绍了麻将的部分花型，本节将介绍《中国麻将竞赛规则》中所认定的有 81 种番种。

● 1 番

1 番的花型主要有以下几种：

一般高、喜相逢、连六、老少副、幺九刻、明杠、缺一门、无字、边张、坎张、单钓将、自摸、花牌。

● 2 番

2 番的花型主要有以下几种：

箭刻、圈风刻、门风刻、门前清、平和、四归一、双同刻、双暗刻、暗杠、断幺。

● 4 番

4 番的花型主要有以下几种：

全带幺、不求人、双明杠、和绝张。

● 6 番

6 番的花型主要有以下几种：

碰碰和、混一色、三色三步高、五门齐、全求人、双暗杠、双箭刻。

● 8 番

8 番的花型主要有以下几种：

花龙、推不倒、三色三同顺、无番和、海底捞月、妙手回春、杠上花、抢杠和、三色三节高。

● 12 番

12 番的花型主要有以下几种：

全不靠、组合龙、大于五、小于五、三风刻。

● 16 番

16 番的花型主要有以下几种：

清龙、三色双龙会、一色三步高、全带五、三同刻、三暗刻。

● 24 番

24 番的花型主要有以下几种：

七对、七星不靠、全双刻、清一色、一色三同顺、一色三节高、全大、全中、全小。

● 32 番

32 番的花型主要有以下几种：

一色四步高、三杠、混幺九。

● 48 番

48 番的花型主要有以下几种：

一色四同顺、一色四节高。

● 64 番

64 番的花型主要有以下几种：

清幺九、小四喜、小三元、字一色、四暗刻、一色双龙会。

● 88 番

88 番的花型主要有以下几种：

清大四喜、大三元、绿一色、九莲宝灯、四杠、连七对、十三幺。

六、麻将常用术语

● 盘

每次起牌到和牌或荒牌为一盘。

● 圈

四人各坐一次庄为一圈。

● 门风

玩家每盘坐位的标志。庄家为东风，下家为南风，对家为西风，上家为北风。

● 令风

开局后第一圈为东风令，第二、三、四圈分别为南、西、北风令，所以叫令风。

● 圈风

每局比赛圈数的标志，第一圈为东风圈，第二圈为南风圈，第三圈为西风圈，第四圈为北风圈。

● 定庄

利用投骰子（投色子）、抽签或翻牌（东、南、西、北）等方法，确定坐在东面位置的为庄家，由庄家第一个投骰和开牌。

● 庄家

门风是东的为庄家。

● 旁家

指除庄家外的玩家。

● 连庄

通常庄家和牌可以连续坐庄，连续次数不受限制，只有当旁家和牌，庄家才下庄。

● 臭庄

庄家因失误或没有和牌而失去继续坐庄的资格，称为臭庄。

● 洗牌

又称搓牌，指玩家搓动麻将使其顺序打乱。

● 码牌

牌手将自己面前的牌码成 17 墩，上下两层共 34 张，砌成一道横放的牌墙。

● 墩

上下相摞 2 张牌为 1 墩。

● 摞

相连的 2 墩 4 张牌为 1 摞。

● 牌墙

4 人各自在门前码成 17 墩牌，即称牌墙。

● 投骰

投骰又叫投色子，指牌手把骰子一次性的掷放在牌池当中，以便按规定开牌。

● 行牌顺序

指依座次的逆时针方向进行抓牌、出牌、吃牌、碰牌、杠牌、补杠、和牌等。

● 开牌

开牌是由两次投骰子点数相加的和数，确定在一道牌墙中分开的位置，由庄家开始抓牌

● 行牌

指开牌到和牌之间的过程，即包括开牌、抓牌、出牌、吃牌、碰牌、开杠以及和牌等。

● 抓牌

抓牌又称摸牌。开牌后轮流各自摸 4 次，前 3 次每次取 4 张后，庄家跳牌抓 2 张，旁家各抓 1 张，在打牌过程中每人依序抓 1 张。

● 跳牌

跳牌又称跳张，指每一盘开牌庄家第 4 次抓牌时要抓 2 张，中间隔 1 张。

● 理牌

指玩家抓满牌后，按照类别和顺序进行分类整理。

● 听牌

听牌是指只需要一张牌即能和牌的牌势状态。

● 报听

听牌之后立即宣布，把牌扣在桌上，不许再动，自摸和捉炮都可以，报听者和牌后要加分。

● 天和

庄家开牌后抓满 14 张牌就和牌。

● 舍牌

又称出牌，是指抓牌或吃、碰、杠后向外打出一张牌，使手牌保持规定的张数。

● 出铳

即点炮、放炮，舍出的牌使别人成和。

● 抢杠和

当其他玩家刻子补杠的牌正是自己要和的牌，此时可以抢杠和牌。

● 海底

也称"牌池"，指四面牌墙中间的地方。

● 清海底

指各玩家把打出的牌在各自牌墙内一行 6 张或 7 张摆放整齐，便于彼此观察。

● 混海底

指各玩家把打出的牌随意无序地放在海底。

● 花牌

指春、夏、秋、冬、梅、兰、竹、菊 8 张牌。

● 绘

又称"听用"，指为了防止黄庄，增加和牌机会而规定的，可以代替 34 种牌中的任何一种。

● 老头牌

指序数牌中的一与九。

● 幼牌

是指序数牌中 1～4 张的牌张。

● 五魁

天津等北方地区把五万称为五魁。

● 副

指 3 张同花色序数相连或相同的牌。

● 憋风

指东风、南风、西风和北风各 1 张。

● 手牌

指摆在自己门前的牌，包括立牌和已亮明的牌副，手牌标准数为 13 张。

● 独张

指不成对、不成副的单独的牌。

● 随张

指与上家舍出相同的或类似的牌。

● 死张

指已经放到海底的所有的牌，又称"尸张"。

● 坎张

又称"嵌张"，指组成 1 组顺子的中间那张序数牌。

● 碰张

指一人打出牌，另一人可以报碰的牌。

● 顺张

指一副搭子两边可吃的牌，如 56 万构成顺搭，4 万或 7 万是其顺张。

● 叠张

指两副顺子中有 2 张牌相同，如有 345 万一副顺子，又有 567 万顺子，其中 2 张 5 万就是叠张。

● 艰张

指通过拆对子拆搭子打出的牌，主要是为了不出险张放炮。

● 上张

上张指摸进了自己需要的牌。

● 喂张

指打出其他玩家要吃或要碰的牌。

● 单钓

又称"单骑"，只钓某一张牌即可和牌。

● 双钓

又称"两头钓"。同花色依序 4 张牌为听牌状态时，钓首尾 2 张牌中的任一张即可和牌。

● 三钓

三钓又称"三头钓"。同花色依序 7 张牌为听牌状态时，钓首尾 2 张牌以及 7 张牌中间的那张即可和牌。

● 多头钓

指钓 3 张以上的牌可以成和。如十三幺听牌，手中无将牌时，可以钓与手中 13 张幺九牌中任何相同的 1 张牌，又称"十三钓"。

● 相公

当出现多或少 1 张牌的称为相公，当了相公不能和牌。少 1 张为小相公，多 1 张为大相公。

● 尸牌

指被各家舍出的牌。

● 一人听

只要 1 张所需要的牌就可以听牌。

● 落地开花

又称"落地无悔"，指打出牌一触及海底，便不得反悔。

● 序数牌

指条筒万里 123456789 这 9 张牌。

● 字牌

指风牌和三元牌，风牌为东风、南风、西风和北风；三元牌为红中、发财和白板。

● 小挂

序数牌中的 1234

● 大挂

序数牌中的 6789

● 幺九牌

序数牌中的 1 和 9

● 肩牌

序数牌中的 2 和 8

● 边缘牌

序数牌中的 1、2、8、9

● 尖张

序数牌中的 3 和 7，即金三银七

● 中张牌

序数牌中的 3、4、5、6、7

● 中心张

序数牌中的 5

● 搭子

2 张相连或间隔一张的序数牌，如 1 万和 2 万、4 条和 6 条。

● 边搭

指与 1 和 9 相邻的两张牌，如 12 筒，89 万。

● 两面搭

两张相同花色的相联序数牌，两面搭前后各进一张，就可以组成一个顺子，如 56 万、34 筒。

● 坎搭

也叫卡张搭子，指中间间隔一张的两张序数牌，如 35 万、46 筒。

● 边坎搭

边坎搭是由一张边牌和一张中心牌组成，中间相隔一张的两张序数牌，如 79 筒和 13 条。

● 大肚牌

指在一个三联顺子中间，再多一张牌的组合牌，如 2334 筒，6778 万。

● 多脚牌

指在一个三连顺子低序数端，多一张牌的组合牌，如 1123 筒，6678 条。

● 多头牌

也称边肚子，指在一个三连顺子中，高序数端，多一张牌的组合牌，比如 2344 筒，6788 万。

● 将头

也称将牌，按基本牌型和牌时必须具备的对子。

● 顺子

由三张相同花色的相邻序数牌组成，如 567 筒，345 万

● 刻子

由三张相同的牌组成的一副牌，如 3 个东风，3 个 5 筒

● 明刻

已碰出的 3 张相同的牌

● 暗刻

通过自摸得到的 3 张相同的牌

● 面子

凡是能组成对子、搭子、边搭、坎搭的牌式。

● 衍牌

衍牌也叫突张，是指在两面搭子旁边多一张间隔一位系数的牌，比如 568 万中的 8 万，134 筒中的 1 筒。

● 筋线牌

也叫一条线或者一路熟牌。这三条线包括 147 是一条线，258 是一条线，369 是一条线。

● 吃牌

当上家舍出的牌能和手中的 2 张牌组成顺子，这时即可吃牌，吃牌后要舍出 1 张牌。如果同时有其他玩家要碰所吃的牌，只能让别人碰牌。

● 碰牌

玩家舍出的牌刚好和手中的两张牌一样，可以碰牌组成刻子，碰牌后需舍出 1 张牌。

● 杠牌

当自己摸到 4 张相同的牌，或玩家舍出的牌刚好和手中的 3 张牌一样，这时可以杠牌，杠牌后需要摸 1 张牌，然后再舍 1 张。

● 明杠

当玩家舍出的牌与手中的暗刻相同，或自己摸进与自已碰的牌相同时，即可开杠，明杠需放在自己前方。

● 暗杠

当自己摸进四张相同的牌，即可开杠，暗杠应扣放在自己牌前。当一家和牌或荒牌时，必须亮明。

● 杠上开花

开杠后从杠上抓牌，形成和牌

● 对倒

也称"对杵"，指手中的牌已经组成 3 组，另外 4 张牌是 2 个对子，2 个对子中任意一张牌都可以和牌。

● 闲张

手中无用的牌

● 生张

指没有亮明，通常牌面没有出现过的牌

● 熟张

指与已亮明的牌相同或相关的几张牌

● 孤张

与自己手中和外面已经亮明的牌没有任何关系的 1 张牌

● 下叫

即听牌

● 牌姿

即牌的形态和样子

● 牌势

即牌来的好与坏

● 混

1 张混子可以充当手中任何 1 张牌

第二章　麻将基础理论

一、牌局分段

（一）牌局分段的概念

牌局分段：分为序盘、中盘和尾盘（或前期、中期和后期）

以北方推倒和为例：推倒和一共有136张，配牌时各拿13张，庄家多拿一张，还剩83张。也就是说每人只有约19～20张的摸牌机会。有些地方玩带混的，去掉混的平均6墩摸不到，还剩71张，每人只有17张摸牌机会。按照配牌几率，平均每人有2—3张字牌或者孤张，每两巡摸进1张，配牌整齐需要6巡左右。

所以1—6巡我们称为"前期或者序盘"。6巡是什么意思？即平均每个人打出了6张牌。接着6—10巡大家几乎都即将下叫或已经下叫，甚至有人和牌，我们称为"中盘或者中期"。剩下的10—15巡，就是"尾盘或者后期"，到了后期在没有听牌的情况下还要吃、碰、点炮，这种人就是不了解牌局分段的概念和意义。

牌局分段怎么划分跟当地的具体规则、同桌的水平等都有很大的关系，我们可以统计自己日常的平均和牌巡数，对分段进行调整，找到属于自己的牌局分段。假设某种规则下，和牌平均发生在第8巡（通俗说就是有人和牌时我们每个人差不多打了8张牌），那么4巡以前就是序盘，5—8巡是中盘，8巡以后是尾盘！

（二）了解牌局分段的作用

1. 开局做好规划，即牌好进攻，牌差防守！

首先我们拿到一手牌，一定要先判断牌情，知道什么是好牌，什么是坏牌？

▶好牌

起手1－2进听或者4－5搭，再或者已组成2－3副成牌。通俗地说就是随便再来2张牌就可以和牌。好牌我们必然是以进攻为主！

▶坏牌

坏牌分为2种：

1. 可玩的牌，3－5进听，配牌不错，两面搭子也比较多，这种我们就要以迂回战术为主！

2. 不可玩的牌，3搭以下，全是边缘孤张。像这种起手牌到了中后期，如果敌家都已经听牌，我们就要做好防守战术，尽量不吃不碰，上家打什么，我们跟打什么！

大部分人从来不会观察战局的发展情况，从上场到结束一直主打进攻，从来没有想过这把我是防守还是迂回。他只想着这把我能不能赢，从来没有想过这把我能不能少输一点，其实少输也是一种赢！特别是108张的川麻，如果我们开局牌很差，还想着去做大做强，由于牌很少，给你改良和优化的机会不多，最后只能是别人都走了，留你最后一个收场。所以牌差的时候有小和我们就要和，少输也是一种赢。所以开局做好规划很总要！

2. 根据战局不同阶段，打出合适的牌

序盘最大的特点是大家几乎都还没有听牌，所以序盘的时候我们要把自己手里无用的生张尽早打出，早打一圈和晚打一圈是完全不一样的。

牌局到了尾盘肯定有人已经听牌，甚至听牌的不止一个，所以到了尾盘的时候，我们应该先打掉安全牌，危险牌扣着等到迫不得已的时候再打！

牌局中盘，我们要根据自己的手牌大小做出战略调整。牌好我们可以打得激进一点，牌差我们要打得保守一些。什么叫牌差？按照我们上面的分段，假设现在已经到了中盘，我们的手牌还处在2－3进听，那么到第8巡也就还剩4张牌，靠这剩下的4张牌摸牌进张、听牌、再和牌几乎不可能，所以这个时候要跟打熟张降低损失。但是如果我们只想着和牌，有生张牌还往外冲，这样容易促使场上没有听牌的敌家一碰就听牌，或者没有和的敌家一碰就改听。再或者我们点个杠、点个炮，本来这局牌可以拖到黄庄或拖到别人点炮，最后却输得一塌糊涂！

（三）本节重点：

1. 知道战局分为几个阶段，如何分辨战局阶段。

2. 开局做好规划，牌好主打进攻，牌差要懂得防守或迂回。

3. 前期尽早出危险牌，中期根据自己手牌大小做调整，牌好激进牌差保守。后期先打安全牌，危险牌要等到自己听牌不得不打的时候再打。

二、序数牌的特征

（一）序数牌的特征及价值排序

1. 特征——对称性

1和9对称，2和8对称，3和7对称，4和6对称。排除其他因素的影响，它们2个的概率和作用一样，我们在考虑打出哪一张牌的时候，只需要考虑一边就可以了。

2. 价值排序

37＞456＞28＞19

（二）金三银七的理念

1. 金三银七的含义

金三银七并不是3比7更有价值，3和7在麻将序数牌当中，占对称的位置，因此它们的价值是相同的。金三银七叫中张，也叫尖张，包括3筒、3条、3万、7筒、7条、7万。

2. 金三银七的作用

（1）同一花色里，金三银七是关联能力最强的两张牌组合

为什么说它是最强的？因为它仅靠两张牌组合，就能同时关联1到9的序数牌。依靠2张牌同时关联同一花色序数牌1—9的只有三组，分别是27、

37 和 38。37 是这 3 组中唯一一组两张牌都是中心牌的组合，27 中的 2，38 中的 8 都是边缘牌。

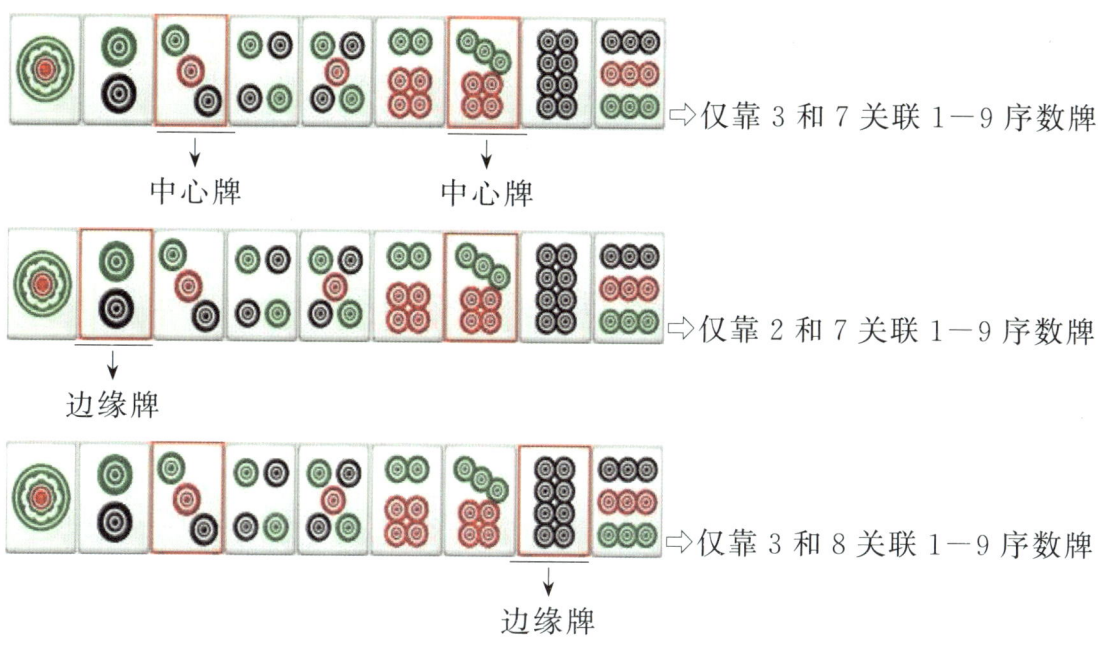

而且这 3 组论靠搭能力，27 和 38 这两组只能各以三门牌组成两面搭子 23，67，78 和 23，34，78。而 37 这组却能以四门牌组成两面搭子 23，34，67，78。

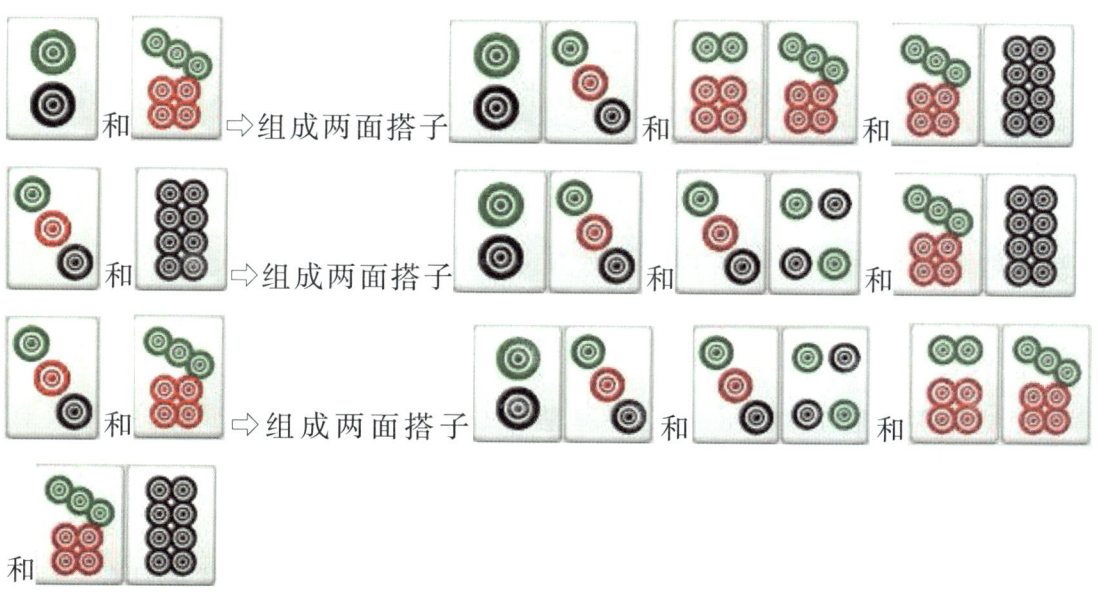

所以如果同一花色，让我们选 2 张孤牌，那么肯定选 3 和 7。因为 3 和 7 关联性最强，最好搭牌，进牌效率最高。

（2）金三银七控制着边缘搭子 12 和 89 的生死

如果 3 没有了，那么 12 也就断了。7 没有了，那么 89 也就断了（后面会讲解的"向下压原则")。再者边缘搭子没有向其他方向延伸优化的空间。不像中心牌搭子，当这面要进的牌断张了，还可以进另外一面的牌。边缘搭子一旦进不了牌，就相当于手牌多了两张孤张。这也是为什么一旦边缘搭子12或89进牌成了顺子，就感觉自己的手牌一下子好起来了的原因。序盘中，打击别人就是帮助自己，四家之间相对进牌效率高的一家，最终才能胜出。

（3）如果是可以吃的牌局，控制金三银七，可以间接通过打击下家，压制对家。

在四人麻将博弈中，对家是我们能打击影响最弱的一家，但是我们可以利用下家来防守对家，实现隔山打牛的效果。如果我们捏着37不打，那么下家12和89成牌可能就会大大降低，再迟迟不上张，那么就只能打掉这2张边缘搭子。

下家多打几张边缘牌或者孤牌，对家也会很难受，这就是借着下家的手打击对家。当然这也不绝对，因为12和89牌也有可能就是对家需要的牌，但我们只讲大概率事件，麻将本身打的就是一个概率！

还有麻友觉得12和89牌，更容易被进牌，那是因为大家开局都喜欢打12和89的牌，打的多了，自然印象中12和89被进牌的次数多。如果我们试试中心牌也像12或者89打得那么频繁，你也会觉得中心牌好进张！中心牌留着更容易靠搭，而边缘牌打出去相对安全些。但这些要基于大概同等条件下，不然所剩张数、生熟张、关联牌出牌情况等等，都有可能推翻刚刚这个边缘牌和中心牌的危险性对比结论。

◆ 中张456

4的关联牌有23456，5的关联牌有34567，6的关联牌有45678，这3个序数牌的关联牌都有5张。

◆ 肩牌2和8

2的关联牌是1234，8的关联牌是6789，这2个序数牌的关联牌只有4张。

◆ 幺九牌1和9

1的关联牌是123，9的关联牌是789，这2个序数牌的关联牌只有3张。

所以一般没有字牌的情况下，我们都是先舍出幺九这样利用率低的边张牌型。

（三）筋线牌打法

● 概念

筋线牌也叫一条线或者一路熟牌，这三条线包括 147 一条线，258 一条线，369 一条线。

● 筋线牌打法的作用

1. 筋线牌打法是克制两面搭子非常有效的防守策略。

举个例子，当我打出 1 筒的时候，下家或听牌的敌家都不要，那间接的说明下家或听牌的敌家手上都没有需要进牌的 23 筒的两面搭子。那下一把再打 4 筒，也是相对比较安全的。

打出  ⇨ 下家或听牌敌家不要 ⇨ 说明手上没有  或不需要进张

当然这里不排除敌家在新的一圈摸到了凑成 23 筒的两面搭子。同理，当我们确认 4 筒没人要的时候，再打 7 筒，也是相对比较安全的。因此，如果我们直接打 4 筒没有人要，那么间接的说明能吃 4 筒的仅有 2 组两面搭子：23 筒和 56 筒，大家手里都没有或是这两组搭子都不需要进张。

出  ⇨ 下家或听牌敌家不要 ⇨ 说明手上没  和 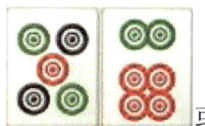 或不需要进张

同理，258 这条线需要 258 的两面搭子，只有 34 和 67。369 这条线需要 369 的两面搭子只有 45 和 78。

2. 筋线牌打法是克制双面搭子非常有效的防守策略，但对防守卡张搭子、边张搭子或对子没有用。

比如我们打 1 筒没人要，再打 4 筒，如果下家或者听家手里有个卡张搭子 35 筒或者是对 4 筒，这个时候 4 筒就会被敌家吃、碰甚至和牌。

所有的听牌 50% 以上都是双面听牌，同理这种打法也有 50% 以上的准确率。所以筋线牌打法是作为防御的重要准则之一，序盘中我们要时刻注意观

察并记住敌家的舍牌情况，即使不能吃牌碰牌，不能吃炮，也可以给我们提供一些对方手牌的信息！

（四）向下压原则/包围圈防御

什么是向下压原则？以小挂为例：2 压 1，3 压 21，4 压 321，5 是中心牌，无向下压特性。大挂同理也是 8 压 9，7 压 89，6 压 789。

小挂 大挂

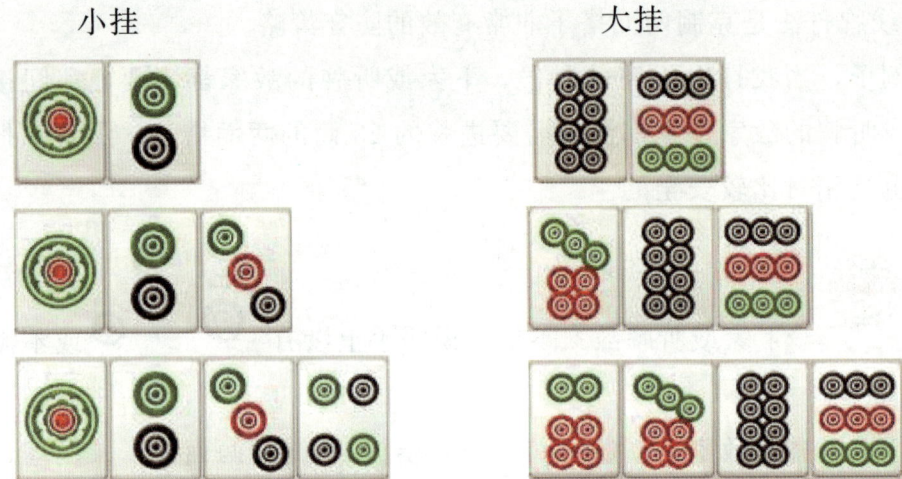

向下压原则可以判断敌家牌型，只适用于序盘。敌家在序盘打出的牌向下压，表示该敌家向下压的一搭已经完成或者根本没有。

例如：

➢ 敌家打出一张 3 万，大致上可以判断该敌家搭子 123 已经组合好或者根本没有 12。

敌 家 打  ⇨ 敌 家 已 组 合 好  或 手 里 没

有

➢ 大挂同理：敌家打出一张 7 万，表示该敌家上卦 789 已经组合好或根本没有 89。

敌 家 打  ⇨ 敌 家 已 组 合 好  或 手 里 没

有

再根据敌家的后续出牌，可以更准确的判定他是哪一种情况，这样我们就可以很好的估算出牌墙里自己需要的牌还有多少。

（五）封闭性原则

1. 封闭性概念

封闭性就是自己手上的牌，加上已经出现在河里的牌，总的张数向下封闭住造成的封闭效果。比如1222，1333，2333，出现或持有多张2或3，会造成下方1或12被封闭。

注意：封闭只限于23和78。456封不住，没有封闭性。

小挂   大挂

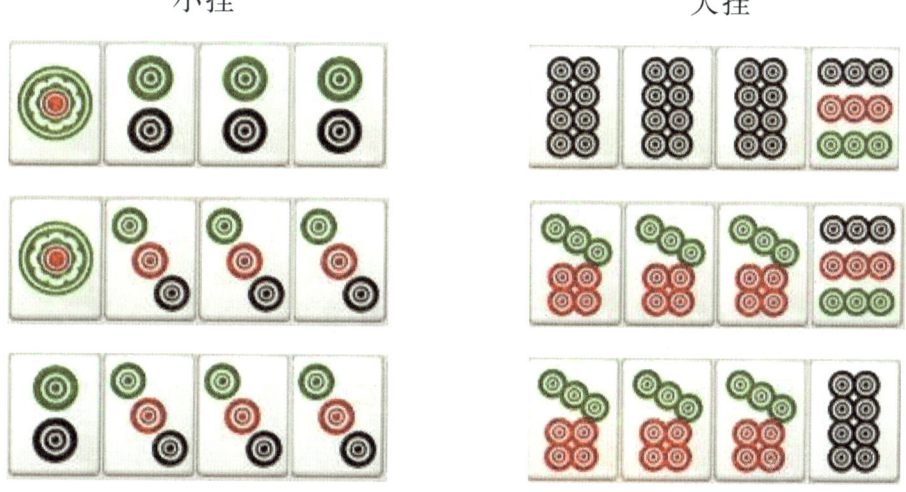

2. 封闭分为全封闭和半封闭

● 全封闭

比如手里有1222，河里又出现了一个2，造成2中断无法再组建123搭子，就会导致1被完全封闭住。同理，手里有2333，又出现一张3，就会导致2和1被全封闭住，这种就是全封闭。

【案例】

我们手里有两面搭子23，需要1或4。牌池里已经出现3张2，那么2就中断了。此时无论谁摸进1都无法组建123成牌，所以都会将手里的1打出（除非保留成对子）。这个就是绝好的叫，即使桌面已经现了3张1也是绝好的叫，此时就必须保留23的两面搭子，等待1来就可以。

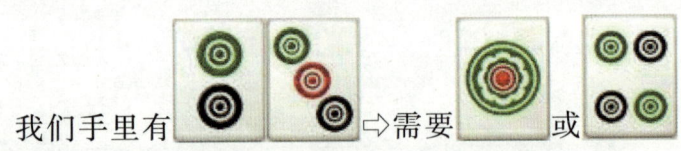

我们手里有  需要 或

牌池有 3 张  ⇨2 筒中断⇨敌家摸进 ＿＿＿ 无法组

大概率选择打出

建

● 半封闭

比如手里有 7778 三张 7，牌墙里还有一张 7 可进张组合成 789，8 和 9 就属于半封闭型。同理，手上有 2 张 7，8 和 9 也是属于半封闭。

【案例】

我们手持 135，河里现了 1 张 3，打出一张即下叫，此时该打哪一张？我们应该打 5 条听卡 2 条，为什么？

手持 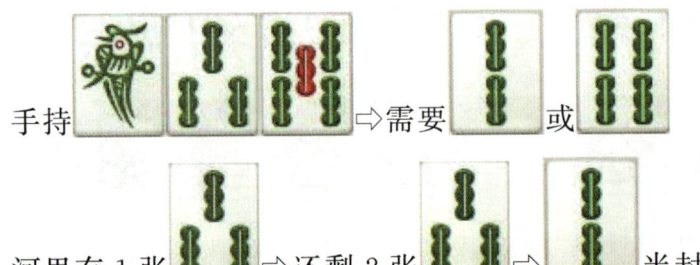 需要 或

河里有 1 张 ⇨还剩 2 张 ⇨ 半封闭状态⇨敌家容易舍出或在牌墙里

此时 2 是半封闭状态，2 在敌家手上也比较容易舍出。敌家如果不舍出，证明敌家手里有一半的概率没有 2。河里也没有的话就是在山里，我们只需要等待 2 来即可。

3. 封闭性原则的作用

封闭代表安全，封闭向下的牌打出去被和的可能性大大降低。封闭性在手，就代表着进攻性，被封闭的牌，和出的几率大大增加。

（六）本节重点

1. 明白金三银七的含义和主要作用。

2. 知道合理利用并控制金三银七，相当于以一家之力，更大程度的抑制了下家和对家，从而间接的提升自己的和牌几率。

3. 知道序数牌的对称性，以及各个单张的价值。

4. 筋线牌打法是防守的重要标准之一，序盘中我们要时刻注意观察并记住敌家的舍牌情况。

5. 知道向下压原则，能通过向下压原则判断牌情以及所需牌的库存还有多少。

6. 知道封闭性原则，熟悉并利用封闭性去做舍牌选择。

三、各类搭子的价值

（一）搭子的概念及分类

■ 搭子

两张相连或中间间隔一张的两张牌。

麻将技术的高低，取决于搭子的价值判断和拆搭技巧。

■ 搭子的分类

1. 两面搭子

两张同花色的相联序数牌，两面搭前后各进一张，就可以组成一个顺子，如 45 筒进 3 筒或 6 筒可以变为一副成牌。

2. 卡张搭子

也叫坎搭，指中间间隔一张的两张序数牌，如 35 万、46 筒。

3. 边坎搭

边坎搭由一张边缘牌和一张中心牌组成，中间间隔一张的两张序数牌，如 79 筒、13 万。

4. 边搭

指与 1 和 9 相邻的两张牌，如 12 筒，89 万。

（二）搭子的价值排序及原因

■ 搭子靠搭及优化改良的能力

两面搭子＞卡张搭子＞边坎搭＞边搭

1. 两面搭子

可以两面进张变成一副成牌。

2. 卡张搭子

只能从中间进牌，例如下图：46 筒只能从中间进 5 筒成牌。

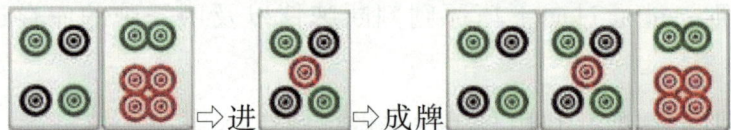

但是可以从两面优化成两面搭子，例如 46 筒可以进 3 筒或 7 筒优化成两面搭子 34 筒或 67 筒。

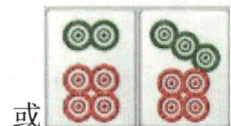

3. 边坎搭

只能从中间进牌，而且只能从一面优化成两面搭子。例如：79 筒只能进 8 筒成牌，或进 6 筒优化成 67 筒两面搭子。

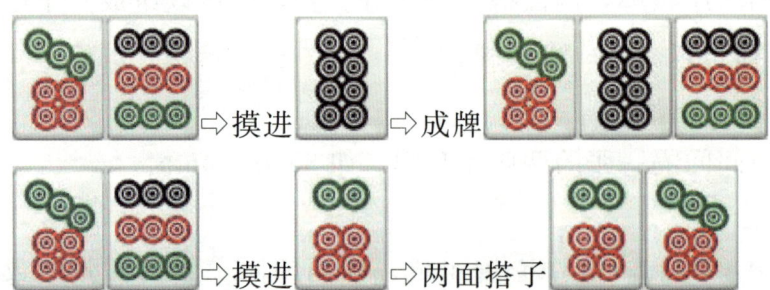

4. 边搭

优化成两面搭子的难度较大，例如：12 筒我们只能摸进 3 筒成牌。

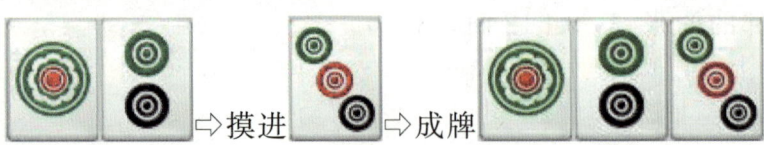

或者摸进 4 筒，先优化成 24 筒卡张搭子，再摸进 5 筒二次优化成 45 筒两面搭子。

搭子

边搭虽然价值很低，但是我们可以利用它去防守。作为两张边缘牌，手上没有其他孤牌可以打的时候，可以优先拆掉边搭。

■搭子的进牌容易程度

两面搭子＞边坎搭＞卡张搭子＞边搭

这里调换了卡张搭子和边坎搭的顺序，因为边坎搭进的是边缘牌比中心牌好进。

例如：边坎搭 79 筒进 8 筒，正常比卡张搭子 46 筒进 5 筒要好进，因为 5 是中心牌。

边坎搭 ⇒进　　卡张搭子 ⇒进

边搭还是排在最后，因为不管是 12 进 3，还是 89 进 7，需要金三银七，这 2 个都是中心牌，所以边搭更难进牌！

上面这 4 种类型的搭子价值排列会随着战局的发展发生变化，如果是序盘前期大家可以参考上面的这个价值排列。因为正常情况，我们打牌的顺序是先打字牌，然后打 19、28，最后打 34567 这样的中张。如果某一敌家开始打 34567 这样的中张，说明他已经是一进一听，甚至是听牌了。如果他打完中张，再从手里打出一张字牌或边张牌，基本可以断定他已经听牌。

■两面搭子在牌局不同阶段的价值

两面搭子在牌局前期的价值是 <u>23＞34＞45，大挂同理 78＞67＞56</u>。23 和 78 价值同等，34 和 67 价值同等，45 和 56 价值同等。为什么前期是这样的排序？因为前期大家的打牌顺序都是以边张为主，按这个排序我们更容易吃牌。23 需要 14，34 需要 25，45 需要 36，78 需要 69，67 需要 58，56 需要 47。有的地方不能吃牌，但是我们留对了搭子，敌家的舍牌也能够给我们提供搭子剩余牌数的信息，让我们可以随时做出判断！

中后期就会变为 34＞23＞45，大挂同理 67＞78＞56。因为到了中后期，19 这样的边张如果还没有出来，那么极有可能是被其他三家拿在手上了，牌山里出来的可能性很低。

其他的 3 类搭子也是可以参考这一理论来判断它的中后期价值。两面搭子属于好叫，如果是前期就下叫了，说明我们手气不错，我们可以选择生张下叫，多半会自摸三家。如果是中后期，我们就必须选择熟张下叫，越熟越好，即使河里已经出来了 3 张。

（三）本节重点

两面搭子的价值取决于它的进张是中张还是边张，而且它的价值会随着战局的发展发生转变！卡张搭子和边张搭子的价值除了取决于它的进张是中张还是边张，还取决于它的优化改良能力，同时也会随着战局的发展发生转变。因此我们要了解战局的发展时期，合理地选择下叫。

四、四连牌型的价值

（一）四连牌型价值排序

1）3456 四连形

2）2345 四连形

3）6778 大肚型

4）4556/3445 大肚型

 或

5）1234 四连型

6）3455/3345/4456 边肚型

 或

或

7）6788 边肚型

8）1233 边肚型

9）7899 边肚型

10）7889 大肚型

（二）排序原因？以万子为例

● 第 1 名 3456 四连型

摸进 3 万或 6 万，可以变成一副成牌加一对；摸进 2457 万可以变成一副成牌加一个两面搭子；摸进 1 万或 8 万可以变成一副成牌加一个卡张搭子。

摸进　或　一副成牌＋1 对

进　或　或　或　一副成牌＋一个两面搭子

摸进　或　一副成牌＋一个卡张搭子

● 第 2 名 2345 四连型

2345 万摸进 2 万或 5 万可以变成一副成牌加一个对子；摸进 1346 万，可以变成一副成牌加一个两面搭子；摸进 7 万可以变成一副成牌加一个卡张搭子。

摸进　或　一副成牌＋一个对子

进　或　或　或　一副成牌＋一个两面搭子

摸进　一副成牌＋一个卡张搭子

● 第 3 名 6778 大肚型

摸进 7 万，可以变成一副成牌加一个对子；摸进 5689 万，可以变成一副成牌加一个两面搭子。

　　● 第 4 名 4556、3445 大肚型

　　摸进 5 万，我们可以变成一副成牌加一个对子。摸进 3467 万，可以变成一副成牌加一个两面搭子。4556 和 6778 两个大肚型成牌概率是一样的，为什么 6778 排在 4556 的前面？因为 6778 大肚型的靠张有 89 这样的边张，在序盘前期吃牌概率比较高。

　　3445 大肚型

牌＋一个两面搭子

　　● 第 5 名 1234 四连型

　　摸进 1 万或 4 万，可以变成一副成牌加一对；摸进 3 万或 5 万可以变成一副成牌加一个两面搭子；摸进 2 万或 6 万可以变成一副成牌加一个卡张的搭子。

摸进 或 一副成牌＋一个两面搭子

摸进 或 一副成牌＋一个卡张搭子

● 第 6 名 3455、3345、4456 边肚型

摸进 2 万或 5 万，可以变成一副成牌加一个对子；摸进 4 万或 6 万可以变成一副成牌加一个两面搭子；摸进 3 万或 7 万可以变成一副成牌加一个卡张的搭子；可以看到 1234 四连型和 3455 边肚型成牌概率是一样的，但是 1234 四连型排在 3455 边肚型的前面，同理因为 1234 四连型的靠张有 12 这样的边张。

摸进 或 一副成牌＋一个对子

摸进 或 一副成牌＋一个两面搭子

摸进 或 一副成牌＋一个卡张搭子

3345 边肚型

摸进 或 一副成牌＋一个对子

摸进 或 一副成牌＋一个两面搭子

摸进 或 一副成牌＋一个卡张

搭子

4456 边肚型

摸进 或 一副成牌＋一个卡张

搭子

● 第 7 名 6788 边肚型

摸进 5 万或 8 万，可以变成一副成牌加一对；摸进 7 万可以变成一副成牌加一个两面搭子；摸进 6 万或 9 万可以变成一副成牌加一个卡张搭子。

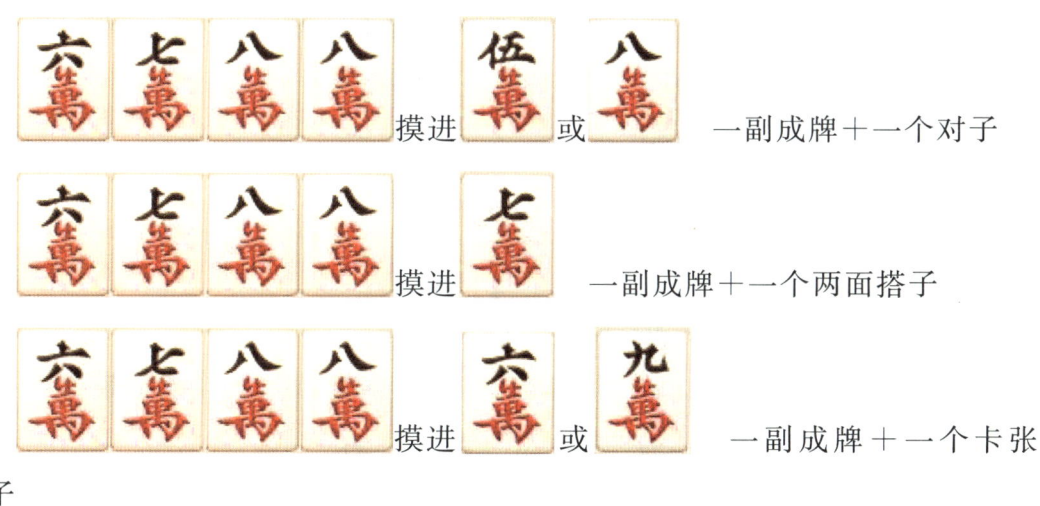

搭子

● 第 8 名 1233 边肚型

摸进 一副成牌＋一个对子

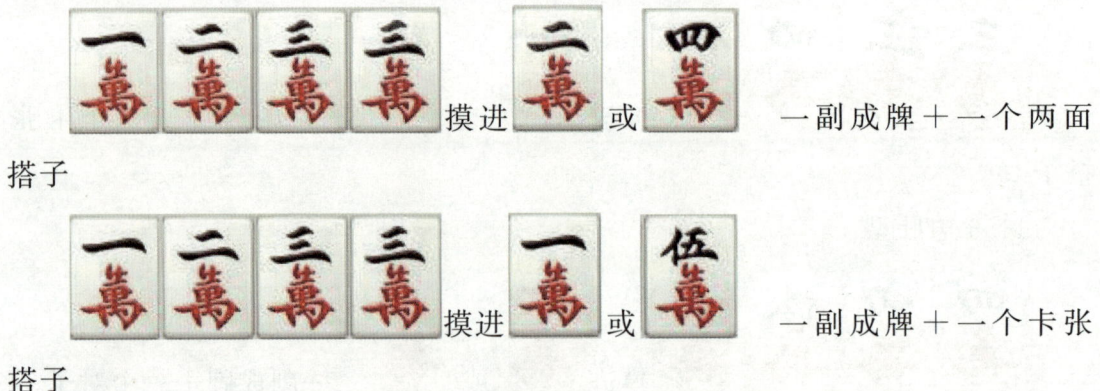

一副成牌＋一个两面搭子

一副成牌＋一个卡张搭子

● 第 9 名 7899 边肚型

摸进 6 万或 9 万可以变成一副成牌加一对；摸进 7 万或 8 万可以变成一副成牌加一个卡张搭子。

一副成牌＋一个对子

一副成牌＋一个卡张搭子

● 第 10 名 7889 大肚型

摸进 8 万我们可以变成一副成牌加一个对子；进 7 万可以变成一副成牌加一个两面搭子；进 6 万或 9 万可以变成一副成牌加一个边张搭子。

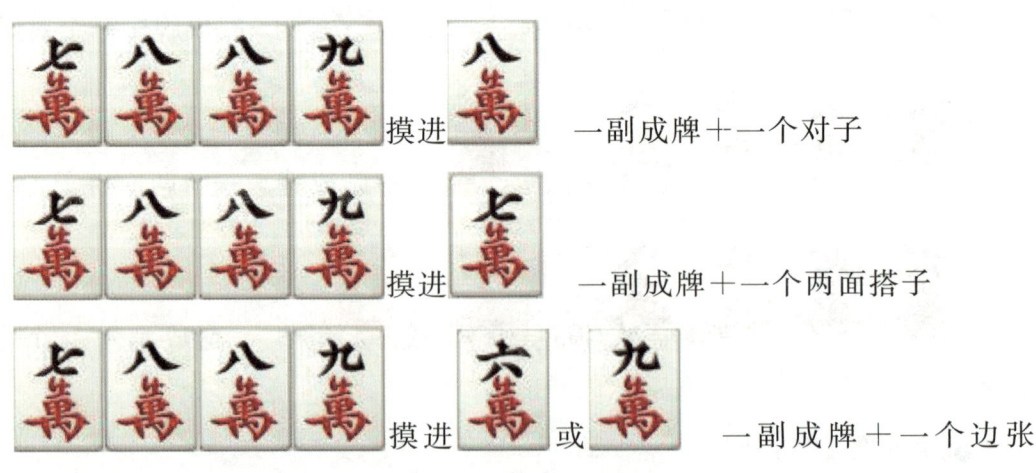

一副成牌＋一个对子

一副成牌＋一个两面搭子

一副成牌＋一个边张搭子

四连型和边肚型首尾是中张的价值高，例如排在第一的 3456，它的首尾是 36 这种中张，所以价值高。大肚型首尾是 28 这样的边张价值第一，首尾是中张的排第二，首尾是 19 的排第三。四种复合牌型的价值还要根据战局阶段去具体把握。

总体来讲，四连型成搭和成对能力都很强，而大肚型只是成搭能力比较强，边肚型成对和成搭效率都比四连型和大肚型要差一点，属于中等复合牌型。手里缺对子和搭子的时候优先考虑留四连形，大肚形只适合靠搭，不适合靠对，边肚形最差！

牌型	成搭	成对
四连型	☆☆☆☆☆	☆☆☆☆☆
大肚型	☆☆☆☆	☆☆
边肚型	☆☆	☆☆

（三）本节重点

1. 知道四连牌型的价值排序及原因。
2. 知道四连牌型的成搭和成对能力。
3. 懂得在牌局具体阶段把握运用四连牌型。

五、对子的价值

（一）对子的碰出几率

对子的碰出几率会根据战局的不同阶段发生排序改变！

◆ 序盘前期碰出几率

字牌＞11 和 99＞22 和 88＞44 和 66＞55＞33 和 77

在序盘前期我们都是先打字牌或者是孤张，11 和 99 就是黄金碰出时间，碰出几率排第一。为什么 55 的碰出几率比 44 和 66 低？因为 5 是最中心的牌，上承大挂，下接小挂！那么为什么 33 和 77 碰出几率排列最后呢？因为金三银七利用价值最高。

◆ 中盘碰出几率

22 和 88＞11 和 99＞字牌＞44 和 66＞55＞33 和 77

到了中盘 19 和字牌还没有碰出必有原因，要么与敌人对死了，要么敌家怕被杠捏牌了，不见张不敢打！

（二）对子的靠搭能力

对子成牌的几率很小，当对子多需要拆对的时候，我们需要先分析它的靠搭能力。

靠搭能力：33 和 77＞55＞44 和 66＞22 和 88＞11 和 99

● 对 3 筒

如下图所示：我们摸进 1 筒，可以变成一个坎搭带对；进 5 筒，可以变成一个卡张带对；进 2 筒或 4 筒，可以变成一个两面带对。对 7 筒也是一样，33 和 77 价值等同，排在第一位！

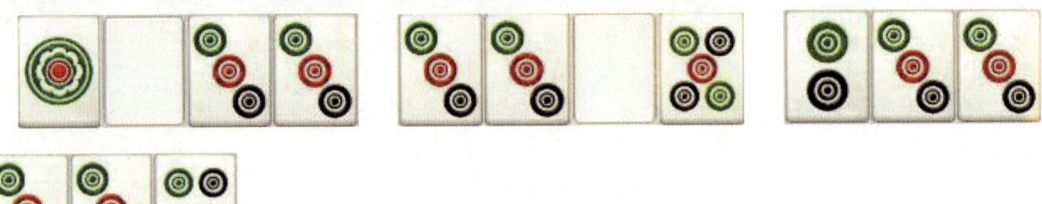

或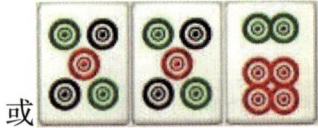

摸进 1 筒→边坎搭带对 　　　　　摸进 5 筒→卡张带对 　　　　　摸进 2 筒或 4 筒→两面带对

● 对 5 筒

如下图所示：摸进 3 筒或 7 筒，可以变成一个卡张带对；进 4 筒或 6 筒，可以变成一个两面带对。

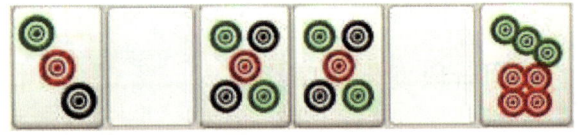　　　　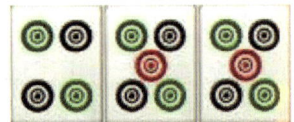

摸进 3 筒或 7 筒→卡张带对 　　　　　摸进 4 筒或 6 筒→两面带对

● 对 4 筒

如下图所示：摸进 2 筒或 6 筒可以变成一个卡张带对；摸进 3 筒 5 筒可以变成一个两面带对；对 4 筒和对 6 筒价值等同！

或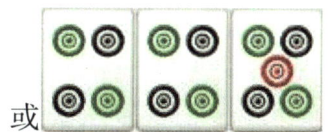

摸进 2 筒或 6 筒→卡张带对　　　　　　摸进 3 筒或 5 筒→两面带对

● 对 2 筒

如下图所示：摸进 1 筒可以变成一个边搭带对；摸进 4 筒可以变成一个坎搭带对；摸进 3 筒可以变成一个两面带对；对 2 筒和对 8 筒价值等同！

摸进 1 筒→边搭带对　　　摸进 4 筒→坎搭带对　　　摸进 3 筒→两面带对

● 对 1 筒

如下图所示：摸进 2 筒可以变成一个边搭带对；摸进 3 筒可以变成一个坎搭带对。对 1 筒和对 9 筒价值等同！

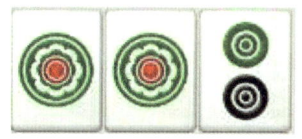　　　

摸进 2 筒→边搭带对　　　　　　摸进 3 筒→坎搭带对

（三）本节重点

1. 知道对子在战局的不同阶段碰出几率的排序。

2. 知道对子的靠搭能力：33 和 77＞55＞44 和 66＞22 和 88＞11 和 99。

3. 当我们熟悉对子的碰出几率和靠搭能力后，就能够清晰的知道不同战局该如何取舍。例如：序盘前期手里有对 1 筒、对 3 筒和对 9 筒，我们应该拆对 3 筒，因为前期对 1 和对 9 好碰。如果是序盘中期我们应该拆对 1 筒或对 9 筒！

六、牌面价值判断

（一）牌面价值判断

各种牌面的判断，除了前面讲解的各类搭子、对子、四连牌型等基础判断标准以外。还有一个判断方法是关于关键搭子的取舍，这就是一张见高下的时候了。如果手牌搭子只有 4 搭，搭子刚好够，打到和也不多搭子或者搭子都还不够那么价值判断毫无意义。因为只有 4 搭，大家都重要，谈何等级差别。但是我们在摸打过程中，经常会出现多搭的情况，这时就需要根据战局的进程、桌面所现张数、敌家打牌顺序、吃碰情况等牌情的不同，判断搭子的价值，从中做出取舍。

（二）张数原则：即可进张数

什么是张数原则？比如手里有手牌 23 条和 45 万，牌池里出现了 14 条各 2 张和 1 张 3 万。

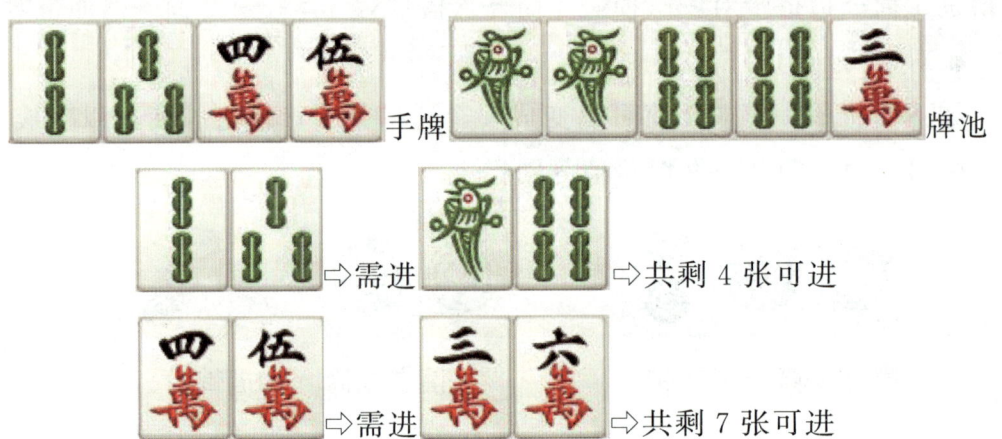

按照两面搭子的价值排序 23 条＞45 万。但是 23 条的可进张数共剩 4 张，45 万的可进张数还有 7 张，所以这里 45 万＞23 条，这就是张数原则。

再比方：牌池里 2 条被碰，这时很多人就会犯一个基本错误，开始拆 34 条留 79 条。但是 79 条可进张数 4 张，34 条还有 5 张，5 张可进肯定优于 4 张可进！

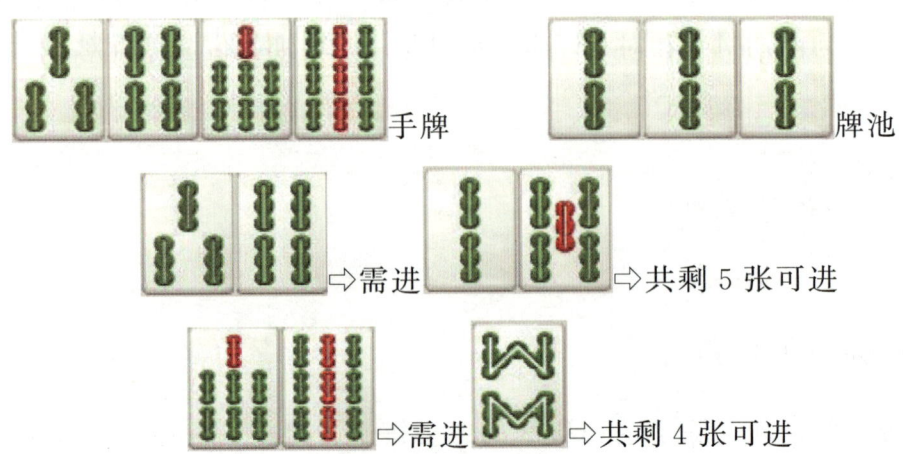

（三）绝张、绝搭

● 绝张、绝搭

某一序数牌桌面上已经出现了三张，本人手上持有此序数牌的最后一张就是绝张。由绝张所组成的搭子叫绝搭。

● 绝搭有什么用？

比如牌池已出现 3 张 2 万，我们手里有一张 2 万，摸进一张 3 万，组成 23 绝搭，试问此时敌家谁还能留住 1 万（除 1 万组成对子的情况）？当敌家有 13 万搭子时，他想要和牌能不拆出来吗？

同理，即使不能吃炮，也能给我们提供所需牌还剩几张的信息。如果别人没有打出来，那基本就在山里，我们只需要等待自摸！23 万绝搭是因为全封闭性造成的 1 万大概率得舍出。

其实绝搭不管有没有封闭效果，都是不错的搭子！

比如我们手上有 56 万，5 万被碰，那么 5 万就是绝张，56 万就是绝搭。56 听 47，47 并没有造成全封闭效果。但是由于 5 万绝断，能和 5 组成的顺子 345，456，567 也就绝断，导致 47 的利用率大幅降低，即使敌家靠上搭子，靠上的也是烂搭不会想保留，容易舍出造成点炮。

（和 5 组成的顺子绝断）

所以绝张必须要有远见的，尽量多的做保留。

很多人存在一个误区，见到别人碰了的牌，本来手上持有的绝张是黄金，但他很快跟着舍出，这就是不懂绝张是何等保贵的表现。比如桌面出现 3 个 8

筒，我们手里有绝张 8 筒，并且是孤张。我们要尽量保留这张 8 筒去靠搭，如果摸进一张 7 筒，组成 78 筒绝搭，那就是要自摸的节奏。8 筒绝断，7 筒的利用率就会大幅降低，敌家很容易因为没用舍出，所以即使手气不好，摸进一张 6 筒或 9 筒形成 68 筒边坎搭或 89 筒边搭的绝搭，都是很容易和的牌。

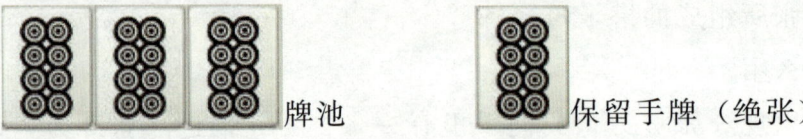

牌池　　　　　　保留手牌（绝张）

摸进 769 筒组成绝搭：

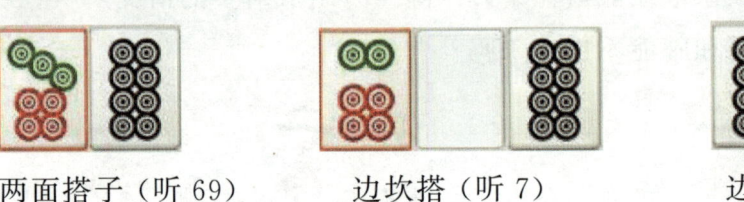

两面搭子（听 69）　　　边坎搭（听 7）　　　边搭（听 7）

（四）生熟张

前面几节内容阐述的各种牌型的价值都是以优化和进张为核心，但是如果到了选听阶段就不能以张数为原则了，这个时候我们要选择以听熟张为主。

如果你平时观察仔细可以发现：越熟的牌比如 23 万要 14 万，即使河里已现 5 张，往往后面第 7 张和第 8 张也会相继出来。一是因为某一张序数牌出现的多，导致周边的牌关联性差，敌家容易舍出；二是敌家跟打所导致。所以我们听牌尽可能地以听熟不听生为原则！

（五）见 1 是好叫

意思是我们需要的牌河里只出现了一张，那么我只需依循见 1 是好叫，是好搭就可以了。如果序盘就见得太多太熟，比如手上有 23 条，在序盘 14 条就出现了很多张，此时我们的可进张数就太少，几乎不太可能摸进。见 1 是最好，见太多就可以当做废搭来考虑了。

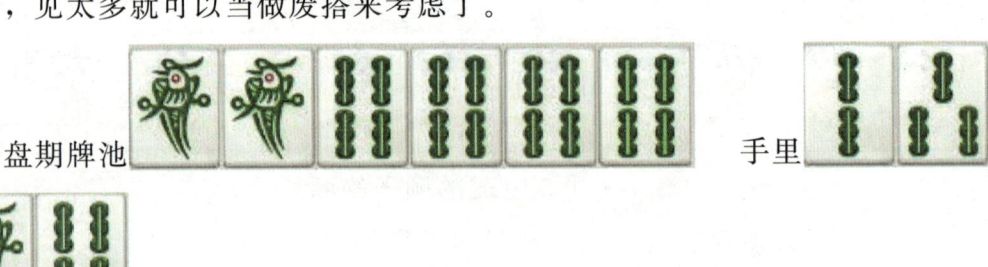

序盘期牌池　　　　　　　　　　　　　　　　手里

听

战局不同也会有不同的选择，牌面好序盘就下叫了，并且是好叫，比如双面、三面的叫，可以点炮的，建议听生张，多半有自摸的可能。如果听熟张很快就可以吃炮，此时你可能会纠结要和牌还是等自摸，会很煎熬，所以还不如听生张来赌自摸。如果战局已经到了中盘之后，尽量听熟张，熟张不管在什么阶段，永远比生张容易和出。

（六）本节重点

1. 明白牌面价值判断的作用以及张数原则的运用。
2. 知道绝张的作用和优势，尽可能地多保留绝张。
3. 明白生熟张的原则，见 1 是好叫，知道如何运用这些原则。

七、五搭牌原理及如何分解手牌

（一）什么是五搭牌原理？

和牌需要五搭牌即四副成牌加一组对子。

成牌我们都知道是 3 张牌，成牌有可能是顺子，也有可能是刻子。但是我们组成每一副成牌之前都需要一个搭子，搭子最少是 2 张，也有 3 张或者是 4 张，但是绝对不是 1 张，1 张不能称为搭子！我们起手 13 张牌，庄家 14 张，以平均几率来算，会有 3.44 张条，3.44 张筒，3.44 张万，2.67 张字牌。再根据搭子的基础概念，我们会有条筒万加字牌各 1－2 搭。但是往往起手牌平均分配的几率并不大，所以牌一起手，我们必须得快速知道自己手里有几搭牌，多一搭不行，少一搭也不行，这个是基本功，我们必须得了解！

序盘当中，我们必须要时刻观察搭子的数量以及变化情况！少一搭，我们要尽快凑一搭出来，多一搭，我们要尽快拆一搭，越早拆，我们的进牌效率也就越高！我们要时刻记住和牌只需要五搭！

（二）分解手牌的顺序

1. 我们应该优先分解出成牌。成牌包括刻子或者是顺子，而且顺子我们应该优先分解出靠边的顺子，因为靠边的顺子无法传递听牌。（在后面"如何看清一色"的章节当中，会专门讲传递听牌的问题）

2. 分解出对子，如果有对子带搭子的牌型，可以一并分解出来。

3. 分解出两面搭子。

4. 分解出卡张搭子或者边坎搭，如果有 3 张连坎的搭子，也可以看成一搭，一并分解出来。

5. 选择拆搭，使手牌向前进一步。

（三）实战案例

【案例1】

这手牌应该打掉哪一张？

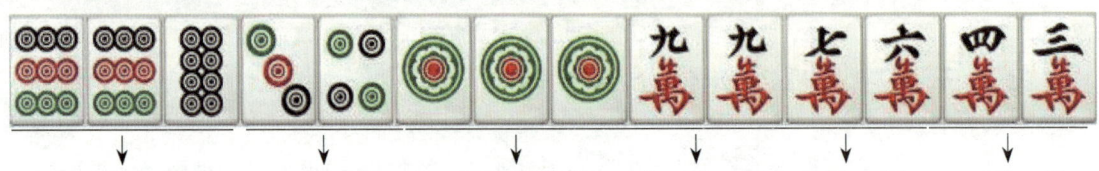

899 筒一搭　　34 筒一搭　　1 筒刻子成牌　对 9 万一搭　67 万一搭　34 万一搭

这手牌有六搭牌，根据五搭牌原理，我们需要拆掉一搭。

这手牌全是两面搭子和对子，都舍不得拆，有的麻友就会把 8 筒给打出去，这是典型的不知道五搭牌原理的打法。

打掉 8 筒，手里依然还有六搭牌。后面无论是摸进 25 筒还是 258 万，都还需要拆掉一搭，这样又会多一张废牌在手里。我们早晚都要面临拆搭，搭子再好，多搭了也没用！

这手牌正确的打法应该直接打掉 6 万，为什么呢？因为 34 万需要 25 万，67 万需要 58 万，这里存在了一个有效牌重复的问题，都需要 5 万。我们打掉 6 万之后，7 万还能和对 9 万组上，我们进 8 万同样有用，最重要的是我们的手牌变成了五搭，如下图所示。

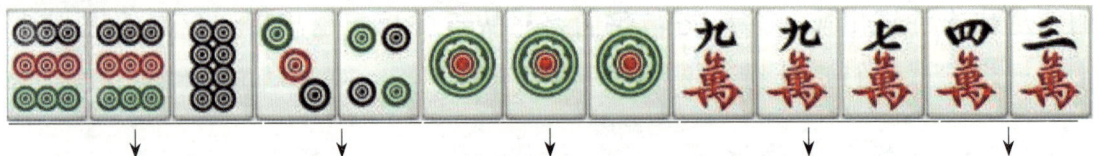

899 筒一搭　　34 筒一搭　　1 筒刻子成牌　　799 万一搭　　24 万一搭

所以我们当我们的手牌是六搭牌的时候，应该尽早地的去拆搭，这样才不会有废牌在手里。而且拆搭应该拆掉有效牌重复的搭子。确定了有效牌重复的搭子以后，再看看打掉其中一张后，剩下的一张还有没有用，从而进一步给我们的手牌提供一个进张。以上这些就是从分解手牌，到确定搭数，再到拆搭手牌的一个正确思维步骤，我们一定要养成这个习惯，这样下来胜率想不高都难!

【案例2】

按照前面讲过的思维步骤,这手牌应该打掉哪一张?

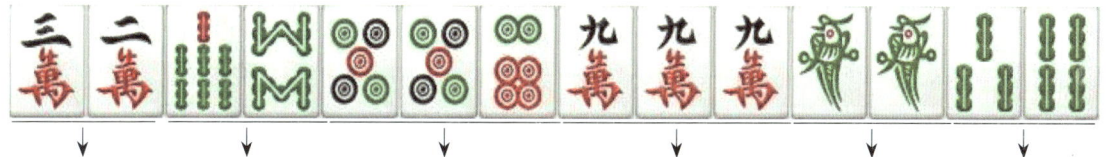

23万一搭　78条一搭　556筒一搭　　3个9万成牌　对1条一搭 34条一搭

可以看到这手牌是六搭牌的牌型,估计还是会有很多麻友会打6筒,甚至打5筒。不管我们打6筒还是打5筒,手里都还有六搭牌。后面再摸进14万、69条、25条或碰1条,我们都还需要拆掉一搭,还是有一张废牌在手里,下一圈要打掉,效率要慢很多。

其实生活中有很多麻友,都在犯这样的错误,打到别人和牌,自己还在五搭牌和六搭牌之间徘徊,浑然不知,总感觉手上都是好搭子舍不得拆,但是搭子再好,多搭了,又有什么用。

所以这手牌应该打掉4条,如下图所示:

打 ⇨ 手牌变五搭牌

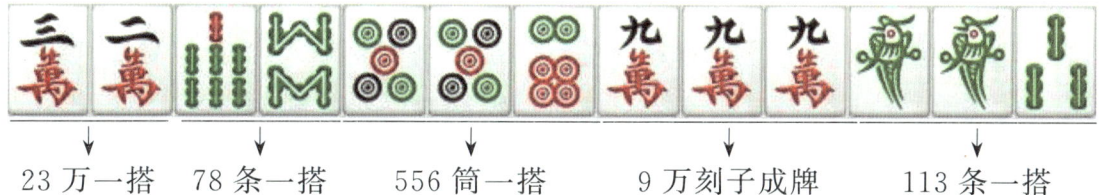

23万一搭　78条一搭　556筒一搭　　9万刻子成牌　　113条一搭

剩下的3条还能和对1条组上,我们进2条还有用,只是丢失了5条的进张,最重要的是我们的手牌进入了一个五搭牌的状态,效率至少提高一圈!

【案例3】

这手牌我们应该打哪一张?手牌二进听。

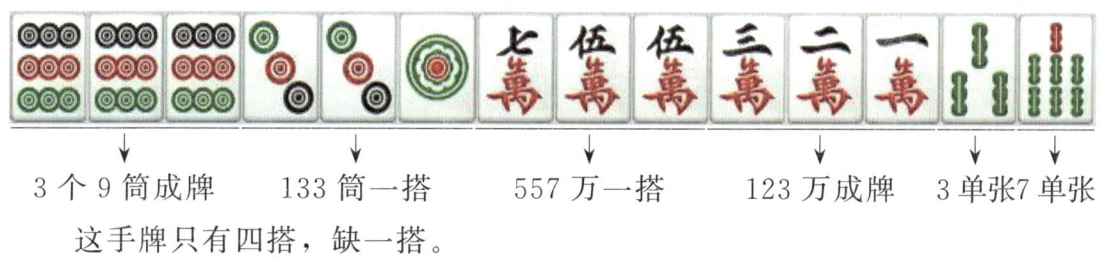

3个9筒成牌　　133筒一搭　　557万一搭　　123万成牌　　3单张7单张

这手牌只有四搭,缺一搭。

估计大部分麻友都会选择直接打掉 3 条或 7 条，因为牌局当中流行一句话叫"打闲不打连"，但是这种说法真的完全正确吗？

其实这手牌应该直接打掉 1 筒，为什么？因为我们缺搭子，其他的都不缺。打掉 1 筒我们只损失 2 筒的进张。留下 37 条，我们进 123456789 条都可以靠成一搭，手牌向前进一步变为一进听，其中进 2468 条还能凑成两面搭子。

打 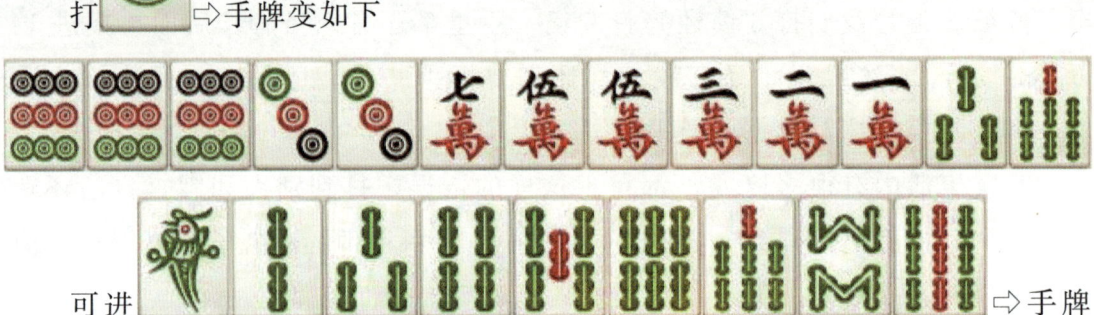 ⇨手牌变如下

可进 ⇨手牌
变一进听

所以搭子多了，我们应该拆搭，搭子少了，我们应该想办法凑搭子！

【案例 4】

下图手牌我们应该打哪一张？

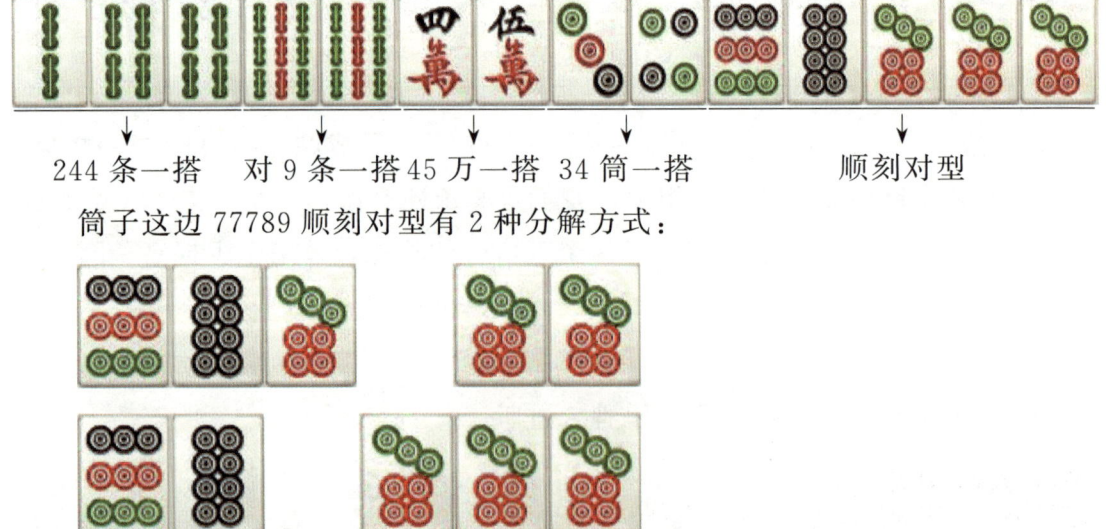

244 条一搭　对 9 条一搭 45 万一搭 34 筒一搭　　　顺刻对型

筒子这边 77789 顺刻对型有 2 种分解方式：

这种靠边的顺刻对型最大的价值，就是能够给我们的手牌提供"一副成牌加一组对子"，但是我们手里已经有了一对 4 条和一对 9 条。所以我们应该先抽出 7 筒刻子，89 筒一搭。

244 条一搭　　对 9 条一搭 45 万一搭 34 筒一搭搭 89 筒一搭　 7 筒刻子成牌

这手牌六搭多一搭，正确的打法应该直接打掉 9 筒。

打 ⇨ 手牌变五搭牌

244 条一搭　　对 9 条一搭　 45 万一搭　 34 筒一搭 8 筒单张　 7 筒刻子

如果把上面手牌里的一张 4 条换成 3 条，一张 9 条换成 8 条，那么这手牌怎么分解？如下图所示：

这时候我们手里没有对子了，筒子这边就需要把 789 筒的顺子抽出来，对 7 筒一搭，然后直接打掉 9 条了，如下图所示：

234 条成牌　　 89 条一搭　　 45 万一搭 34 筒一搭　 789 筒成牌　　 对 7 筒一搭

打 ⇨ 手牌变五搭牌

234 条成牌　 8 条单张 45 万一搭　 34 筒一搭　 89 筒一搭　 7 筒刻子成牌

【案例 5】

下图手牌我们应该打哪一张？

对 2 万一搭　445 筒一搭　对 9 筒一搭

条子这边有 3 种分解方法，如下图所示：

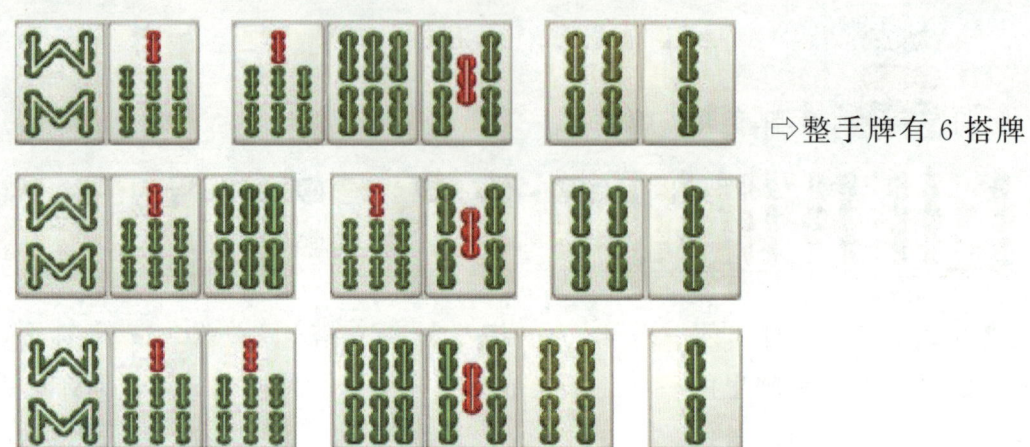

⇨整手牌有 6 搭牌

前 2 种分解方法手牌都有六搭牌，六搭我们就需要面临拆搭。而且这样分解，也违反了五搭牌原理，正确的分解方法是最后一种，然后直接打掉独张 2 条。所以分解手牌的顺序很重要，我们要尽可能地往五搭牌上面去靠，这样才不会打错牌！

（四）本节重点

1. 记住分解手牌的顺序以及特殊情况下应该如何分解，分解手牌我们需要尽可能地往五搭牌上去靠！

2. 靠边的顺刻对型最大的价值，就是能够给我们的手牌提供"一副成牌加一组对子"。

3. 明白五搭牌原理，知道和牌只需要五搭，再好的搭子，多一搭也没用，再差的搭子，少一搭也不行！

4. 养成一个良好的思维步骤：第一步，分解手牌；第二步，确定搭数；第三步，拆搭手牌！

5. 五搭牌原理及正确的分解手牌，是我们正确拆搭的前提，大家一定要掌握，接下来的拆搭才不会出错！

注：序盘前期，我们可以适当违反五搭牌原理，先拆掉手里比较弱的边搭或者卡张搭子，保留 34567 这样的中张牌去靠出一个好的搭子！

八、两对半牌型

（一）什么是两对半牌型？

两对半牌型是很经典的牌型，即一个对子加一个对子带搭子，不够三对！

（二）案例讲解

【案例1】

这手牌你会打哪一张？

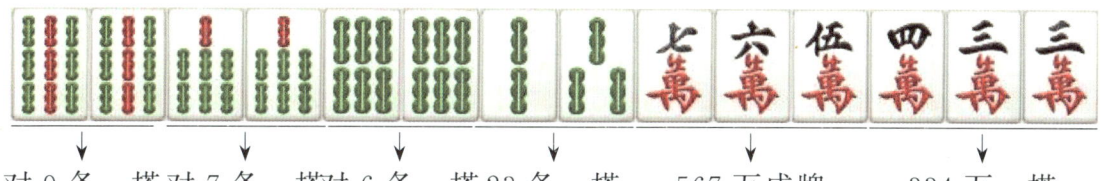

对9条一搭　对7条一搭　对6条一搭　23条一搭　　567万成牌　　334万一搭

很多麻友会觉得这副手牌有4个对子，可以打七对，但其实这副手牌不适合打七对（后面"麻将口诀"这章会详细讲解什么牌型适合打七对）。那么不打七对的话我们应该打哪张呢？

有些麻友可能会觉得3万不好碰，想直接打掉3万，提前留好258万三面的口子。但是打出3万后，我们手里还是有六搭牌，后续碰9条、7条、6条或是摸进14条、258万，都还需要面临拆搭。

①打3万的情况

▶打3万，后续碰9条，如下图所示：

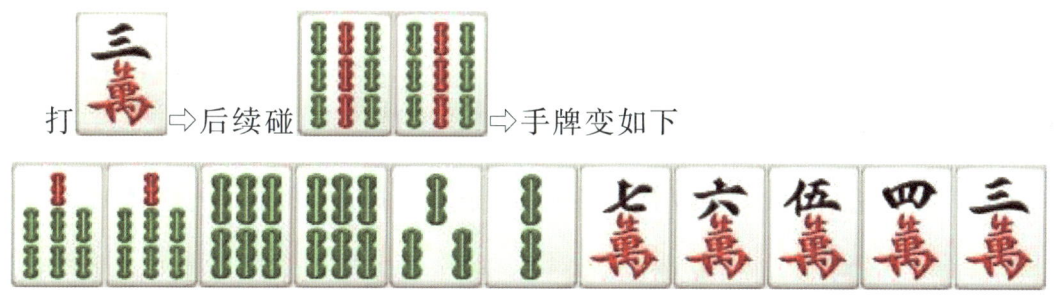

打 ⇨ 后续碰 ⇨ 手牌变如下

此时我们是选择拆对6条、对7条还是23条呢？拆23条两面搭子显然不合适。两对我们要慎重拆对，拆掉一对后，剩下的那对只能做将牌。被拆掉的对子剩下的那张下一圈还要打出，所以拆这两对也不合适。

▶再者打出3万，后续摸进5条或8条，如下图所示：

打  ⇨摸进 ⇨手牌变如下

此时我们是拆对 6 条、对 7 条还是 23 条呢？所以这手牌现在打出 3 万肯定是不合适的。

这手牌正确的打法应该直接打掉 6 条，为什么是打 6 不是打 7？前面章节有讲过筋线牌打法：147 一条线，258 一条线，369 一条线，打 6 会让敌家误以为我们不要 9，这样可以引出 9 条。而且这手牌打了 6 条，还可以早早把我们的手牌控制在五搭牌上面，这样才是最高效的！

②打 6 条的情况

打出 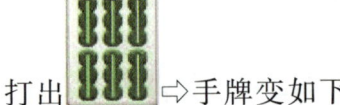 ⇨手牌变如下

▶打出 6 条后，我们摸进 258 万，可以打出 3 万。假设摸进 2 万，如下图所示：

摸进 ⇨打 ⇨手牌变五搭牌，保持"两对半牌型"

后续再摸进 14 条，可以打 7 条听 58 条。或摸进 58 条，打 7 条听 14 条。

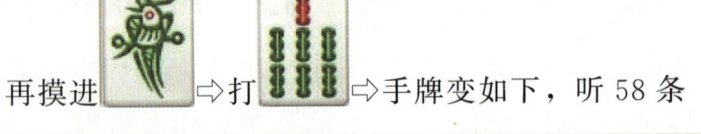

再摸进 ⇨打 ⇨手牌变如下，听 58 条

摸进 ⇨ 打 ⇨ 手牌变如下，听 14 条

这个就是常说的手牌保持"两对半牌型"，效率才是最高的！

▶打出 6 条后，即使没有摸进 258 万，我们碰 7 条、9 条或 3 万，再打 6 条。或摸进 14 条，打 3 万，都可以保持"两对半牌型"。

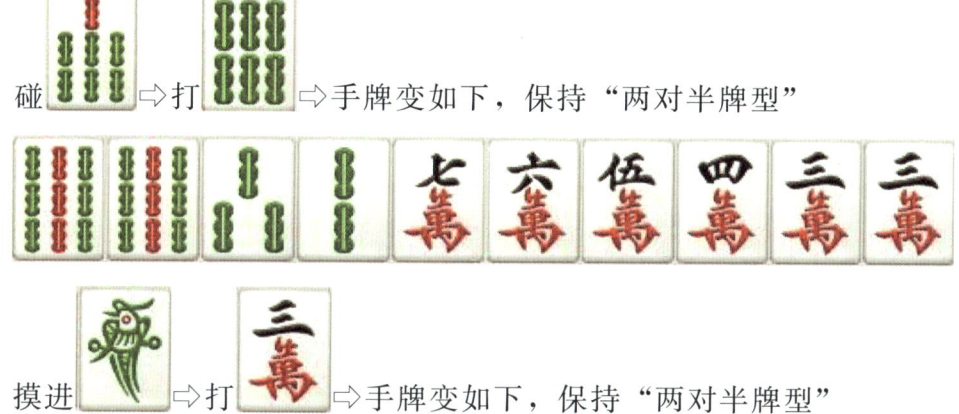

碰 ⇨ 打 ⇨ 手牌变如下，保持"两对半牌型"

摸进 ⇨ 打 ⇨ 手牌变如下，保持"两对半牌型"

那什么是"两对半牌型"呢？比如上面的对 9 条和 677 条，就是"两对半牌型"，即一个对子加一个对子带搭子，不够三对！

【案例2】

如下图所示我们五搭牌已经齐了，这是一个一进一听的牌型，你会打哪一张？

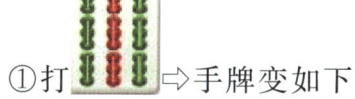

↓	↓	↓	↓	↓
123 筒成牌	456 筒成牌	445 万一搭	779 条一搭	对 4 条

大部分麻友应该会选择打掉 9 条，这个其实是不对的。

①打 ⇨ 手牌变如下

可进  共 5 门 20 张，减手里 6 张，剩 14 张听牌几率

其实这手牌，我们应该把它打成"两对半牌型"，即 3 对选择拆 1 对。那么对 4 条，对 7 条和对 4 万，应该拆哪一对？这 3 个都是中张的对子，首先对 4 条肯定不能拆，对 4 条拆了，五搭牌没有了。那么可拆的牌就只有对 7 条和对 4 万了。

②打 ⇨手牌变如下

可进 共 5 门 20 张，减手里 4 张，剩 16 张听牌几率

③打 四萬 ⇨手牌变如下

可进 共 5 门 20 张，减手里 4 张，剩 16 张听牌几率

可以看出，不管是拆对 4 万，还是拆对 7 条，手牌都能够保持"两对半牌型"，都比打 9 条保持三对半的牌型效率要高。

那么拆 4 万和拆 7 万，进牌效率一样，那么我们又应该怎么拆？这里应

该直接拆掉对 4 万，因为拆对 4 万，我们手牌有了一个 45 万两面搭子，把碰牌机会留给差的 779 条的对子带搭子。

【案例 3】

这手牌你会打哪一张？

34 筒一搭　　667 筒一搭　　68 万一搭　23 万一搭　　112 条一搭　　对 8 条一搭

这手牌估计有一部分麻友，会选择打掉 2 条或是 6 筒。不管是打 2 条还是打 6 筒，我们手里都还有六搭牌。

① 打  ⇨ 手牌变如下，还有六搭牌

② 打  ⇨ 手牌变如下，还有六搭牌

打了 6 筒，虽然手里有了一个"两对半牌型"，也满足了 3 对应该拆对，拆对应该拆好的对子带搭子！

但是这些原则在五搭牌面前都要往后排，五搭牌是第一要务，要不然再好的搭子都是多余！所以这手牌我们应该直接拆掉，最弱的 68 万的卡张搭子，直接打掉 8 万。

③ 打  ⇨ 手牌变五搭牌

再次强调，<u>五搭牌效率要优先于六搭牌效率，手牌六搭拆一搭又优先于</u>

三对拆一对！

（三）本节重点：

1. 明白什么是"两对半牌型"！

2. 两对慎重去拆，三对应该拆掉一对，把手牌打成两对半，效率才是最高的！

3. 拆对子带搭子的牌型，应该拆掉好的对子带搭子，把碰牌的机会留给差的对子带搭子！

4. 五搭牌效率优先于六搭牌效率，手牌六搭拆一搭又优先于三对拆一对！

九、拆搭攻略

（一）实战案例

【案例1】

这手牌你会打哪一张？

第①步：分解手牌

对9筒一搭　24筒一搭　1万刻子成牌　　678条成牌　　24条一搭　67万一搭

第②步：确定搭数六搭，需拆掉一搭

很明显我们只能选择拆24筒或24条的卡张搭子，卡张搭子的好坏取决于它的优化改良能力。24筒来23456筒，可以变成如下牌型：

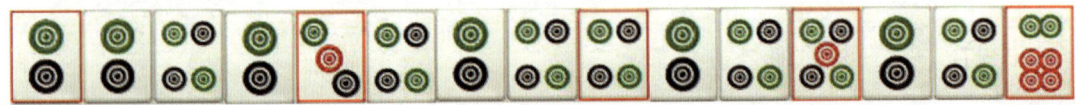

卡张带对　　　234筒成牌　　　卡张带对　　　两面搭子　　　三连坎

24条和24筒单论卡张价值他们的进张和成牌概率一样，但是24条周边有678条的成牌，进9条也可以对24条起到优化作用，所以上面这手牌我们选择打掉 2 筒，后续摸进 9 条继续打出 4 筒，手牌进入一上听。

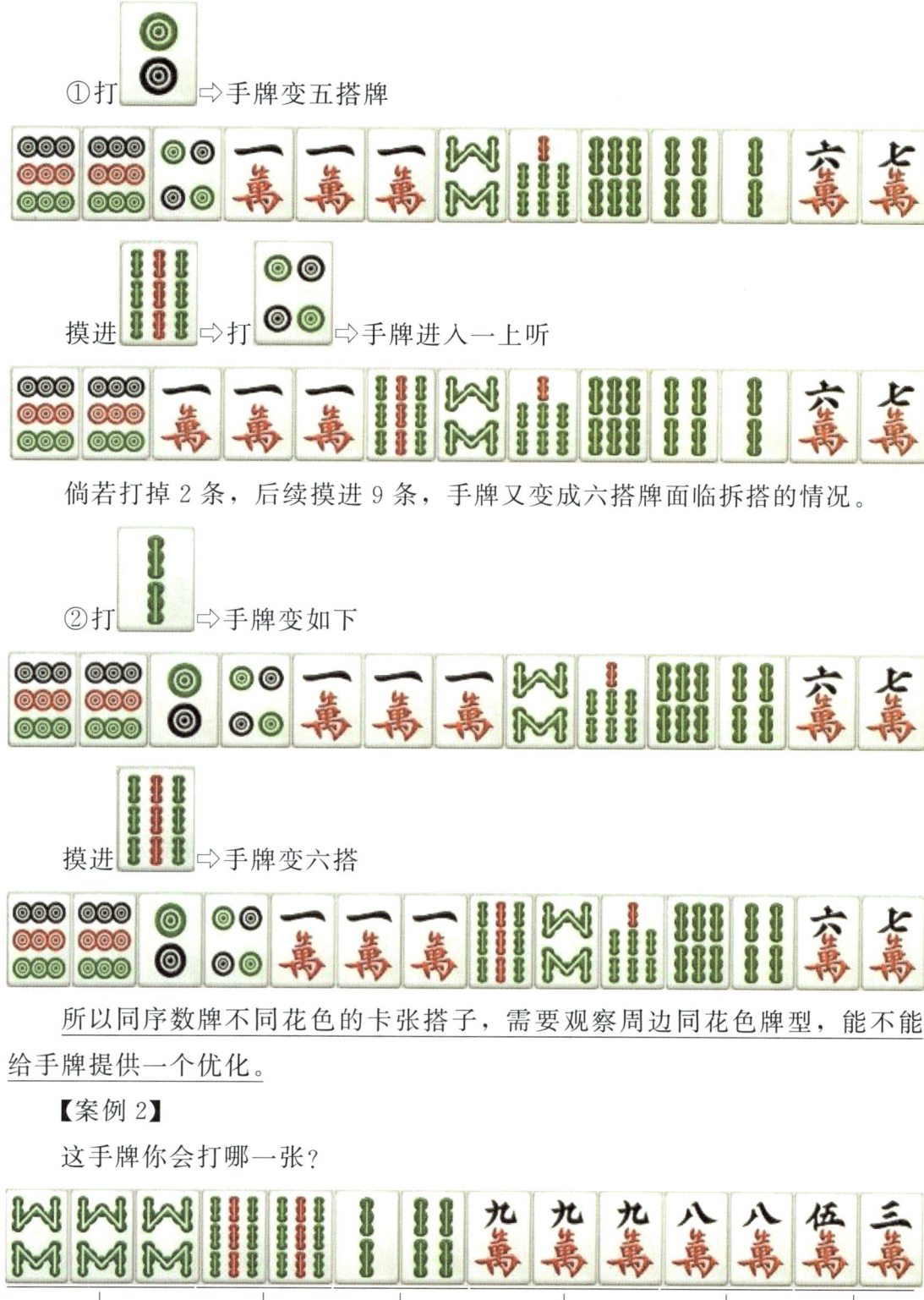

①打 ⇨手牌变五搭牌

摸进 ⇨打 ⇨手牌进入一上听

倘若打掉 2 条，后续摸进 9 条，手牌又变成六搭牌面临拆搭的情况。

②打 ⇨手牌变如下

摸进 ⇨手牌变六搭

所以同序数牌不同花色的卡张搭子，需要观察周边同花色牌型，能不能给手牌提供一个优化。

【案例 2】

这手牌你会打哪一张？

↓	↓	↓	↓	↓	↓
8 条刻子成牌	对 9 条	24 条一搭	9 万刻子成牌	2 对 8 万一搭	5 万一搭

这手牌有六搭需要拆掉一搭。我们可拆 24 条或 35 万。24 条只有进 5 条

可以优化成两面搭子，35 万可以进 26 万优化成两面搭子。

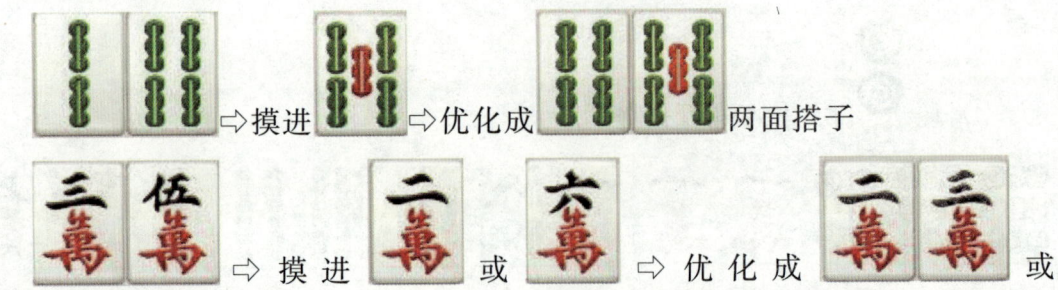

两面搭子

所以这手牌应该打掉 2 条，为什么是打 2 条呢？因为 4 条价值比 2 条高，后续假如手气差，再摸回 3 条，还可以继续拆掉 35 万卡张搭子。

【案例 3】

这手牌你会打哪一张？

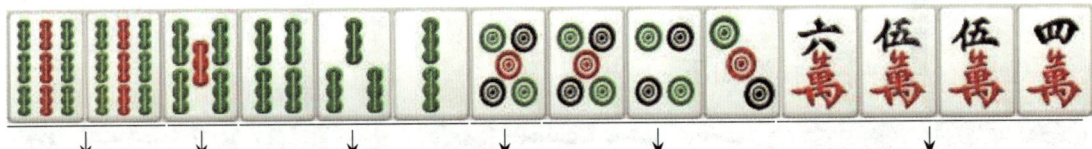

对 9 条一搭条单张 234 条成牌 5 筒单张 345 筒成牌　456 万成牌，5 万单张

这手牌有 3 个典型的四连牌型：2345 条四连型，3455 筒边肚型，4556 万大肚型。

四连型的靠搭、靠对能力都很强，所以 5 条我们一定要保留。大肚型的价值比边肚型高，所以这手牌应该打掉 5 筒。

如果把这手牌的对 9 条替换成 78 条，如下图所示：

这时候应该直接打掉 5 万，因为 4556 大肚型只适合靠搭不适合靠对，而这手牌我们缺对子。

【案例 4】

这手牌你会打哪一张？

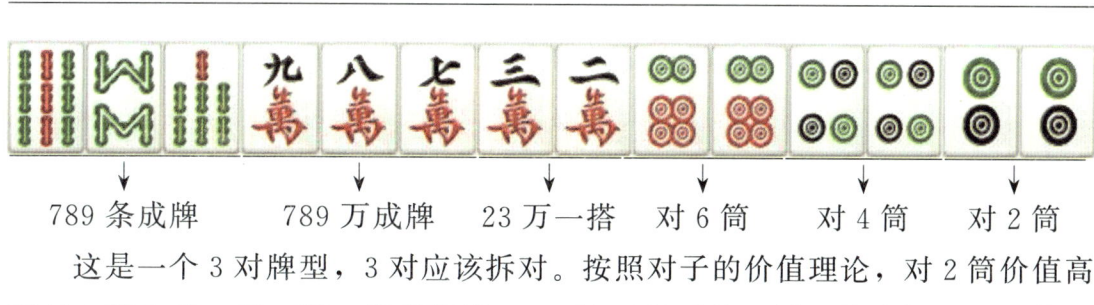

这是一个 3 对牌型，3 对应该拆对。按照对子的价值理论，对 2 筒价值高于对 4 筒和对 6 筒。拆 4 筒我们进 2356 筒可以听牌，拆 6 筒我们进 245 筒听牌，显然这手牌我们应该拆掉对 4 筒。

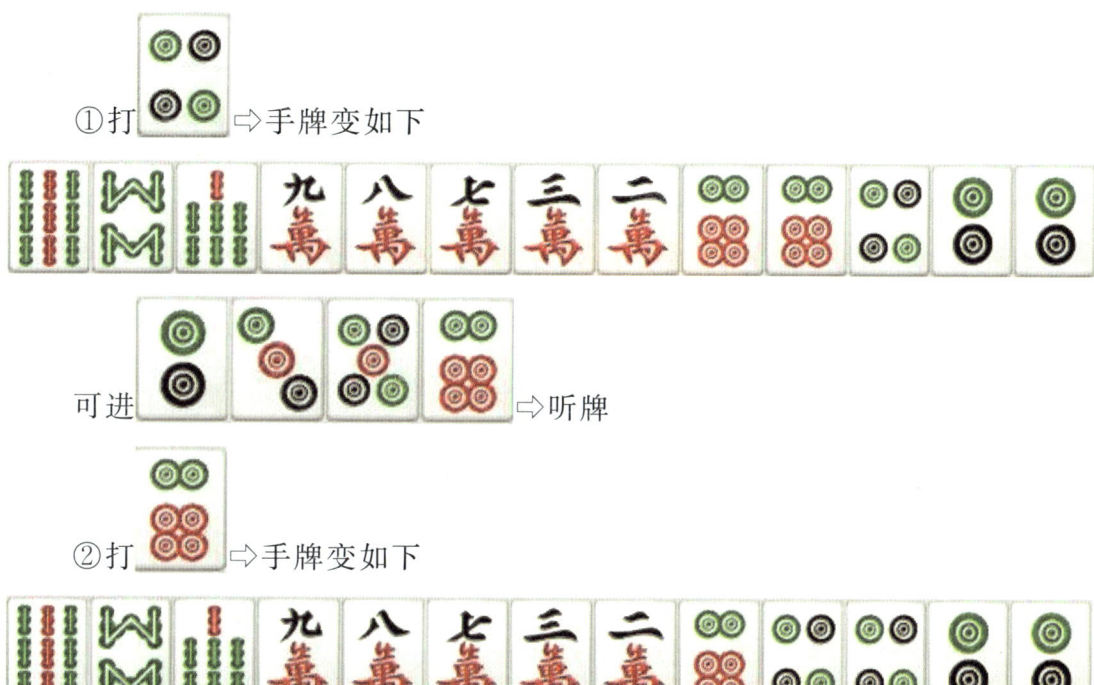

所以 3 个这样中间隔一张序数牌的 3 跳对，我们应该拆掉中间的那一对！

【案例 5】

这手牌你会打哪一张？

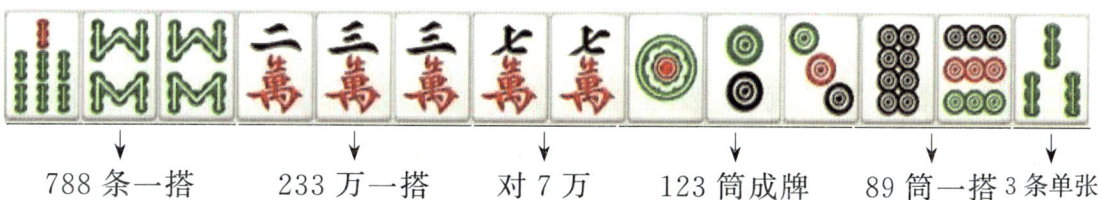

这手牌估计有很多人会选择打掉单张 3 条，这是错误的。这副手牌有 3 对，我们应该拆对打 3 万，这样手牌就变成了效率最高的"两对半牌型"。

另外我们手上有 89 筒这种比较弱的边张搭子，必须保留 3 条，以便后续给我们提供优化改良的空间。3 条这边摸进 24 条，都可以优化成两面搭子。即使摸进一张 5 条优化成卡张搭子，也比 89 筒边搭要好。

所以在不影响五搭牌的前提下，手里有边搭的时候，应该保留 34567 这样的中张去靠搭，一旦靠上，我们就可以拆掉比较弱的边搭！

【案例 6】

这手牌在前期你会打哪一张？中后期你会打哪一张？

234 筒成牌　79 条一搭　45 条一搭　对 9 万一搭　224 万一搭　对 8 筒一搭

如果是在前期，可以选择打掉 9 条。在"对子的价值"这章中讲过，1289 这样的边张对子，前期好碰。而且 45 条需要 6 条，同时 6 条也是 79 条边坎搭的改良牌。所以前期如果手牌全是 1289 这样的边张对子，前期可以考虑适当违反"三对拆一对"，拆掉比较弱的边张搭子或卡张搭子！

如果是中后期，我们就需要拆掉 1289 这样的边张对子了，到了中后期边张对子还没有出来，必定是对死了或是敌家捏牌了！

【案例 7】

这手牌在前期和中后期你分别会打哪一张？

78 筒一搭　对 8 条一搭　　345 条成牌　对 2 万一搭　456 万成牌　67 万一搭

这手牌已经多搭，但是只有 2 对，2 对不适合拆对。

▶如果在前期，我们可以选择打掉 6 万。

前期⇨打　⇨手牌变五搭

▶如果是在中后期选择打掉 2 万，拆对子。

中后期⇨打  ⇨手牌变五搭

虽然打掉 2 万，剩下的对 8 条只能做将牌，但是 8 条周边没有关联牌，我们不会有所损失。而打掉 1 张 2 万之后，剩下的这张 2 万还可以给我们提供 3 万的进张。

虽然大部分牌型手里有 2 对都不太适合拆对，但是像这种，<u>一个对子周边没有关联牌，另外一个对子剩下的那张还能对手牌起到优化作用的，我们是可以考虑拆对的</u>！

【案例 8】

这手牌你会打哪一张？

468 筒三连坎　　345 筒成牌　　1 条刻子成牌　　34 条一搭　　788 万一搭

这手牌五搭已经齐了，而且是一个一上听的牌型，我们应该直接打 7 万，把我们的将牌确定下来。

打  ⇨手牌变如下

将头

如果留下 7 万，即使来 69 万也没有办法听牌。所以手牌一上听，应该尽早定将！

【案例 9】

这手牌你会打哪一张？

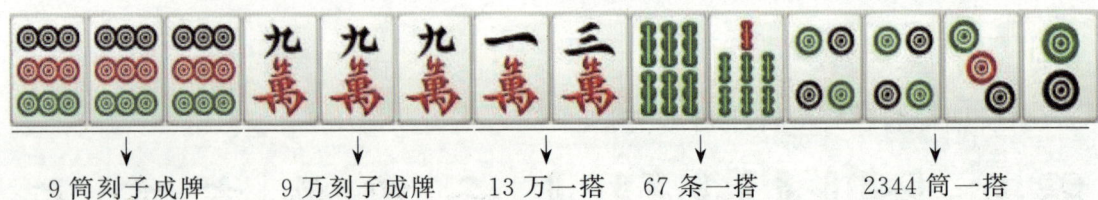

| 9筒刻子成牌 | 9万刻子成牌 | 13万一搭 | 67条一搭 | 2344筒一搭 |

这是一个一上听的牌型，这里估计有麻友想打1万，其实这手牌应该打4筒。

这手牌大家容易犯错的点在于我们没有将头，很多人想利用4筒当将牌。这样做违反我们分解手牌的原理，应该优先分解出成牌，其次才是对子。再一个也违反最大几率打法原则，<u>手牌无将一上听，手里保持两个搭子，才是最大几率</u>！

【案例10】

这手牌你会打哪一张？

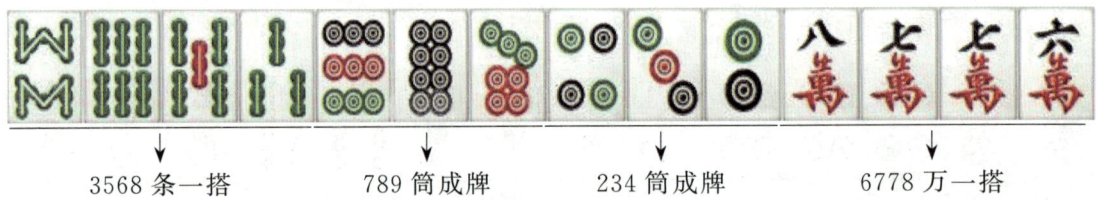

| 3568条一搭 | 789筒成牌 | 234筒成牌 | 6778万一搭 |

可以看到这手牌只有4搭，缺一搭，而且缺的是对子。所以这手牌应该打掉7万，为什么？前面的章节讲过，大肚子牌型只适合靠搭，不适合靠对。

3568条四连坎不仅摸对能力好，听对能力也很好，我们摸进4条或7条都不错。

假设摸进4条，我们可以打掉8条，听36条双吊将！

摸进  手牌变如下，听3条或6条

所以当我们手牌没有对子，而且手牌摸对能力也很差的时候，不妨可以看看有没有像 <u>3568、2457、4679、1346 这样的四连坎牌型，这种牌型摸对能力好，听对能力也很强</u>！

我们的手牌缺什么，就应该朝那个方向去努力。缺对子，我们想办法靠对子。缺搭子，想办法靠搭子。多搭我们就要去拆搭！

（二）本节重点：

1. 本节给大家讲解了拆搭的一些技巧，学习拆搭，我们必须先熟练掌握前面几节内容讲解的各类搭子、对子、四连牌型、序数牌等等价值的区分，明白它们的价值会随着牌局的发展发生变化。而且在不同的场景下，它们各自的作用也有所不同。所以牌一起手，我们必须要马上知道这手牌缺什么？然后再利用牌型价值区分，衡量留下哪一种牌搭最合适！

2. 拆搭技巧总结下来其实就 3 个原则

（1）拆搭我们要比较两个搭子的价值，保留价值更高的搭子；

（2）当两个搭子价值一样的时候，我们要看拆掉一搭后，剩下的那张还有没有用？

（3）当两个搭子价值一样，拆掉一搭后，剩下的那张都有用，或者都没用的时候，我们就要看周边的邻牌，或者看摸来改良牌后的情况了！

第三章　麻将实战技巧

一、最大几率打法

（一）最大几率概念

"最大几率"就是当手牌有多张牌可以打出时，选择打出其中的一张，保留下来的牌面，能拥有使牌面前进一步最多的进张数。"最大几率"与下面章节讲的"速战兵法"相互结合运用，就有了麻将最基础的打法。"最大机率、速战兵法"是"不败"的基本功夫，打不好"最大几率、速战兵法"，长期下来必定是输的，打越久输越多。

接下来要进行的最大几率练习题，选自日本麻将升段时的题目。要学习"最大几率"打法，第一步当然要知道如何计算牌面的"最大几率"。

（二）案例讲解

【案例1】

下图手牌是一进听，如果打掉一张使手牌最大几率听牌，你会选择打掉哪一张？

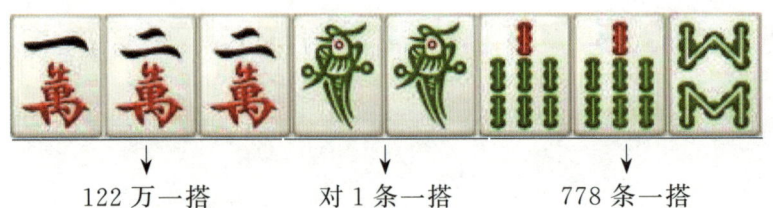

122万一搭　　　对1条一搭　　　778条一搭

1条肯定是不能打的，打1条变二进听，违反"快速原则"，所以这手牌可以打的只有12万、78条这4张。

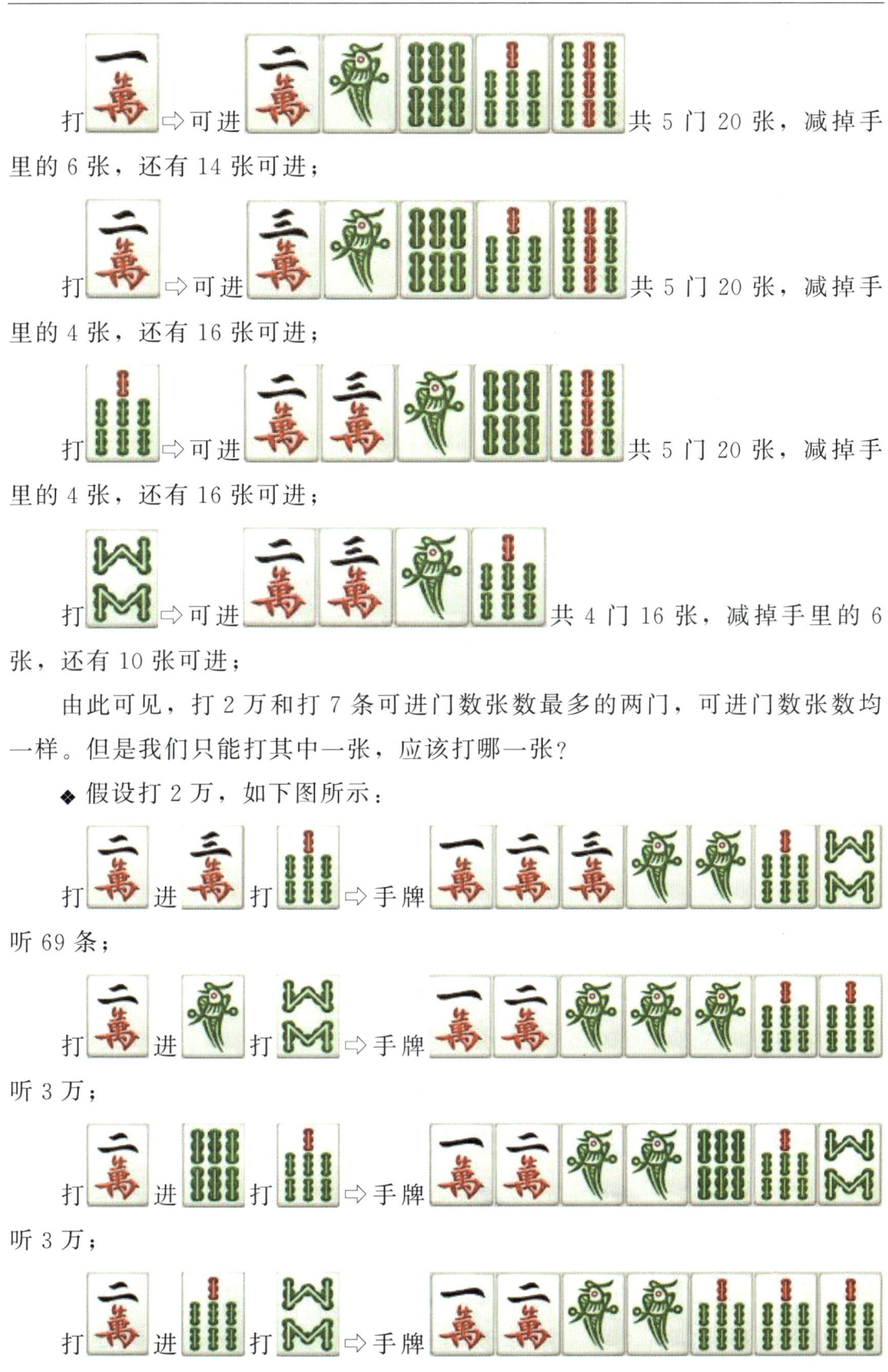

打⇨可进　　　　　共 5 门 20 张，减掉手里的 6 张，还有 14 张可进；

打⇨可进　　　　　共 5 门 20 张，减掉手里的 4 张，还有 16 张可进；

打⇨可进　　　　　共 5 门 20 张，减掉手里的 4 张，还有 16 张可进；

打⇨可进　　　　　共 4 门 16 张，减掉手里的 6 张，还有 10 张可进；

由此可见，打 2 万和打 7 条可进门数张数最多的两门，可进门数张数均一样。但是我们只能打其中一张，应该打哪一张？

◆ 假设打 2 万，如下图所示：

打进打⇨手牌听 69 条；

打进打⇨手牌听 3 万；

打进打⇨手牌听 3 万；

打进打⇨手牌听 3 万；

听 3 万；

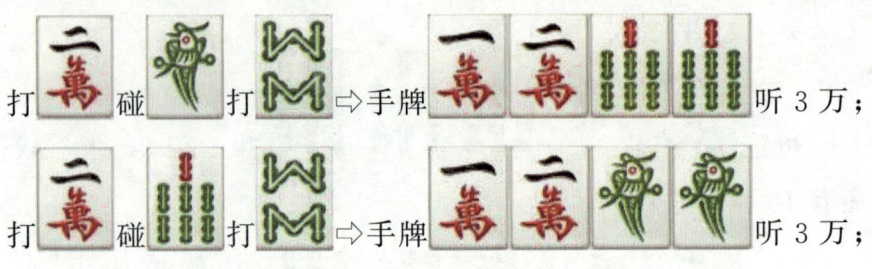

由此可见：

1 打 2 万进 3 万听 69 条。

2 打 2 万进 1679 条听 3 万，碰 1 条或 7 条打 8 条也听 3 万。

3 3 万剩 4 张，1679 条剩 12 张，而打 2 万总共有 16 张的听牌几率。

所以打 2 万听 69 条的进牌几率有 4/16，听 3 万的进牌几率有 12/16。

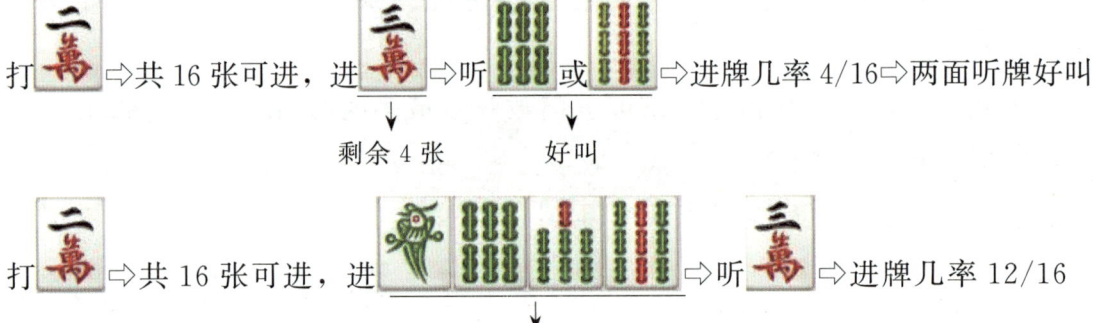

◆ 假设打 7 条，如下图所示：

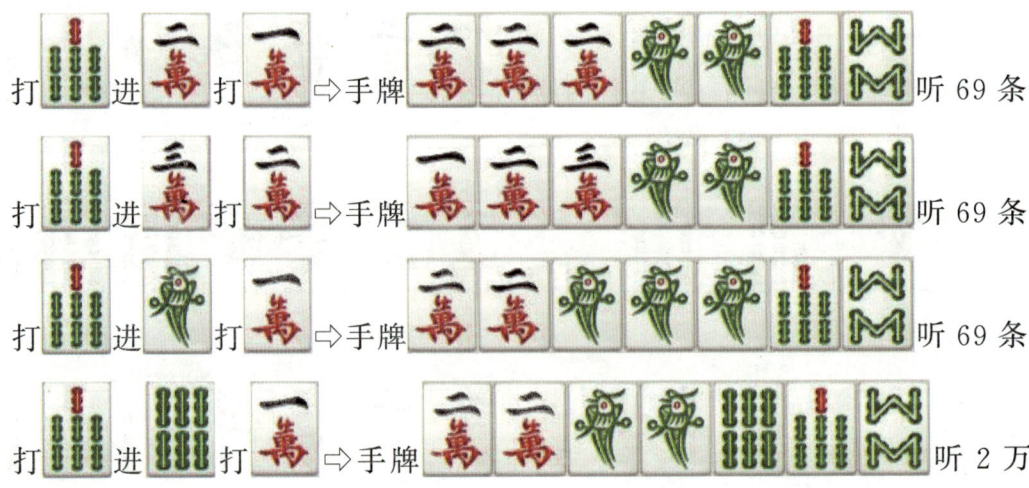

和 1 条

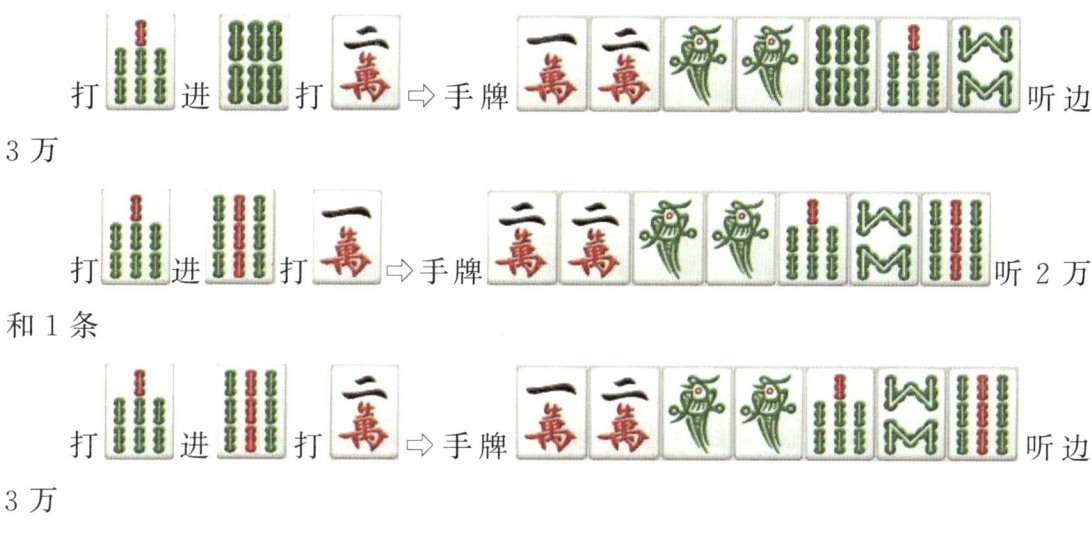

打🀓进🀕打🀈⇨手牌🀇🀈🀐🀐🀓🀓🀕听边3万

打🀓进🀔打🀇⇨手牌🀈🀈🀐🀐🀒🀕🀕听2万和1条

打🀓进🀔打🀈⇨手牌🀇🀈🀐🀐🀑🀕🀕听边3万

1 打7条进2万、3万或1条⇨听69条；

2 打7条进6条或9条⇨听2万和1条对倒或听边3万；

3 打7条共16张可进，2万、3万和1条共剩8张，6条和9条共剩8张；

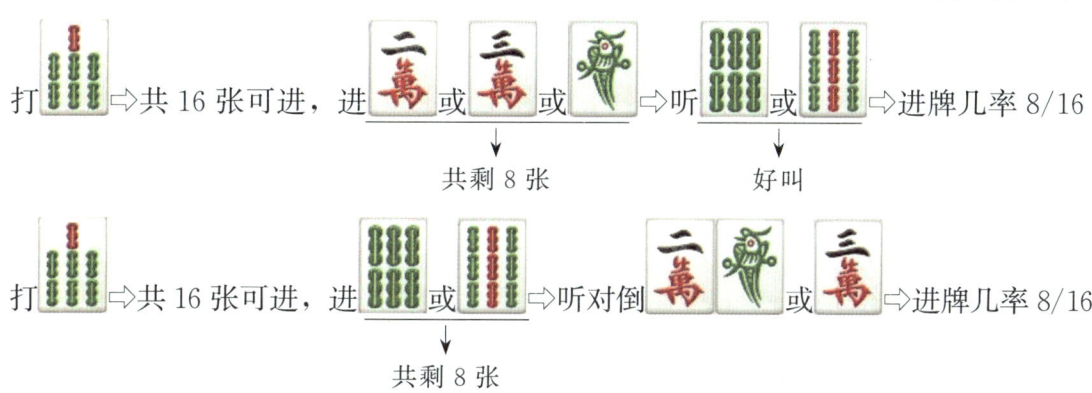

打🀗⇨共16张可进，进🀈或🀉或🀐⇨听🀗或🀘⇨进牌几率8/16

共剩8张　　　　好叫

打🀗⇨共16张可进，进🀗或🀘⇨听对倒🀈🀐或🀉⇨进牌几率8/16

共剩8张

综上：69条是好叫，打7条有8/16的几率听69条，打2万有4/16的几率听69条，因此我们要选打7条，8/16几率听69条！由此我们也可以得出结论，拆"对子带搭子"的牌型，应该拆掉好的对子带搭子，把碰牌机会留给差的对子带搭子。

【案例2】

这手牌打出哪张为最大几率？

🀈　🀉　🀉　🀉　🀍　🀎　🀎　🀁　🀂　🀂🀂
2万单张　3万刻子成牌　　788万一搭　　对3筒一搭　56筒一搭

可打的牌有278万，其他牌均不可打，打掉其他牌，牌面变成二进听，违反快速原则。

打 ⇨ 可进 共 6 门 24 张，减手里的 4 张，还有 20 张进牌几率；

打 ⇨ 可进 共 4 门 16 张，减手里的 4 张，还有 12 张进牌几率；

打 ⇨ 可进 共 4 门 16 张，还有 16 张进牌几率；

毫无疑问这手牌打 2 万为"最大几率"。

【案例 3】

下图一进听的牌型，打出哪一张为"最大几率"？

1 条是不能打的，打 1 条变二进听，违反快速原则。所以这手牌可以打的只有 23 万和 78 条。

打 ⇨ 可进 共 6 门 20 张进牌几率；

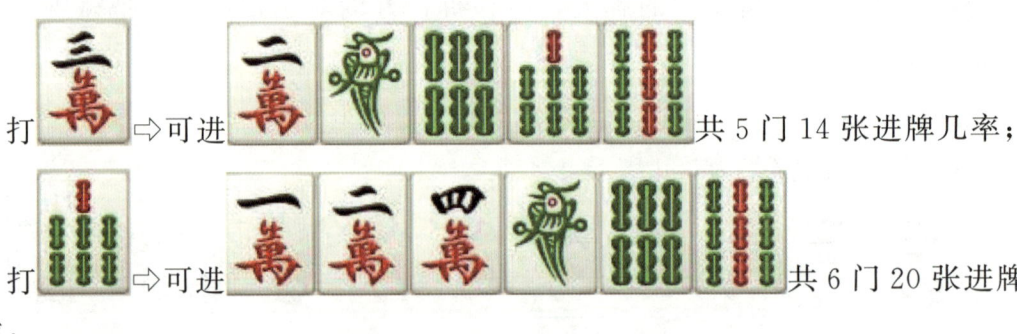

打 ⇨ 可进 共 5 门 14 张进牌几率；

打 ⇨ 可进 共 6 门 20 张进牌几率；

打 ⇨ 可进 共 5 门 14 张进牌几率；

可以发现打 2 万和 7 条拥有相同概率，打哪一张才是最高效的呢？那么根据之前的章节中讲到的对子价值中可以发现，对 2 万价值高于对 7 万，碰出机率何止大于一倍，所以这手牌保持最大几率应该打 7 条。

（三）常见牌型归类

看到这里估计有麻友会觉得，在牌桌上哪有这么长的时间去计算？你这样去算的话，下次谁还和你打。上面这些内容是为了给大家讲解清楚，并不是说要大家实战当中去这样算！但如果你是新手的话，建议大家空闲的时候，还是可以把麻将拿出来摆一摆，算一算。经常这样算牌，可以提高我们的逻辑演算能力，增加我们牌张取舍的经验。时间久了自然能够从量变成为质变，计算速度也能够从一分钟变成一秒钟。你自己去算了，就会有所发现。如果你连最大几率都打不出来，打得再久都没有用，只是在玩运气的游戏，永远只会停留在低级段位。我们想要在这个领域上取得很高的胜率，取决于我们对这件事情的热爱程度有多少，你的付出有多少！

经过我无数次的练习和演算，接下来给大家分享几个我们常见牌型的归类。为什么要归类？归类之后我们打牌就可以形成套路，在遇见相同牌型的时候，直接按照套路打，就能够打出最大几率，从而大大提高我们的计算速度！

【案例 1】

以下 5 种牌型有什么共同点？分别应该打出哪一张为最大几率？

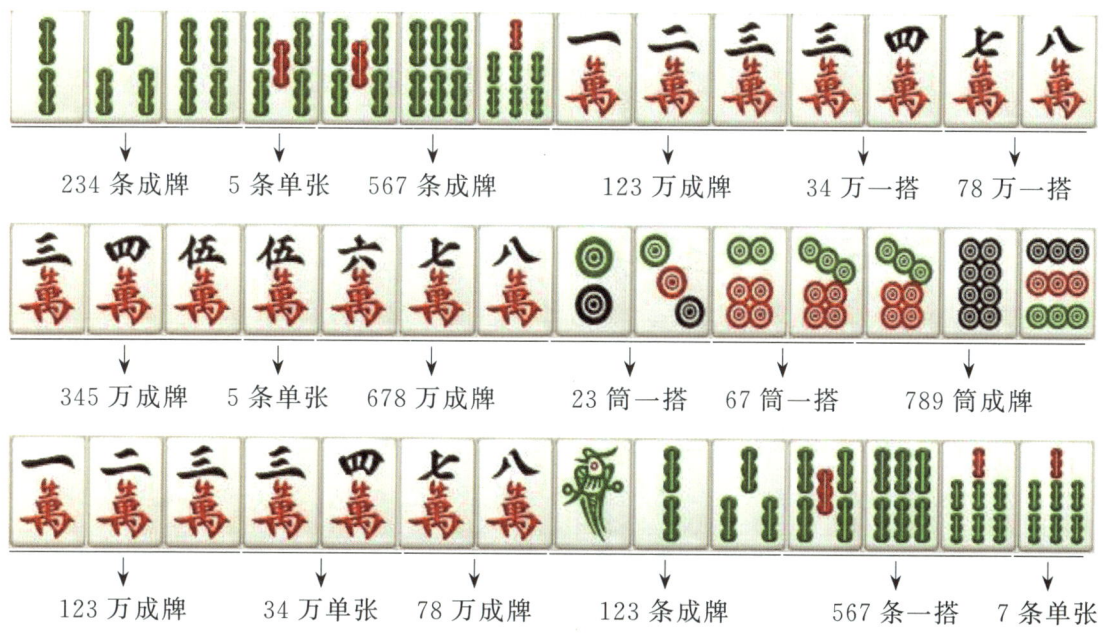

234 条成牌　5 条单张　567 条成牌　123 万成牌　34 万一搭　78 万一搭

345 万成牌　5 条单张　678 万成牌　23 筒一搭　67 筒一搭　789 筒成牌

123 万成牌　34 万单张　78 万成牌　123 条成牌　567 条一搭　7 条单张

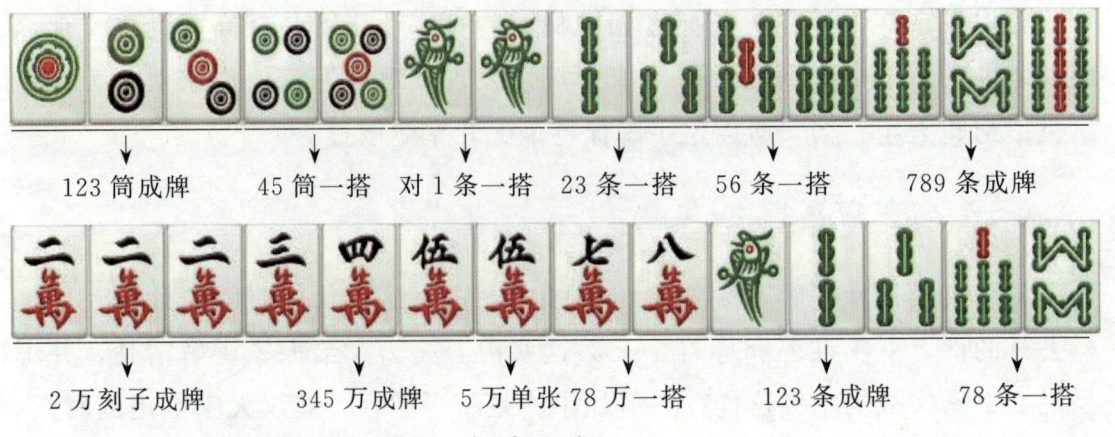

123 筒成牌　　45 筒一搭　　对 1 条一搭　　23 条一搭　　56 条一搭　　789 条成牌

2 万刻子成牌　　345 万成牌　　5 万单张 78 万一搭　　123 条成牌　　78 条一搭

这五副手牌的共同特点为"全手无对"。

有人说不是有对子吗？如手牌 1 有一对 5 条，觉得有对子的可以再看看"如何分解手牌和五搭牌原理"这一章。这张 5 条严格来说是"衍牌"，即一个搭子多出的牌。"衍牌"有时有用有时无用，后面章节会讲，这里不再展开。那么我们找到了共同点，均归为"全手无对"类型，接下来看看该怎么打？

以手牌 1 为例：

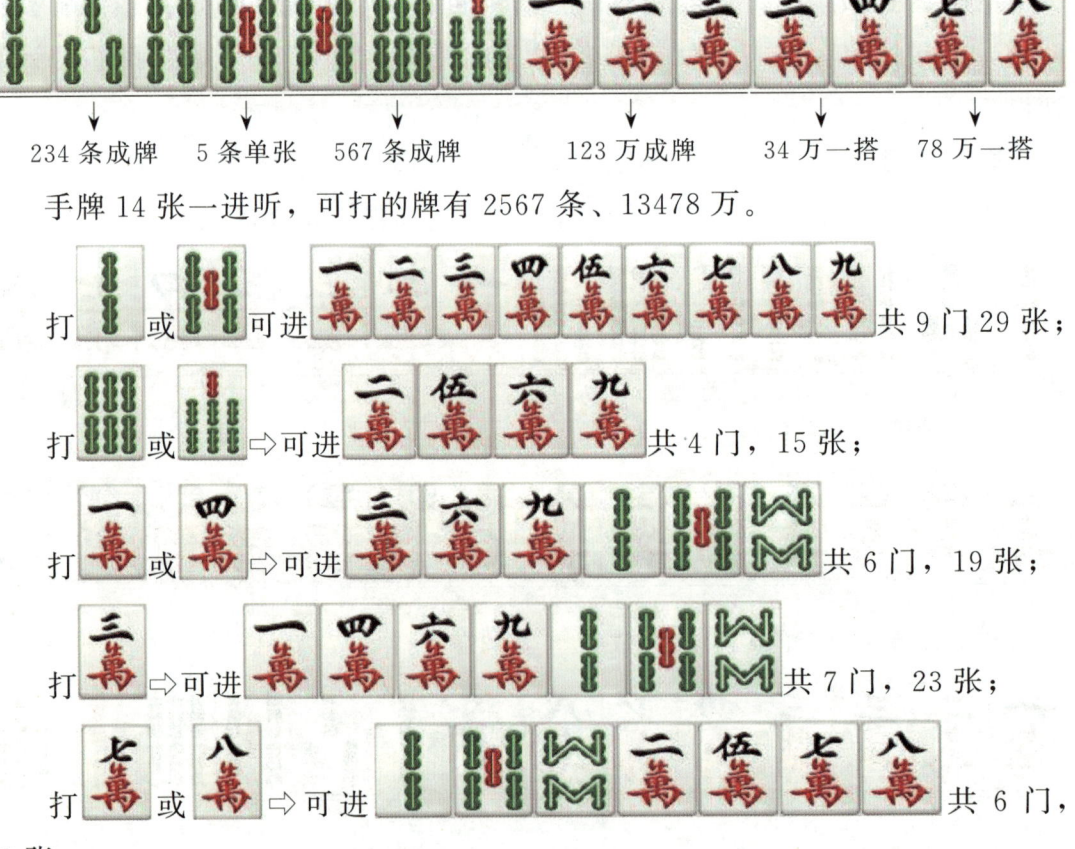

234 条成牌　　5 条单张　　567 条成牌　　123 万成牌　　34 万一搭　　78 万一搭

手牌 14 张一进听，可打的牌有 2567 条、13478 万。

打　🀒　或　🀓　可进　🀇🀈🀉🀊🀋🀌🀍🀎🀏　共 9 门 29 张；

打　🀓　或　🀒　可进　🀈🀋🀌🀏　共 4 门，15 张；

打　🀇　或　🀊　可进　🀉🀌🀏🀓🀕🀌　共 6 门，19 张；

打　🀉　可进　🀇🀊🀌🀏🀓🀕🀌　共 7 门，23 张；

打　🀍　或　🀎　可进　🀒🀕🀌🀈🀋🀍🀎　共 6 门，19 张；

从上面可以看出，出牌不同，造成可进牌数差别非常大。这副手牌打出 2 条或 5 条，为最大几率。

由此我们可以得出结论：**当手牌一进听"全手无对"类型时，保留 2 个未完成搭，为最大几率打法。**那么按照我们得出的结论，这五副手牌的答案应该是：牌 1 打 5 条，牌 2 打 5 万，牌 3 打 7 条，牌 4 打 1 条，牌 5 打 5 万。这种方法非常的简单快捷好用，大家可以自己去分别计算验证一下。

【案例 2】

以下 5 种牌型有什么共同点？分别应该打出哪一张为最大几率？

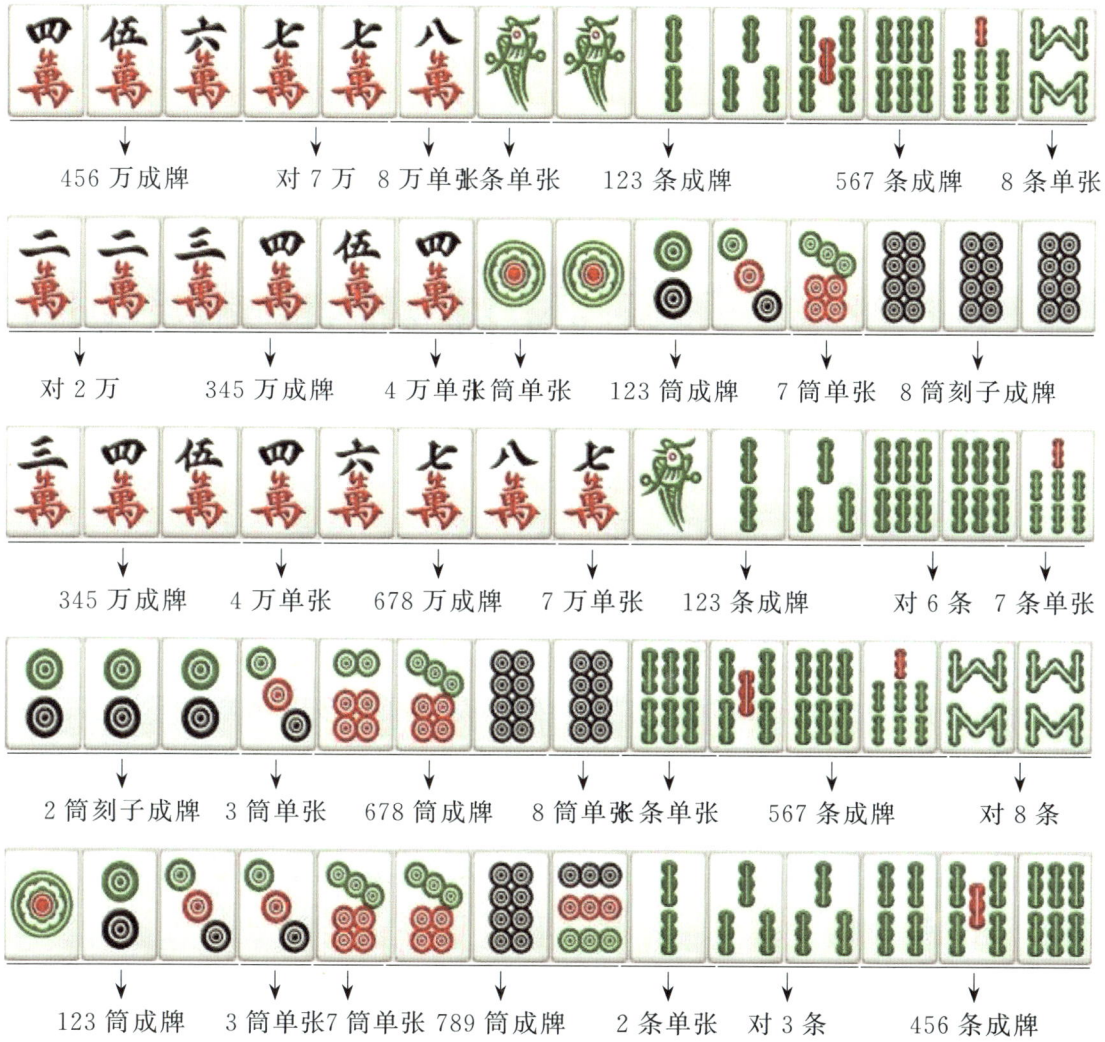

这 5 手牌的共同特点为"一对三单"（即一个对子，3 个单张）。找到了共同点，下面我们来研究该怎么打？以手牌 1 为例，手牌 14 张需要打出 1 张，牌面一进听，可打的牌有 478 万、1258 条。

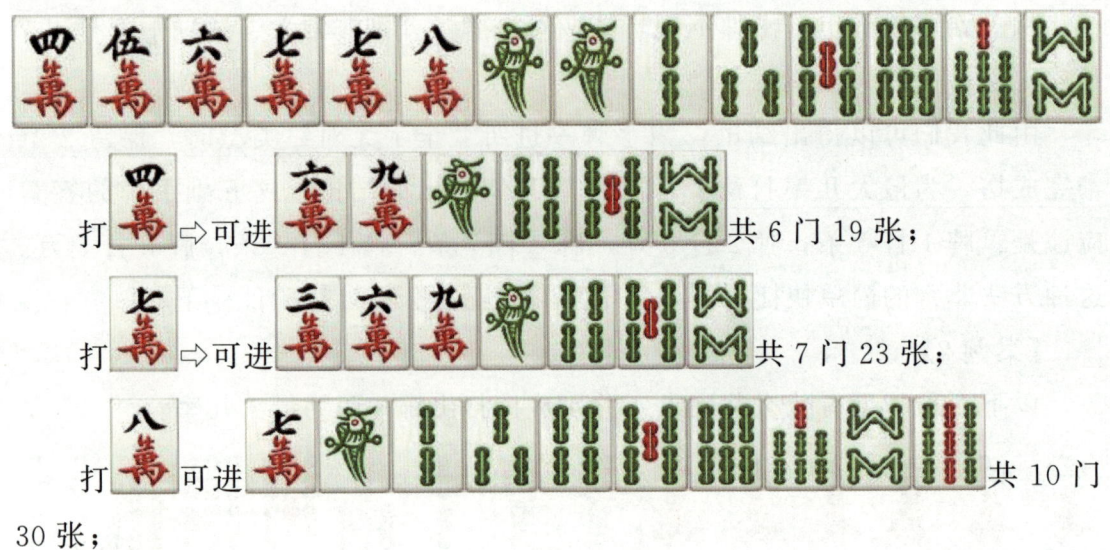

打 四万 ⇨可进 六万 九万 一索 三索 四索 七条 共 6 门 19 张；

打 七万 ⇨可进 三万 六万 九万 一索 三索 四索 五索 七条 共 7 门 23 张；

打 八万 可进 七万 一索 三索 四索 五索 六索 七索 八索 九索 七条 一万 共 10 门 30 张；

打 一索 ⇨可进共 13 门 42 张，如下

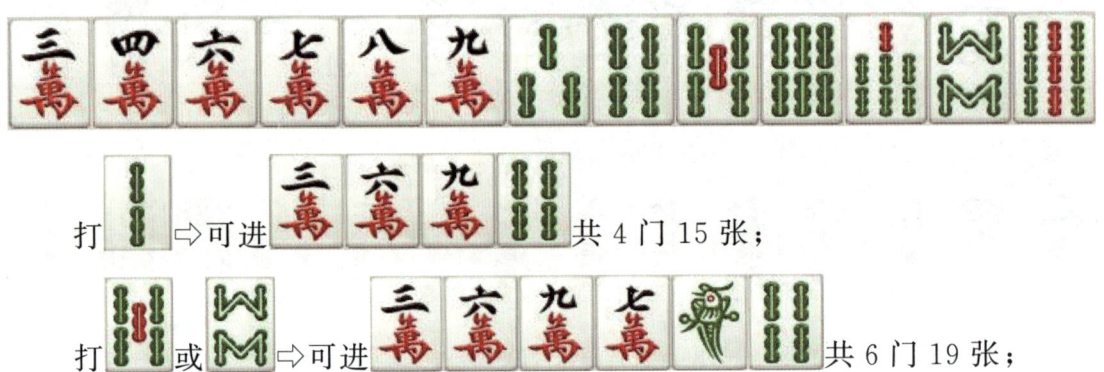

打 三索 ⇨可进 三万 六万 九万 一索 共 4 门 15 张；

打 五索 或 七条 ⇨可进 三万 六万 九万 七万 七条 一索 共 6 门 19 张；

综上可以看出，这副手牌肯定打 1 条。

但是在实战中一张张算可进牌数，特别是选择很多时，显然不现实。能不能利用我们先前的归类，来简化计算过程呢？不难看出 1 条为归类中的 1 单，是不是我们可以假设手牌"1 对 3 单"类型时，打掉其中一张单牌为最大几率打法呢？这手牌" 一对三单"单牌有 8 万，1 条，5 条或 8 条，我们分别研究下这三张单牌。

➤ 8 万，可靠 34689 万，共 6 门 19 张（这里一对 7 万不能算，因为全手一对二单时，进到对子必下叫）；

➤ 1 条可靠 1234 条，共 4 门 12 张；

➤ 5 条或 8 条，可靠 3456789 条，共 7 门，24 张；

综上我们可以得出结论：当手牌为"1 对 3 单"类型时，打掉可靠张数最少的单张，保留可靠门数张数更多的另两个单张，为"最大几率打法"。

按照这个结论，这 5 道题的答案应该是：手牌 1 打 1 条，牌 2 打 4 万，牌 3 打 4 万或 7 万，牌 4 打 6 条，牌 5 打 3 筒或 7 筒。这个套路打法简化了过程，但是仍旧需要一些计算能力。

"1 对 3 单"不光要计算单张本身的靠搭能力，还要看单张周边的邻牌能不能带来靠搭能力。比如"金三银七"那一章节有讲过手里有 37、38 和 27 的时候，那一整门都是进张，这些快速算出进张的小方法和小技巧我们都可以加以利用。想要快速准确还是需要多练习，大家可以自己分别计算加以验证。

【案例 3】

以下 5 种牌型有什么共同点？分别应该打出哪一张为最大几率？

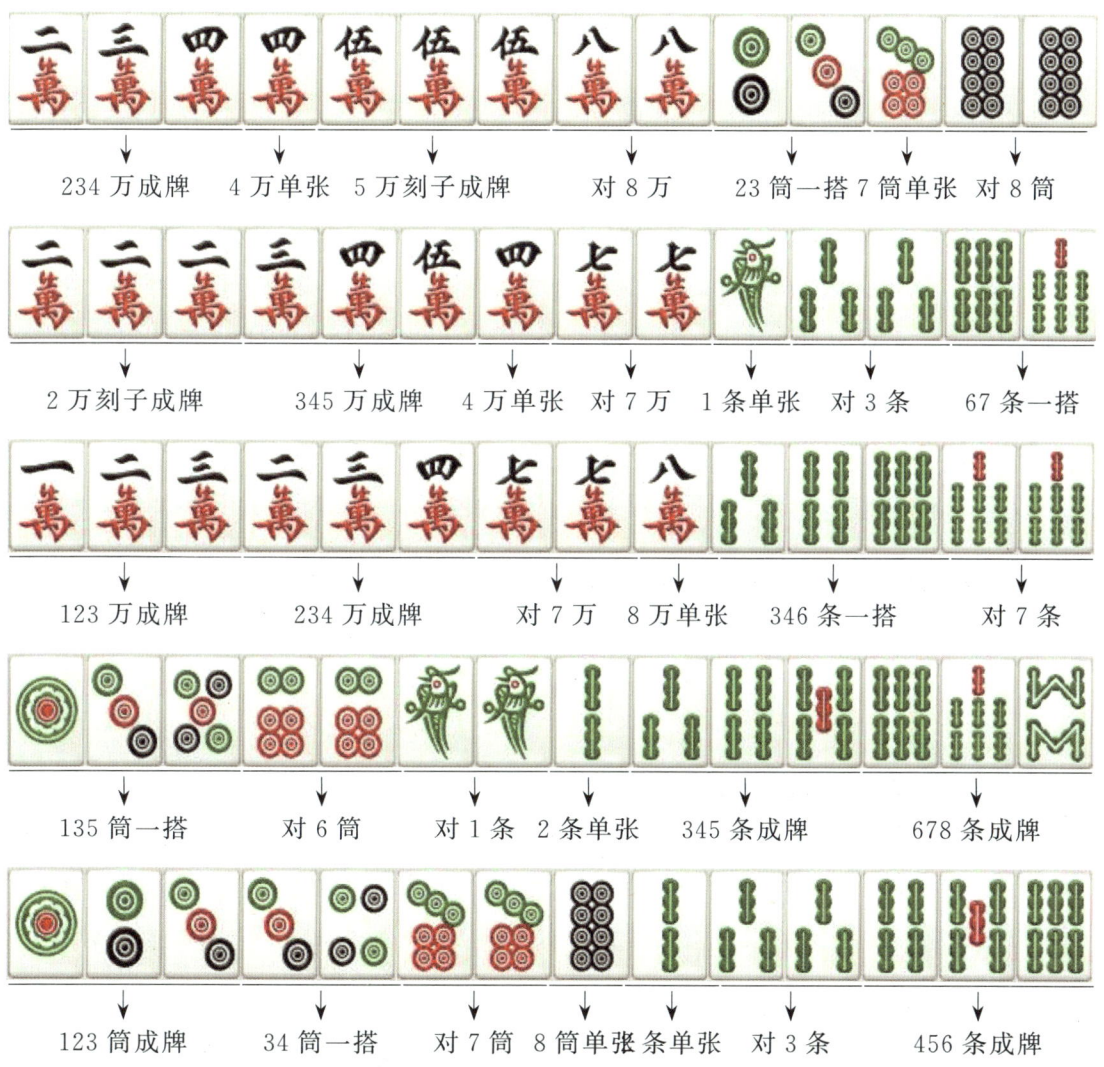

234 万成牌　　4 万单张　5 万刻子成牌　　对 8 万　　23 筒一搭 7 筒单张　对 8 筒

2 万刻子成牌　　345 万成牌　4 万单张　对 7 万　1 条单张　对 3 条　67 条一搭

123 万成牌　　234 万成牌　对 7 万　8 万单张　346 条一搭　对 7 条

135 筒一搭　对 6 筒　对 1 条　2 条单张　345 条成牌　678 条成牌

123 筒成牌　34 筒一搭　对 7 筒　8 筒单张　条单张　对 3 条　456 条成牌

这 5 手牌的共同特点为"全手两对"（即每副手牌都有 2 个对子）。同样我们应该怎么打呢？还是以手牌 1 为例，手牌 14 张，需要打出 1 张，牌面一进听，可打的牌有 4 万 78 筒，其他牌不能打，打了不是一进听，违反快速原则。

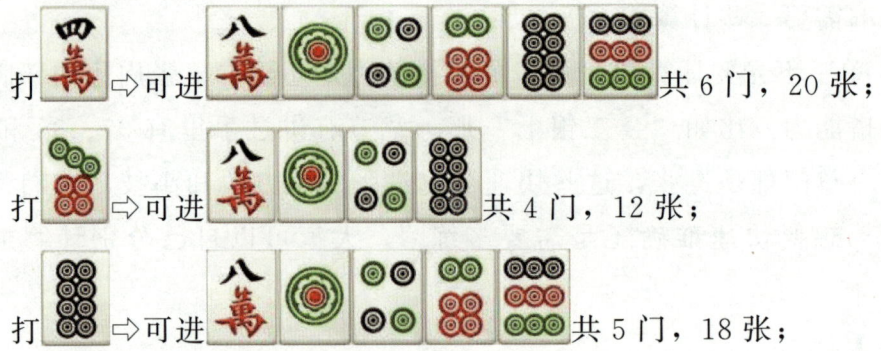

打 [四万] ⇨ 可进 [八万][筒][筒][8筒][8筒][筒] 共 6 门，20 张；

打 [筒] ⇨ 可进 [八万][筒][筒][筒] 共 4 门，12 张；

打 [筒] ⇨ 可进 [八万][筒][筒][8筒][筒] 共 5 门，18 张；

由此可见，这副手牌应该打 4 万。

我们可以得出结论：当手牌"全手两对"类型时，打成两对半（2 对靠 1 张），为最大几率打法。

按照这个结论推算，这 5 道题的答案应该是：手牌 1 打 4 万，牌 2 打 4 万，牌 3 打 6 条，这里为什么打 6 条，而不是打 8 万，那是因为 34 条需要 5 条，677 条也需要 5 条，有效牌重复了。牌 4 打 5 筒，打 1 筒或 5 筒数学上几率都相同，为什么要打 5 筒，就要结合之前的知识点各种搭子的判断，卡 2 明显优于卡 4，所以此处打 5 筒。牌 5 打 8 筒。全部打成两对半还是很简单容易的，大家也可以去推算验证下正确性。

【案例 4】

以下 5 种牌型有什么共同点？分别应该打出哪一张为最大几率？

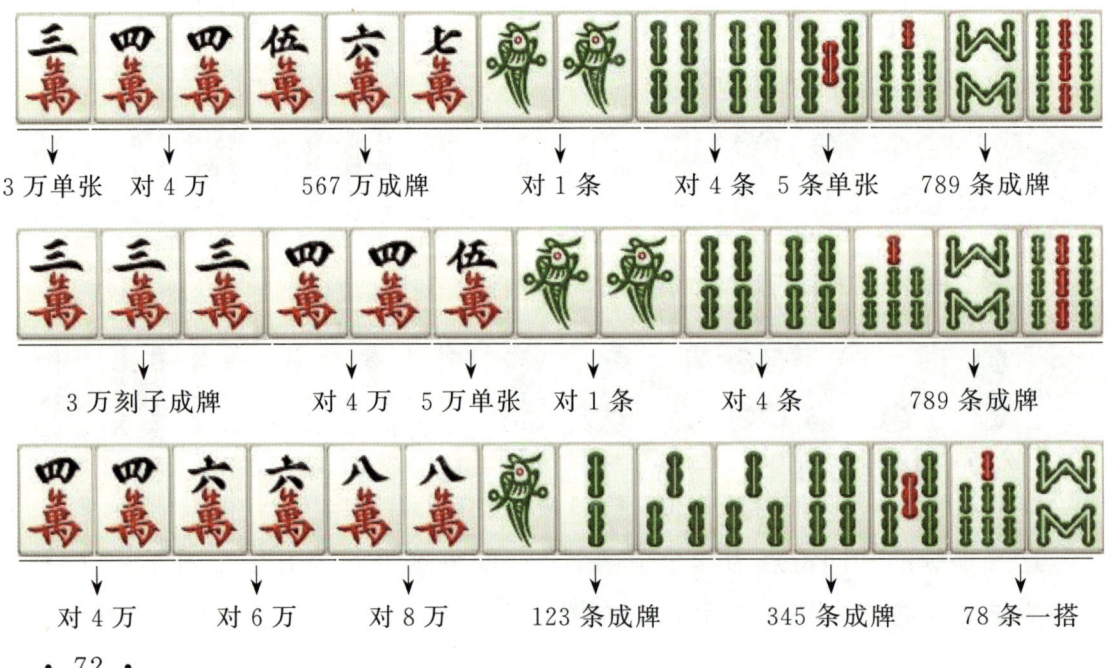

3 万单张　对 4 万　　567 万成牌　　对 1 条　　对 4 条　5 条单张　　789 条成牌

3 万刻子成牌　　对 4 万　5 万单张　对 1 条　　对 4 条　　789 条成牌

对 4 万　　对 6 万　　对 8 万　　123 条成牌　　345 条成牌　　78 条一搭

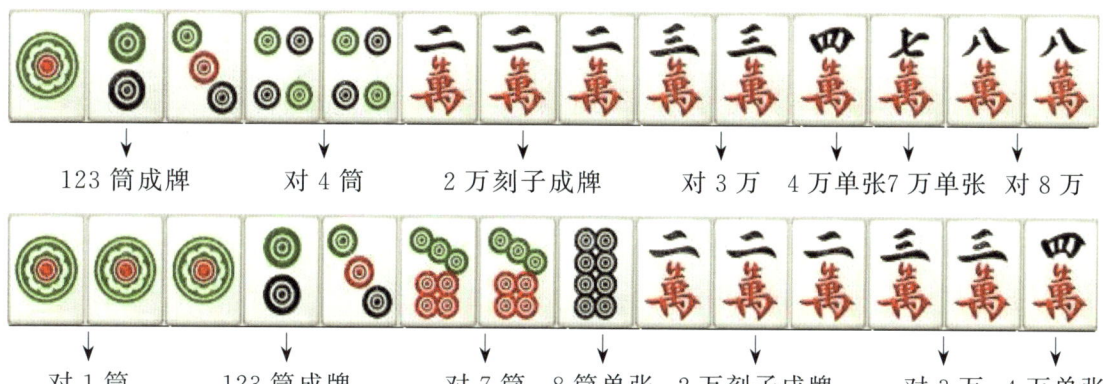

123筒成牌　　对4筒　　　2万刻子成牌　　对3万　4万单张7万单张　对8万

对1筒　　　　123筒成牌　　对7筒　8筒单张　2万刻子成牌　　对3万　4万单张

这5手牌的共同特点为"全手三对"的情况。我们应该怎么打？还是以题1为例，手牌14张，需要打出1张，牌面一进听，可打的牌有347万、45条，其他牌不能打，打了不是一进听，违反快速原则。

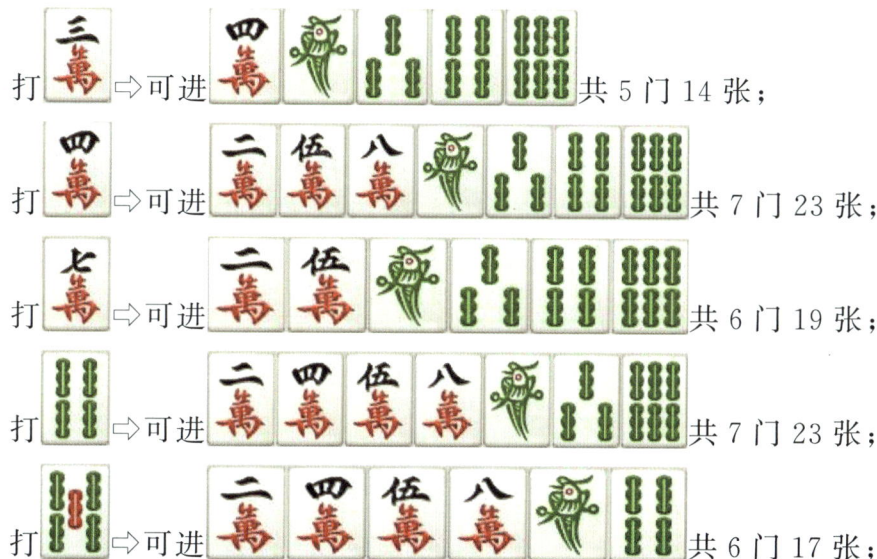

打 三万 ⇨ 可进 四万 一条 二条 三条 四条　共5门14张；

打 四万 ⇨ 可进 二万 伍万 八万 一条 三条 四条　共7门23张；

打 七万 ⇨ 可进 二万 伍万 一条 二条 三条 四条　共6门19张；

打 四条 ⇨ 可进 二万 四万 伍万 八万 二条 三条　共7门23张；

打 二条 ⇨ 可进 二万 四万 伍万 八万 一条 三条　共6门17张；

此题打4万或4条上牌几率相同，那应该打哪一张？这里应该打4万，因为344万需要的是25万，445条需要的是36条，两面搭子的好与坏取决于它的靠张是中张还是边张。

同样我们得出结论：当手牌"全手3对"类型时，依然打成两对半（2对靠1张），为"最大几率打法"。这里与前面讲的"全手两对"套路异曲同工。

按照这个结论，这5道题的答案是：题1打4万，题2打4条，题3打6万，题4打8万，题5打7筒。如果有杠的，尽量保留一坎，因为可以杠的话，就能得分，如果坎已现，当然是打坎这张为最大几率。

（四）本节重点

最大几率套路打法，总结下来就3个原则：

1. 手牌无将一上听，手里保留 2 个搭子才是最大几率；

2. 一对三单，打掉靠搭能力最弱的单张为最大几率，单张周边有顺子，可以给这个单张带来靠搭能力！同一花色的两张中张单牌，存在有效牌重复问题，可以优先考虑打掉其中一张。手牌一对一上听，先定将！

3. 手牌两对，打成两对半，手牌三对拆成两对半，拆对我们应该拆掉好的对子带搭子，把碰牌的机会留给差的对子带搭子！

麻将所有的牌型，都可以套用拆搭的 3 个原则和最大几率的 3 个原则，去进行拆搭！这 6 个原则是核心、是重点！所谓"早听三分胡，"只要熟练掌握并灵活运用这 6 个原则，我们就可以轻松正确的拆搭，减少丢张，快速听牌！

▶注意：前期可以考虑适当违反"最大几率"，比如手牌三个对子都是字牌对子和幺九对子，比较好碰出，可以考虑三对不拆对，当然也要看敌家喜不喜欢扣牌。

这里格外强调一下，当手牌为六搭的时候，我们应该优先把手牌打成五搭，才符合速战兵法。五搭牌排在第一位，然后再来考虑本章讲的这些最大几率套路打法。

二、快速原则

（一）快速原则也叫"速战兵法"

快速原则用一句话概括即牌面从 4 进听打到 3 进听，从 3 进听打到 2 进听，再到 1 进听，再到听牌，最后和牌。凡是使手牌有所前进的运作，就是快速原则。

麻将怎么才是胜利？谁能最快速完成四搭一对和牌就是胜利。"最大几率"其实是过程，"快速原则"才是基础。两者相辅相成，不可分割，但"快速原则"更为基础更为重要，"最大几率"为"快速原则"服务。快速原则是非常重要的基本概念，虽然只有一句话，却是许多人打了一辈子麻将仍然会迷惑的问题。速战兵法的宗旨是快，而不是求大或者求宽，如果手牌没有前进，再大的几率都是零！

（二）案例讲解

【案例1】

如下图所示这是一个一进听的牌型，什么是一进听？通俗的说即再进一张牌就可以听牌。这手牌上家打2筒，我们碰不碰？

这手牌我们只需要摸进2469条这4门中的任意一门都能听牌。如果上家打2筒，我们碰了之后，打出1条，会有3456789条一共7门可进，进牌几率增加了，但是此时的碰牌动作绝对不会使牌面向前进一步变听牌。

碰并未听牌

【案例2】

这手牌上家打3万、4条或者8条我们碰不碰？

①不碰，我们摸进2万或4万，就会使牌面变为听牌。

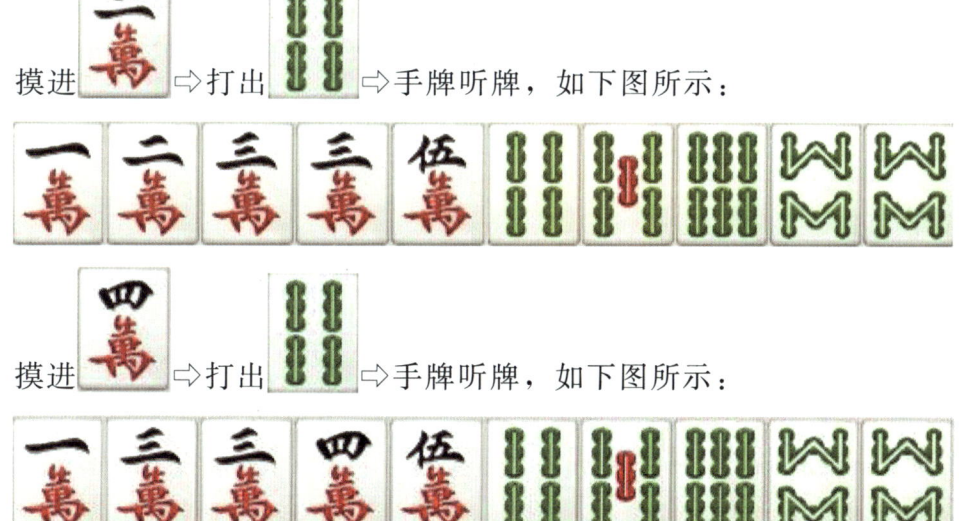

摸进二万⇨打出⇨手牌听牌，如下图所示：

摸进四万⇨打出⇨手牌听牌，如下图所示：

②碰3万或者8条，打出1万，有34567万和234567条11门可进。

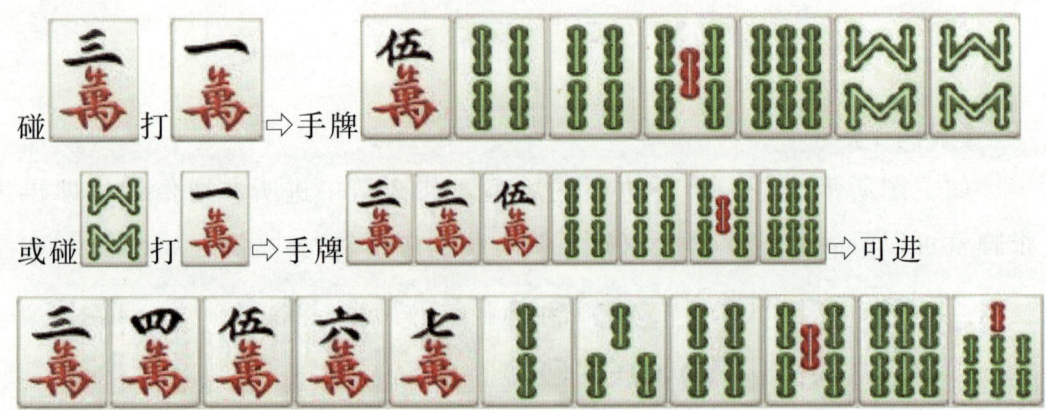

共 11 门

③碰 4 条，打出 1 万，有 34 万和 47 条 4 门可进。

⇨可进

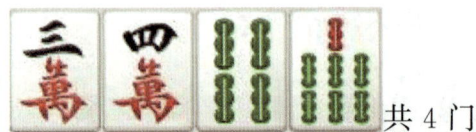

共 4 门

很明显碰牌动作，都不会使牌面向前进一步，只是增加了下一巡的进牌几率。

根据快速原则定义，上面几种情况都不应该碰，因为碰牌并没有使我们的手牌前进一步。特别是上家打的牌，本该你摸牌，你永远不知道下一张会摸到什么，再小的几率都有可能出现。不会让牌前进的动作，就是违反"快速原则"。记住前进才是胜利，前进才是王道！

【案例 3】

根据五搭牌原理，万子这边必须是 2 搭牌，57 万一搭，79 万一搭。如果此时敌家打 5 筒或打 2 条，我们碰不碰？

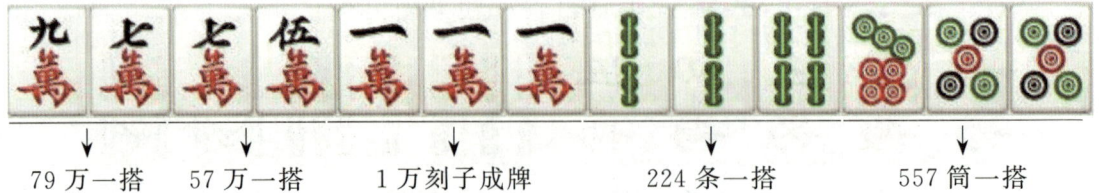

| 79 万一搭 | 57 万一搭 | 1 万刻子成牌 | 224 条一搭 | 557 筒一搭 |

▶碰 5 筒，打 4 条，手牌前进一步变为一进听。为什么打 4 条？手牌一上听，应该尽早定将！

碰 ▢ ⇨打 ▢ ⇨手牌变一进听

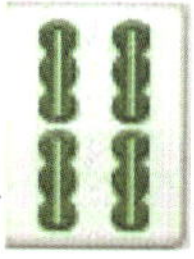

九萬 七萬 七萬 伍萬 一萬 一萬 一萬 ‖条 ‖条 ◎筒

▶碰 2 条打 7 筒，手牌变为一进听，如下图所示：

碰 ▢ ⇨打 ▢ ⇨手牌变一进听

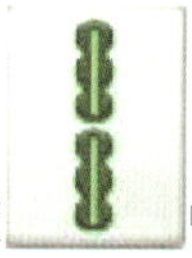

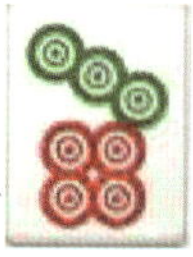

九萬 七萬 七萬 伍萬 一萬 一萬 一萬 ◎筒 ◎筒 ‖条

以上碰牌后手牌变为一进听，下一巡敌家继续打 2 条、5 筒或 7 万也绝对没有再碰的道理，因为碰了也还是一进听！

【案例 4】可以吃的牌型

这也是一个一进听的牌型，摸进 456789 万或 19 条听牌，共 8 门可进。

这手牌上家打出 1 筒，我们吃不吃？

◎筒 ◎筒 ◎筒 ◎筒 ◎筒 ◎筒 六萬 七萬 八萬 九萬 一条 一条 ‖条

↓　　　　↓　　　　　↓　　　　↓　　↓
234 成牌　　567 成牌　　678 或 789 成牌　对 1 条　9 条单张

可进 四萬 伍萬 六萬 七萬 八萬 九萬 一条 ‖条 共 8 门⇨听牌

▶假设我们吃 1 筒，打 9 条如下图

①吃 ▢ 打 ▢ ⇨手牌变

此时可进 456789 万 1 条 2345679 筒听牌，共 13 门，如下图所示：

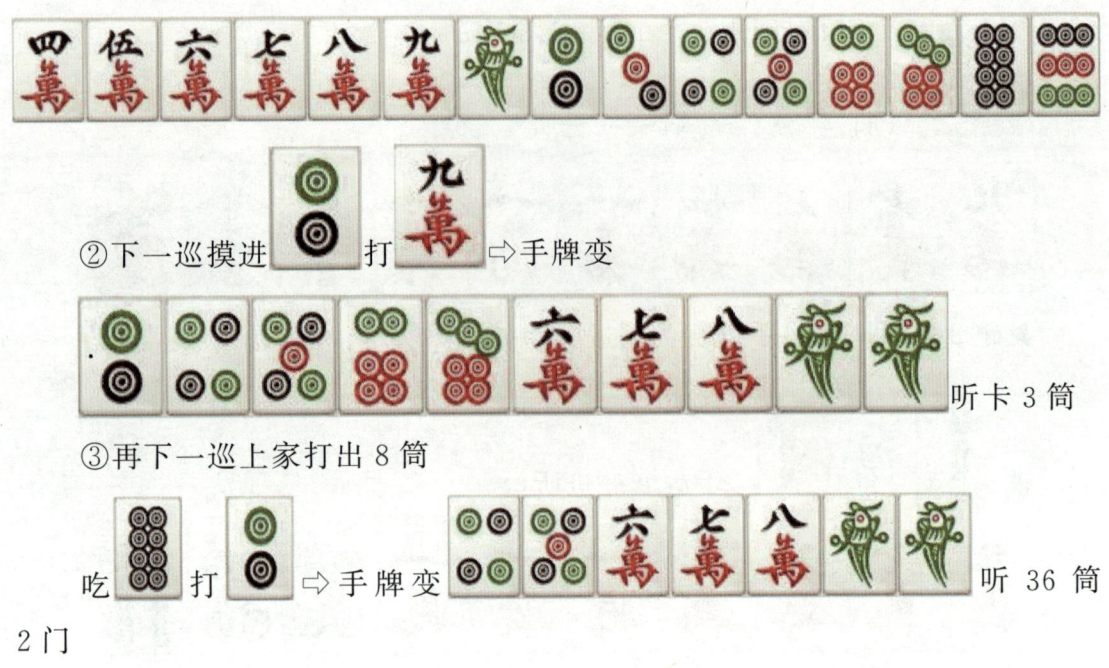

②下一巡摸进 ⊙ 打 九萬 ⇨手牌变

听卡 3 筒

③再下一巡上家打出 8 筒

吃 ▦ 打 ⊙ ⇨手牌变

听 36 筒 2 门

上面的每一次吃牌手牌都没有前进，每一步都只是在增加进张几率和和牌几率。所以依照快速原则，我们不应该吃牌。

【案例5】

如下图所示也是一个一进听牌型，这手牌上家先打 3 条，再打 3 筒我们吃不吃？

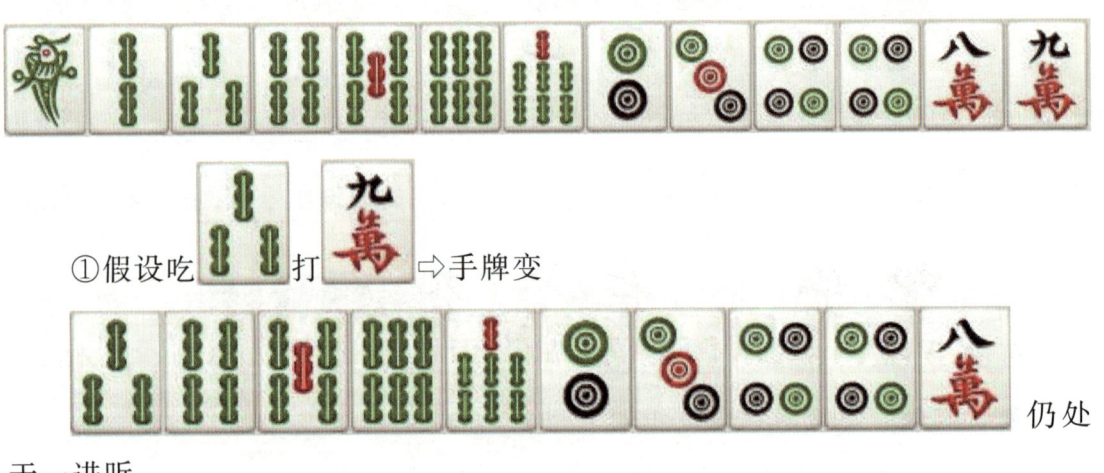

①假设吃 打 九萬 ⇨手牌变

仍处于一进听

②下一巡吃 打 八萬 ⇨手牌变

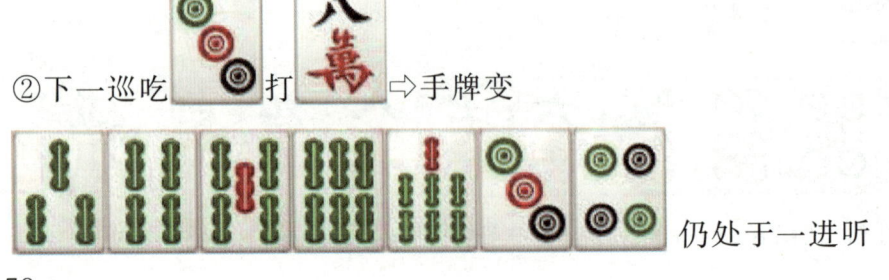

仍处于一进听

可以看到我们吃了 2 手后，手牌仍旧停留在一进听。如果换成高手，这副手牌边 7 万都已经和了好几次了。

【案例 6】

◆ 这副手牌上家打 7 条，再打 5 筒我们吃不吃？

① 吃 ⇨ 打 ⇨ 手牌 变一进听

为什么是打 6 条？这里 3 筒的价值要比 6 条高太多，筒子这边摸进 12345 筒都有着绝佳的利用性和变化，而 6 条是孤张。吃 7 条打 6 条后，我们的手牌向前进了一步变成了一进听的牌型，所以这里我们要选择吃。

那么接着的 5 筒我们还吃不吃呢？前面吃了 7 条后，对 4 筒就是将牌，所以这里 5 筒我们不吃了。而且假设我们继续吃 5 筒打 4 筒，我们的手牌还是一进听，并没有向前进一步，如下图：

② 再吃 ⇨ 打 ⇨ 手牌 ⇨ 还是一进听

◆ 如果这手牌上家先出 5 筒，再出 7 条我们吃不吃？如下图：

① 假设吃 打 ⇨ 手牌 变一进听

② 再吃 打 ⇨ 手牌 还是一进听

同理 5 筒可以吃，后面再打 7 条我们就不能再吃了。

◆ 上家先打 7 条，再打 5 万，我们吃不吃？

① 吃 打 ⇨ 手牌 变一进听

②吃 打 ⇨手牌 变听牌，听卡 2 万

所以这里我们要选择吃，吃完我们的手牌就变听牌了。

听牌后下一巡对家打出 4 筒，我们还碰不碰？

当然不碰，碰的话就违反快速原则了。已经听牌不要碰，除非上家有吃牌的动作，再或者是河里已经现了 3 张 2 万。再或者 3 万有人碰了，河里 1 万有一张，但是 2 万一张没有现！所以如果要碰，必须要有说的过去的理由。

【案例 7】

◆ 这手牌上家打 3 筒，我们吃不吃？

当然要吃，吃完以后，根据最大几率打法打掉 7 万，把手牌打成两对半牌型！

①吃 打 ⇨手牌变"两对半牌型"

下一巡上家又打 3 筒，还是要吃，吃完打 5 万听 36 万。

②吃 打 ⇨手牌 听牌，

听 36 万

◆ 上家打 3 万吃不吃呢？也要吃，吃完打 5 万，听边 3 筒。

吃 打 ⇨手牌

听牌，听边 3 筒

不能吃只能碰的局

上家打出 1 筒我们碰不碰？当然碰！根据最大几率打法和拆搭技巧，3 对应该拆对，拆对应该拆掉好的对子带搭子，把碰牌的机会留给差的对子带搭子，所以这里应该打掉 5 万。

①碰 ⇨打 ⇨手牌

接着对家打 2 筒，碰不碰？当然要碰，碰了打 7 万，听 36 万。

②碰 ⇨打 ⇨手牌　听 36 万。

以上不管是能吃的局，还是不能吃的局，我们都看到了最大几率和速战兵法的结合！当然上了牌桌，打法并不只有一种。但快速原则是最基础、最重要、最应该实施的。只要打好快速原则，就能长期立于 50％ 以上小赢位置。麻将的输赢，决不是一种打法就能左右的，需要我们灵活运用。

经常输的麻友请今后都按照快速原则来打牌，如果还是常输的话，那是因为快速原则打不好或者最大几率打不出，基本功没学好，许多牌处理上有问题，也会影响到前进得快慢。如果前进时与最大几率没有冲突，速战兵法就要和最大几率合并，前进的同时能够打出符合速战兵法的最大几率时，那就是如鱼得水，无往而不胜了！

（三）怎么判断自己的牌面处于几进听？

前进是速战兵法的重点，那么随时清楚自己牌面处在几进听，显得至关重要。试问几进听都不知道，如何判断有没有前进呢？高手一般从四进听就会开始计算，有些麻友自己到一进听了都还不知道，你说怎么打？所以随时清楚牌面几进听，就是打好快速原则的前提和关键！

怎么看自己的牌面处于几进听呢？其实很简单，给大家分享一个公式，我们要在自己脑海里牢牢记住这个公式！$8－M \times 2－N＝X$，这个公式里面的 M 代表的是已完成的搭数，N 代表的是未完成的搭数，X 代表的就是几进听了！

◆ 案例讲解

【案例 1】下图手牌是几进听？

第一步先分解：

123 万成牌　　23 万一搭　　567 万成牌　　122 条一搭　　67 条一搭

M 已完成搭数：2 搭，N 未完成搭数：3 搭，所以套入公式 8－2＊2－3 ＝1，这手牌处于 1 进听。

【案例 2】下图手牌是几进听？

第一步先分解：

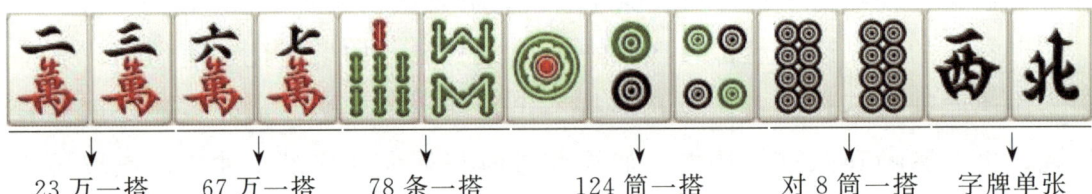

23 万一搭　　67 万一搭　　78 条一搭　　124 筒一搭　　对 8 筒一搭　　字牌单张

已完成 0 搭，未完成 5 搭，套入公式即 8－2＊0－5＝3，这手牌处于 3 进听。

如果这手牌摸进一张 1 万，那么此时搭子的情况就变成了：已完成 1 搭，未完成 4 搭，套入公式即 8－1X2－4＝2 进听，那么此时这手牌就从前面的 3 进听变成了现在的 2 进听，手牌前进了一步。

【案例 3】下图手牌是几进听？

第一步先分解：

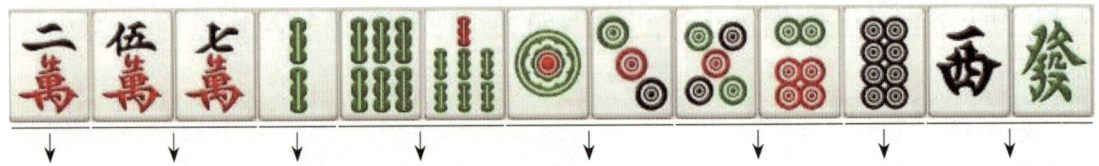

2 万单张　57 万一搭　2 条单张　67 条一搭　　13 筒一搭　　56 筒一搭　8 筒单张　字牌单张

已完成：0，未完成 4 搭，套入公式即 8－0＊2－4＝4 进听

【案例 4】下图手牌是几进听？

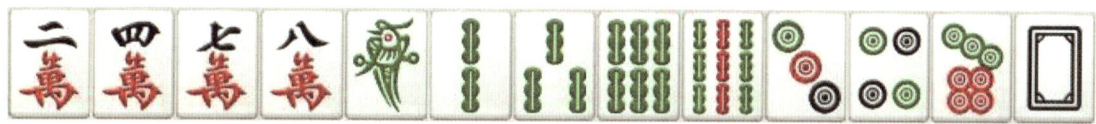

第一步先分解：

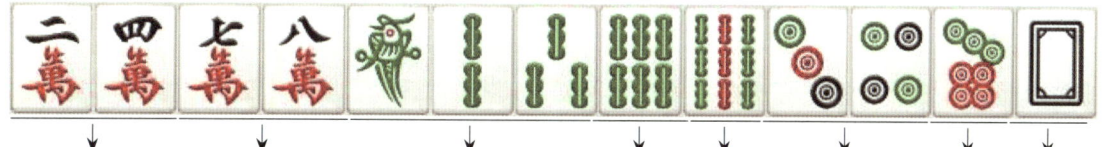

24 万一搭　　78 万一搭　　123 条成牌　　6 条单张 条单张 34 筒一搭　7 筒单张 铁板单张

已完成：1 搭，未完成：3 搭，套入公式即 8－1＊2－3＝3 进听

【案例 5】下图手牌是几进听？

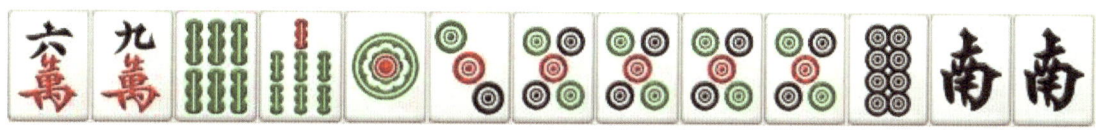

第一步先分解：

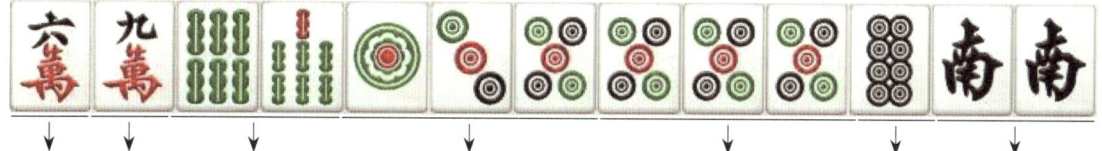

6 万单张 万单张 67 条一搭　　135 筒一搭　　5 筒刻子成牌　　8 筒单张 对南风一搭

已完成：1 搭，未完成：3 搭，套入公式即 8－1＊2－3＝3 进听

这手牌很多人喜欢杠掉 5 筒，其实这个 5 筒我们需要伺机而动。如果摸进 2 筒，我们可以开杠。但是后面如果摸进 4 筒，345 筒成牌，555 筒成牌可以组成 2 个已完成的搭子，开杠就不太划算了，除非杠的价值很高。

假设摸进 4 筒，不杠，如下图所示手牌就是 8－2＊2－2＝2 进听。

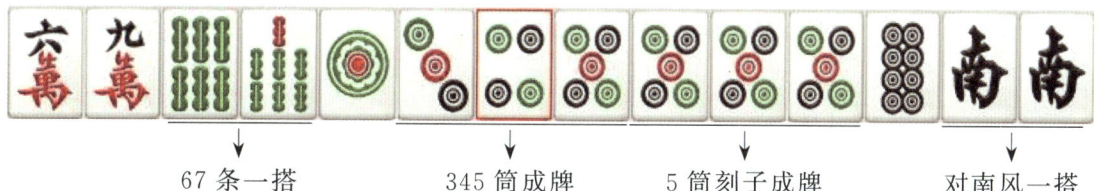

67 条一搭　　　345 筒成牌　　5 筒刻子成牌　　对南风一搭

摸进 4 筒杠 5 筒，手牌变 8－1＊2－3＝3 进听，牌反而后退了，违反快速原则。

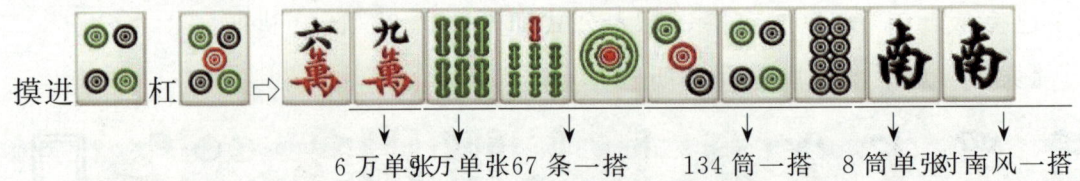

摸进 杠 ⇒

6万单张 万单张 67条一搭　　134筒一搭　8筒单张 对南风一搭

▶注意

这个公式手牌没有对子的时候会不准确，对子不能算是已完成的一搭，因为最后那一对将可以单吊得到。手牌六搭的时候不能去算，因为手牌六搭根据五搭牌原理需要拆搭。当然在序盘前期，某些时候吃碰之后，没有使手牌向前进一步，但是增加了我们下一巡的进牌几率，我们也可以考虑适当违反"速战兵法"，但也仅限于序盘！

综上所述，计算自己的牌面几进听是不是非常简单？搭子在摸打过程中会发生变化，会复杂化，也会优化。多思考，多练习，时间久了，我们就会觉得更简单。

（四）本节重点：

1. 明白快速原则即速战兵法的原理，那就是从4进听打成3进听，从3进听打到2进听，再从2进听打到1进听，再到听牌，最后和牌。凡是使手牌有所前进的动作，就是快速原则，反之则是违反快速原则！

2. 已经听牌了，就不要去碰，除非有足够的理由。

3. 慢慢练习，试着用最大几率和速战兵法结合，从而提高自己的胜率。

4. 要学会迅速看清自己的手牌有几搭，不用再去一一分解，私下多多练习。

5. 记住算几进听的公式，$8 - M * 2 - N = X$，M代表的是已完成搭数，N代表的是未完成搭数，X代表的是几进听。这个是必须掌握的基本功，而且要熟记于心快速算出。

三、四面招雀碰牌攻略

本章课程将会解大家答关于要不要通过碰牌来增加手牌最大几率听牌的疑惑？

（一）实战案例

【案例 1】

如下手牌：这是一个一进一听的牌型，要进的牌有 6 万和 7 筒，是两门 8 张的听牌几率。此时场上有人打出一张 8 条，我们要不要碰牌？

这里估计大家会有 3 种答案：

①□不要碰，碰了以后手牌没有将头；

②□可碰可不碰，说不清楚为什么要碰或者不碰；

③□要碰，因为我们现在的进张只有 2 门 8 张，碰了以后可以增加下一巡的听牌几率。

正确答案是第三种，必须碰！<u>给大家一个标准，一进听的牌型想要绝对的听牌，进牌就要在 4 门以上，进牌张数大于 10 张！</u>现在这个牌型 2 门 8 张是低于这个标准的，所以必须碰。

但是如果此时的牌局已经进入中后期，很多人都已经听牌，就不要去碰了。

如果是 258 做将的打法，8 条依然要碰。很多人在打 258 做将的时候，都存在一个思维误区，手里没有 258 将的时候，就一直在想办法解决 258 将的问题。我们应该以快速听牌和组搭成牌为主。甚至很多人手里没有 258 将的时候，会把手里的 2234、5567、7889 中的 34、67、79 刻意拆了留下 258 的将，这种做法都是不可取的。我们还是应该以 4 副成牌为主，说不定在组成 4 副成牌的过程中顺其自然地就把 258 将摸到了。最不济的那一吊将呢，我们可以通过单吊将得到或者是双头吊将比如 2345。而且很多时候也并不缺 258 将头。

假设我们碰 8 条，打出发财。手牌的可进张就变成了 567 万、678 筒，总共 6 门 20 张的听牌几率。比不碰 8 条多了 4 门 12 张的几率。碰了 8 条是绝对可以听牌的，虽然此时我们手牌没有了将头。但是我们可以利用手里的 57 万和 68 筒来兜将。将头也叫雀头，碰掉 8 条后手牌即变"四面招雀"牌型！

碰打⇒手牌变"四面招雀"

这个是我们最大几率打法里最基本的模式。**手牌一进听，不见得每次都需要先定将。** 像这种手上有两个卡张搭子的牌型，我们可以把它打成四面招雀的形状。

【案例2】

下图手牌场上有人打出一张8万，我们碰不碰？

这个时候我的答案是：可碰可不碰。什么意思呢？如果是上家打的，我们选择不碰。再或是下家已经听牌，我们也不碰。如果是上家已经听牌，下家打出这张8万，我们选择碰，让上家少摸牌。

如果不碰8万，则是58筒加上一个坎2万，共3门12张的进牌几率，比我们上面讲的4门10张的标准少了1门，多了2张牌的进张。

不过这手牌的2组搭子有一组是两面搭子，进58筒的几率很大。即使进58筒打发财，听坎2万也是不错的。

【案例3】

如果把这副手牌的1万换成2万，如下图：

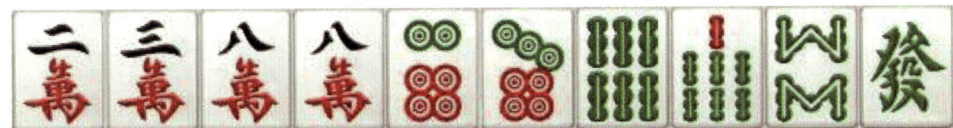

这副手牌就有2组两面搭子，变成了4门16张的绝对听牌几率。如果此时没有其他因素的干扰，我们选择不碰。

碰了以后，手里的2组两面搭子很容易两头进张。一旦两头进张，无论我们后面是单吊23万或67筒，都不是很理想。

【案例4】

如果把678条换成3个2条暗刻，如下图：

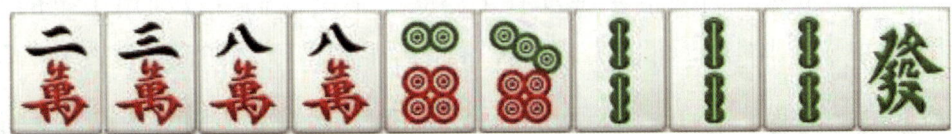

此时场上如果有人打8万，我们一定要选择碰出。

碰 八萬 打 發 手牌变 二萬 三萬 ⊙⊙ ⊙⊙ ‖ ‖ ‖ ‖ 共
8 门 28 张听牌几率。

比没有碰 8 万，增加了 12 张的听牌几率。这样的牌型采用"四面招雀牌型"，这 8 门牌无论我们进哪一张都是两面听牌，可以拆掉手里的刻子当对子用，怎样也不会沦落到单吊将的局面

（二）四面招雀牌型总结：

■手里的搭子都是两面搭子，手里没有暗刻在手，以不碰为一般原则；

■手里的搭子都是两面搭子，手里有暗刻在手，选择碰牌增加听牌几率；

■手里的搭子一个是两面搭子，一个是坎搭，可碰可不碰，视牌局战况而定；

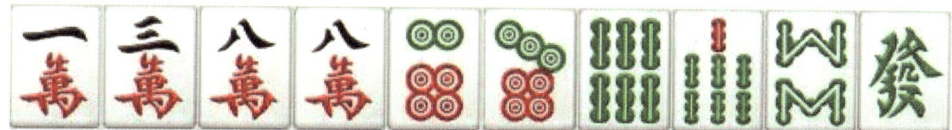

■手里的两个搭子都是坎搭，选择碰牌变成"四面招雀"牌型，增加听牌几率；

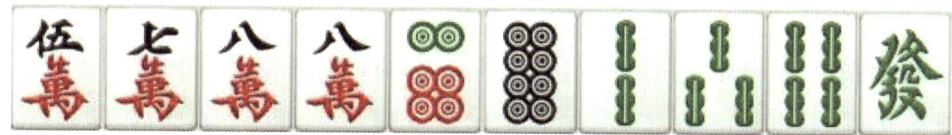

四、打衍牌的技术

（一）衍牌的概念

衍牌指一个顺子或者是一个两面搭子中多出来的一张牌，如下图 356 中

的 3，1345 中的 1，2344 中的 4 即为衍牌。正常情况下我们手里的孤张打完之后，就会打衍牌了。衍牌可能有，也可能没有。

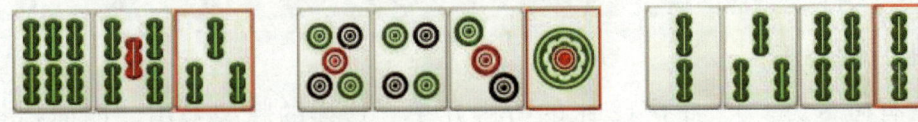

（二）衍牌早打的情况

【案例】

比如下图手牌

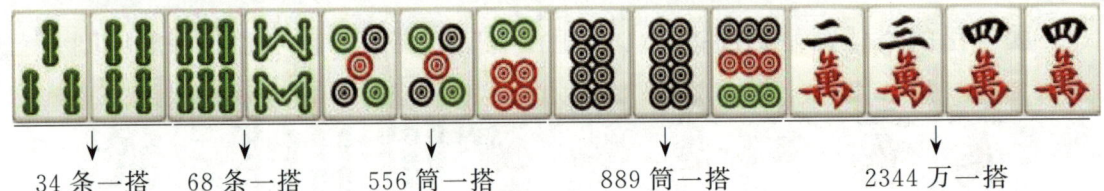

34 条一搭　　68 条一搭　　556 筒一搭　　889 筒一搭　　2344 万一搭

和牌只需要五搭，万子这边就是一搭牌。手牌搭子刚好够了，打掉衍牌 4 万。

但是也有人会打掉别的，比如选择打掉 9 筒，打掉 9 筒看似不会损失进张几率，但如果下一巡摸进一张 2 万，我们的手牌就会多一搭，多一搭需要拆搭，那我们是拆 24 万还是拆 68 条呢？如下图所示：

打　⇨摸进　二萬　⇨手牌如下

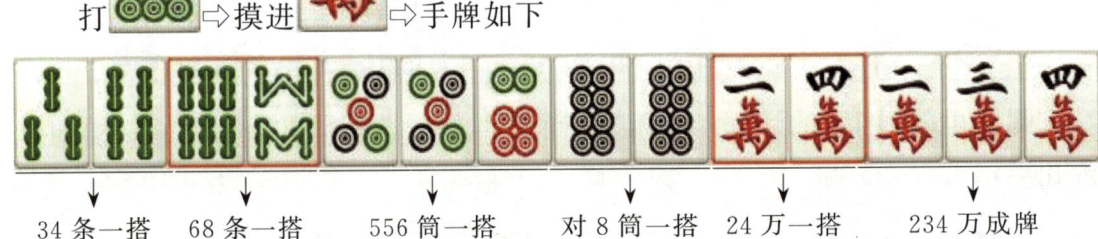

34 条一搭　　68 条一搭　　556 筒一搭　　对 8 筒一搭　　24 万一搭　　234 万成牌

这两个搭子论进张几率和价值都是一样的，这牌我们拆对了还好，拆错了就会失去锐气。所以像 4 万这种没有意义的衍牌我们还是应该早点打出，否则后面就会变成脑筋急转弯，没事找事让自己陷入纠结状态。

除了这种 2344 边肚型，还有 2334 大肚型。凡是我们手牌中的搭子已经齐了，像这种跟手牌没有关系的衍牌，我们就要早打。不管看上去有多漂亮，我们要知道搭子已经够了，也是没有任何作用的。2344 中的 4，2334 中的 3，我们留在手里越久就越危险。像这种边肚型和大肚型，自己手里已经抓了两张，别人得不到的几率就会提高。而我们自己手里又没有用，晚打一圈就有可能变成炮牌。可以点炮的局，这手牌我们应该早点打出衍牌 4 万，后面如果再摸进一张 2 万也是毫不犹豫地打出，这个就是衍牌早打的情况。

（三）衍牌晚打的技术

早打的衍牌针对的是没有意义的衍牌，也就是说手牌搭子已经够了，或者是面子已经组合好，那张牌是多出来的。还有一种衍牌要晚打，那就是有意义的衍牌。什么是有意义的衍牌？

【案例一】

比如下图手牌：245 万中的 2 万，2 万是隔一步的孤张。它是手牌搭子还没有组合成牌的这一搭的邻牌，这张衍牌具有一定的指向意义，它指向还没有完成的这个搭子。

打完 2 万，我们还要 2 万的邻牌 3 万和 6 万。到了中后期，别人打衍牌，我们就要小心衍牌周边的邻牌，这种具有指向意义的衍牌就是真牌。能够判断敌家是不是打真牌，我们就能够知道他的听牌范围。当然没有意义的衍牌跟手牌没有一点关系，只能说衍牌中的真牌，占到大约一半的比例。特别到了牌局中后期，这个比例会大幅度提升。

有意义的衍牌，它也是具有攻击性的，所以我们要晚打，有些时候可以等到听牌的时候再打。

【案例二】

比如下图手牌其他搭子都已经组合好，现在是一进听，手牌进 25 条或 36 万都可以听牌。这手牌 245 万中的这张 2 万就可以先留着，后面只要能够摸进 25 条或 36 万听牌，这张 2 万就可以变成具有攻击性的牌。什么意思呢？

假设我们现在摸进一张 2 条，打出 2 万，听 36 万。

摸进 🀐 ⇨ 打出 🀈 ⇨ 手牌如下，此时听 36 万

如果下家手里有 133 万，他要用 13 万吃我们的 2 万，就还要打掉手里的 3 万。下家只要吃 2 万，就会容易点炮给我们。

或者是不能吃的局，其他人来碰，手里有 223 万等着进张。他碰完 2 万，也要打出手里的 3 万，同样会点炮给我们。

即使有人碰了 2 万，没有打出 3 万，其他家看到 2 万被碰，他手里的 13 万或 34 万拆掉的可能性就会变大，我们和牌的几率也随之变大。这就是具有攻击性的衍牌晚打的理由。

这种具有攻击性的衍牌可遇不可求，我们不要刻意去留它。如果在自己手牌一进听的时候，刚好有这种衍牌，就非常不错。如果手牌不是一进听，打完衍牌后没有听牌，后面下家吃牌后打 3 万或是别人碰牌后打 3 万，我们只能干瞪眼。而且有 13 万搭子的敌家，看到 2 万被碰之后，有可能马上会拆 13 万的搭子，先打危险的 3 万，我们同样只能干瞪眼。可见早打和晚打的区别有多大。

但如果说场上有高手在盯我们的牌，他就很有可能知道我们手里有 45 万，我们再想吃 36 万或者是和 36 万就会很困难。如果自己再摸不到，和出的可能性就会降低，这个就是早打真衍牌的弊端。

晚打真衍牌，是具有攻击性的打法，我们可以根据场上选手的水平来做出相应的策略。如果说今天牌势很好适合攻击，我们当然要晚打。但如果说今天手气很背，速战兵法打不通，最大几率打不出，我们就要改变战术要早打。比如说场上总有一个敌家比你先听牌，下家的 133 万或者是 334 万听牌之后打出 3 万，再或者是他手里有 122 万，打出 1 万听牌，那么我们手里的 245 万就容易点炮。

2 万虽然具有攻击性，但是它不兼备防御。总结下来真衍牌是早打还是晚打，由牌势和场上选手的水平来决定。手气好，场上选手的水平一般，我们可以晚打。反之则要从安全的角度去考虑，在适当的时间打出。

五、打字牌的技术

打麻将手上无用的字牌应该怎么处理？我一直不认同没有用的字牌一直硬扣在自己手上，直到自己听牌的时候再退出去的这种打法。不过牌势变化无常，有时候这种打法会胜利，有时候会失败。扣住字牌，的确可以让碰不出的敌家牌势陷入低潮，甚至一直打不到听牌。但如果说他是旺家，有的时候甚至只需要比我们旺一点点，我们字牌扣的太久，自己的手牌也会被拖到没希望。

因此没有用的字牌还是尽早打掉比较好，早打一圈和晚打一圈性质完全不一样。除非我们牌势很差，手牌很烂，不想给敌家进牌，否则还是尽早打出比较好。但是进入中盘后期，再摸进一张生张字牌，这个时候大致会有以下六种情形。

■中后期摸进生张字牌的情形

1. 敌家抓了暗刻在手

2. 敌家手里有一对字牌，而且已经做了将牌

3. 敌家和我们一样抓了一张相同的生张字牌不敢打

4. 敌家有一对字牌在手等着碰出

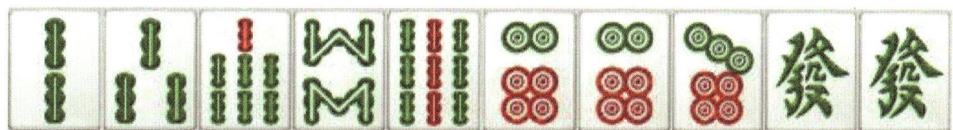

5. 敌家已经听牌，单吊字牌

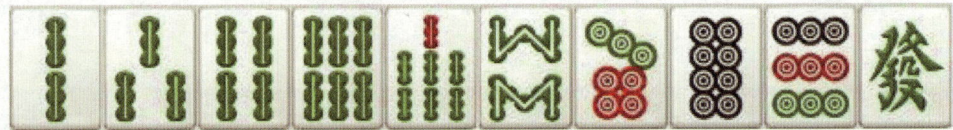

6. 敌家已经听牌，听字牌的对倒

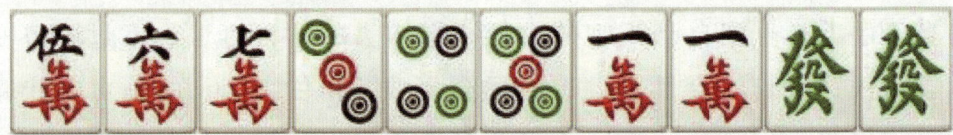

除了后面 2 种，前面 4 种情况都不会点炮。但是哪种点炮几率最高呢？

序盘前期，如果说敌家已经听牌，那么生张字牌的点炮几率是极高的。因为敌家刚听牌，还没机会转听，多半是单吊字牌或抢听字牌对倒。

如果序盘前期没有人听牌，到了中盘后期再摸到生张字牌，点炮的几率虽然降低了，但一旦打出这张字牌，会产生很多后遗症。

首先可能会有一家要碰或是要杠，杠是我们马上要丢掉的损失，碰对我们也有间接的损失，因为我们让敌家的手牌在关键时刻向前进了一步，结局对我方不利。

而且如果字牌被塞住，对于不能听牌的人来说，牌势是阻塞的。但是他一旦碰出，牌势马上会变得很畅通，后面再想阻击他就很难了。

其次就是有一家和我们摸到一样的生张字牌，不敢打出，但因为我们打出去了，他会如释重负再次进入战斗行列。

再者就是敌家可能听的很烂，听了很长时间都没有和出，通过碰牌转听可能会给他带来好运，最后就是点炮的情形。因此综合分析下来，中盘后期摸到生张字牌，我们要尽可能留在自己手里。

■综上所述

1. 序盘前期，如果有人已经听牌，摸到生张字牌打出，点炮率极高，敌家有可能在单吊或听字牌的对倒。

2. 中盘后期，摸到生张字牌打出，敌家碰牌后能使手牌在关键时刻向前进一步，再或者是碰到字牌来转听更好。

3. 中盘后期，摸到生张字牌打出，可以为敌家开路，敌家跟打字牌，继续进入战斗行列。

唯一对我们没有影响的就是敌家抓了一对生张字牌做将。

■重点总结：

1. 序盘前期手里没有用的生张字牌，越早打越好，不要硬扣字牌。除非牌势很差，可以考虑扣牌，牌势好的话，要大胆往前冲。

2. 可以留一张非常安全的字牌在手里，等到自己听牌的时候再打。

3. 进入中后期，摸到生张字牌，一定要尽可能扣在自己手里，静待时变，没有字牌，其他的生张数牌也是一样的道理。

六、猜牌技巧

（一）为什么要学习猜牌技巧？

我们前面所讲的章节，主要是看自己的手牌来打，比如怎样根据最大几率、好坏搭，来达到最容易听牌的目的。但是打麻将是四个人之间的博弈，所以我们在看自己手牌的同时，还要去探知别人的手牌。孙子兵法云"知己知彼、百战百胜"

那么我们猜测别人的手牌，知道别人有没有听牌有什么用？猜测别人手牌，可以避免在关键时刻被别人吃碰、助推别人听牌，或者避免点杠、点炮。比如别人没有听牌，我们是不是就可以张张可打，张张可冲？再比如我这把是机遇牌，三家到中期都没有听牌，我是不是可以去搏一把？我们可以知道自己，有没有足够的时间去做大。但如果知道别人都已经听牌了，我是不是就应该放弃，选择做个小的，能早点和出，就早点和出。如果不知道别人已经听牌，或者不知道别人听什么？那么我们就容易变成点炮高手。我们知道别人的牌面处在什么阶段，好处是不是特别的多？同时也间接地说明听牌快真的很重要！

（二）学习猜牌技巧的前提

猜牌技巧非常考验我们的观察力和记忆力，所以想要学习猜牌技巧的前提是，我们必须有足够的时间去观察敌家。如果说你摸进一张牌，要打出哪张都得想半天，哪里还有足够的时间去观察别人？在不经常打错的情况下，你能做到摸进一张手牌后，看一眼河里，就立刻知道自己应该打哪一张的时候，就可以来学习猜牌技巧了。要不然你"还没有学会走，就想学会跑"的话，只会输得更惨！

（三）猜牌技巧

猜牌技巧的方法可以归成三大类，即敌家的语言表情、动作神态、码牌方式和敌家的舍牌，其中以敌家的舍牌为核心！

1. 打牌语言表情、动作神态

我们可以通过敌家的打牌动作、神态、眼神来猜测，敌家的手牌有没有听牌？

某一敌家打牌时想都不想，摸一张就直接打出。再或者是有些老手打牌，摸进一张后放入最右手边，又从手牌里退出一张同样的牌，中间没有任何思考和停顿。像这样的情况必定是对手已经听牌，而且牌面很好，很有可能是多门听牌。绝对不会是听卡张或单吊，因为他的手中无需换牌，志在必得！

某一敌家打牌的时候特别喜欢聊天，喜欢侃侃而谈，突然话就变少了，过一会又开始滔滔不绝。中间说话变少是因为他在组牌的关键时刻，怕分心打错牌，但是后面又滔滔不绝，说明他已经听牌，所以又有闲工夫聊天。

某一敌家看河里的牌居多，看自己的手牌很少，这种情况就是在寻找自己要和的那些牌，还有多少在外面？在思索和出的可能性有多大，有没有转听的必要等！

某一敌家在焦虑紧张过后，又露出轻松愉快的表情，多半是摸到了好牌。如果此时牌局进入中期，那么他多半已经听牌。某一敌家平时摸到中张或尖张的时候多有疑虑，生怕下家吃牌，但此时他舍出中张或尖张的时候却无所谓，不怕下家吃牌，这个时候估计他也已经听牌。

相信大家生活中都有这样的朋友，一到听牌了，就喜欢把牌盖住，好像别人不知道他已经听牌了一样，基本上摸一张打一张，摸一张再打一张，突然摸到一张，忽然又把牌立起来，这个多半是听牌了，以为自己要和了或是想要改听了！

还有一种人，牌很烂就故意把牌盖起来，让你以为他听牌了。只要你盯着他，看他打 3 张，就知道他是真听牌还是假听牌了。

还有的人喜欢把牌摆成两排，前面的是已经成顺子或者对子的牌，后面一排是还没有完成的牌，但是随着他不断地把牌往前面这一排移动，直到最后成为一排，那么这个时候也能够说明他的牌已经差不多听牌了。

还有一种人听牌之后，喜欢左看看右看看，然后犹犹豫豫打出来一张牌，嘴上说着"拿去和吧"，或者是说"这张没有放炮吧"，这种就是等于告诉你他已经听牌了！经常和我打牌的一位朋友，他有没有听牌，我百分百知道。因为他打牌有特有的姿势，比如没有听牌之前很犹豫，听牌之后打牌很快很激动。如果你总是和熟悉的人打，那么你就要留意你的几个牌友，听牌的时候有什么不一样的表情、语言、习惯、眼神等等！那么以后他的每一场牌局，你都能清楚地知道他有没有听牌。我们一定要多留意，而且有机会一定要多观看对手打牌。看他的打牌习惯、打牌的顺序、码牌方式等等。这些对你了解他有很大的帮助，然后再配合我们要接下来讲解的猜牌技巧，对于猜测对手的手牌，有很高的准确率！

2. 码牌方式

指的是对方码牌够不够整齐？是不是有强迫症？是不是喜欢把同花色的牌型摆放在一起？如果是的，我们就要紧盯他的牌背，观察他某一花色的牌，摆放在左边，还是右边？同时通过观察他打出来的牌，判断他是从左往右摆的，还是从右往左摆的？包括分析他是从大到小摆的，还是从小到大摆的？等等这些都能够给我们提供很多信息！很多高手都是摆花牌，他们不会把同花色的牌摆放在一起，甚至不会按照 1234567 或是 7654321 这样的顺序去摆放！

3. 敌家的舍牌

包括敌家的舍牌顺序和舍牌时间。舍牌顺序指前面打的是什么？后面打的又是什么？比如 13 筒这两张牌，先打 1 筒，再打 3 筒。或者是先打 3 筒，然后再打 1 筒。两次打的顺序不一样，给我们提供的信息也不一样！

舍牌时间指的序盘、中盘和尾盘。相同一张牌，在序盘前期就舍出，和在中盘、尾盘舍出，给我们提供的信息也是不一样的！

（1）通过舍牌顺序判断进程

想要达到绝对知道别人手牌，知道别人听的是什么牌？是需要花点功夫的，不是说到了最后人家听牌了，你再从河里的牌去猜，这样是很难找到的！

首先我们要知道，正常情况下的舍牌顺序，肯定是先打字牌，然后 19 牌，再然后是 28，最后才是 34567 这样的中张。如果是 108 张的，可以跳过字牌，原理是一样的！

那么怎么样才能绝对判断别人的手牌？我们从敌家打出的第一张牌，就要开始看。有的人就有疑问了，玩家有三家，他们打出来的牌这么多，我哪里能记得了那么多？这里当然不是说要别人打一张，你就记一张，而是要根据敌家的舍牌规律，来判断敌家的手牌到了什么地步？他现在是在打字牌，还是在打孤张？还是在打衍牌？还是在拆搭阶段？再或者他已经听牌了？

如下图所示这是一个开局的牌型，开局我们肯定先打字牌，字牌打完打19，再打28，然后再打孤张。孤张指与自己手中和外面已经亮明的牌，没有任何关系的一张牌，比如下图手牌中的3万，周边没有1245万可以靠搭。

孤张正常情况下有一张会打出，最多也就两张，紧接着就是优化手牌直至听牌，用专业术语说接下来就是一个闪避。

【案例1】

我们的下家先后打出两张字牌，一张9万，一张4筒，这张4筒就是孤张。然后再摸进一张X，打出1条，说明刚刚摸进的这张X对手牌起到了优化作用，如下图所示：

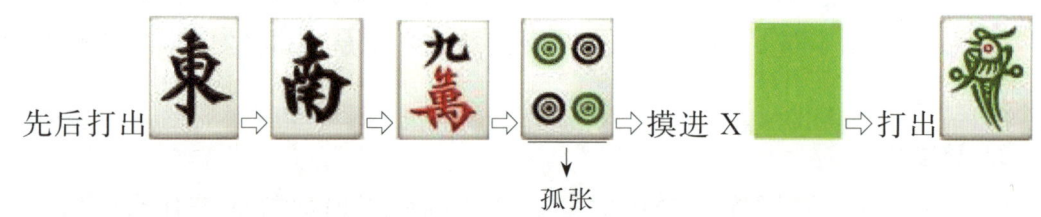

间接说明：这张1条如果没有用的话，他刚刚不可能先打4筒，然后再打这张1条，他手里极有可能是13条，然后摸进一张4条之后打出来的1条。

由此推测：敌家手牌可能有 ，因为摸进  ⇒所以打出

这个可以说明什么问题呢？说明这家的手牌最差有可能是2进听或者是1进听了。

【案例2】

如下图所示：如果说他刚刚打完4筒之后打的是8条呢？

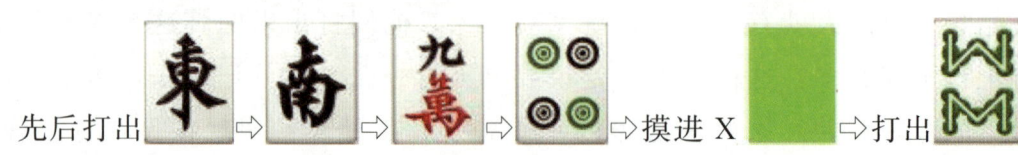

打 8 条也可以说明他刚刚摸进来的那张 X 对手牌起到了优化作用。因为 8 的利用率没有 4 的利用率大，所以这个 8 如果刚刚没有用的话，他会先打 8，而不会先打 4 筒。

由此推测：敌家手里可能有 ，因为摸进  ⇨ 所以打出

说明这家的手牌最差有可能是二进听或者是一进听了。

再然后过了一两巡，他从手牌里面打出一张西风，而且你发现河里已经出现了好几张西风，那为什么他把这张没有用西风夹到现在才打？那是因为危险的牌越早打越好，安全牌可以留到自己听牌不得不打的时候再打。这个时候就说明他已经听牌。当然他打出的这个西风必须是从手牌里面退出来的，不能是直接摸打的。

所以如果敌家先打字牌、再打 19、然后打 28，最后打孤张，打完孤张后再从手牌里打出安全张，说明敌家已经听牌。

◆ 打"字牌" ⇨ 打"19" ⇨ 打"28" ⇨ 打"孤张" ⇨ 从手牌里打"安全牌" ⇨ 敌家听牌

他打完安全牌后，下一巡摸进一张，又从手里退出一张牌，那么这个时候又能给我们提供什么信息？他有可能改听了，而且听的可能就是打出来的这张牌的邻牌！

◆ 打"字牌" ⇨ 打"19" ⇨ 打"28" ⇨ 打"孤张" ⇨ 从手牌里打"安全牌" ⇨ 摸进一张，从手里退出一张 ⇨ 敌家改听

这个顺序大家一定要记住，当然这个顺序，中间也会跳过其他的牌，比如打完字牌之后，直接就开始打孤张了。因为他手上可能没有 1928 这样的牌型，但原理是一样的。以上这些就是通过敌家打出来的牌，来判定敌家的手牌现在处于什么阶段。

当我们的猜牌能力还不是很好的时候，可以先盯着已经听牌的那一家，没有听牌的那一家可以先不用过多地去管他。

（2）敌家舍牌提供的信息

① 序盘打字牌，能够给我们提供什么信息？

那么知道了正常情况下大部人的舍牌顺序，现在我们就从舍牌的第一张开始讲。上面讲过了手牌有字牌，肯定是先打字牌。我们先讲打字牌能够给我们提供什么信息？

一般来说，起手 13 张牌，根据几率我们总会有 1－3 张的字牌甚至更多。那么前两张打的肯定是字牌。比如下图手牌：

摸进一张 4 万，肯定是先打字牌，再摸进一张，再打另外一张字牌，如下图所示：

摸进 ⇨ 打出 ⇨ 摸进 ⇨ 打出

通过我拿牌打牌的方位，可以判定我的字牌放在右手边。如果我是起手一对东风，那我第一张就会打右手边过来的第三张，如下图所示：

右边数过来第三张

敌家看我们打牌是反过来的，我们看别人也是一样。那么敌家看我们打就是从左边数过来第三张。剩下的这 2 张，基本上是一对字牌。

一对字牌

如果第 1 张打出西风，第 2 张打出南风，那么第 3 张肯定也是一张字牌。这个就是基础的猜牌，只要我们多多留意，基本上就可以知道敌家的字牌有没有打完。

字牌第 2 张第 1 张打

但如果说起手不打字牌呢？我们就要看他接下来要打什么牌？如果他打的是 34567 这样的中张，比如打出一张 5 筒，这个时候我们就要重点关注这一家了，说明这家的牌特别好，没有字牌或者是字牌已经成对。如果他先打的是 19 然后再从手里打出字牌，只要不是直接摸打的，那么就说明这家的牌很烂，字牌太多了，不知道打哪一个，想着干脆摸两手，看看能不能凑对。根据这种推理，再加上看牌背，我们就可以清楚知道了。

②□序盘打 19，可以给我们提供什么信息？

下图手牌，起手没有字牌，应该打哪一张？

当然是先打 1 万，再打 8 条。由此我们可以推断，序盘打的第一张序数牌，距离远，打出的这张周边没有关联牌。什么意思呢？也就是说它和同花色的另一张序数牌中间相隔了好几张，他们连不上。比如这手牌的 1 万和 6 万，中间隔了 2345 万。如果敌家序盘打 1 万，就说明这个 1 万的邻牌至少有 2 张他是不需要的，比如 2 万和 3 万。另外说明他万子类牌很少。

相同的道理 8 条和 4 条相隔 567 条。第三张再打的话就不一定是孤张了，有可能是贴着手上的搭子打出去的。

所以由上面的推理，我们可以得出结论：别人序盘前期打的前 1－2 张序数牌，其邻牌的 1－2 张一大部分可能是对方不需要的牌。但是也有个别特殊情况，比如 124 打 1；134 打 1；889 打 9；679 打 9，其他的字牌还没有打，就打这种有重复进张的 19，这种人就需要我们多多留意他的打牌习惯和套路了！

③□序盘打 28，可以给我们提供什么信息？

麻将打牌分为两种，第一种是直接摸打，第二种是从手牌里打出来。从手里打出来的牌都是信息张，其中这个 28，又是信息量最大的牌。

（1）打 2 筒

▶如下图所示敌家这手牌 2 筒打出来，旁边还有三张牌，小心 1 筒要点杠。

可能是1筒刻子 打出2筒

▶2筒打出来，旁边还有两张牌，一般是对1筒，1筒等着碰！

可能是对1筒打出2筒

▶2筒打出来，旁边只有一张牌，可能是在单吊1筒。

1筒 2筒

▶2筒从最边上打出来，他一般没有1筒，这时候自己听1筒，等着他点炮。

2筒

（2）打8筒也是同样的道理

▶如下图所示敌家这手牌8筒打出来，旁边还有三张牌，小心9筒要点杠。

可能是9筒刻子 打出8筒

▶8筒打出来，旁边还有两张牌，一般是对9筒，9筒等着碰！

对 9 筒　　8 筒

▶8 筒打出来，旁边只有一张牌，可能是在单吊 9 筒。

9 筒　8 筒

▶8 筒从最边上打出来，他一般没有 9 筒，这时候自己听 9 筒，等着他点炮。

打出 8 筒

注：以上这些仅限于码牌整齐的人！

④□序盘打同一花色的序数牌，可以给我们提供什么信息？

以筒子为例，如果前期他打出 159 筒能说明什么问题？

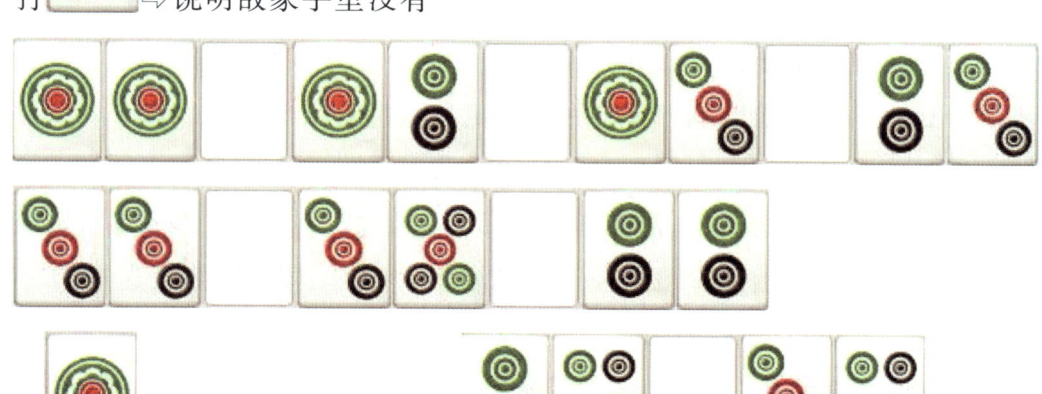

打 ⇨说明敌家手里没有

打 ⇨说明敌家手里可能有

打 1 筒没有对 1 筒、12 筒、13 筒、23 筒、对 3 筒、35 筒、对 2 筒，打 1 筒可能有 24 筒，34 筒，因为 124 筒可能会打 1 筒，134 筒会打 1 筒。

但是如果后面再打出 5 筒话，能说明什么问题？现在他打出了 15 筒，那么刚刚打 1 筒可能有的 2 组牌 24 筒和 34 筒就会被推翻，因为如果有 245 筒和 345 筒，不可能打 5 筒。

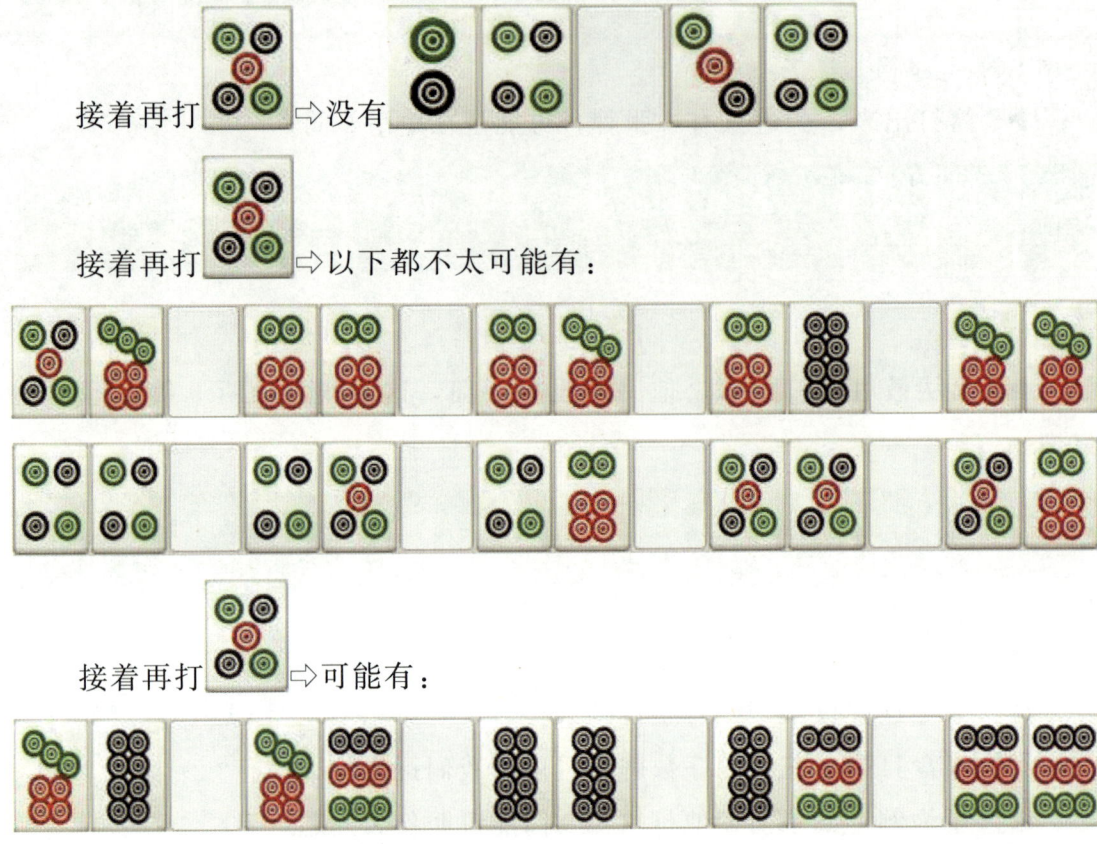

接着再打 ⇨ 没有

接着再打 ⇨ 以下都不太可能有：

接着再打 ⇨ 可能有：

由此可以得出结论，敌家打出 15，我们可以判定他 123456 都不要！

如果他后面再打出 9 筒，或者是河里打出 9 筒，他没有碰。我们可以认为筒子这一门他都不要，或者是都不需要进张。这个就是前期孤张给我们的情报！虽然我们不能百分百知道敌家的手牌，但是我们能够准确的知道敌家不要什么牌。因为前期只出了几张牌，信息数量有限。

⑤□序盘结束到中期打衍牌，可以给我们提供什么信息？

起手打完正常的 2-3 张字牌，2-3 张序数牌后，基本上就到了 5-6 巡，宣告序盘结束。当然这个也是基于最大几率，场上大部分都是这样的一个发展情况。当然也有手牌超好的，手里没有什么孤张和字牌。也有手牌超差的，4-5 个孤张还有字牌等等。这种战况需要我们去临场观察。但不管怎样，都是先打完没有价值的牌，再打有价值的牌了。如果把这些字牌和这些孤张数牌看成假牌，那么接下来要打的就是真牌了。

最早的真牌是衍牌，什么是衍牌？比如 13 万要坎 2 万，我们摸到一张 4 万打 1 万，那么这个 134 万中的 1 万就是衍牌，就是所谓的真牌。

没有摸来 4 万之前这个 1 万是有用的，如果说我们认定别人摸进一张牌后，从手牌里面退出来的这张 1 万是衍牌，那么我们 25 万就不能在打了！

但是牌桌上面还有一种人，字牌还没有打完，他就开始打 19！他手里是有 134，679 按照正常的流程是应该放在衍牌里面去打的，但是他放在了孤张数牌里面去打了，有很多老手也是这样，这种就是典型的利用衍牌迷惑对手。就好比开车一样，按照规定不能反手打方向盘，但是有些老司机就要这样打，因为他习惯了，习惯很难改！你跟他初次打牌，按照常规打牌，吃亏了之后，那就要记住他的这个习性！下次他早打 19，就说明他需要的是 28，所以我前面说了，了解你的对手很重要。要不然你就需要在实战当中花钱去买经验！但是衍牌不止是 19，像 245 的 2，356 的 3，467 的 4 等等，这些都是衍牌。

那么如何知道别人打的是孤张还是衍牌呢？最重要的是要观察，细致观察，不单单看牌背。牌桌上还有一种迷惑的打法，有人有一张衍牌要打，如下图所示 356 万中的 3 万：

为了不让人知道他有 56 万在家，他就早早的把 3 万放到最右手边，摸进一张牌后，很快很果断的打出 3 万，甚至有的人还把它打到河中央去，像这种异常的反应，就是给我们最好的情报！

为什么 3 万不是从中间抽出来，而是在边上准备好了的，3 万并不是没有价值。但是看人家的表情，好像是很坚定的打出来的，这不是平常的性格啊。平常打一张都很慢，特别是孤张，要左选右选，这张摸一摸，那张摸一摸，总是打的特别慢，但是今天打的特别快。所以只要我们稍微动一下脑筋，就知道这个是真牌了。那打 3 万出来，说明手里有 56 万要 47 万。我之前有手牌如下图：

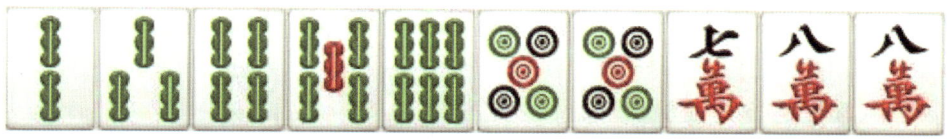

对家的手气特别旺，是我紧盯的对象，他打出 8 万，但是我没有碰。按理来说这牌我们应该碰 8 万，打 7 万，然后听 147 条，如下图所示：

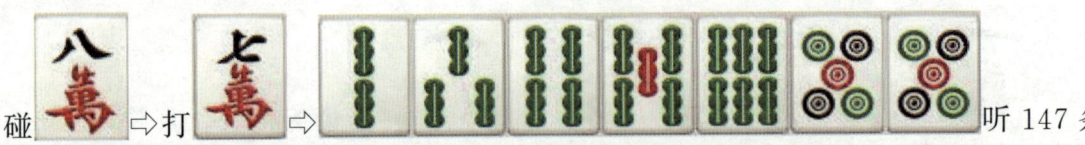

碰 ⇒打 ⇒ 听 147 条

重点在于我知道他刚刚打的 8 万是衍牌听牌。根据我观察他的牌背，我知道他是 68 万摸进一张 5 万，然后打 8 万，听 47 万。

⇒摸进 ⇒打 听 47 万

下一巡我摸进一张 4 条，跟打 8 万，很快下一巡上家就打了 9 万，被我吃炮和。最后对家亮牌，果然是打 8 万，和 47 万。如果不是我知道他打的是衍牌，那么这一把肯定就是我点炮了。

所以这里我也告诫各位新手玩家，你们如果技术不好，就不要打可以点炮或可以吃的局，这种局特别考验技术和猜牌能力！而且这种局很容易被 3 个人合伙做局杀猪！也就是 2 个人喂一个人，表面上看是 3 个人输，实际上你前脚刚走，后脚他们 3 个在分赃。而且这种不可以吃、不能点炮的局也是可以做局的。所以和牌之后多留意一下对方的牌，是可以发现一些问题的，比如刚刚是不是一副成牌拆了给其他家碰？而且同时我们还能够知道对方的码牌习惯是什么样的，后面对我们猜测他的手牌也有帮助。

⑥□序盘前期打 3467 这样的中张，可以给我们提供什么信息？

【案例 1】

这是一个一进听的牌型，我们进 36 条或 25 筒都可以听牌。

到了中后期，大部分老手都喜欢留一张安全牌在手上。河里已经出现多张的牌就是安全牌。危险牌肯定是越早打越好，比如手里有一张 3 万，河里一张没有出，序盘前期就打和中后期打结果肯定是不一样的。甚至晚一圈打，都有不一样的结果。比如上图这手牌，南风假设是安全牌，我们先后摸进 7 条、6 筒、6 条怎么打？如下图所示：

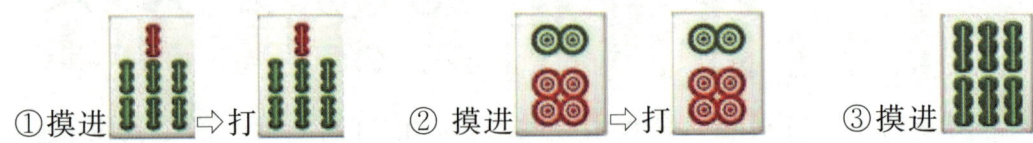

①摸进 ⇒打 ② 摸进 ⇒打 ③摸进

⇨打

那么通过上图这个出牌顺序，能够看出什么信息？

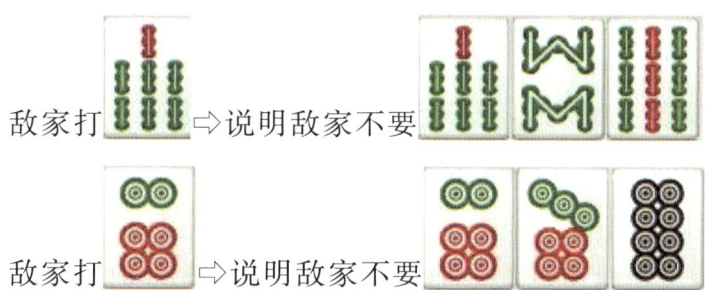

上图手牌，如果敌家打出6筒，他手里会不会有对4筒呢？答案是不会。如果有对4筒，摸进6筒，手牌就多了5筒的进张，这手牌他会打南风。

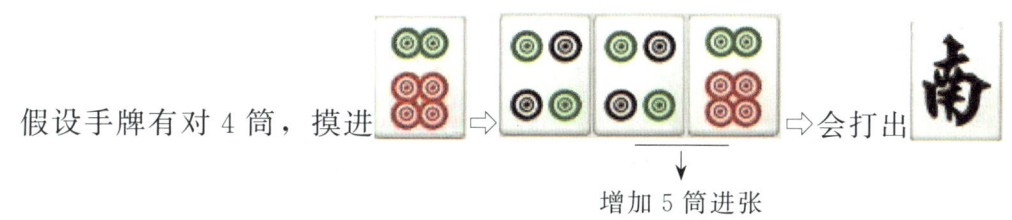

增加5筒进张

同理，如果敌家打出⇨说明手牌无以下牌型：

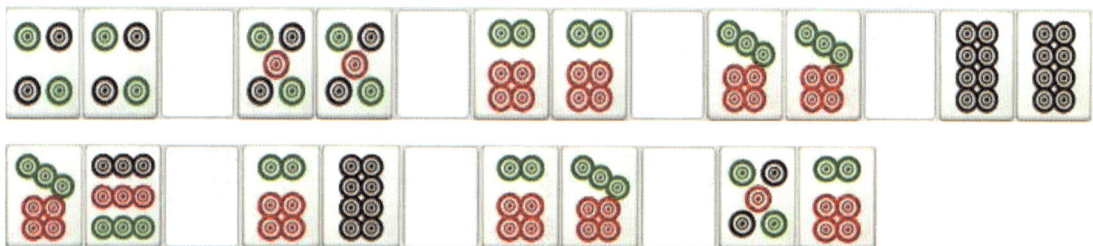

综上得出结论：敌家打6我们可以断定他不要678，打7我们可以判定他不要789，小挂同理！

【案例2】

再看一个小挂的案例，这手牌同样是一进听，发财是安全牌。

如果这个时候敌家摸进3万打掉，摸进4筒也打掉，和大挂同理，打3说明他不要123，打4说明他不要234。以打4筒为例：

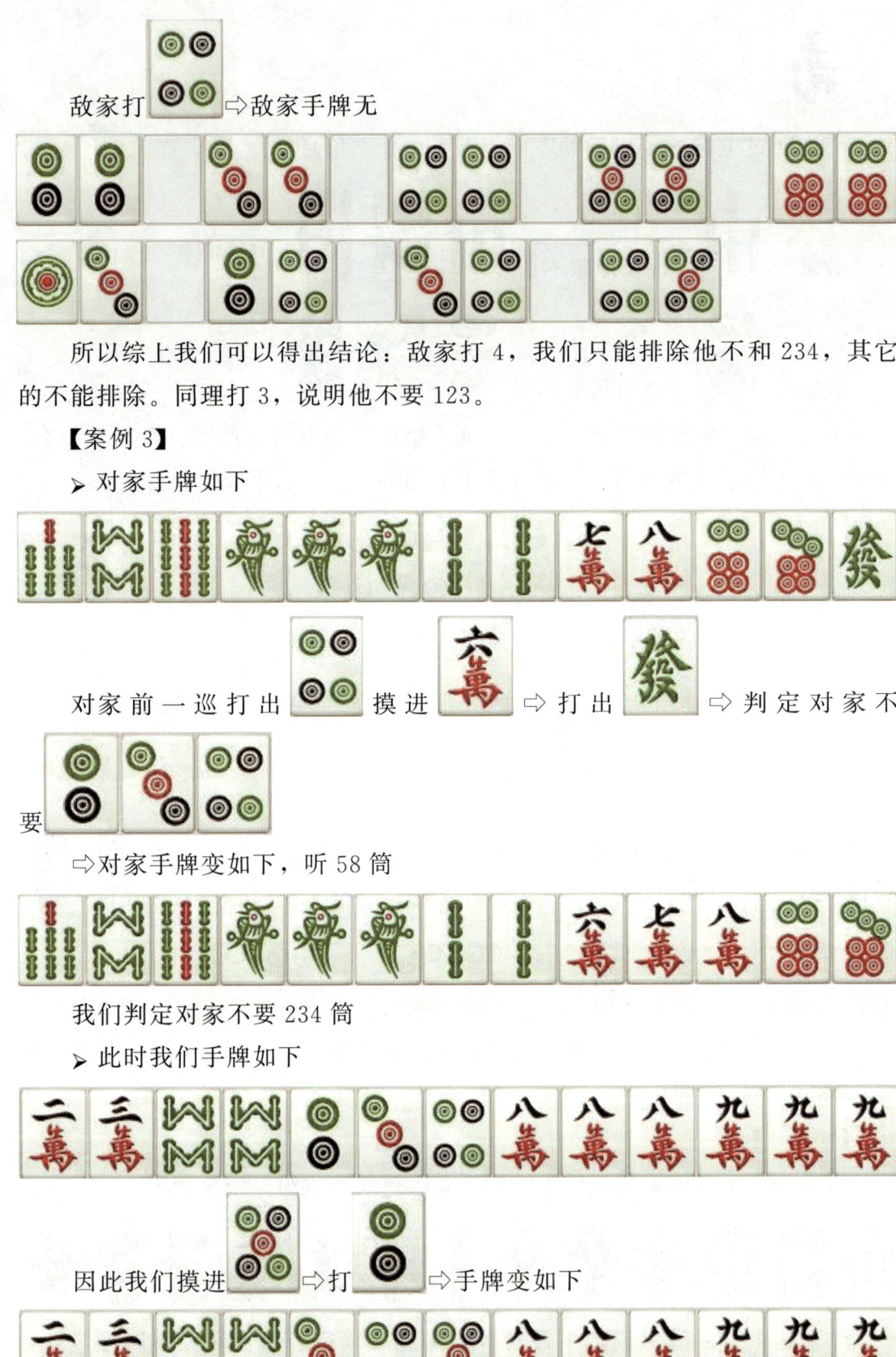

敌家打 ⇨敌家手牌无

所以综上我们可以得出结论：敌家打 4，我们只能排除他不和 234，其它的不能排除。同理打 3，说明他不要 123。

【案例 3】

➤ 对家手牌如下

对家前一巡打出 摸进 ⇨ 打出 ⇨ 判定对家不要

⇨对家手牌变如下，听 58 筒

我们判定对家不要 234 筒

➤ 此时我们手牌如下

因此我们摸进 ⇨打 ⇨手牌变如下

再摸进 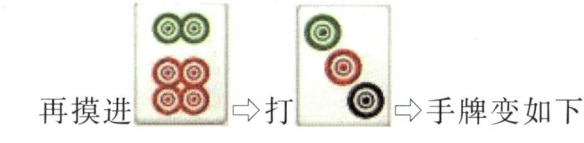 ⇨打 ⇨手牌变如下

虽然对家和 58 筒我们猜不到，但是我们可以通过他打 4 筒，判定他不要 234，从而避免点炮。

⑦□中后期的闪避动作，可以给我们提供什么信息？

很多时候打到后期，我们的手牌都有一对将，另外两组待组成成牌的搭子都是 3 张牌，如下图手牌里的 455 万和 889 万。

这个时候只要吃碰摸进一张，然后再闪避一张出去，我们就可以听牌。闪避的这张牌也是真牌，如果说衍牌是第一个位置的真牌，那么闪避就是第二个位置的真牌！

上图这副手牌是 8 张，当然也有可能是 11 张，无论多少张，都是已经到了一进听或者二进听。这副手牌应该打哪一张？从最大几率看我们应该打 5 万，当然打牌不仅要看最大几率，还有很多其他因素需要考虑。但不管我们打哪一张，只要到了闪避这一步，都是要的邻牌。打 5 万要 36 万，打 9 万要 8 万，所以经常打的老手，都知道听牌后打的那一张牌的邻牌就是炮牌！

在孤张打完，碰牌前后或者拆搭之后，只要不是摸来就打的牌就是闪避。闪避的这张牌的邻牌极有可能是炮牌。

【案例】

下图手牌打哪张？

这手牌有 258 条 3 个对子，根据最大几率我们肯定打 5 条。过了一巡有人打出西风，我们碰，然后打 1 条。按照上面的推理，手牌 11 张孤张已经打完，碰西风之前打 5 条，碰西风之后打 1 条，碰牌前后的 5 条和 1 条都是真牌。打 5 要 36 或 47，打 1 要 2。

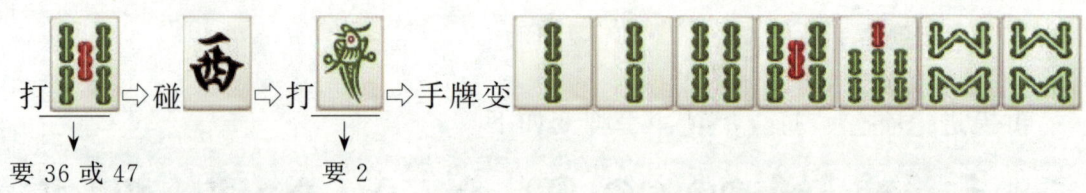

打 ⇒ 碰 ⇒ 打 ⇒ 手牌变

要 36 或 47   要 2

1）假设是可以吃的局，上家打 6 条，我们用 45 条吃，打 8 条！

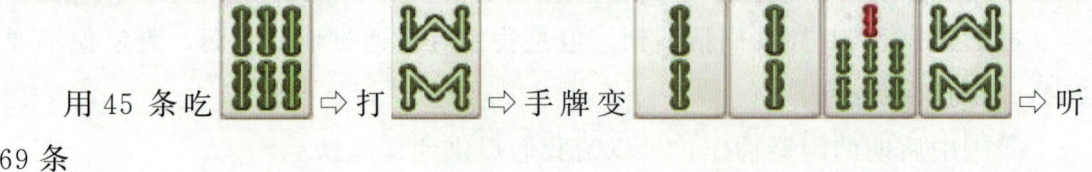

用 45 条吃 ⇒ 打 ⇒ 手牌变 ⇒ 听 69 条

从这里我们就要有体会，如果别人吃牌后，从手里打出来一张真牌，那么打出的这张牌的邻牌相对危险，如这里打 8 条，我们需要 69 条。

2）另外一种打法如下图，用 78 条吃 6 条，还是打 8 条。

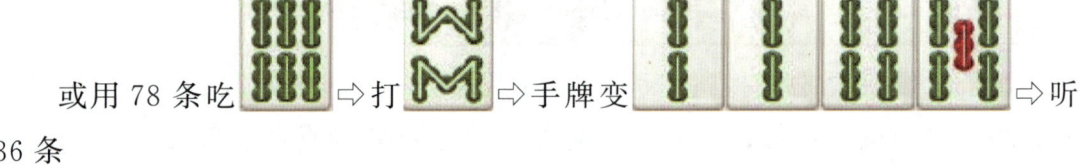

或用 78 条吃 ⇒ 打 ⇒ 手牌变 ⇒ 听 36 条

这里可以看到，前一张打过 5 条，5 的邻牌 36 并没有因为用 78 条吃了一手 6 条而变安全。5 的邻牌是 47 或者 36，已经没有 47 的可能了，所以百分百需要的是 36 条！

▶不能吃的局

敌家打 2 条或 8 条，无论碰哪一对，都是打 7 条。

如下图所示：碰出 2 条，前面打过的真牌 1 条的邻牌危险消失，但是剩下 5 条的邻牌危险没有消失。碰出 8 条，15 的邻牌危险都没有消失。谨慎起见，我们权当 15 邻牌都危险。但是我们可以看到，手里的 22 条已经成了对子，那么 5 的邻牌 36 就是高度危险牌！

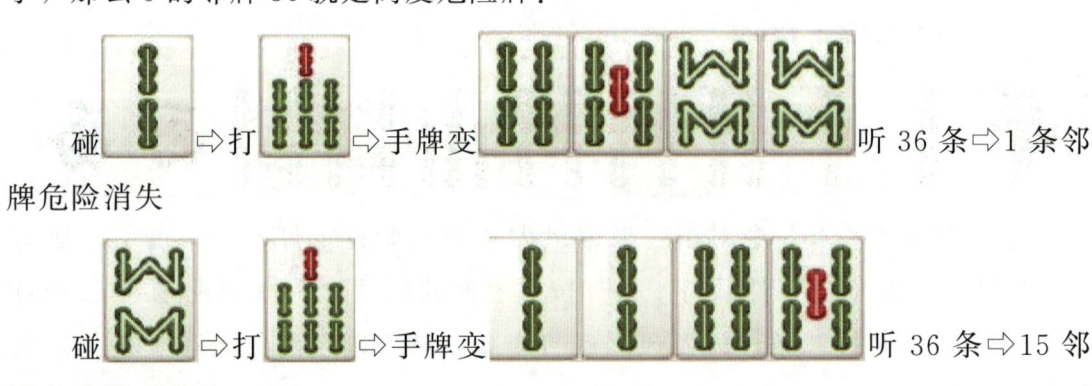

碰 ⇒ 打 ⇒ 手牌变   听 36 条 ⇒ 1 条邻牌危险消失

碰 ⇒ 打 ⇒ 手牌变   听 36 条 ⇒ 15 邻牌危险没有消失

这个是看着自己的手牌解释不难理解，但如果是看着别人打呢？还是用上面这种方法去推理，同时紧盯着他的牌背，吃碰后打出什么牌？摸张后退出什么？再根据自己的手牌和河里面的那张牌，想要找到闪避的那一张牌并不是什么难事，大家多多练习，反复实战，自然能够学会！

⑧□麻将中后期的间隔拆搭，可以给我们提供什么信息？

到了中后期只要手牌形成了拆搭，那么这副手牌最差也是2进听或1进听。那什么是间隔拆搭呢？如下图所示敌家先打出1条，然后中间直接摸打好几张，再从手牌里打出3条。这个就是间隔拆搭，这种拆搭相隔比较远。

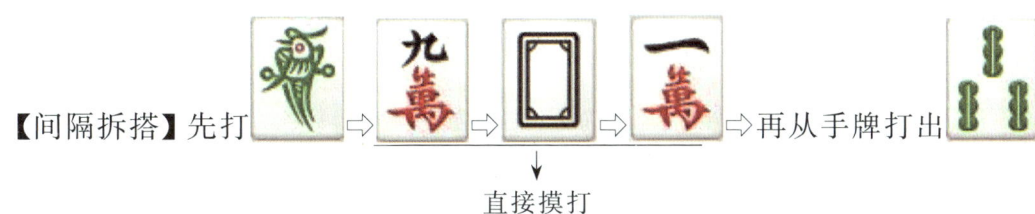

有时候拆搭也会比较近，比方说敌家先从手里打出一张1条，紧接着下一巡又从手里打出一张3条，这种相隔比较近、比较明显的叫连续拆搭！如下图所示手牌：

这手牌摸进5万，显然我们打1条，下一巡我们摸进一张白板，假如这张白板河里已经出现很多张，有些老手就喜欢把这张安全牌留在手里，选择打掉3条防止后面点炮。这张3条早打一圈和晚打一圈是完全不一样的。先打1条，紧接着再从手里打出3条，这种就是连续拆搭，相隔较近，比较明显。

【连续拆搭】摸进 ⇨ 从手牌打出 ⇨ 摸进 ⇨ 从手牌打

出

◆案例一

敌家手牌可能如下：

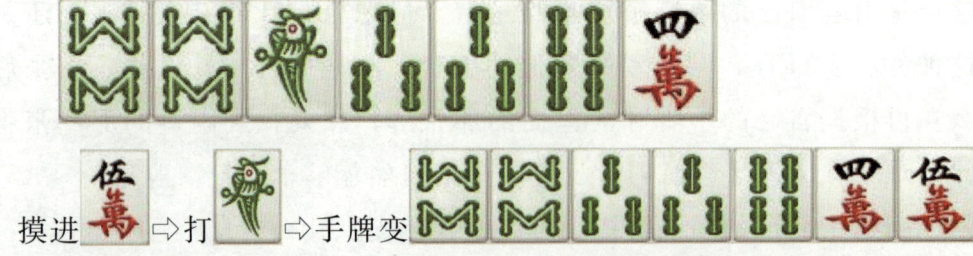

摸进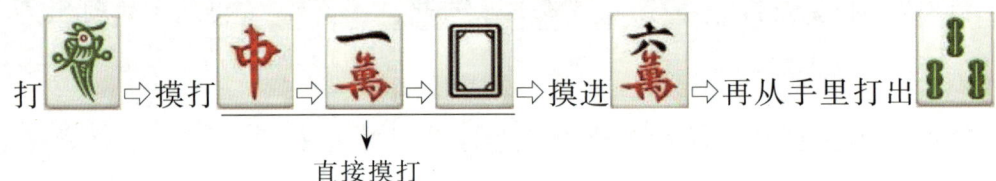

这手牌敌家摸进 5 万后只能选择打掉 1 条，除非他再摸进 25 条或 36 万才会继续打出 3 条，因为手牌保持两对半的牌型效率才是最高的，还多了 3 条和 8 条碰出的机会。

打掉 1 条后，摸进红中、1 万、白板都直接打掉，直到摸进 6 万，再从手里打出 3 条。

直接摸打

他打完 1 条后，后面直接摸打出这么多张没用的牌，紧接着又从手里退出来一张 3 条，那么这个时候他极有可能需要的是 25 条。

大家还可以多留意一下他的牌背，就可以更加准确的判断。假设他摸进一张 6 万是放在如下图所示位置，又从手牌如下位置退出一张 3 条。我们就可以更加确定，他打 1 然后中间直接摸打几张，再打 3，他需要的是 25 条。要不然像这种 13 条的搭子他拆的时候都是连在一起拆的！

打出   摸进

如果他自己摸到了 2 条或 5 条，摸进的这张牌，他会插入手牌刚刚打出 3 条的那个位置，此时则不再需要 25 条。

打出　摸进

◆ 案例二

下图手牌我们肯定先打出 1 条

这手牌和上面那手牌的牌型原理是一样的，同样还是保留两对半牌型为最大几率。打完 1 条后，后续摸进没用的牌都会选择直接打出，直到后面摸进 3 条或 36 万，才会选择打掉 2 条，如下图所示：

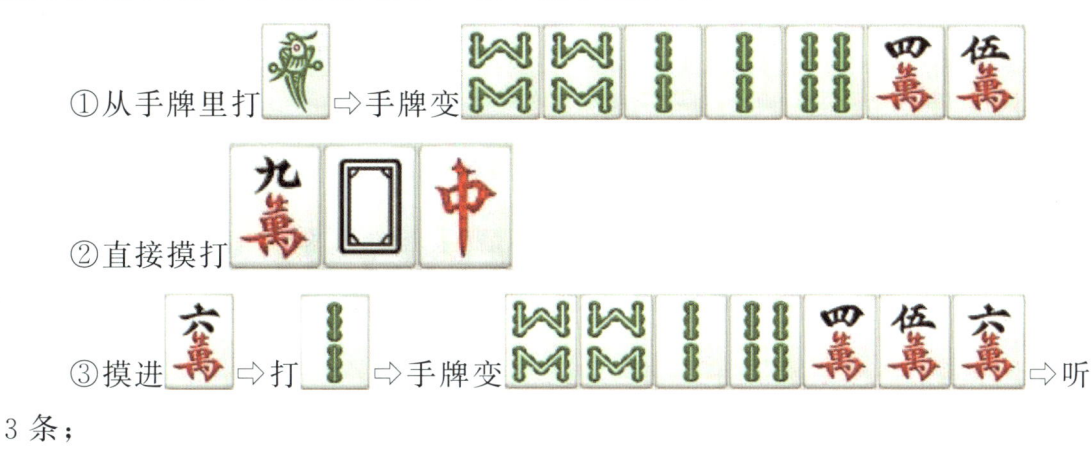

3 条；

打完 1 条后，他中间又直接摸打出这么多张没用的牌，紧接着又从手牌里打出一张 2 条，那么他需要的是 3 条。

同样我们需要观察他的牌背，假设他摸进一张 6 万是放在如下图所示位置，又从手牌如下位置退出一张 2 条。那么我们就可以更加确定，他打 1 然后中间直接摸打几张，再打 2，他需要的是卡 3。

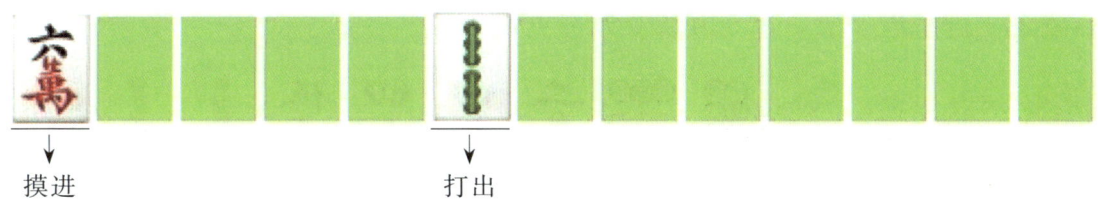

很多人都是有强迫症的，喜欢把同花色牌型摆放在一起。虽然这种可能不是 100%，但是有 70%—80% 的可能。比如说他提前摸进 3 条，没有摸进 6 万或者 3 万，他也会选择打掉 2 条，但是这个并不影响。

还有些新手不按照套路出牌，也会推翻刚刚这个理论，但是这个也不重要，因为新手输的还不够疼，当他输疼了，他自然而然的就会走上正轨。新手在这个方面没有去按照套路打牌，但是他总会在其他方面去弥补你，所以我们不用担心。还是那句话麻将我们只做大概率事件，没有绝对的百分百技巧。当所有的大概率我们都做了，长时间下来，你的胜率自然会很高！

◆ 案例三

敌家手牌如下：

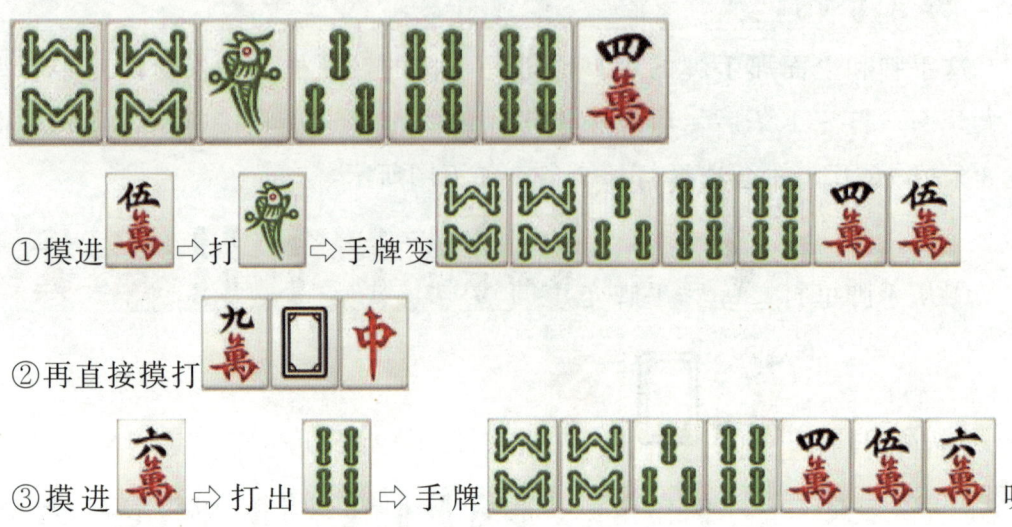

① 摸进 伍萬 ⇨ 打 ⇨ 手牌变

② 再直接摸打 九萬 白 中

③ 摸进 六萬 ⇨ 打出 ⇨ 手牌 听

25 条

<u>打完 1 后，中间又直接摸打这么多张后，再从手里打出一张 4 条，他需要的是 25 条。</u>

到了后期手里不可能有孤张在手里，所有的牌都是有关联性的，包括打出来的牌，只要我们找到可以关联的牌，我们都能够收集到信息。同样的我们需要观察他的牌背来进一步确定，直接摸打的和从手里退出来的牌是有区别的。

◆ 案例四

这手牌一进一听，来 3 万或 6 万都可以听牌。

如果摸进 5 条，我们肯定选择打掉 2 万，手牌保持两对半的牌型。如果再摸进一张南风，没有用打掉，继续摸进 9 万没用打掉，再摸进 7 条，我们肯定选择打掉 4 万。

① 摸进 ⇨ 打 二萬 ⇨ 手牌变如下

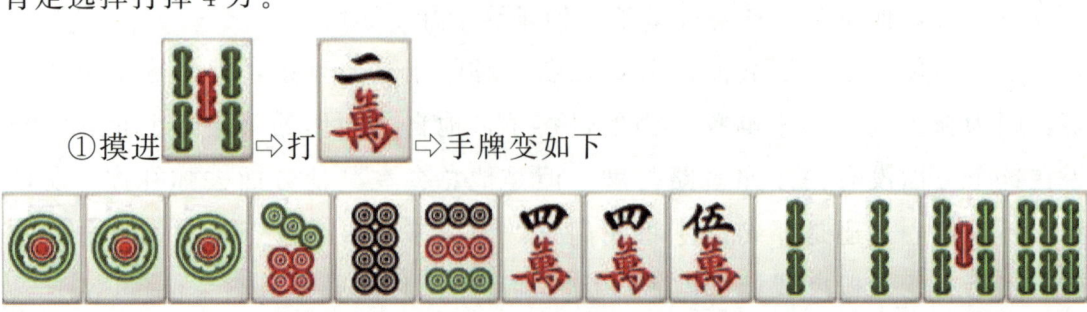

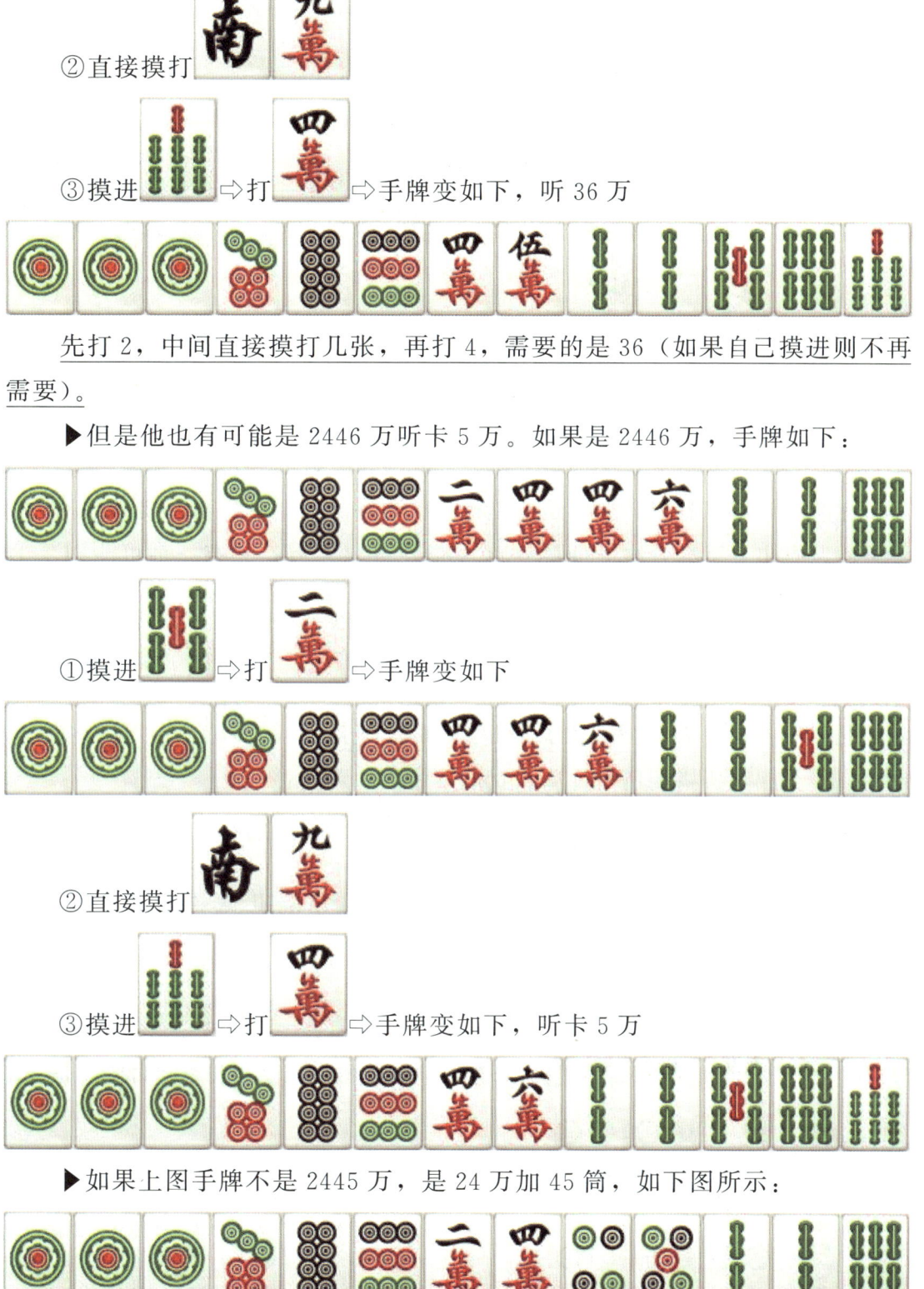

②直接摸打

③摸进 ⇒ 打 ⇒ 手牌变如下，听 36 万

先打 2，中间直接摸打几张，再打 4，需要的是 36（如果自己摸进则不再需要）。

▶ 但是他也有可能是 2446 万听卡 5 万。如果是 2446 万，手牌如下：

①摸进 ⇒ 打 ⇒ 手牌变如下

②直接摸打

③摸进 ⇒ 打 ⇒ 手牌变如下，听卡 5 万

▶ 如果上图手牌不是 2445 万，是 24 万加 45 筒，如下图所示：

此时我们摸进 5 条打 2 万，再摸进南风打 4 万。为什么是打 4 万呢？因为我们的牌已经定型了，留下这张 4 万，后面即使凑成一搭，还是需要拆搭，

不如早点打以防后面点炮。现在这副手牌我们进36筒或47条都可以听牌。

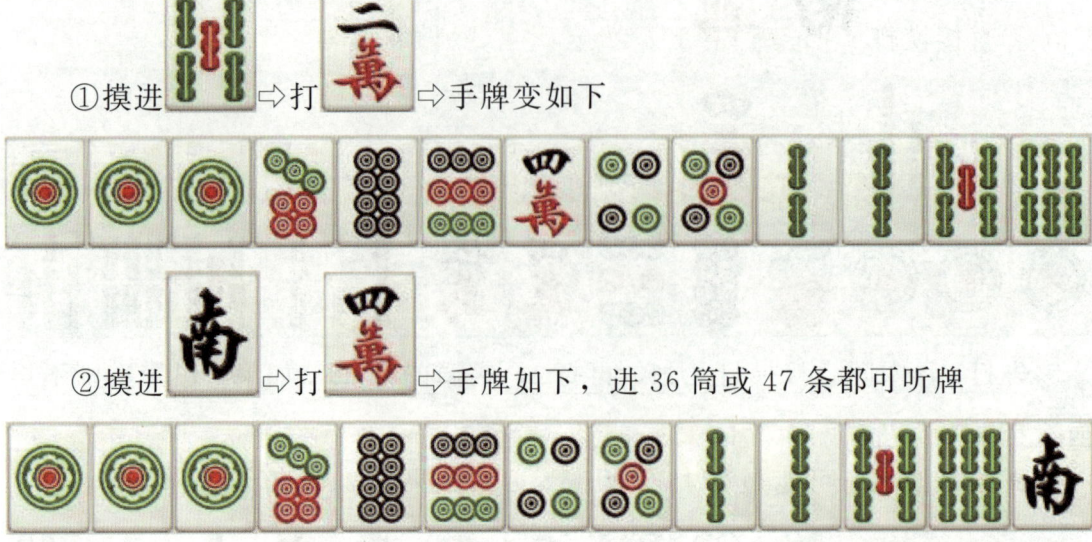

①摸进 ⇒打 ⇒手牌变如下

②摸进 ⇒打 ⇒手牌如下，进36筒或47条都可听牌

此时我们可以看到，如果是连续打出2万和4万，则不再需要36万。

所以打出2万后，中间间隔这么多张才打出4万，只有一种可能即手上有一对4万。

综上所述：打出2万后，中间相隔2张，打出4万，听36万。当然中间也有可能相隔很多张，但一定是相隔几张才最准确。所以像这种先打2，中间相隔几张再打4的需要36，要么就是2446需要卡5。

以下是间隔拆搭的所有牌型，我们不做一一讲解：

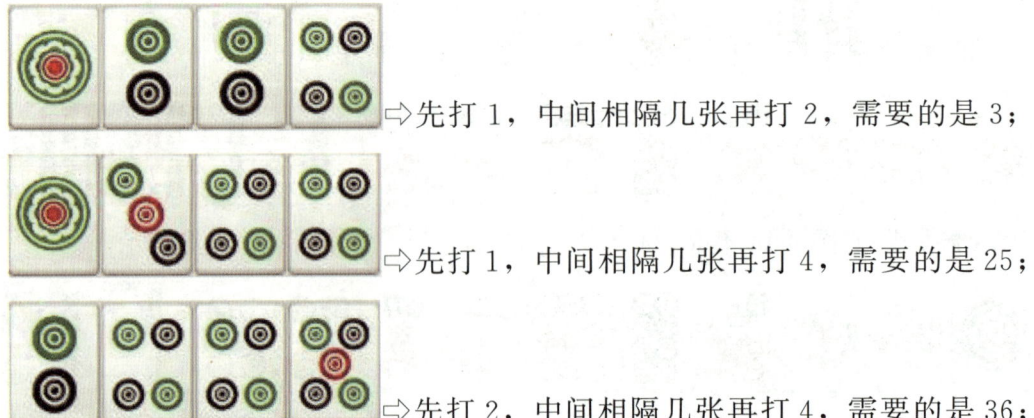

⇒先打1，中间相隔几张再打3，需要的是25；

⇒先打1，中间相隔几张再打2，需要的是3；

⇒先打1，中间相隔几张再打4，需要的是25；

⇒先打2，中间相隔几张再打4，需要的是36；

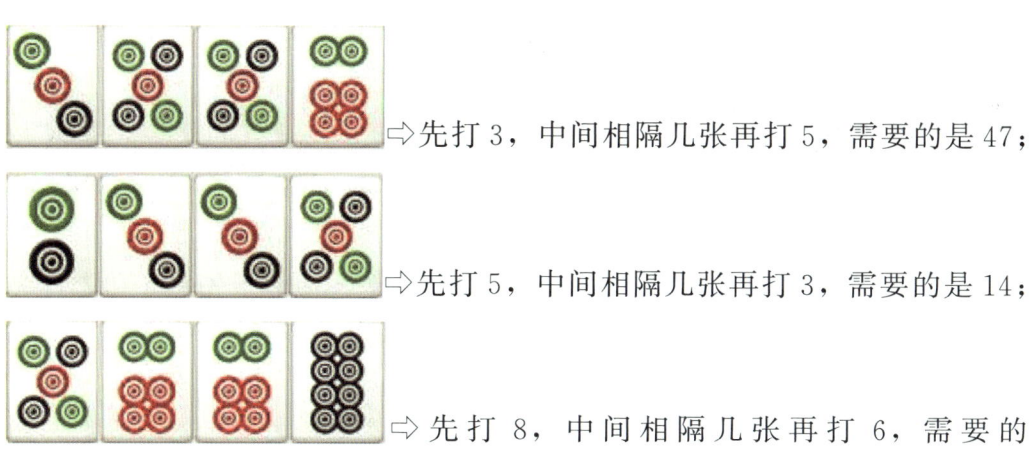

⇨先打 3，中间相隔几张再打 5，需要的是 47；

⇨先打 5，中间相隔几张再打 3，需要的是 14；

⇨先打 8，中间相隔几张再打 6，需要的是 47；

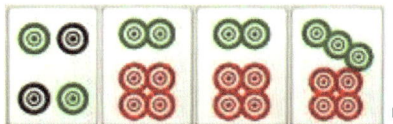

⇨先打 9，中间相隔几张再打 7，需要的是 58；

⇨先打 4，中间相隔几张再打 6，需要的是 58；

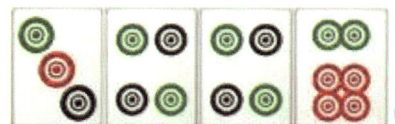

⇨先打 5，中间相隔几张再打 7，需要的是 69；

⇨先打 6，中间相隔几张再打 4，需要的是 25；

⇨先打 7，中间相隔几张再打 5，需要的是 36！

不知道大家发现没有，3556 和 2335 这 2 个牌型，先打 3 后打 5 需要的是 47，而先打 5 后打 3 则需要的是 14。前后出牌顺序不一样，也会导致需要的牌型不一样。4667 和 3446 这两个牌型也是一样的道理。

⑨□麻将中后期的隐蔽拆搭，可以给我们提供什么信息？

隐蔽拆搭即拆搭的不明显，就是他打出来的 2 张牌，没有关联性。

【案例一】

这手牌我们摸进 4 筒或 7 筒都可以听牌。假设此时摸进一张 5 条，我们就要面临拆搭了。可打的牌有 3 筒或 8 筒，但是这种牌型先打 8 和先打 3 牌理是一样的。假设我们先打 8 筒，打出 8 筒后，我们只要进 47 筒或 47 条都可以听牌。

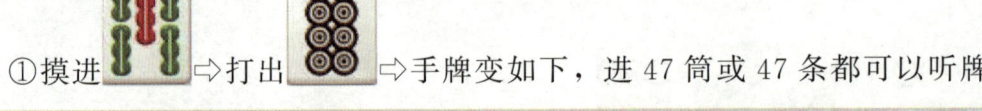

①摸进 ⇨ 打出 ⇨ 手牌变如下，进 47 筒或 47 条都可以听牌

过了一巡，轮到我们摸牌，我们还没有开始摸牌就直接把这张 3 筒打出去了，不管后面摸进来的这张是什么牌，都很果断干脆的打掉这张 3 筒。

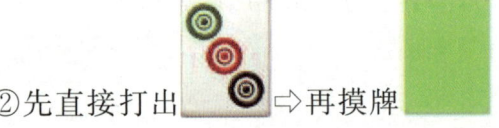

②先直接打出 ⇨ 再摸牌

这么做的目的就是为了迷惑大家，让大家以为我不要筒子牌，可是其实我现在依然需要 47 筒。3 筒和 8 筒相隔甚远，没有任何的关联性，如果不懂这个牌理，很难看出这也是一个拆搭。到了中后期，手上的牌都是有关联性的，敌家不可能平白无故的连续从手里打出 8 和 3。所以中后期连续打出 8 和 3，他需要的是 47。

连续隐蔽拆搭一共有 4 种牌型：

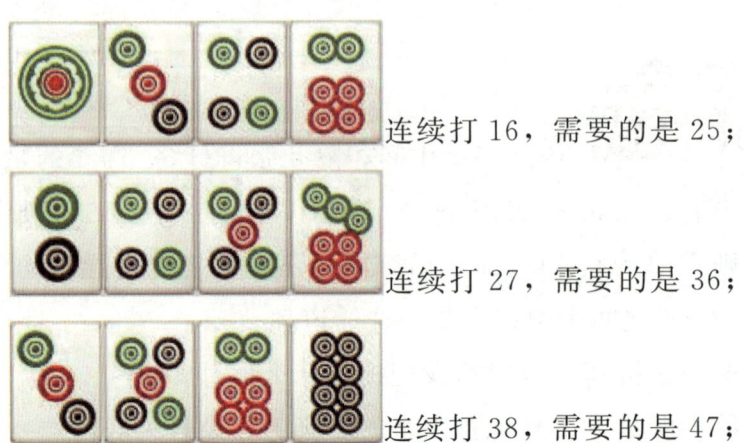

连续打 16，需要的是 25；

连续打 27，需要的是 36；

连续打 38，需要的是 47；

连续打 49，需要的是 58；

【案例二】

下图手牌：

我们现在摸进一张 5 万的话，肯定先打 4 条，后续再摸进 1 筒、9 筒、南风都没用直接打出，但是如果继续摸进一张 7 万，我们就需要打出 7 条了，如下图所示：

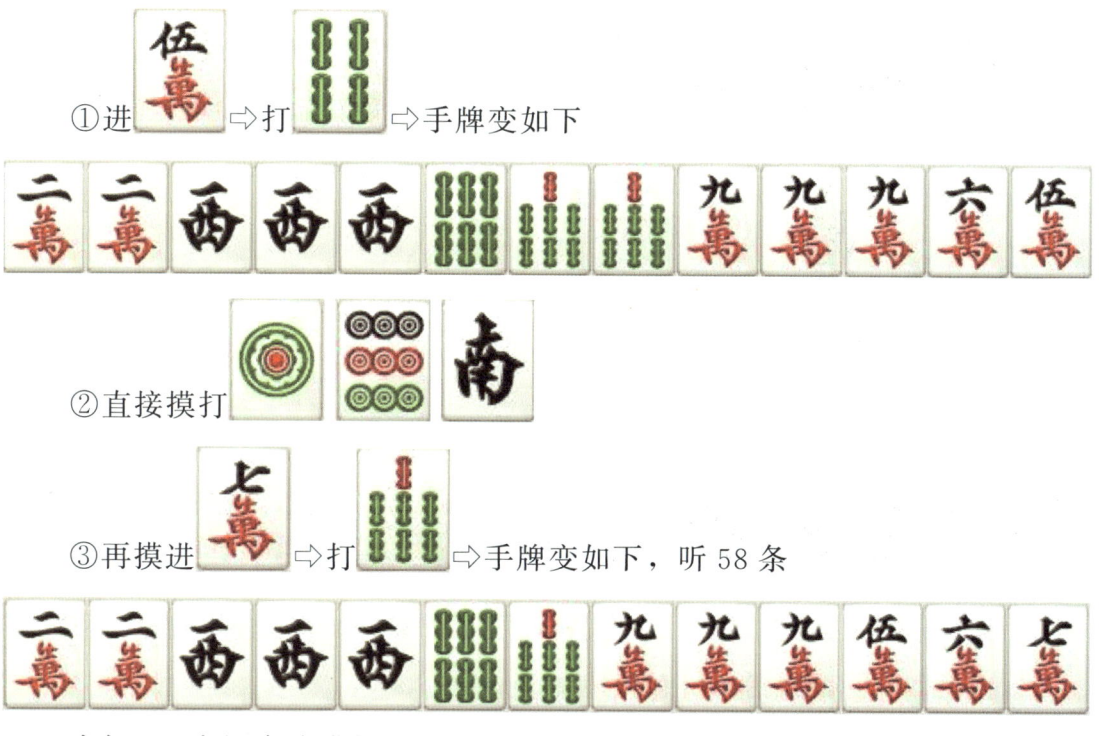

①进 伍萬 ⇨打 ▊▊ ⇨手牌变如下

②直接摸打 ◎ ◎ 南

③再摸进 七萬 ⇨打 ▊▊ ⇨手牌变如下，听 58 条

先打 4，中间直接摸打几张没用的牌，再打 7，这个时候就自然形成了一个隐蔽拆搭。

虽然上面我们学习了间隔拆搭，但是间隔拆搭的那些牌都是有关联性的。这手牌 4 和 7 中间相隔很远，根本关联不上。但是前面我们说过到了中后期，所有的牌都是有关联性的。他手里不可能会有相隔这么远的牌，既然他能够打出来，就说明他手里还有其他同花色的牌。打完 4 之后，相隔几张又打了 7，他需要的是 58。这种间隔的隐蔽拆搭和上面的间隔拆搭是一样的，同时需要观察他的牌背来进一步确认。

【案例三】

如果说把上面手牌的 67 条换成 45 条会怎么样？如下图所示：

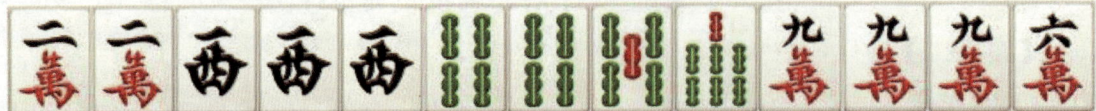

此时摸进一张 5 万，肯定先打掉 7 条，假设后面他再摸打出来 3 张没有用的牌，然后再摸进一张 7 万，他就会选择打掉 4 条，因为这个牌已经定型了，如下图所示：

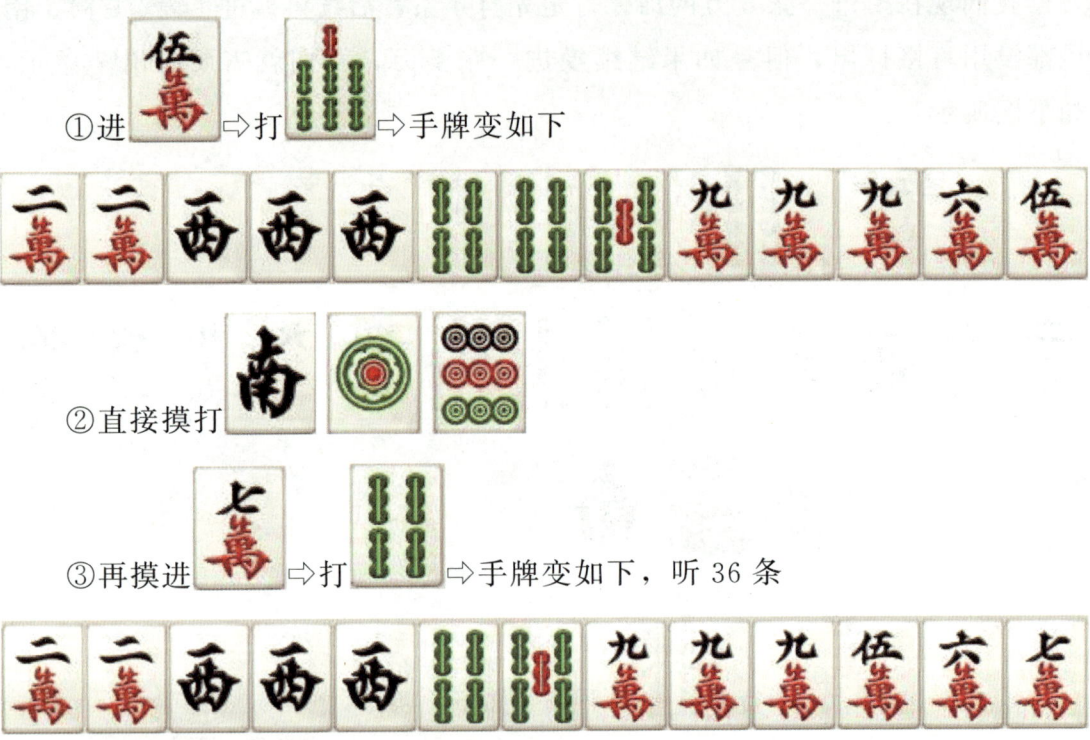

①进 伍万 ⇨打 （7条）⇨手牌变如下

②直接摸打 南 、（一饼）、（八饼）

③再摸进 七万 ⇨打 （3条）⇨手牌变如下，听 36 条

由此我们可以知道，<u>先打 7 中间相隔了几张又打 4，他需要的是 3 和 6。</u>

以下是间隔隐蔽拆搭的所有牌型：

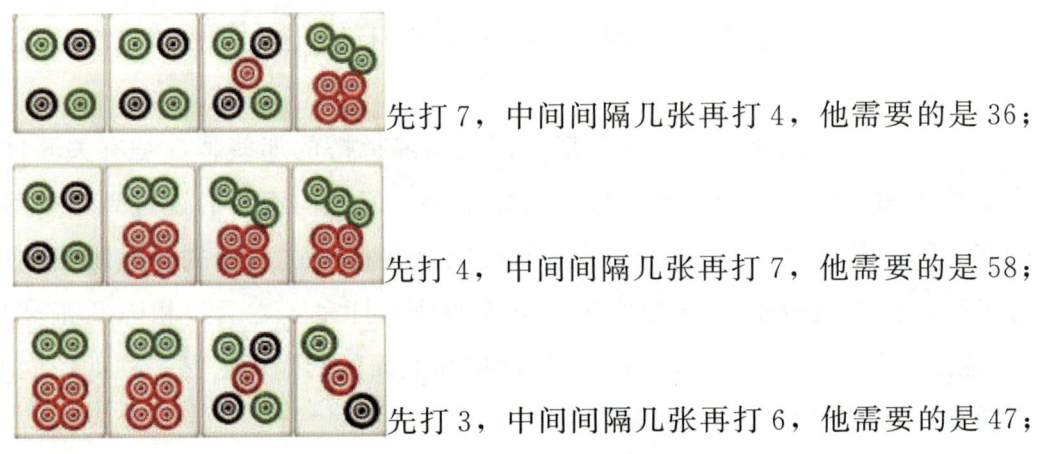

先打 7，中间间隔几张再打 4，他需要的是 36；

先打 4，中间间隔几张再打 7，他需要的是 58；

先打 3，中间间隔几张再打 6，他需要的是 47；

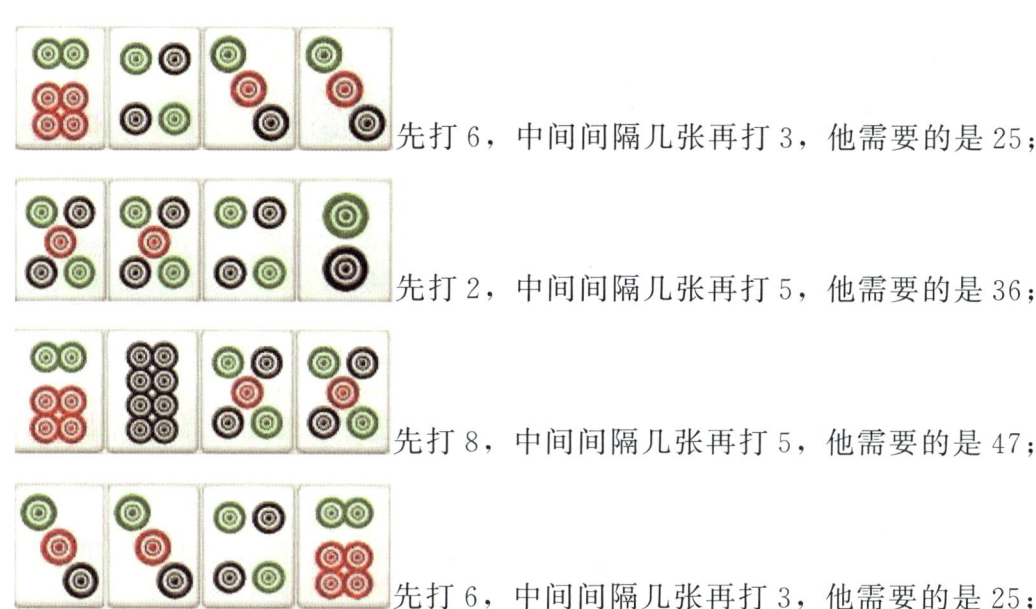

先打 6，中间间隔几张再打 3，他需要的是 25；

先打 2，中间间隔几张再打 5，他需要的是 36；

先打 8，中间间隔几张再打 5，他需要的是 47；

先打 6，中间间隔几张再打 3，他需要的是 25；

⑩□麻将中后期连续拆掉双面搭子，可以给我们提供什么信息？

牌局到了中后期，只要进行了拆搭，快的已经一进听或者是已经听牌，慢的也已经是二进听了。敌家只要进行了拆搭，我们就要知道 3 个点：他需要什么？他不需要什么？他可能留了什么？比如别人拆了 23 筒，那他手里肯定没有 4 筒，但是他可能需要 4 筒，因为他的手牌可能是 2356 筒。

那么他为什么会拆 23 筒？因为他看到河里没有一张 1 筒，或是看到河里 1 筒全部出完了，然后两个两面搭子又同样要中间的 4 筒，这边的 1 筒没有希望，所以才会拆 23。要不然这么好的两面搭子，一般不会拆。

同理，如果是拆 34 筒，手里没有 5 筒，但是可能需要 5 筒，手牌可能是 3467 筒。

这个时候，我们只需要看一下河里出了多少张 28 筒，就可以马上知道他为什么要拆 34 筒了。拆 45 筒也是一样的道理，手里可能会有 78 筒。

所以从这 3 种两面搭子，我们得出结论：

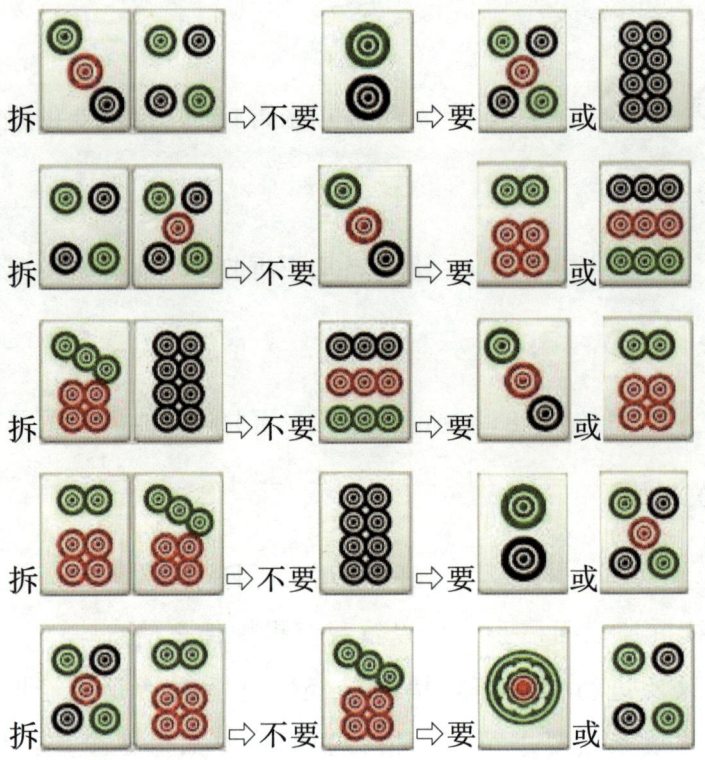

4. 麻将当中的动牌和不动牌，可以给我们提供什么信息？

我之前和朋友打的印象很深的一个牌型，拿出来给大家演示一下：

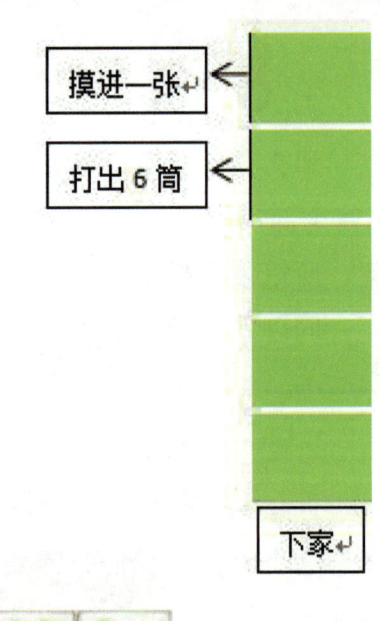

"本家手牌——听 47 筒"

下家只有四张牌，说明他也已经听牌。轮到下家摸牌，他摸进一张牌后，打出去一张 6 筒，此时我断定他听的是 58 筒。

过了一圈，我摸牌，摸进一张 8 筒，这个时候肯定不能选择打 8 筒，我直接选择打 4 筒。

摸进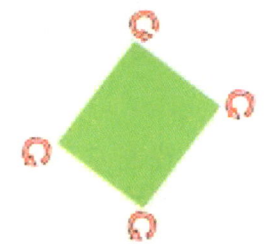

听 58 筒

又过了一圈，上家打出一张 5 筒，我果断选择截和。大家可能就会问了，你为什么这么断定他听的就是 58 筒呢？因为下家摸进牌的时候，这张牌在手里转了一圈后再放入自己的手牌当中，如下图所示：

■动牌和不动牌

不动牌：共 14 门 56 张

动牌：共 20 门 80 张

动牌和不动牌有什么区别？不动牌从牌山摸进来，不管是正放还是倒放都是一样的，动牌反之。例如：

80%－90% 的人都有一定的强迫症，大家在摸到动牌的时候，都会下意识的手握动牌转个方向，给它转到正向摆放。例如：

倾向于正向摆放： 而非反向摆放：

上面说的牌局，下家的手牌如下：

 ⇨ 听 5 万和 6 筒的对倒

下家摸进一张牌后，这张牌在手里转了一圈后再放入自己的手牌当中，然后打出一张 6 筒。

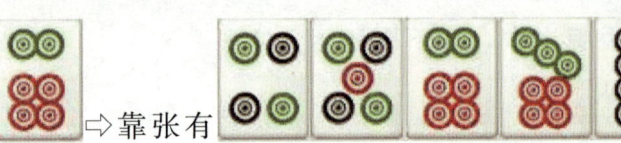 ⇨ 靠张有 只有 67 筒是动牌，需要转正放入手

筒子里的动牌只有 67 筒，所以我断定他摸进的是 7 筒，听 58 筒。假设摸进的是 6 筒，下家就直接和牌了。

过了一圈后轮到我摸牌，摸进一张 8 筒，于是我选择打出 4 筒。又过了一巡，上家打出一张 5 筒，我果断选择截和。这就是利用动牌的原理来猜测敌家手牌。

还是那句话，牌到了中后期都是有关联性的，他不可能莫名其妙的突然从手里打出来一张 6 筒。高手到了后期都是眼观六路、耳听八方的，到后期的每一个动作，包括你的每一个眼神都能透露出很多信息。所以我们一定要改掉打牌强迫症的习惯，而且可以利用动牌这个原理，通过敌家打出来的牌推测敌家手上可能有什么牌。

喜欢把麻将摆放整齐的人，可以给我们提供什么信息？

这种方法只适用于 108 张和摆牌整齐的人，如果是四川的定缺，那就会更适合。如下手牌为敌家牌背：

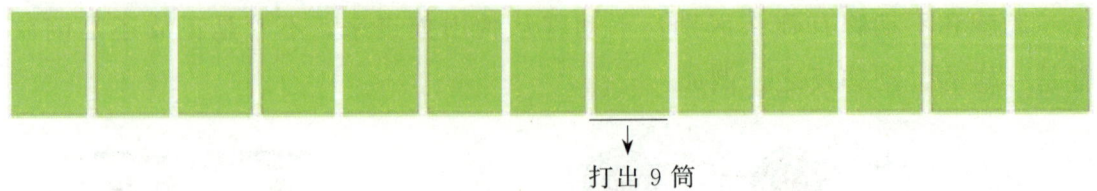

打出 9 筒

假设敌家从上图位置打出一张 9 筒能够给我们提供什么信息呢？这个时候我们要思考 9 筒的左边是筒子牌？还是右边是筒子牌？我们就要留意他后面打出来的一张牌。

假设打出 9 筒后，他摸进一张牌放入下图所示位置，然后再从下图所示位置打出一张 8 万。

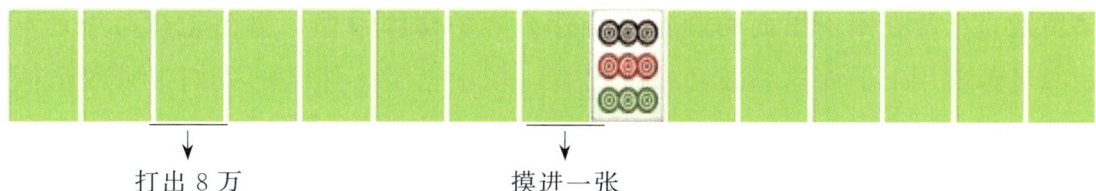

打出 8 万　　　　　　　　　摸进一张

由此我们基本可以断定：9 筒的左边是万子牌，右边是筒子牌，而且是从大到小的排列方式。8 万左边 2 张有可能是对 9 万

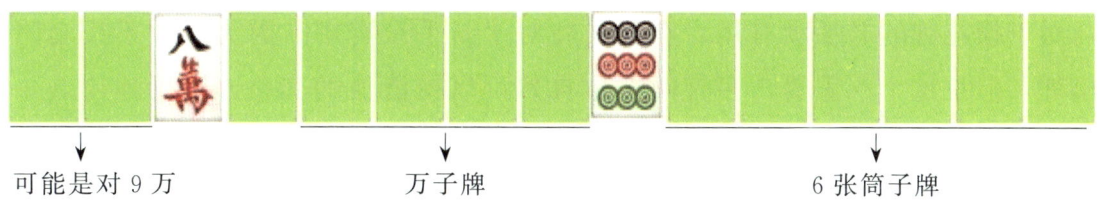

可能是对 9 万　　　　　　万子牌　　　　　　　　6 张筒子牌

如果是 89 万的话，右边这张有可能是 7 万。

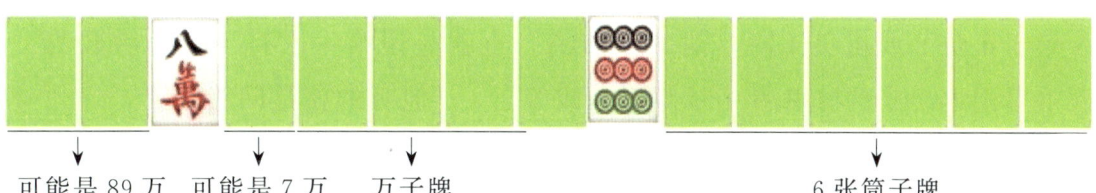

可能是 89 万　可能是 7 万　万子牌　　　　　　　6 张筒子牌

此时敌家从山里继续摸进一张后放到下图所示位置，可以看到筒子牌由 6 张变成了 7 张。然后又从 8 万旁边打出一张 4 万，此时我们基本上就可以肯定 8 万左边两张牌是对 9 万。

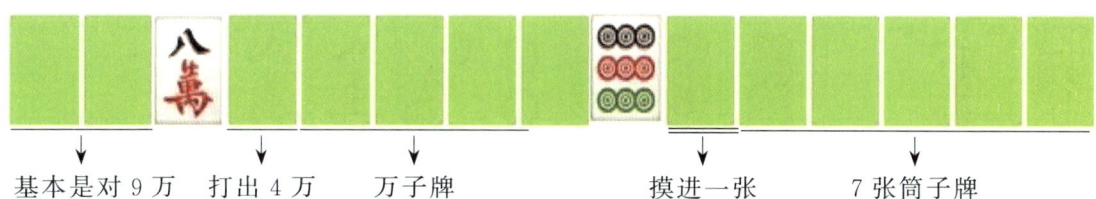

基本是对 9 万　打出 4 万　　万子牌　　　　摸进一张　　7 张筒子牌

如果他再从山里摸进来一张牌，放到如下图位置，那么现在可以看到，他这边的筒子牌由 7 张变成了 8 张。再从 4 万旁边打出一张 2 万。他先出了 8 万，然后又打出了 4 万，4 万和 8 万之间没有牌，然后又打出了 2 万，所以剩下三张万子牌是三张 1 万。

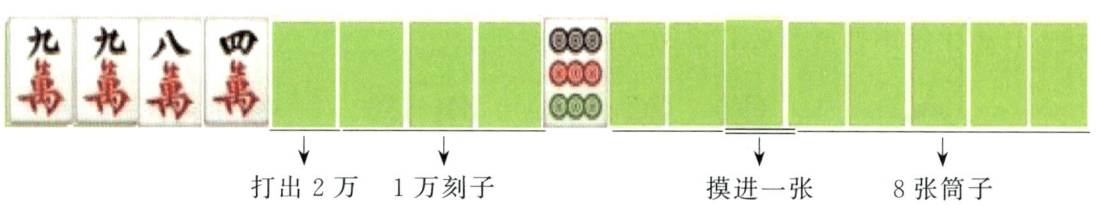

打出 2 万　1 万刻子　　　　　摸进一张　　8 张筒子

像这样去推测的话，他现在基本上已经下叫了。码牌整齐，在有些老手和高手面前，我们的牌相当于明着给他们看。所以我们要改掉这个习惯，多多留意自己所在圈子里面的麻友都是什么样的摆牌习惯，自己记在心里，不说每场都能用上上面这些技巧，哪怕有一场用上了，那么给我们带来的价值就是可观的。同时我们也要防止别人猜测自己的手牌，当我们摸进一张牌后，不要着急插入手牌，先打出要打的牌，等下家摸牌打牌后，再把我们前面摸进的那张牌插入手牌中。

以上的这些猜牌技巧，只限于码牌整齐的人和按牌理出牌的人，有些技巧对于摆花牌的老手没有用，有些技巧对于新手没有用。因为新手不按套路出牌，但是这个不重要，多打两次你自然可以摸清他的套路，最后他还是一个字输。

5. 回头牌断牌法

从手牌内打出 A，紧接着摸牌插入手牌，从手里面退出 B，A－B 或 B－A 等于正负 2 或正负 4 时，他又听回 A。也就是说第一次打出来的牌和第二次手里面退出来的牌两者相减等于 2 或等于 4，他听的就是回头牌。

■两者相减等于 2

下图手牌

打 ⇨ 手牌 ⇨ 听 8 万和 8 筒

下一巡摸进 ⇨ 打 ⇨ 手牌 听 69 万

如上图所示，第一次打出的 6 万和第二次打出的 8 万两者相减等于 2。假设一开始手牌不打 6 万，打 8 万，如下图所示：

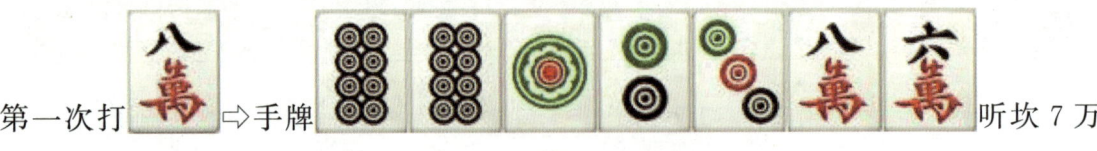

第一次打 ⇨ 手牌 听坎 7 万

结果后续又摸进一张 8 万，这个时候很少有人会继续听 8 万，毕竟 8 万已经出来了 3 张，没有必要为最后一张选择打 6 万，听 8 万和 8 筒的对倒。

而大部分人比较犟，打过一张之后摸回来，还会继续打，继续选择听卡张。一般来讲听错牌了大部分都不会再换，不换回来肯定是选择继续打 8 万，听坎 7 万。

连续打出两张 8 万，那么我们现在说的这种情况也就不成立了。但是只要他选择换回来打 6 万，同样的是第一次打出 8 万和第二次打出 6 万，相减等于 2，听的是回头牌。所以只要两者相减等于 2，他听的是上一巡刚刚打过的那一张牌 8 万，也就是听回头牌。

第二次摸进 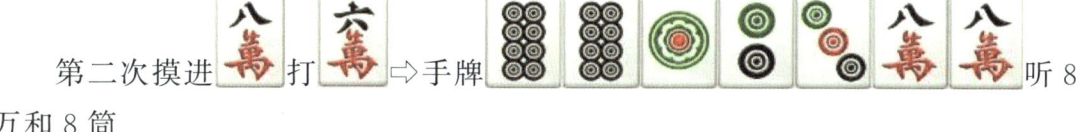 打 ⇨ 手牌 听 8 万和 8 筒

■两者相减等于 4

这样的情况摆明是三点钟的选听，听错了边。例如下图手牌：

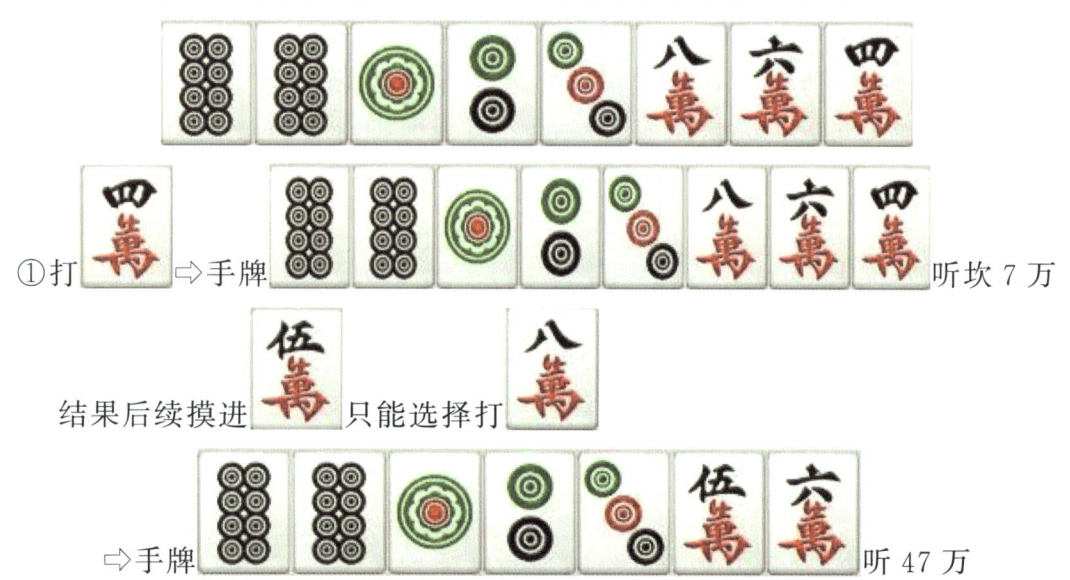

①打 ⇨ 手牌 听坎 7 万

结果后续摸进 只能选择打

⇨ 手牌 听 47 万

这里可以看到第一次打出的 4 万，和第二次打出的 8 万，相减等于 4。

先打大号码的牌，再打小号码的牌也是一样的，例如下图手牌：

②打 ⇨ 手牌 听坎 4 万

结果后续摸进 只能选择打

⇨手牌 ⇨听 47 万

所以前后两者打出来的牌，相减等于 4 的时候，也是听上一巡他打过的那张牌即回头牌。

这样的情况在牌桌上面屡见不鲜，我们除了要注意观察敌家的舍牌情况，更重要的是要看他是直接摸打的，还是从手牌里面退出来的？这两种情况是不一样的，直接摸打的是没有用的。所以我们一定要注意紧盯敌家的牌背，还有这中间他有可能连续从手里面退出来。也有可能先从手牌里退出一张，然后直接摸打很多张没有用的牌，最后摸进一张牌插进手里，再从手里退出一张牌，但是牌理都是一样的。

到了听牌阶段，从手里退出来的牌都是有关联性的，敌家不可能莫名其妙的从手里退出来两张牌。我们还可以观察敌家的表情进一步确认，一般出现这种情况，大部分人表情都是愤怒的，因为他把一个自摸给打没了。另外他打第一张牌的时候，会表现的犹豫不决，不知道应该选听哪一个。

（四）本节重点：

1. 如果我们现在连自己的手牌都看不好，建议什么时候可以把自己的手牌搞清楚之后，再来学习猜牌技巧。

2. 知道猜牌主要通过敌家的码牌方式、拿牌手势和敌家舍牌这三大类来判别。

3. 记住如何判别敌家是否已经听牌的各种方式。

4. 知道自己听牌快的好处，知道别人已经听牌的好处等等。

5. 记住前期敌家打出的字牌、1928 这些牌可以给我们提供哪些信息。

6. 序盘前期敌家打出 15，说明他 123456 都不要，打出 159，说明他 123456789 都不要。

7. 知道如何识别敌家打的是不是衍牌，并通过敌家打的衍牌识别敌家需要什么牌。

8. 新手不要去打可以吃或者可以点炮的局。

9. 敌家序盘前期打 3 说明他 123 不要，打 4 说明他 234 不要，打 6 说明他 678 不要，打 7 说明他 789 不要。

10. 中后期孤张打完，碰牌前后或者是在拆搭之后，只要不是摸来就打的牌，就是闪避！其闪避的这张牌的邻牌极有可能是炮牌。

11. 记住隐蔽拆搭，间隔拆搭，隐蔽间隔拆搭，拆双面搭子等给我们提供的信息！

12. 知道动牌和不动牌，知道摆牌整齐的危害，改掉打牌强迫症的习惯，并学会利用动牌和码牌整齐这个原理，通过敌家打出来的牌推测敌家手上可能有什么牌。

13. 知道什么是回头牌断牌法，懂得利用回头牌推测敌家手牌。

七、如何看清一色？

很多麻友，一遇到同一花色牌型太长，就不知道怎么舍牌了？下叫了不知道，甚至自摸了也不知道。这一章将会帮助大家解决这些问题，教大家如何快速的看清一色牌型！

（一）四张基本听牌型：

▶3456 四连型听双头吊将

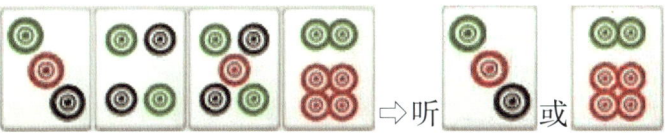

▶4566 边肚型听对子和另外一头的筋牌

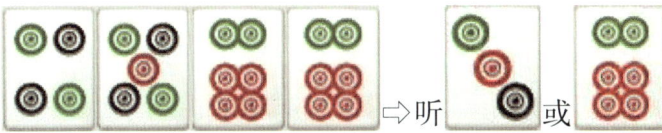

▶4556 大肚型听中间对子 5 筒

▶4666 暗刻跳张听跳张 4 筒＋中间的 5 筒

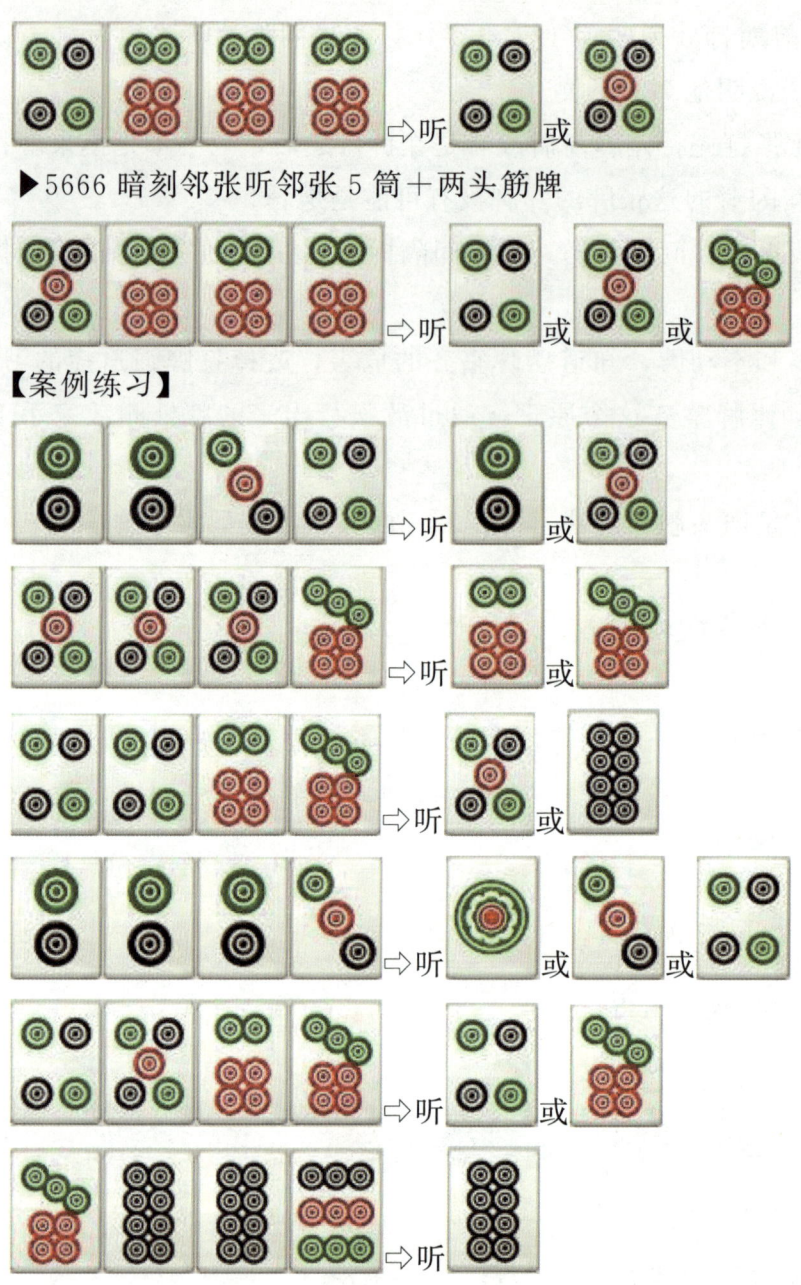

▶5666 暗刻邻张听邻张 5 筒＋两头筋牌

【案例练习】

（二）"7 张听牌型"该如何看？

▶抽出对子，45678 五连型听两头筋牌和中间那张牌

抽出对子⇨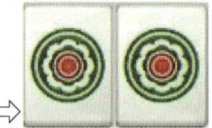

45678 五连型 ⇨ 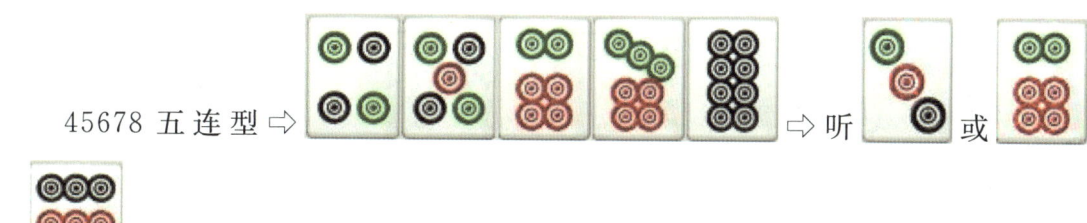 ⇨ 听　或

或

▶七连型听双头吊将加中间的筋牌

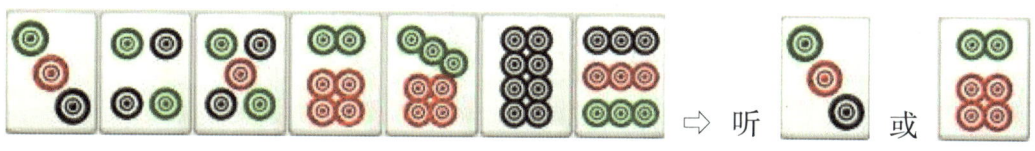 ⇨ 听　　或

或

▶六连带对型本质上是四连加两面搭子的组合,听对子本身加两边的筋牌。

 ⇨ 听　或

或

七张听牌型,手里没有暗刻的时候,它的听牌一定是在同一条筋线上的。关于筋线牌我们前面的内容讲过,一共三条线:147、258 和 369,上面的牌型是以 369 为例。

【案例练习】

▶六连带对,听对子本身加两边的筋牌

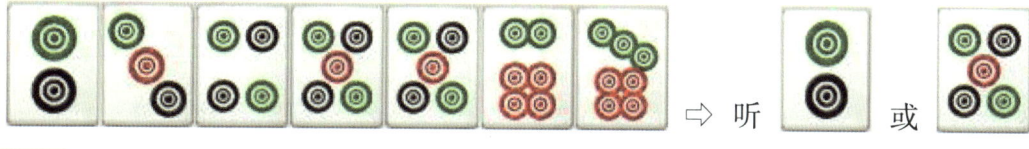 ⇨ 听　或

或

▶2345678 七连型三吊将听双头吊将加中间筋牌

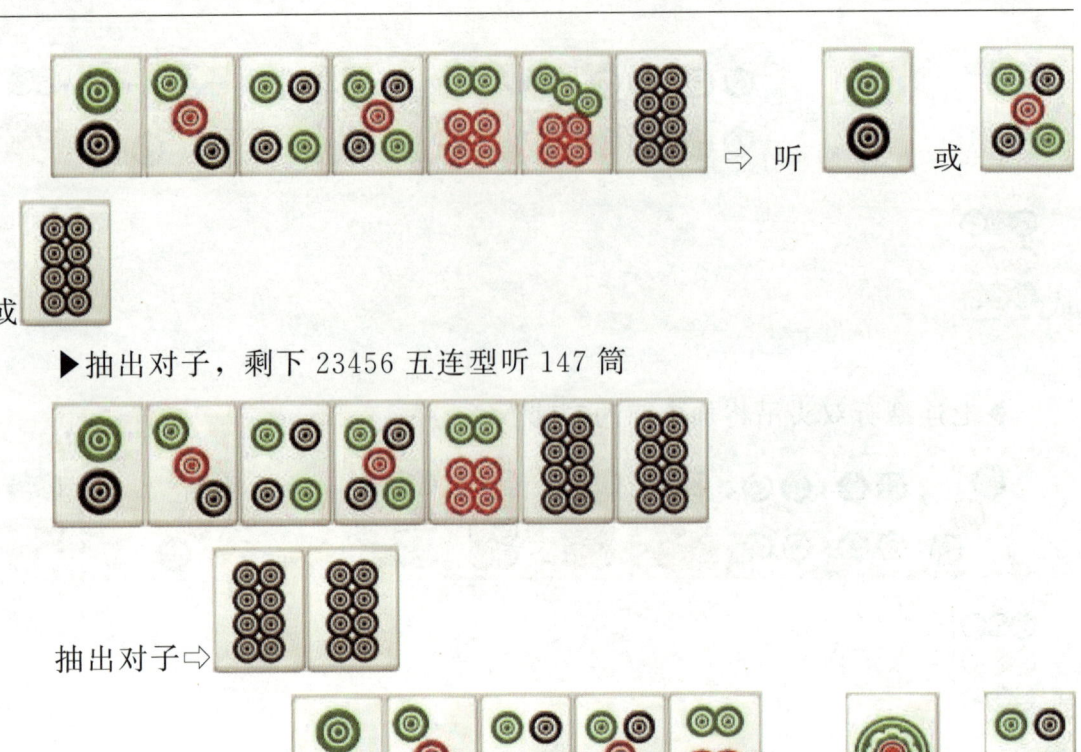

▶抽出对子，剩下 23456 五连型听 147 筒

抽出对子⇨

23456 五连型⇨

（三）"7 张顺刻对型"应该如何看？

"顺刻对型"即顺子带一个刻子再加一组对子。

【牌型一】

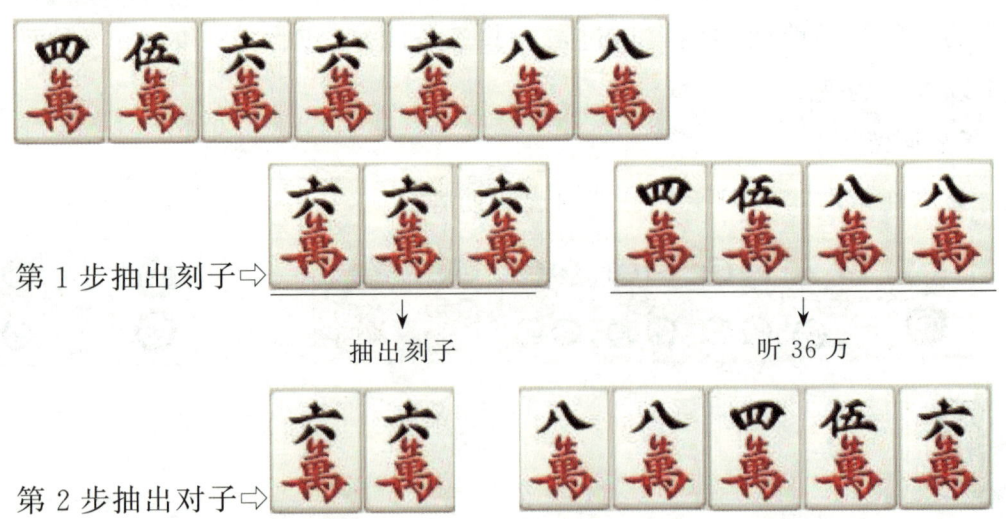

第 1 步抽出刻子⇨　　　　抽出刻子　　　　听 36 万

第 2 步抽出对子⇨

听 6 万和 8 万

所以这手牌合起来听 368 万！

【牌型二】

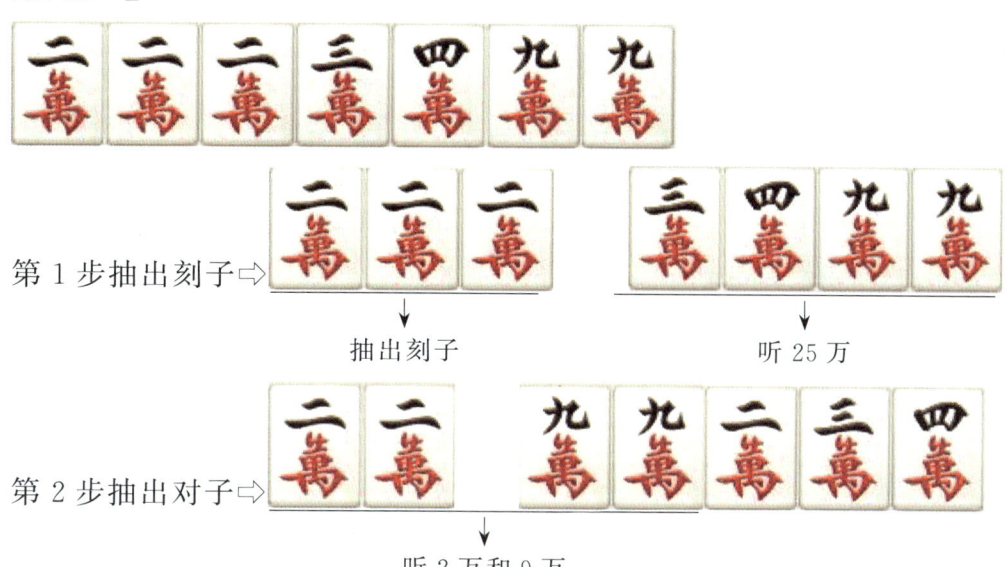

第 1 步抽出刻子 ⇨ 抽出刻子　　　　听 25 万

第 2 步抽出对子 ⇨ 听 2 万和 9 万

所以这手牌合起来听 259 万！

【牌型三】

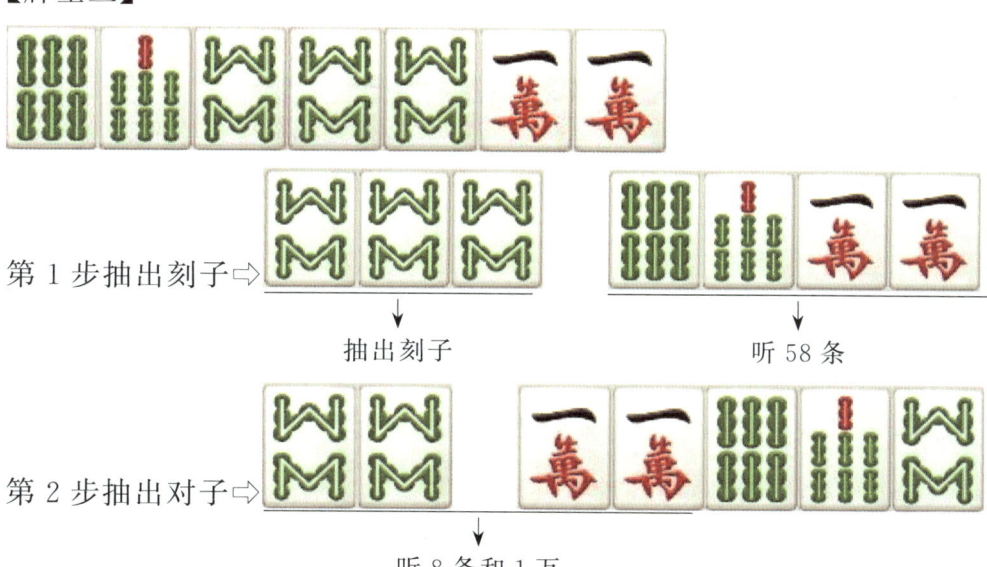

第 1 步抽出刻子 ⇨ 抽出刻子　　　　听 58 条

第 2 步抽出对子 ⇨ 听 8 条和 1 万

所以这手牌合起来听 1 万和 58 条！

【牌型四】

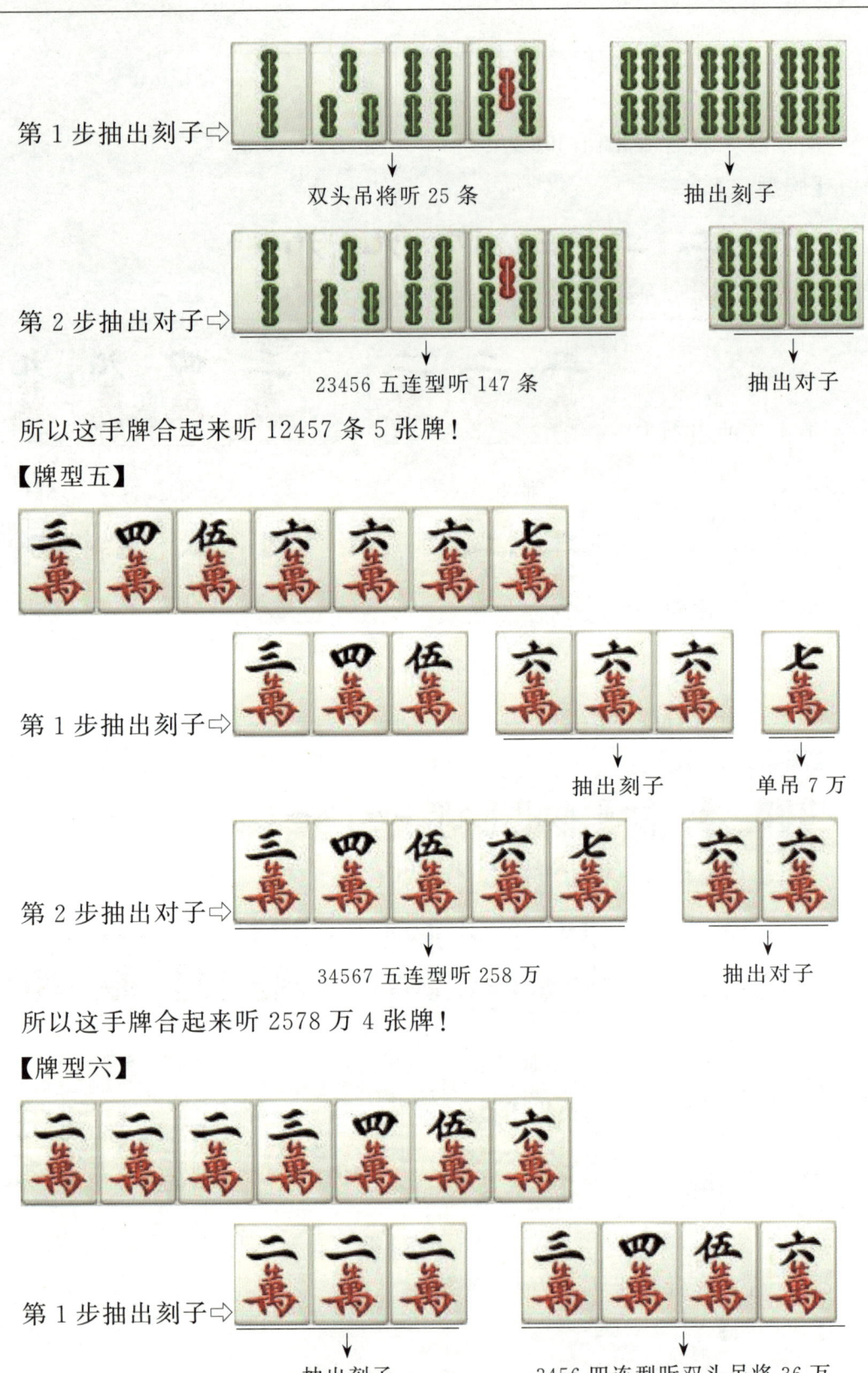

第1步抽出刻子⇨

双头吊将听 25 条　　　　　　　　抽出刻子

第2步抽出对子⇨

23456 五连型听 147 条　　　　　　抽出对子

所以这手牌合起来听 12457 条 5 张牌！

【牌型五】

第1步抽出刻子⇨

抽出刻子　　　　　　单吊 7 万

第2步抽出对子⇨

34567 五连型听 258 万　　　　抽出对子

所以这手牌合起来听 2578 万 4 张牌！

【牌型六】

第1步抽出刻子⇨

抽出刻子　　　　　　3456 四连型听双头吊将 36 万

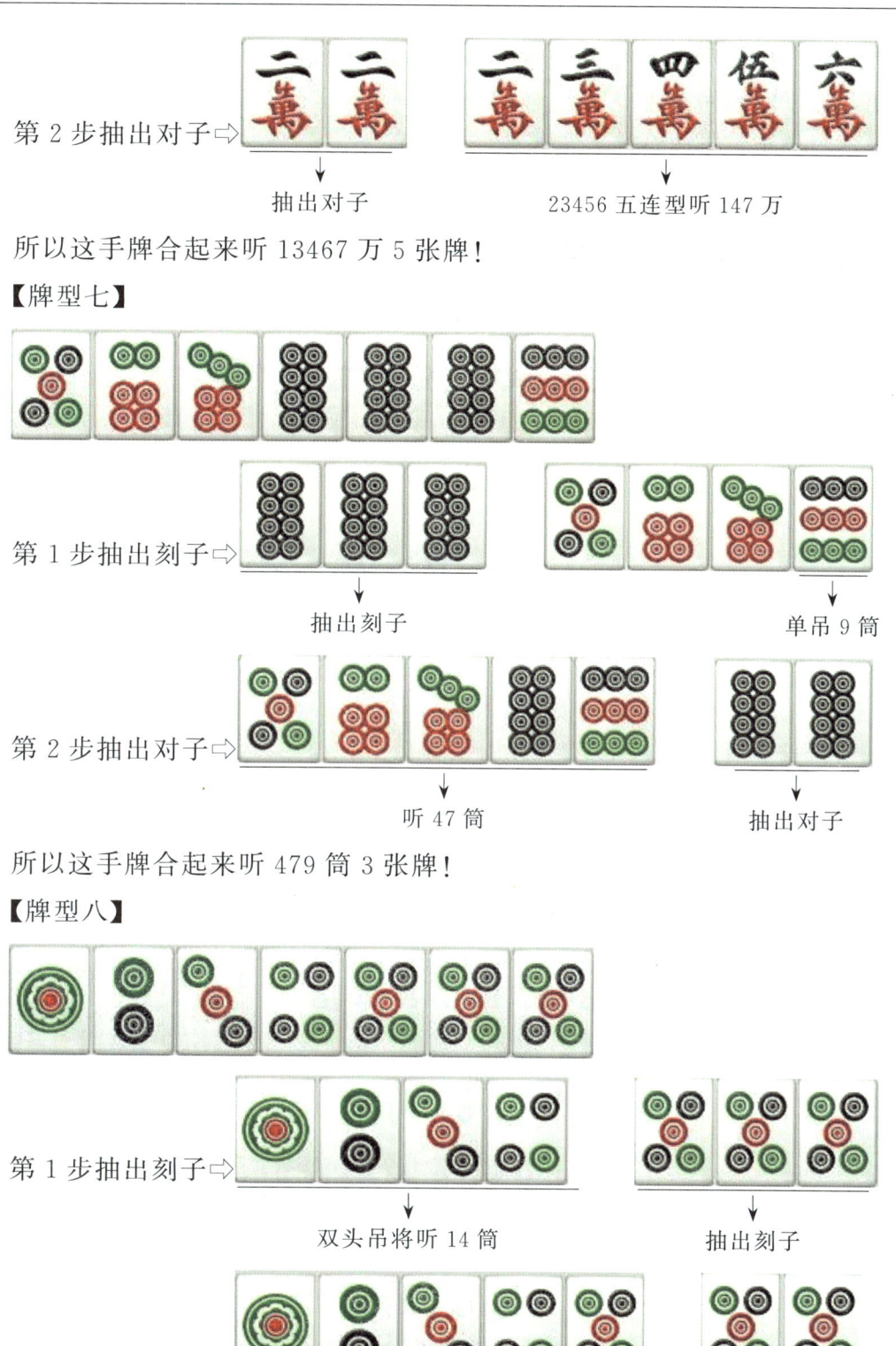

第2步抽出对子 ⇨

抽出对子

23456 五连型听 147 万

所以这手牌合起来听 13467 万 5 张牌！

【牌型七】

第1步抽出刻子 ⇨

抽出刻子

单吊 9 筒

第2步抽出对子 ⇨

听 47 筒

抽出对子

所以这手牌合起来听 479 筒 3 张牌！

【牌型八】

第1步抽出刻子 ⇨

双头吊将听 14 筒

抽出刻子

第2步抽出对子 ⇨

12345 五连型听 36 筒

抽出对子

所以这手牌合起来听 1436 筒 4 张牌！

不知道大家发现没有，靠边的五连型只能听两张牌，因为靠边的顺子传递听牌能力比较弱。我们继续做练习，七张顺刻对型有很多种，这种清一色需要我们平时多做练习，再结合上面分享的两步分解法，时间久了自然而然会觉得很简单，一眼就能看出手牌听的是什么。

【牌型九】

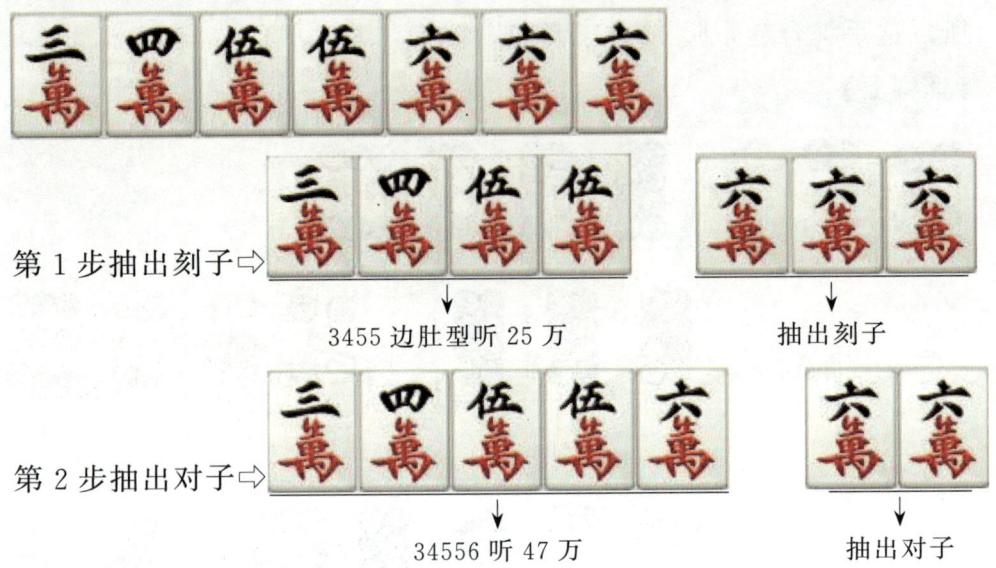

第1步抽出刻子⇨

3455 边肚型听 25 万　　　抽出刻子

第2步抽出对子⇨

34556 听 47 万　　　抽出对子

所以这手牌合起来听 2457 万 4 张牌！

【牌型十】

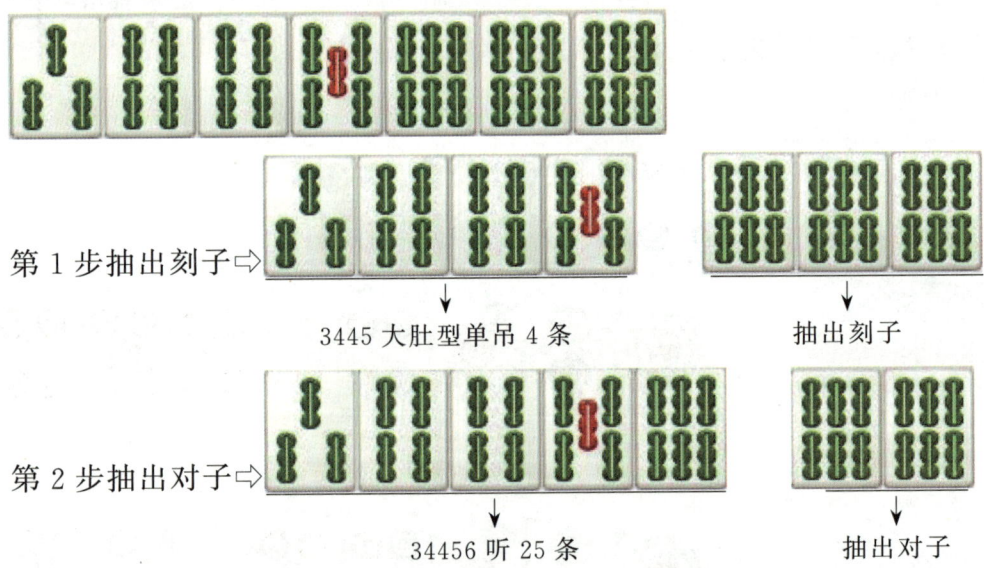

第1步抽出刻子⇨

3445 大肚型单吊 4 条　　　抽出刻子

第2步抽出对子⇨

34456 听 25 条　　　抽出对子

所以这手牌合起来听 245 条 3 张牌！

【牌型十一】

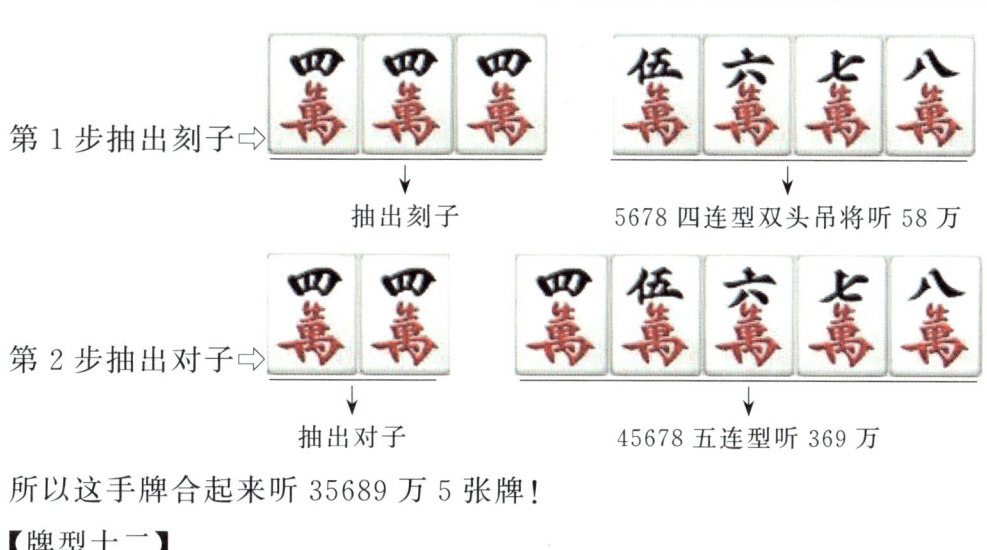

第 1 步抽出刻子 ⇨　抽出刻子　　　　5678 四连型双头吊将听 58 万

第 2 步抽出对子 ⇨　抽出对子　　　　45678 五连型听 369 万

所以这手牌合起来听 35689 万 5 张牌！

【牌型十二】

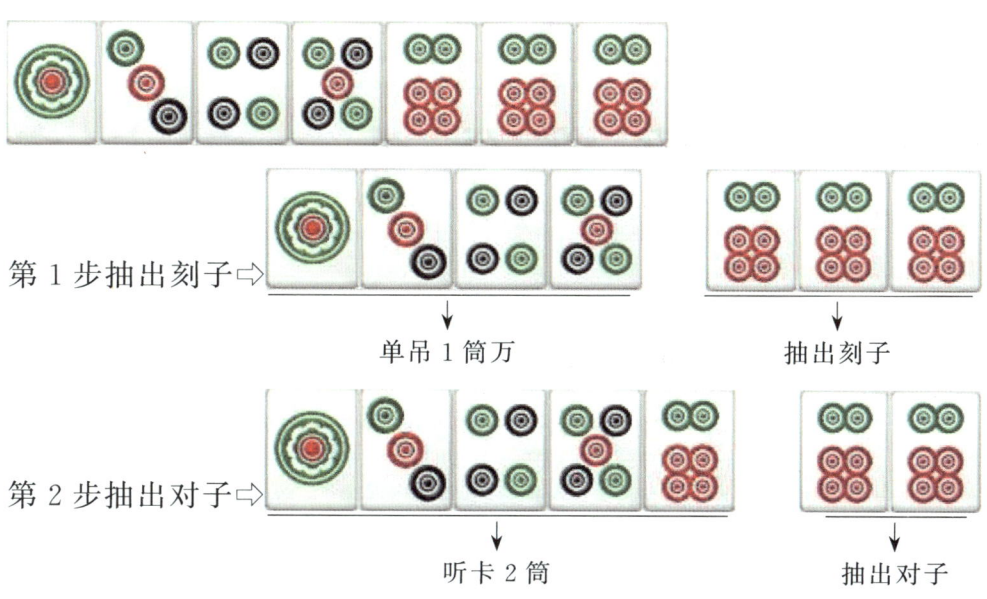

第 1 步抽出刻子 ⇨　单吊 1 筒万　　　抽出刻子

第 2 步抽出对子 ⇨　听卡 2 筒　　　　抽出对子

所以这手牌合起来听 12 筒 2 张牌！

【牌型十三】

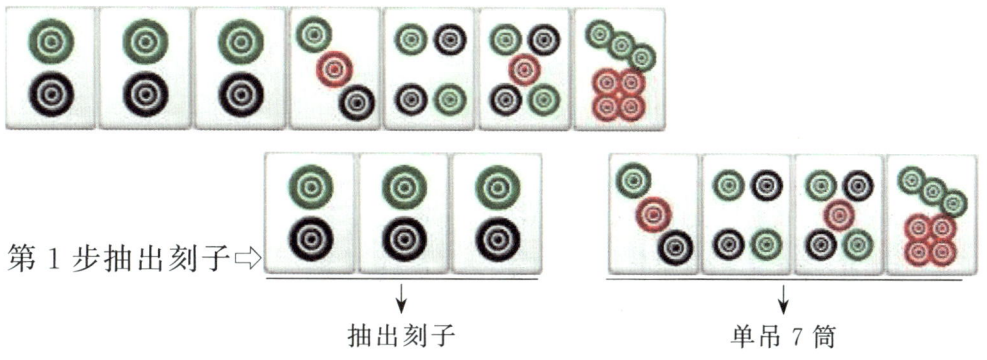

第 1 步抽出刻子 ⇨　抽出刻子　　　　单吊 7 筒

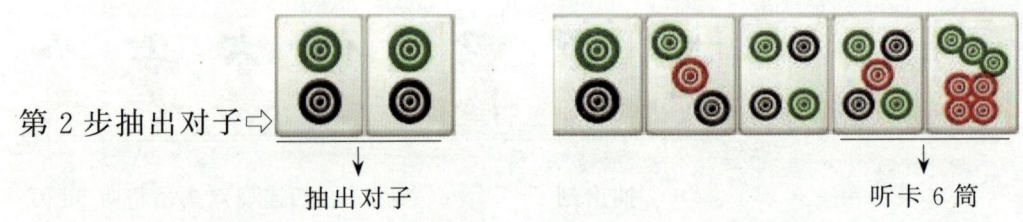

第2步抽出对子⇨　抽出对子　　听卡6筒

所以这手牌合起来听67筒2张牌!

（四）"7张听牌型刻子带两对"应该如何看？

【牌型一】

刻子带两对的牌型一共分为2种，第一种刻子在边上，如下图所示：

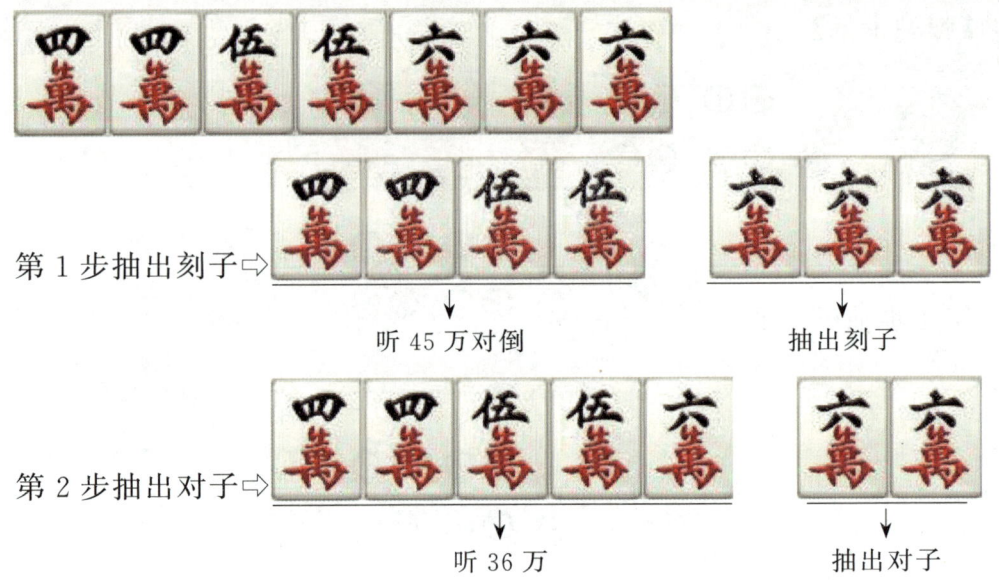

第1步抽出刻子⇨　听45万对倒　　抽出刻子

第2步抽出对子⇨　听36万　　抽出对子

所以这手牌合起来听3456万4张牌!

像这种刻子带两对的牌型，而且刻子是在边上这种，我们可以从刻子这边往对子这边数过去四张，我们就听这四张牌。如上图手牌6万是刻子，从6万往对子这边开始数：6万、5万、4万、3万，我们听的就是这4张牌。

【牌型二】

第二种刻子在中间，如下图所示：

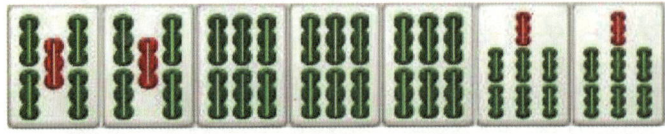

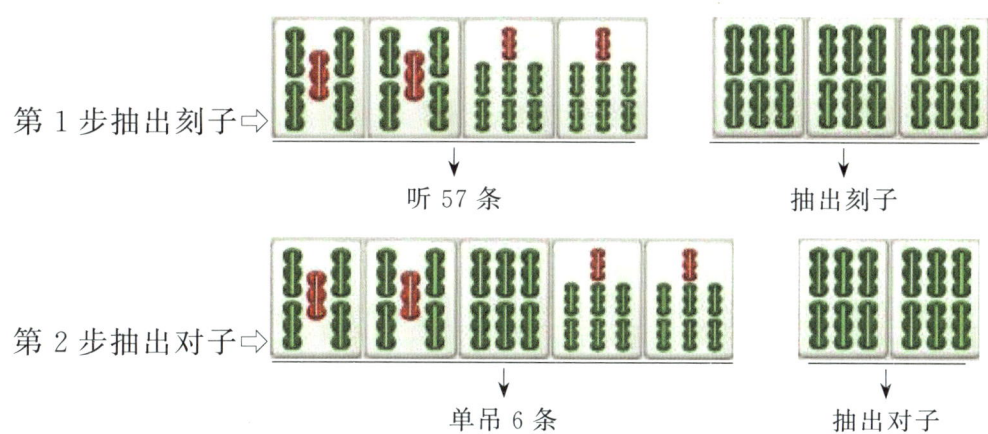

第 1 步抽出刻子 ⇨　　　　　　　　　　　　　　　抽出刻子

　　　　　　听 57 条

第 2 步抽出对子 ⇨

　　　　　　单吊 6 条　　　　　　　　　　抽出对子

所以这手牌合起来听 567 条 3 张牌！

像这种刻子带两对的牌型，而且刻子是在中间的，我们就听这三张牌。

案例练习

▶刻子在中间，我们就听这三张牌，上面这手牌我们听 678 筒 3 张牌。

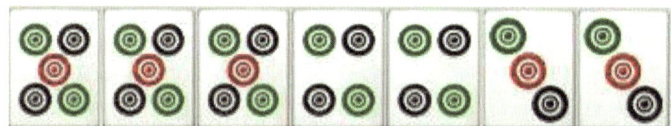

▶刻子在边上，从刻子这边往对子这边数过去 4 张，听的是 2345 筒 4 张牌。

（五）"7 张听牌型双暗刻型"应该如何看？

【牌型一】

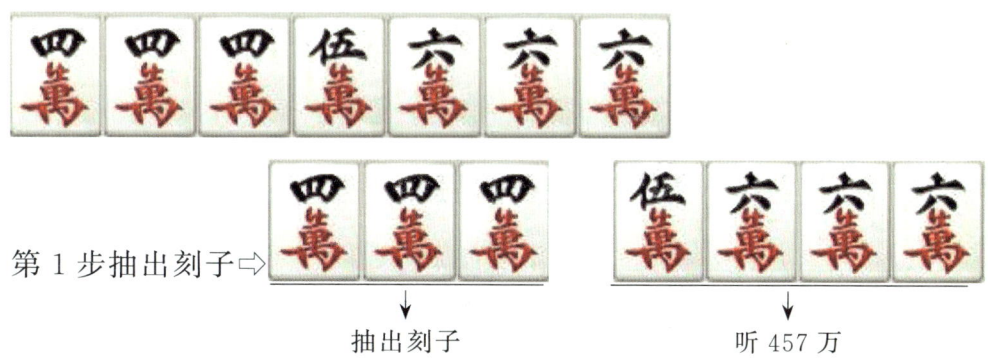

第 1 步抽出刻子 ⇨

　　　　　　　　　　抽出刻子　　　　　　　　听 457 万

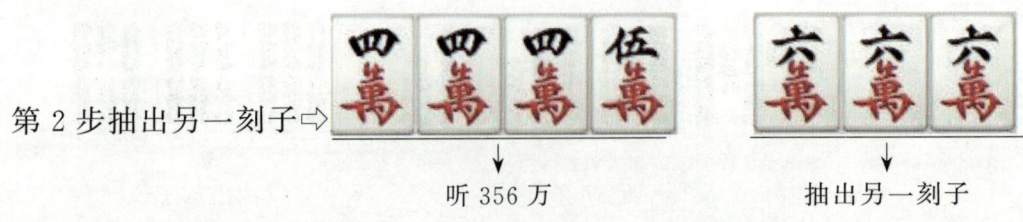

第 2 步抽出另一刻子⇨

听 356 万   抽出另一刻子

所以这手牌合起来听 34567 万 5 张牌！

像这种单张相连在中间，两侧有刻子的牌型，我们就听这个单张及单张前后的各两张序数牌。

【牌型二】

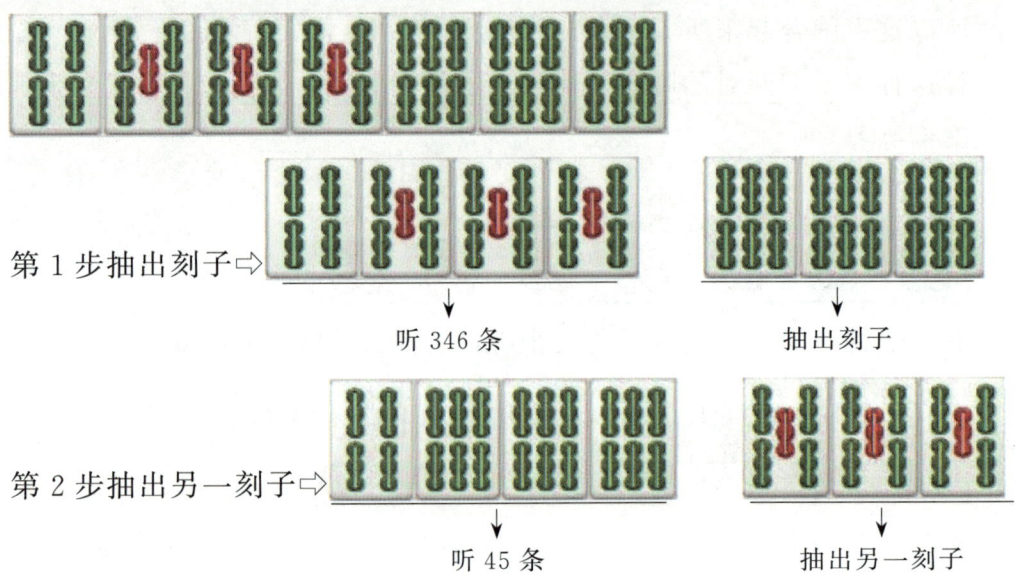

第 1 步抽出刻子⇨

听 346 条   抽出刻子

第 2 步抽出另一刻子⇨

听 45 条   抽出另一刻子

所以这手牌合起来听 3456 条 4 张牌！

像这种单张在边上，一侧有两个刻子，可以从刻子这边往单张这边数过去四张，我们就听这四张牌。比如上面这手牌的 6543 条。

【牌型三】

单张相隔在中间，两侧有刻子，如下图所示：

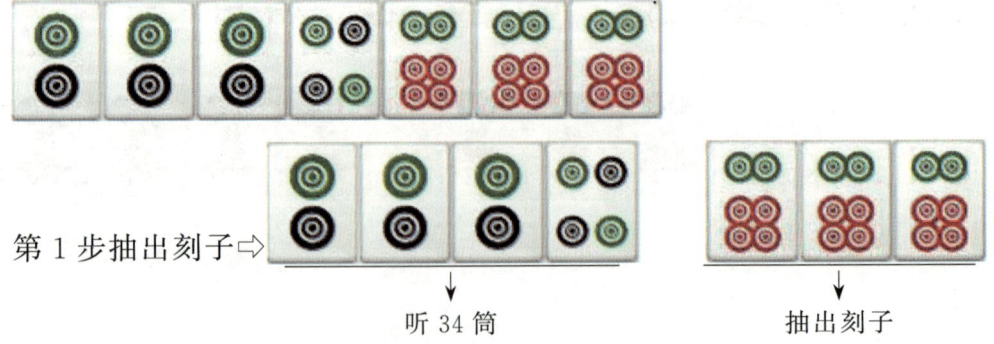

第 1 步抽出刻子⇨

听 34 筒   抽出刻子

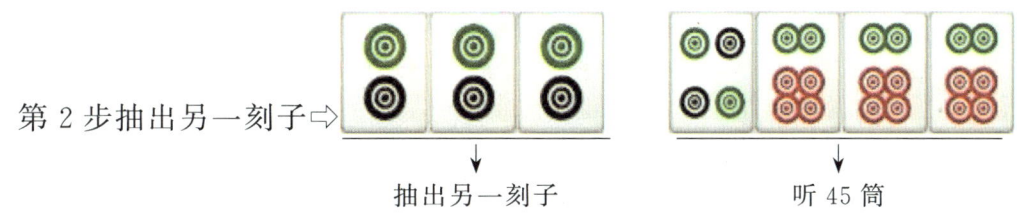

第2步抽出另一刻子⇨

抽出另一刻子　　　　　　听45筒

所以这手牌合起来听345筒3张牌。

像这种单张相隔在中间，两侧有刻子，我们就听单张本身加上单张前后的各一张序数牌。比如上图这手牌4筒相隔在2筒和6筒的刻子中间，我们听4筒本身，加上4筒前后各1张序数牌，那就是345筒3张牌。

【案例练习】

刻子　　　　　　刻子　　　　　　单张

▶单张在双刻子边上，我们从刻子这边开始往单张这边数4张序数牌，即听6789万4张牌。

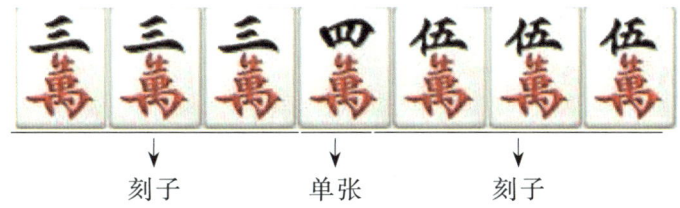

刻子　　　　　　单张　　　　　　刻子

▶单张相连在中间两侧有刻子，我们听这个单张本身加这个单张前后的各2张序数牌，即23456万5张牌。

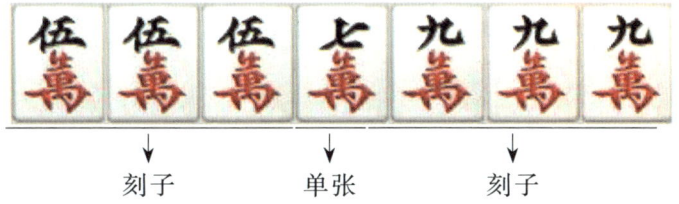

刻子　　　　　　单张　　　　　　刻子

▶单张相隔在中间，两侧有刻子，我们听这个单张本身加这个单张前后各1张序数牌，即678万3张牌。

（六）"7张听牌型暗杠型"应该如何看？

通常情况下，我们手里有4张建议大家先不要着急开杠，先来看看自己听什么再说。先对比一下和牌的价值和杠的价值，我们再做决定。那么什么是 7 张听牌型的暗杠型，下图所示这个牌型就是暗杠型！

【牌型一】

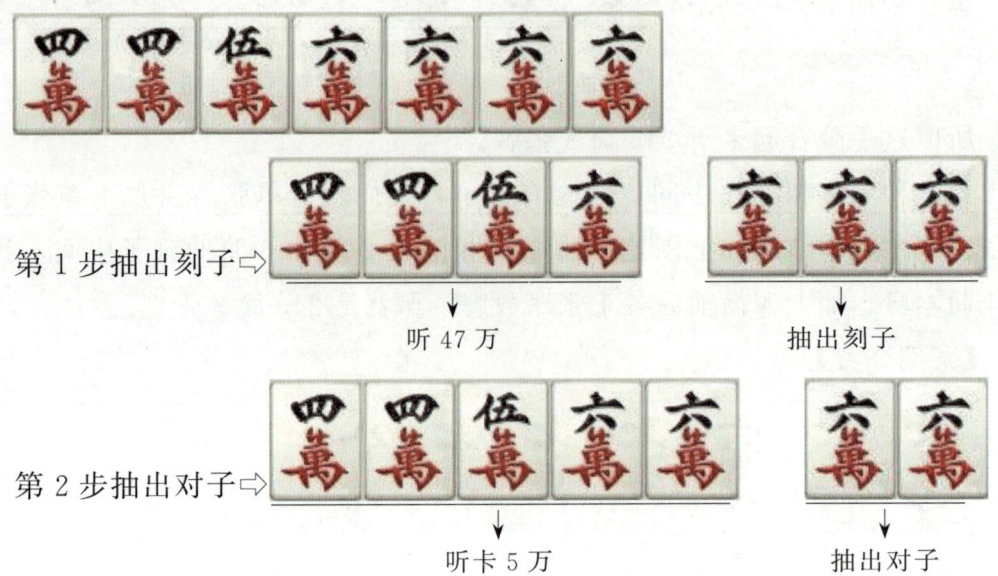

所以这手牌合起来听 457 万 3 张牌！

把这手牌的一张 4 万换成 5 万，如下图所示：

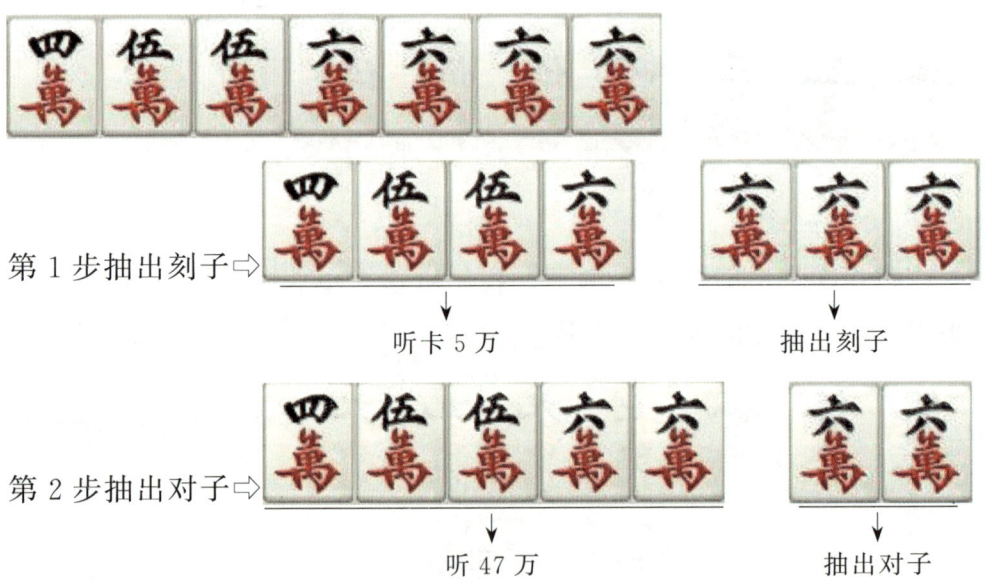

这手牌合起来还是听 457 万 3 张牌！

■由此我们可以得出结论：

暗杠单侧有相连序数牌，听有牌这边的两张序数牌和没牌这边的一张序数牌。比如上面这手牌，6 万暗杠这边有牌，我们听这边的两张序数牌，那就是 45 万。6 万暗杠这边没牌，我们就听这边的一张序数牌，那就是 7 万，所以这手牌合起来听 457 万 3 张牌！

【牌型二】

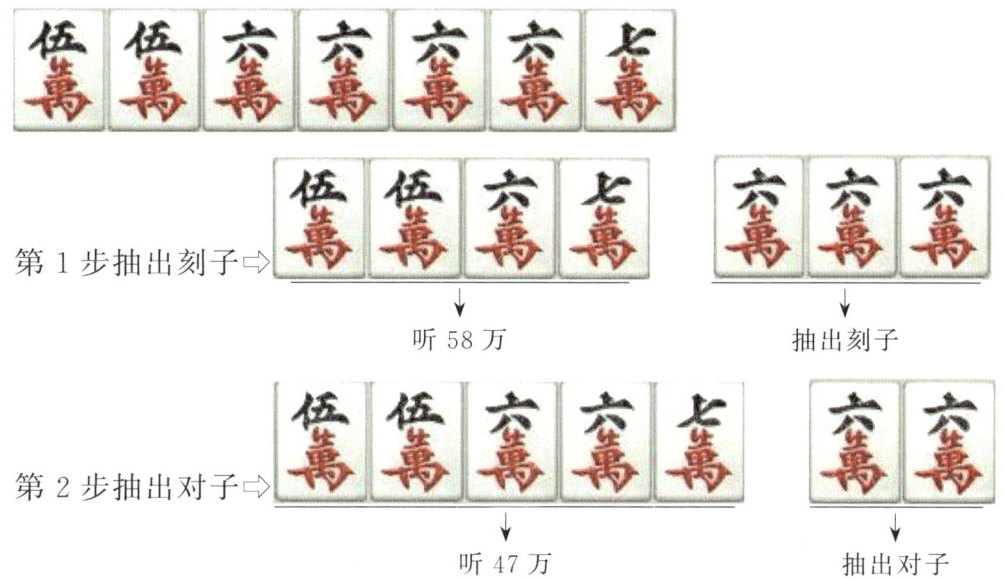

第1步抽出刻子⇨ 听58万　　　　　抽出刻子

第2步抽出对子⇨ 听47万　　　　　抽出对子

所以这手牌合起来听4578万4张牌！把这手牌的一张5万换成4万，如下图所示：

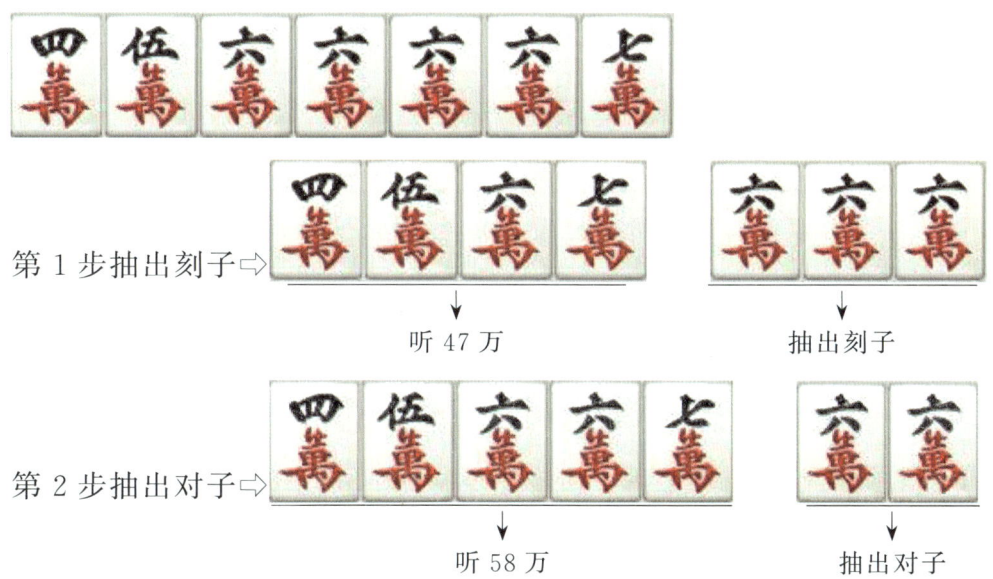

第1步抽出刻子⇨ 听47万　　　　　抽出刻子

第2步抽出对子⇨ 听58万　　　　　抽出对子

同样的这手牌我们听4578万4张牌！

■结论：

<u>暗杠双侧有牌，听暗杠前后的各两张序数牌</u>。比如这手牌我们暗杠是6万，就听6万前后的各两张序数牌，6万前面两张序数牌是78万，后面两张序数牌是45万，所以这手牌合起来听4578万！

【案例练习】

▶暗杠 8 条单侧有相连序数牌，听有牌的这边的两张和没牌这边的一张，所以这手牌听 679 条 3 张牌。

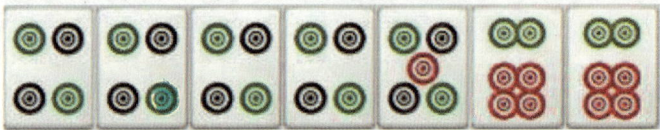

▶暗杠 4 筒单侧有相连序数牌，听有牌的这边的两张和没牌这边的一张，合起来听 356 筒 3 张牌。

▶暗杠 3 条双侧有牌，听暗杠前后的各两张序数牌，所以这手牌听 1245 条 4 张牌。

▶暗杠 7 万双侧有牌，听暗杠前后的各两张序数牌，合起来听 5689 万 4 张牌。

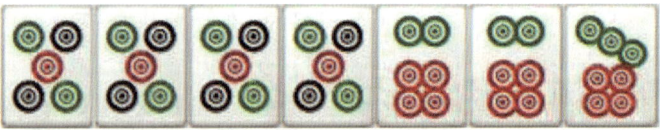

▶暗杠 5 筒单侧有序数牌，听有牌这边的两张序数牌，加没牌这边的一张 4 筒，所以这手牌听 467 筒。

（七）"13 张听牌型"应该如何看？

【牌型一】

这手牌听的是什么？

如果牌的两头有顺子，我们可以从牌的两头抽出顺子来看，而且是抽出

来2个顺子就可以了，然后再配合上面给大家分享的7张听牌型来看，这样就简单很多了。

这手牌两边有顺子，我们可以先把123筒和789筒抽出来，剩下的7张2345567是我们上面讲过的6连带对，听对子本身和两头的筋牌即听258筒。

①□先抽2个出顺子

②□剩下7张听牌型为"6连带对"

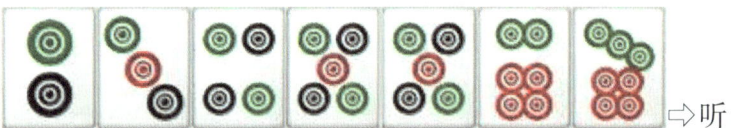

⇨听258筒

靠边的顺子传递听牌能力很弱，123只可以把单吊4传递到1，789只可以把单吊6传递到到9。靠边的顺子指的是123和789，所以整手牌就听258筒3张牌。

【牌型二】

这手牌听的是什么？

我们上面的案例是两头有靠边的顺子，但是这手牌两头没有靠边的顺子，我们应该怎么抽？像这样的情况，我们可以从有单张的那头抽顺子。

3是单张，我们可以先把345筒的顺子抽出来。剩下的5也是单张，再把567筒的顺子抽出来，剩下的七张听牌型6788899是上面讲过的顺刻对型听暗刻8筒、筋牌5筒和这个对子本身9筒。

①□先抽出2个顺子

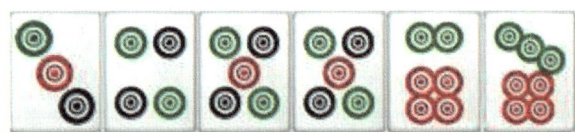

②□剩下"7张听牌型顺刻对型"

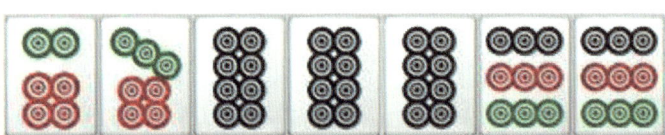

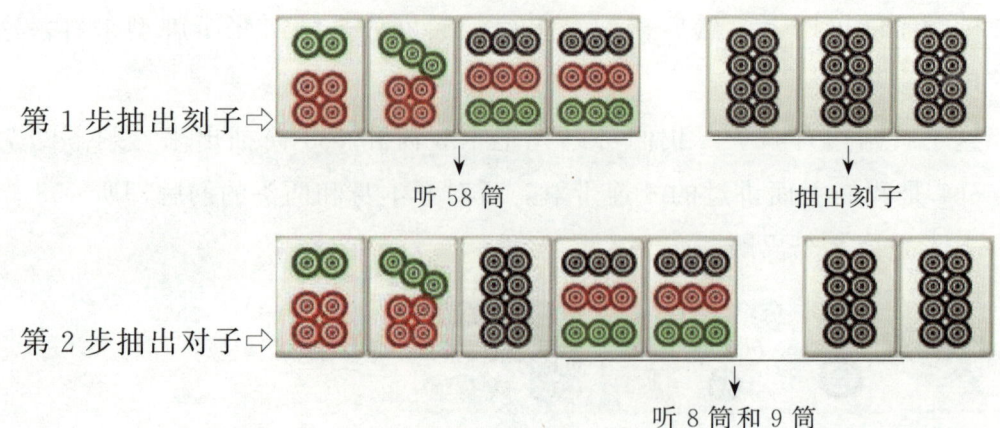

第1步抽出刻子 ⇨

听 58 筒　　　　　　　　　抽出刻子

第2步抽出对子 ⇨

听 8 筒和 9 筒

之前抽出去的顺子，可以起到一个传递听牌的作用，345 的顺子可以把单吊 5 传递到 2 上面，所以这手牌 2 筒也是听牌的，合起来这手牌听 2589 筒四张牌！

【牌型三】

这手牌听的是什么？

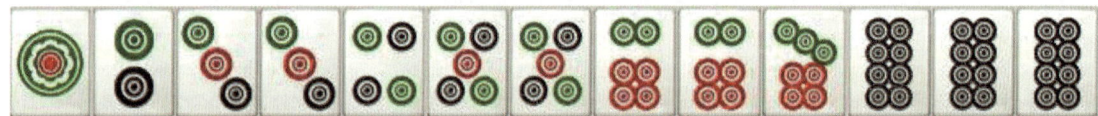

同样先把单张这边的顺子抽出来，前面我们说过抽出 2 个顺子就可以了，剩下的 7 张听牌型 5667888 是上面讲过的顺刻对型。

① □ 先抽出 2 个顺子

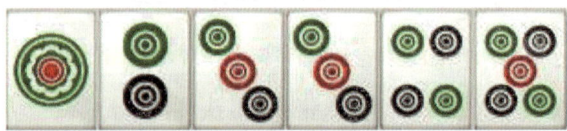

② □ 剩下 "7 张听牌型顺刻对型"

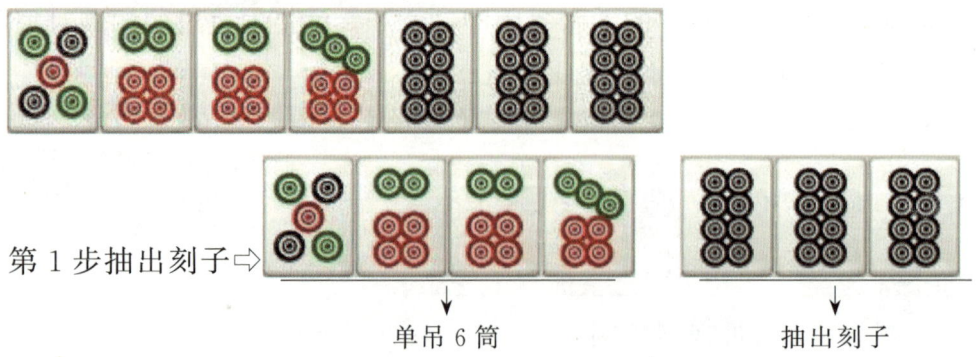

第1步抽出刻子 ⇨

单吊 6 筒　　　　　　　　抽出刻子

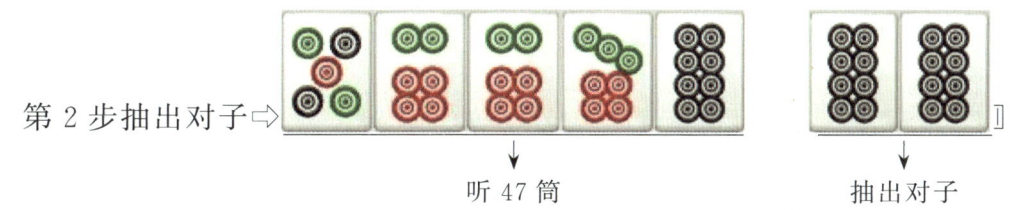

第 2 步抽出对子 ⇨

听 47 筒　　　　　　　　　　　　抽出对子

然后我们再来看一下抽出来的两副成牌，345 可以传递听牌。345 和 456 的顺子都可以把单吊 6 传递到听 3，6 筒确实是单吊听牌，所以这里 3 筒也是听牌。

所以这手牌合起来听 3467 四张牌！

【牌型四】

这手牌听的是什么？

这手牌我们牌的两头没有顺子，也没有单张。<u>一边是对子，另一边是刻子，我们应该怎么抽？</u>像这样的情况，我们可以从刻子这边开始抽，3 个 6 抽出来，3 个 5 也抽出来，剩下的 7 张 1122333 是上面讲过的 7 张听牌型。

①□先抽出 2 个刻子

②□剩下"7 张听牌型刻子带两对"

7 张听牌型从暗刻这边数过去听 4 张牌，但是这里 1 已经是到边了，所以这里就只听 321 筒 3 张牌。

我们再来看下抽出来的牌，这里再和大家复述一遍，单吊听牌是容易被传递的，这里的 3 是单吊听牌，而且暗刻也是可以传递听牌的，3 个 5 可以把单吊 3 传递到 4 上面，所以这手牌合起来听 1234 筒四张牌。

【牌型五】

这手牌听的是什么？

这手牌的一侧是对子，另一侧3筒虽然是单张，但是他紧挨着4的暗刻，这种情况我们应该怎么抽呢？

这种情况，我们可以看一下对子这边，如果是两个连对，我们可以先把这2个对子抽出来，看一下剩下的9张牌是不是3副成牌？如果是的，就听这2个对子的对碰，如果不是，那么这2个对子，我们就只能当2个顺子存在。

如下图所示：

①□抽出对子

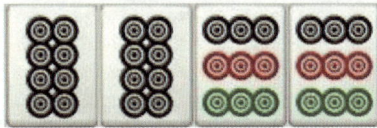

②□剩下9张牌是不是3副成牌？

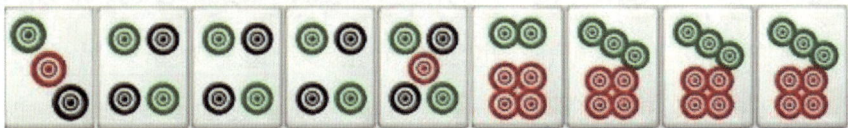

可以看到，剩下的9张牌不是3副成牌，那么我们就只能把对7筒抽出来，和2个对子组成2个789的顺子。

如下图所示：

①□抽出2个顺子

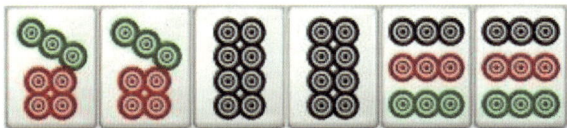

②□剩下"7张顺刻对型"

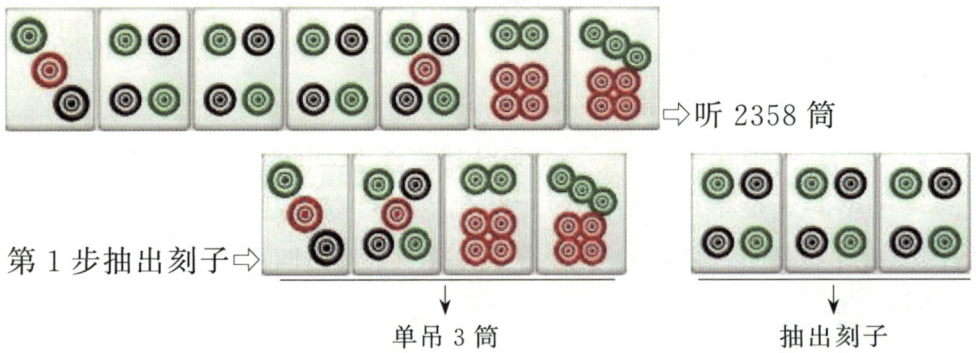

⇨听2358筒

第 2 步抽出对子 ⇨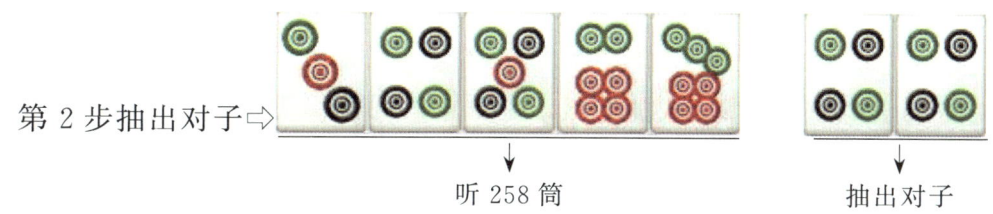

听 258 筒 　　　　　　　　　　抽出对子

抽出来的 2 副成牌是靠边的 789，传递能力弱。789 只可以把单吊 6 传递到 9，但这里 6 不是听张。所以这手牌合起来听的是 2358 筒四张牌！

【牌型六】

这手牌听的是什么？

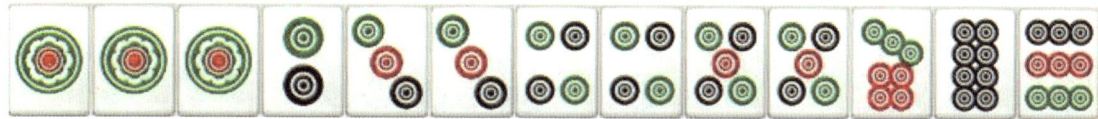

我们可以先抽出 789 筒的顺子，剩下的应该怎么抽？一侧是暗刻，另一侧是 2 个连对，那么这个就要结合上面和大家说的知识点了，我们可以先把 4455 筒的 2 个对子抽出来，然后看剩下的 6 张牌是不是 2 副成牌。如下图所示：

①□抽出顺子

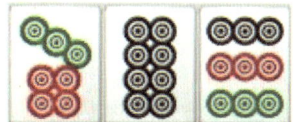

②□抽出 2 个对子

③□剩下 6 张是不是 2 副成牌？

这里可以看到，剩下的 6 张并不是 2 副成牌，所以这里的 4455 只能用作顺子，那么我们直接抽出一个 345 顺子，看剩下的 7 张听牌型就可以了。

如下图所示：

①□抽出 2 个顺子

②□剩下 7 张听牌型

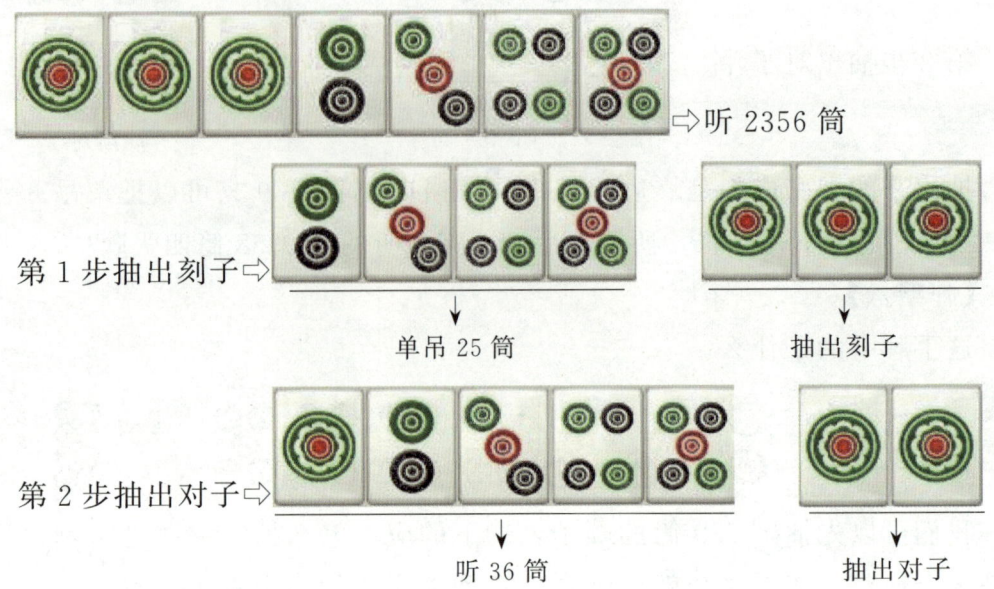

⇨听 2356 筒

第 1 步抽出刻子⇨　　　　　　　　　　　　　　　抽出刻子

　　　　　　　单吊 25 筒

第 2 步抽出对子⇨

　　　　　　　听 36 筒　　　　　　　　　　　抽出对子

　　我们再看一下抽出来的 2 副成牌 345 和 789。789 传递能力弱，345 本来就在剩下的 7 张牌型里面，没有传递能力。所以这手牌合起来就听 2356 筒四张牌！

【牌型七】

这手牌听的是什么？

　　这手牌给大家介绍一个新的知识点——断张。可以看到，我们很容易就把这手牌分成 2 部分

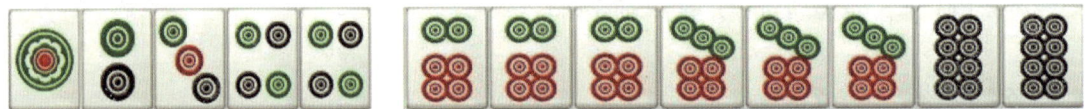

　　中间断开的这里 5 筒就是断张，这 2 个牌型它是独立的。

　　后面的 66677788 我们有 2 种分解方式。

■第一种：先抽出 2 个刻子

①□抽出 2 个刻子

②□剩下 7 张听牌型

⇨听 4 筒和 8 筒

■第二种：先抽出 2 个顺子

①□抽出 2 个顺子

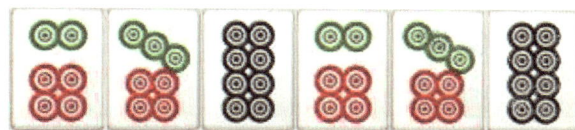

②□剩下 7 张听牌型

⇨听 58 筒

不管我们怎么抽，抽出去的是刻子还是顺子，都必须是 2 副成牌。所以这边的 66677788 既可以看成一对，也可以看成一个两面，可以自由变换。所以这手牌合起来听 458 筒三张牌！

【牌型八】

这手牌听的是什么？

这手牌和上面那手牌是一样的道理，5 筒是断张，我们可以把手牌分成两部分来看，如下图所示：

先看 22233344 我们抽出 2 个刻子，剩下对 4 筒。抽出 2 个顺子，剩下是 23 筒的两面搭子，

■第一种：先抽出 2 个刻子

①□抽出刻子

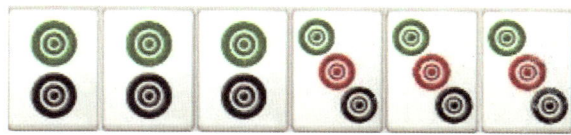

②□剩下 7 张听牌型

⇨听 469 筒

■第二种：先抽出 2 个顺子

①□抽出顺子

②□剩下 7 张听牌型

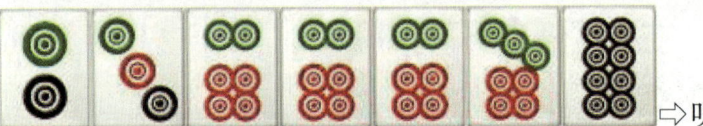

⇨听 14 筒

所以合起来这手牌听 1469 筒四张牌！

【牌型九】

这手牌听的是什么？

这手牌可以看到 3 筒是断张，那么这个 2 筒就只能当作对子存在了。剩下的牌型我们应该怎么抽？这里大家有没有发现一个问题，为什么抽牌都是先抽顺子，而不是先抽刻子？因为顺子它只有可能是顺子，而刻子他有可能是刻子，也有可能是对子加顺子，比如这里的 67888，所以这里不好确定。

但是这手牌大家可以看到，我们手里已经确定好了一个对子，那么我们就可以放心地去抽暗刻了，如下图所示：

①□抽出 2 个刻子

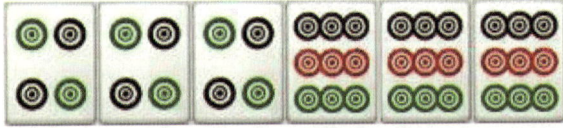

②□剩下 7 张顺刻对型

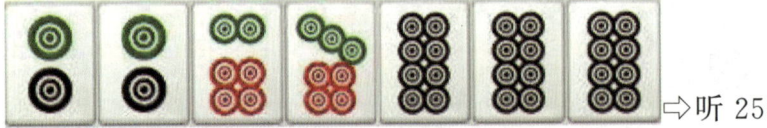

⇨听 258 筒

所以这手牌我们就听 258 筒三张牌！

【牌型十】

这手牌听的是什么？

这手牌6筒是断张，我们可以先把手牌分成2部分，如下图所示：

这里可以看到，分出来的一部分刚好是2副789筒的顺子，所以如果断张隔开的地方刚刚好是2副成牌，可以直接把他抽出来。前面的这7张是顺刻对型听236筒。

①□抽出2副成牌

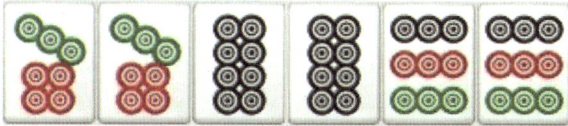

②□剩下7张听牌型顺刻对型

⇨听236筒

我们再来看下抽出去的789筒能不能传递听牌，789可以把单吊6传递搭到9，但是这里6是断张，显然传递不了，所以这手牌我们就听236筒三张牌！

【牌型十一】

这手牌听的是什么？

这手牌有一个没有开的暗杠。还是按照之前的方法，先把头上123筒的顺子抽出来，然后5也是单张，还可以把567的顺子抽出来。剩下的7张听牌型是"7张听牌型暗杠型"。

①□先抽出2个顺子

②□剩下 7 张听牌型暗杠型

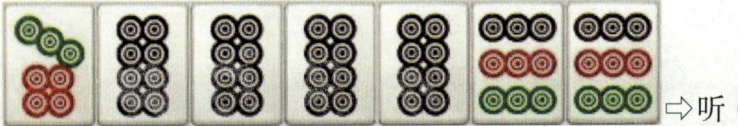 ⇨听 679 筒

前面内容讲过暗杠双侧有牌，听暗杠两边的各两张牌。这里 8 是暗杠，我们听的就是 679 筒三张牌。抽出来的顺子 567 筒可以把单吊 7 的听牌传递到 4，这里 7 是听张，所以 4 也是听张，这手牌合起来就听 4679 筒四张牌！

【牌型十二】

这手牌听的是什么？

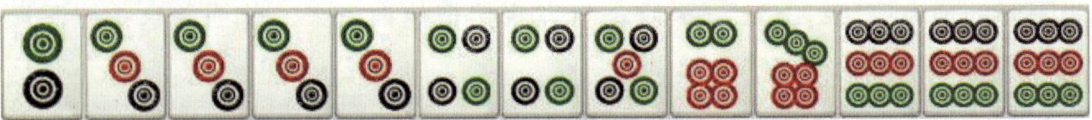

这手牌 8 筒是断张，8 筒隔开的 9 筒是暗刻，是一副成牌，我们可以直接把它抽出来。旁边的 6 筒和 7 筒都是单张，可以再把 567 筒的顺子抽出来。剩下的是 7 张听牌型暗杠型。

①□抽出暗刻成牌

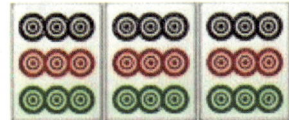

②□抽出顺子

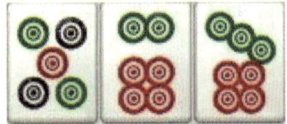

3 剩下 7 张听牌型暗杠型

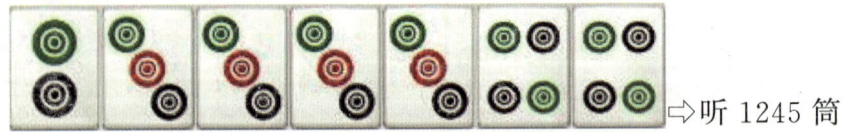 ⇨听 1245 筒

7 张听牌型暗杠型听暗杠前后各 2 张序数牌即听 1245 筒

我们再看一下抽出来的 567 筒能不能传递听牌，567 可以传递听 5 到听 8，我们这边 5 是听张，手里又有 567，所以 8 也是听张。567 还可以传递单吊听 4 到听 7，4 筒确实是单吊听牌，所以 7 筒也是听牌。所以这手牌合起来听 124578 筒六张牌！

【牌型十三】

这手牌听的是什么？

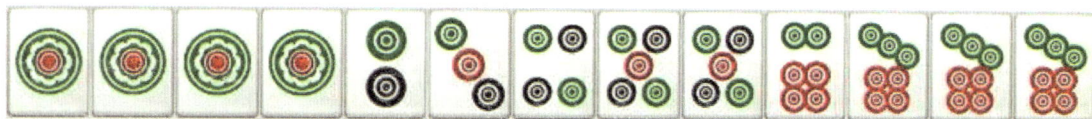

这手牌两侧都不太好抽，一侧是刻子，另一侧是暗杠，应该怎么抽？这里我们可以把111123看成固定的2副成牌，即111筒的刻子加123筒的顺子。剩下7张听牌型暗刻对型。

①□抽出2副成牌

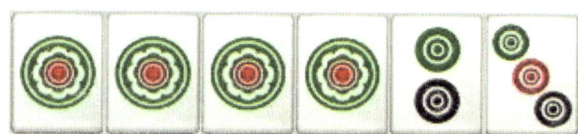

上面我们讲过123的顺子只能把单吊听4传递到1，但是我们手牌中已经有了4个1了，所以这里的123就失去了传递听牌的作用。

②□剩下的4556777这7张听牌型暗刻对型

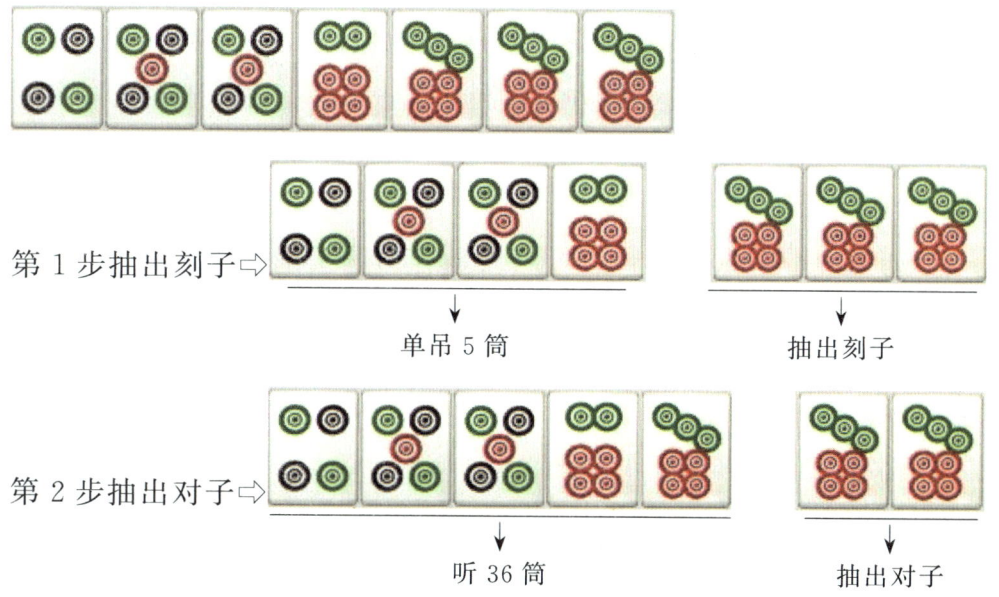

第1步抽出刻子⇨   抽出刻子

单吊5筒

第2步抽出对子⇨   抽出对子

听36筒

所以这手牌合起来听356筒三张牌！

（八）本节重点

1. 熟悉常见四连型和五连型的听牌。

2. 记住七张听牌型顺刻对型的两步抽解法：第一步抽刻子，第二步抽对子！

3. 记住 7 张听牌型刻子带两对型

（1）只要刻子是在边上的，我们可以从刻子开始往对子这边数过去，总共听 4 张牌。

（2）刻子在中间前后再带两个对子，我们听的是刻子本身，加那两个对子本身，总共听 3 张牌。

4. 记住 7 张听牌型双暗刻型

（1）单张相连在中间两侧有刻子的牌型，我们听这个单张本身加单张前后的各 2 张序数牌，一共是 5 张牌；

（2）单张相隔在中间两侧有刻子，我们听的是这个单张的本身和这个单张前后的各 1 张序数牌，总共 3 张牌；

（3）单张相连在边上，一边有 2 个刻子，我们可以从刻子这边开始往单张那边数 4 张序数牌，总共听 4 张；

5. 记住 7 张听牌型暗杠型

（1）暗杠单侧有相连序数牌，听有牌那边的两张序数牌和没牌那边的 1 张序数牌，共 3 张牌。

（2）暗杠双侧有相连序数牌，听暗杠前后的各 2 张序数牌，共 4 张牌。

6. 记住 13 张听牌型的抽解方法：利用 7 张听牌型去看清一色，前提必须是我们拿掉 7 张后，剩下的 6 张必须是两副成牌，而且我们看两次 7 张不同的牌型就可以了。

（1）如果牌的两头有顺子，可以先从牌的两头抽顺子，抽出 2 个顺子，看剩下的 7 张听牌型就可以；

（2）如果两头都没有顺子，我们可以从有单张的那头开始抽顺子，同样也是抽 2 个顺子出来就可以；

（3）如果两头没有单张也没有顺子，我们可以从有刻子那头开始抽；

（4）如果两头没有单张，没有顺子，也没有刻子，那么我们可以看下哪头有对子，从有对子的那头抽。如果是两个连对，我们可以先把这 2 个对子抽出来，看一下剩下的 9 张牌，是不是 3 副成牌？如果是的，就听这 2 个对子的对碰。如果不是，那么这 2 个对子，我们就只能当 2 个顺子存在；

7. 掌握单吊传递听牌的规律

顺子 234 可以把单吊 4 传递到听 1，反过来 234 把单吊 1 传递到听 4。同样的 234 还可以把单吊 2 传递到听 5。再反过来 234 还可以把单吊 5 传递到听 2。567 可以把单吊 7 传递到听 4，反过来 567 可以把单吊 4 传递到听 7。同样的 567 可以把单吊 5 传递到听 8，反过来 567 可以把单吊 8 传递到听 5。

刻子也是有单吊听牌传递能力的，比如三个 5，可以把单吊 3 传递到听 4。还可以把单吊 7 传递到听 6。三个 6 可以把单吊 4 传递到听 5，还可以把单吊 8 传递到听 7。

记住有断张的牌型应该如何抽解，抽解完之后，剩下的牌型又是怎么看的。

十、听牌原则

很多麻友都会经常遇到，"听得早，就是胡不到"的问题，也有的麻友，不知道是听卡张好还是听对倒好？听牌后要不要碰牌？什么时候要改听？单吊的技巧等等...那么接下来只要掌握了本章的听牌技巧，就可以很好地解决这些问题，大大的增加我们的胡牌几率！特别是有的地方是需要报听的，听牌之后不能换牌，那么我们就更加需要提前优化好，胡出率高的听口了！

我们先来看一下，不同的听牌形态！

（一）卡张听牌

我们前面说的好坏搭的判断，在听牌的选择中同样有用。133，779，335，577，244，668 类的搭子，绝对是听坎张，而不是听对倒。

【案例一】例如下图手牌，你会选择打哪一张听牌？

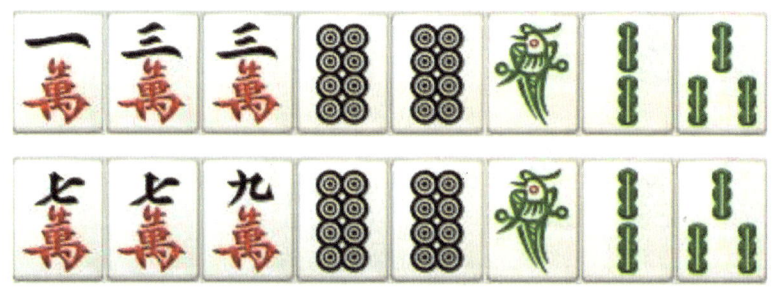

我会选择打出尖张 3 和 7，如下：

打  ⇒手牌 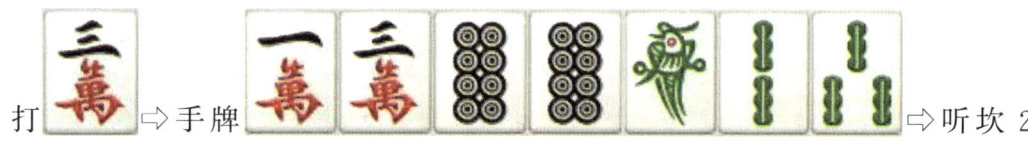 ⇒听坎 2

万

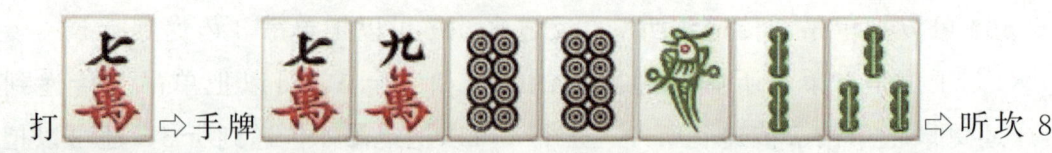

打 ⇨ 手牌   ⇨ 听坎 8

万

原因如下：

1. 我们手里有两张尖张 3 和 7，敌家一般留不住 12 或 89 的边搭；

2. 尖张 3 和 7 的对子很少和出，3 和 7 的利用率比较大；

【案例二】

下面这两手牌你会打出哪一张听牌？

同理，这两手牌我们也是打出尖张 3 和 7，选择听卡 4 万和卡 6 万。

【案例三】

下面两手牌你会分别打出哪张听牌？

这两手牌打 4 万和 6 万，听坎 3 万和坎 7 万，要比打 2 万和 8 万听对倒好，为什么？

卡张听牌是包围圈范围内的听牌，不管是全封闭还是半封闭，都是不错的听口。

● 好的对子遇上差的坎搭的时候应该怎么打？

例如 224、886、221、889

【案例四】

下面两手牌你会分别打出哪张听牌？

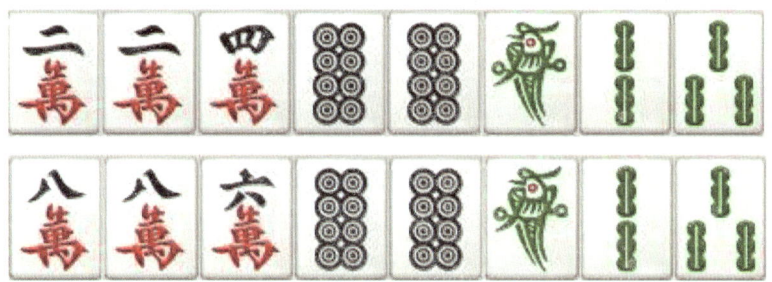

此时这两手牌我们就不能选择听坎张了，因为坎张 3 和 7 不在 2 和 8 的包围圈范围内，就不一定比听对倒要好了。

【案例五】

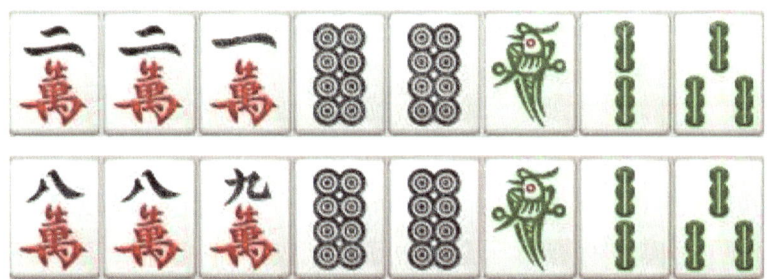

这两手牌听坎 3 和坎 7 要比案例四的两手牌好一点，因为我们手里有 2 和 8 的对子，别人手里的 13 和 79 的坎搭，得不到 2 和 8 的几率很大，拆 13 和 79 的边坎搭可能性很大。

但如果是可以吃的局，打 2 或是打 8，被下家吃进，就没有人再打出尖张 3 或 7。

总的来说，在灵活性和通用性方面，卡张听牌会比较有优势，也比较有自摸的可能。

● 听牌的灵活性

【案例六】

这手牌你会选择打掉哪一张？

1）听卡张

打 ⇨ 手牌 ⇨ 听卡

4万

打 ⇨ 手牌 ⇨ 听卡

6万

此时我们就要看河里打出来的花色做决定了，如果小挂的花色比较多，我们就选择打尖张3，听卡4，这样比较安全。如果大挂花色比较多，就选择打掉尖张7，听卡6。

2）听对倒

但是也有人会选择打5万，听3万和7万对倒。

打 ⇨ 手牌 ⇨ 听3万和7万

尖张3和7的对倒很难和出。但是3和7属于天字号组合，它们能同时关联1－9万的序数牌，后续摸进所有万子牌都可以转听。

例如我们摸进1万或9万，组合成13万或79万边搭。

摸进2468万，可以优化成很好的两面搭子，如下图所示：

但是摸进5万又会被打回原形。

从听牌的灵活性角度来讲，打5要比打3和7灵活性高。

（二）对倒听牌

很多人喜欢做碰碰和，但是经常留着永远不会和的两个对子在手里。我们要不要听对倒，先要知道手里有没有大概率会和出的对子，所谓的大概率会和出，先来看3个大方向：

1. 序盘的字牌对子和幺九对子；

2. 被碰断或是被场上选手打断的牌的邻牌对子，或是自己手里抓了暗刻的中间张，形成包围圈夹住的对子；

　　3. 熟张的对子；

【情况一】

　　手里有幺九和字牌的对子，如果说打到中盘或者是尾盘，河里还没有出现过，在别人手里成对的可能性就很大，因为正常情况下，序盘肯定是先打幺九和字牌，此时听幺九和字牌的和出几率微乎其微。别人手里有对子，我们不也能去拆掉换牌，只能对死。

　　但如果别人没有抓对，河里出现过一张，再或者是发现有一张在敌家手里成了搭子，或成了成牌，剩下的一张在牌山里的可能性也很大。这种绝张牌就算是被别人摸到，也有可能会打出来，所以听幺九和字牌的对子到了中后期也是可以选择的。

【情况二】

　　▶被碰断或打断的邻牌对子

⇨听

2 筒和发财

　　例如 4 筒被碰断或是被敌家打断，道理是一样的。

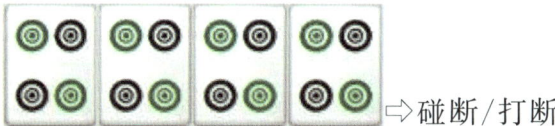⇨碰断/打断

　　我们听 2 筒的对倒或是听 3 筒的对倒，这个就是好听口。大挂的数牌也是一样的道理，6 筒被碰断或被打断，听 7 筒和 8 筒的对子，同样是好听口。这个就跟听全封闭和半封闭的原理是一样的。

　　不过还要注意的是上下挂的关系，如果到了中后期，大挂筒子打得比较多，小挂的 1234 筒，河里一张都没有出来过。此时我们就要想到，另外三家的手里，一定都是小挂的筒子。

　　▶抓暗刻中间张向下压的对子，也是一样的道理

⇨ 听

2 条和发财

手里有三张 3 条，此时这手牌听 2 条对子的听口就是好听口。

如果说手里再有三张 1 条，如下图所示：

⇨ 听

2 条和发财

此时听 2 条对子的听口就更好了！很多人七小对打到听牌，手里有 2244 的时候摸到一张 3，一般都是稳听这张牌到底，就是这个原理。

【情况三】

▶熟张的对子

⇨ 听

坎 3 条

前两巡有人打出，我们也可以马上听这一张。比如上家刚刚打出 2 条，本来我们是 24 条听坎 3 条，如果我们也摸进一张 2 条，这个时候我们就可以马上换牌改听，选择打 4 条，听 2 条和发财的对倒。

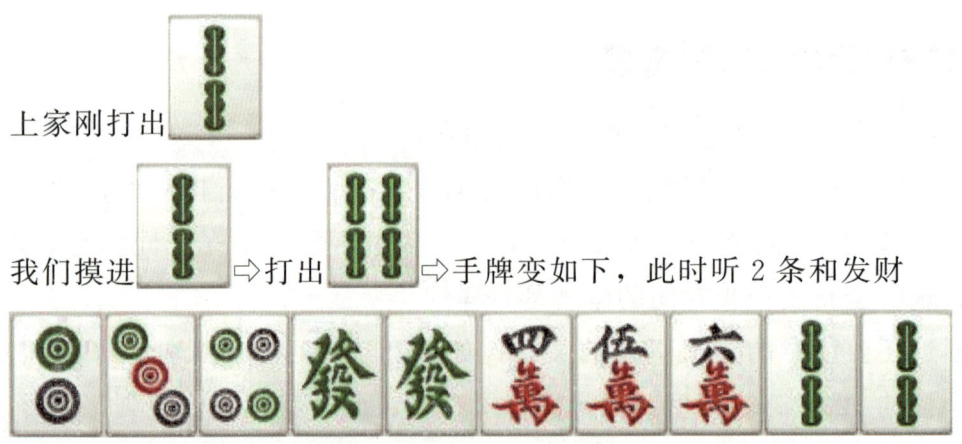

上家刚打出

我们摸进 ⇨ 打出 ⇨ 手牌变如下，此时听 2 条和发财

很多人都喜欢跟打，特别是到了中后期，熟对子很容易收炮和，就算没有和出，后面假如摸到打不出的炮牌，也可以把对子当成安全牌来拆打。

（三）听牌的灵活性

1. 优化改良能力

听牌后最痛苦的事情莫过于摸进炮牌，或是不知道要不要转听？

【案例一】

下图手牌听的是坎 7 条，听了好几巡还是没有和到，此时我们又摸进一张 6 条，要不要转听？

听坎 7 条

如果我们犹豫不决，就容易让敌家知道我们现在听的是什么牌。当我们没有遇到好的对倒听牌和好的卡张听牌时，接下来要考虑的就是听牌的灵活性了。

1）对倒听牌

这手牌摸进 6 条，如果选择改听，打 8 条听 7 万和 6 条对倒。后续摸进 68 万或 57 条，都可以改良成两面听牌。

摸进 ⇨ 打 ⇨ 手牌如下，听 7 万和 6 条对倒

▶后续摸进 6 万、8 万、5 条或 7 条，可改良成两面听牌，如下图所示：

摸进 ⇨ 打 ⇨ 手牌如下，听 58 万

⇨ 听 58 万

摸进 ⇨ 打 ⇨ 手牌如下，听 69 万

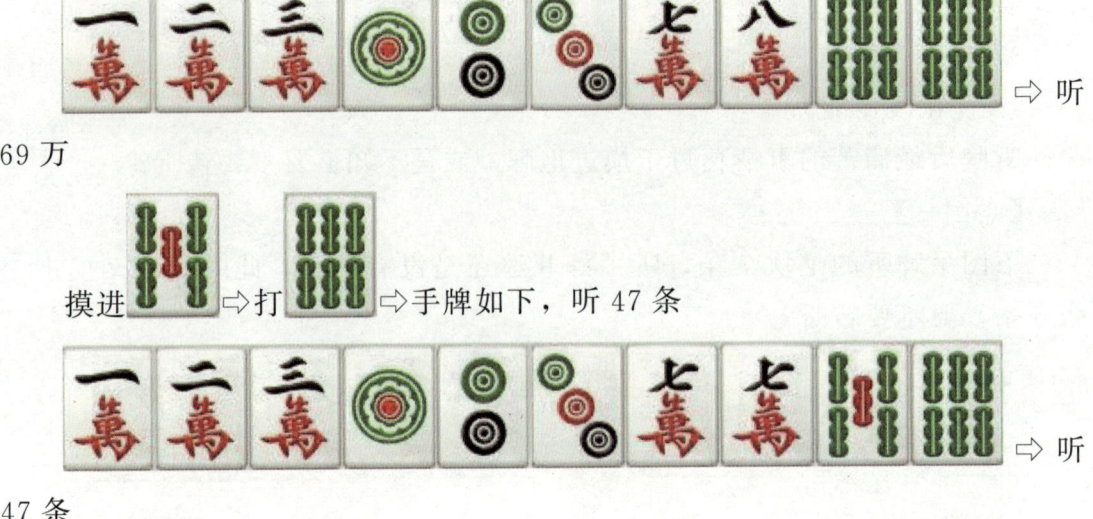

69 万

摸进  ⇨打 ⇨手牌如下，听 47 条

47 条

摸进 ⇨打 ⇨手牌如下，听 58 条

58 条

▶不能点炮的局，碰 7 万、碰 6 条，打 1 万或打 1 筒也可以把这手牌改良成两面听牌。

手

牌：

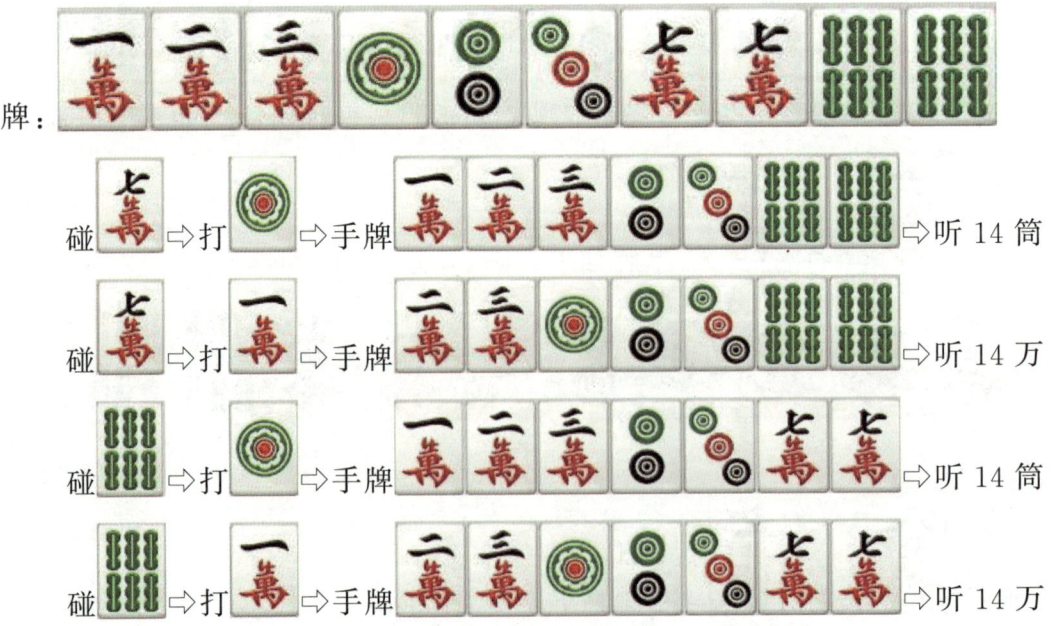

碰 ⇨打 ⇨手牌 ⇨听 14 筒

碰 ⇨打 ⇨手牌 ⇨听 14 万

碰 ⇨打 ⇨手牌 ⇨听 14 筒

碰 ⇨打 ⇨手牌 ⇨听 14 万

2）卡张听牌

如果选择卡张听牌，条子这边只能摸进 5 条，才能把这手牌改良成两面听牌。

摸进 ⇨打 ⇨手牌变如下，听 47 条

⇨ 听 47 条

摸进 ⇨打 ⇨手牌变如下，听 7 条

⇨ 听 7 条

综上，我们可以看出卡张听牌和对倒听牌，对倒听牌更容易改良成两面听牌！

把上图手牌的"8 条"换成"4 条"，如下图所示，同样摸进 6 条，我们要不要改听？

⇨ 此时听卡 5 条

1）改听，听对倒

摸进 ⇨打 ⇨手牌变如下，听 7 万和 6 条对倒

⇨听

7万和6条对倒

此时又跟上面手牌一样，后续摸进6万、8万、5条或7条，可改良成两面听牌

2）不改听，听卡张

后续摸进 ⇨打 ⇨手牌变如下，听25条

⇨听

25条

后续摸进 ⇨打 ⇨手牌变如下，听58条

⇨听

58条

由此，我们可以看出对倒听牌比较灵活，但如果说单纯这样分析，还是有些欠妥。为什么？

➤ 不能点炮的局：

首先我们要考虑的是这手牌的听牌时间，如果在序盘就听牌，听得比较早，可以选择对倒听牌，打掉4条，因为留给我们改良听牌的时间和空间很大。但如果这手牌已经到了中后期，我们才听牌，那么就要果断地选择卡张听牌。卡张听牌，从最大几率的角度讲要比对倒听牌的和出几率要大。

➤ 可以点炮的局：

序盘就听牌，选择卡张听牌。如果选择卡张听牌，打到中后期，战况危险的时候，我们总有一张安全牌可以打出。但如果选择对倒听牌，留下两对牌，就算摸进改良牌，但是到了中后期选择拆对子的话，非常危险。

同理，如果说这手牌已经到了中后期才听牌，我们则要选择对倒听牌，中后期选择拆对子非常危险。

可以点炮的局当我们选择的两种听牌形态都不是很好的时候，就要以不点炮为基本准则。

2. 绝张、绝搭

上面讲的这些都是最基本的，如果手里有绝张又不一样了，这也是很多新手经常会忽略的问题，在麻将课程里叫"绝张的利用性"。比如上面这手牌我们可以选择的形态有坎 5 条或 6 条和 7 万的对倒，单纯比较这两种形态，从几率的角度讲坎 5 条肯定要比对倒听牌要好一些。

但如果此时河里 4 条已经被碰断，或是已经被打断，此时我们就绝对不能去选择打 4 条听对倒，因为我们手里的 4 条是绝张了，肯定要选择留下 46 条绝搭，打 6 条，听坎 5 条。

即使手里另外一个对子不是尖张 7 万，而是 19 的对子或是字牌的对子，也同样要留下 46 条，听坎 5 条。因为绝搭的和出几率都是很大的，绝搭的利用性也非常高。随便摸进 2 条或 3 条，都是上好的听牌，和出几率非常高。所以手里有绝张的时候绝对不能打，不管是能点炮的局还是不能点炮的局都是一样。

换一个角度，如果此时河里已经打了 2 张 6 条，加上手里的一对 6 条，6 条已经没有，6 条是绝张，此时我们也要选择打掉 6 条，听坎 5 条。

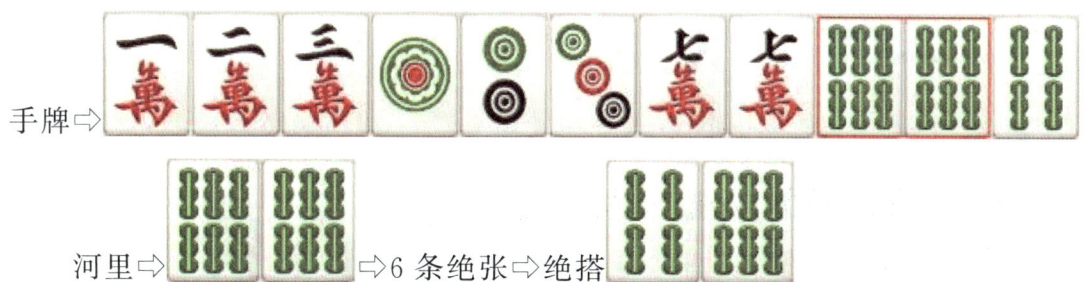

6 条已经没有了，当然也没必要去听了。即使后面摸进 4 条，也要毫不犹豫地打出 4 条，因为我们手里的 6 条是绝张不可以放弃。

可以点炮的局，给大家一个参考标准：当我们手里的听搭是绝搭的话，在听牌期间，我们摸到 50％ 的炮牌，都是值得去冒险冲牌的。为什么呢？因为这种和出几率很高的绝张听搭，我们冲的 10 把里面就算有 7 把都点炮了，只需要有 3 把可以自摸，就可以把前面点炮的损失赚回来，而且还有的多。

所以我们听得好，就值得冒险去冲牌，反之听得不好，就不要冒险去冲牌，所谓听得好，一定是敌家手里留不住的，或是被封闭住的听口，但绝对不是看上去听得很好看，但实际上和出几率很低的牌。另外，绝张听搭不管是两面的绝搭还是卡张的绝搭，道理都是一样。

3. 靠搭能力

【案例一】

这手牌你会打掉哪张？

这手牌有两种打法，如下图所示：

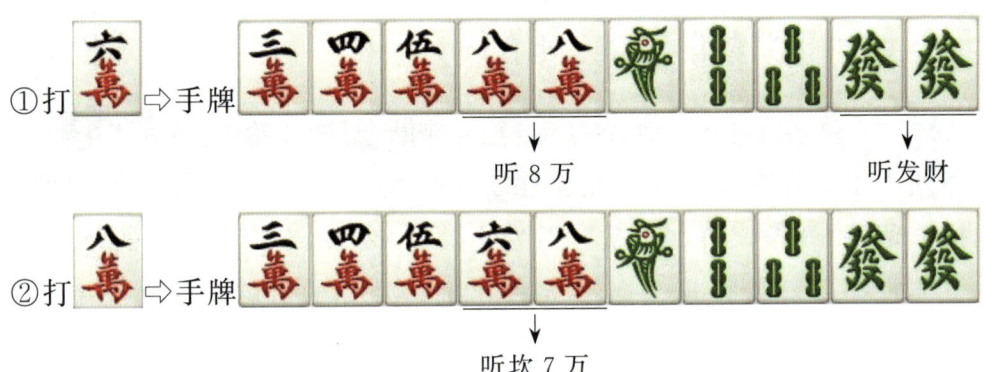

表面上看听对倒要比听坎张好，但是我们手里有 34568 万的复合牌型，只要摸进靠张，都可以换成好牌，所以这手牌我们应该选择打 8 万。

▶ 打 8 万，摸进 1245 万，继续打出 8 万，如下图所示：

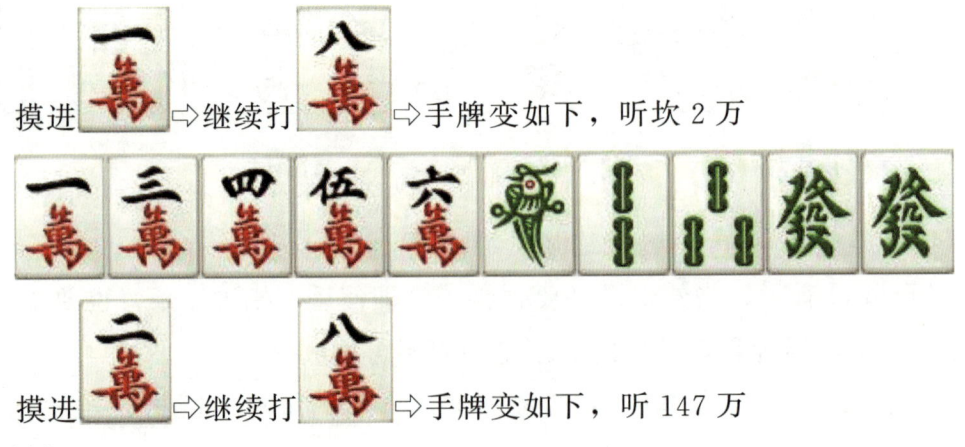

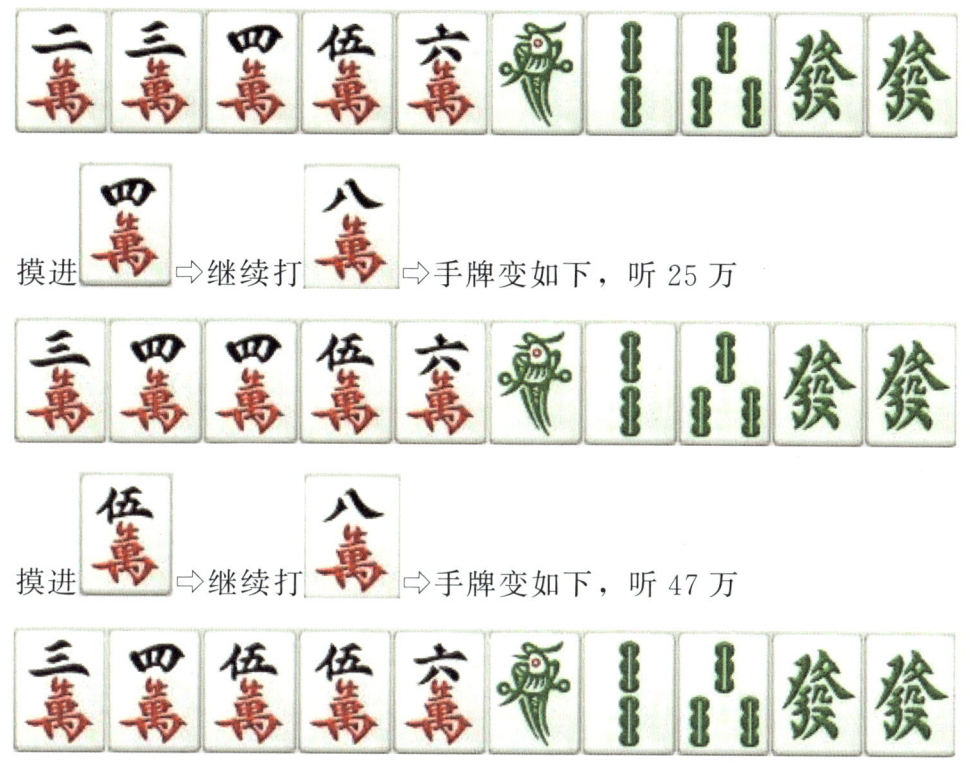

摸进 四萬 ⇨继续打 八萬 ⇨手牌变如下，听 25 万

摸进 伍萬 ⇨继续打 八萬 ⇨手牌变如下，听 47 万

这种绝佳的复合牌型换成两面听牌的几率非常高！

【案例二】

这手牌你会打哪一张？

这手牌即使 9 条是个好听口，我们也要先打 9 条听坎 8 条。

打 ⇨手牌变如下，听坎 8 条

同理，条子这边随便摸进一张靠张，都可以变成两面听牌，如果摸进 3 条，还可以变成三面听牌。

▶摸进 ⇨打 ⇨手牌变如下，听 258 条

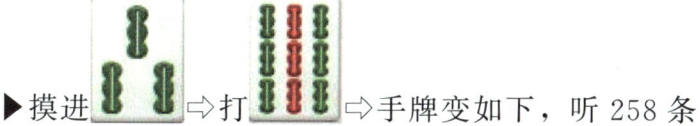

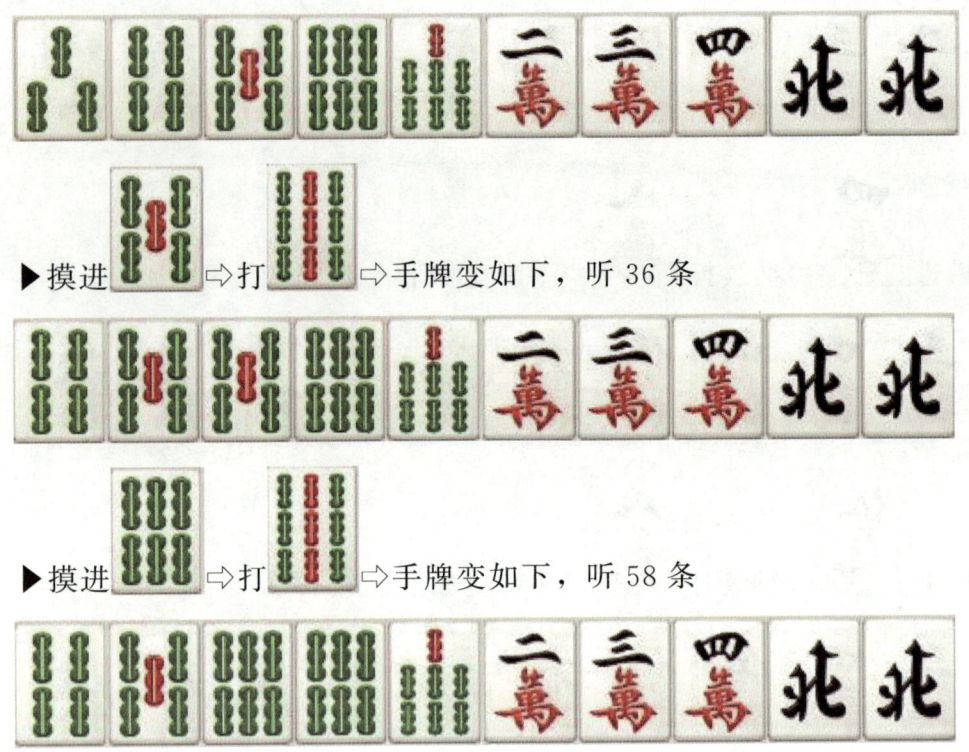

▶摸进  ⇨打 ⇨手牌变如下，听 36 条

▶摸进 ⇨打 ⇨手牌变如下，听 58 条

【案例三】

这手牌你会打哪张？

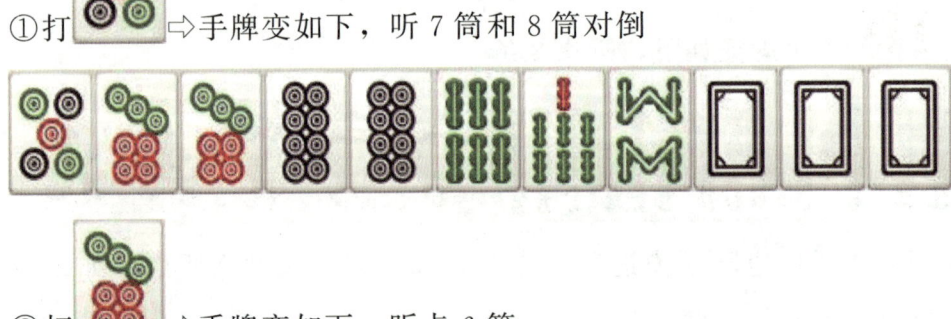

同样这手牌有 2 种打法：

①打 ⇨手牌变如下，听 7 筒和 8 筒对倒

②打 ⇨手牌变如下，听卡 6 筒

这手牌有一副暗刻白板在手，我们可以选择打 5 筒，听对倒。筒子这边后面摸进 69 筒，可以打出白板，把暗刻作为将牌使用，如下图所示：

摸进 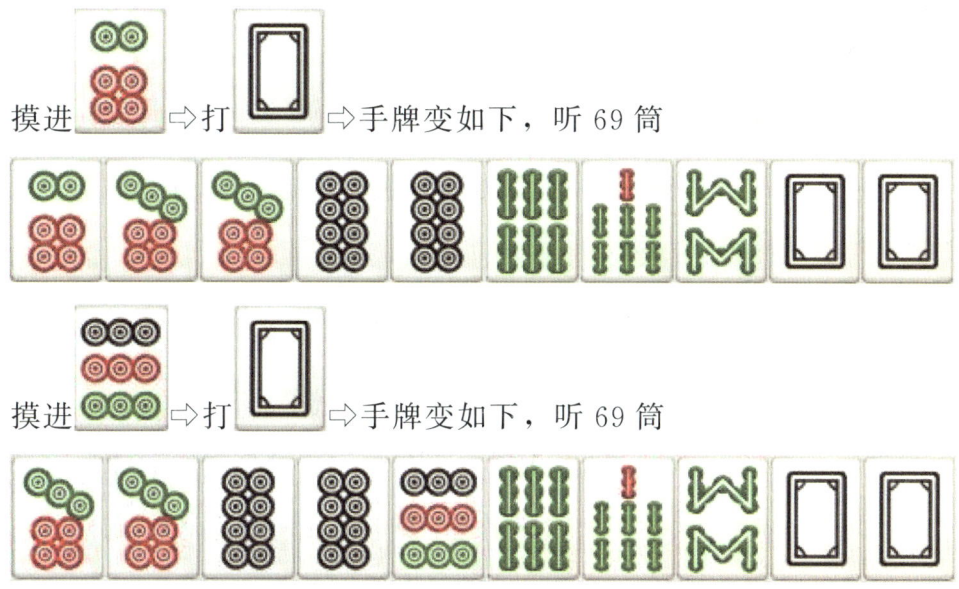⇨打 ⇨手牌变如下，听 69 筒

摸进 ⇨打 ⇨手牌变如下，听 69 筒

手里有暗刻的时候都是非常不错的手牌，一定要把暗刻利用好，切莫不可把目光只盯在开杠上。特别是起手就有暗刻，甚至不只一副，这种牌型没有和到，接下来对牌势的影响会很大。

如果手里没有暗刻在手，如下：

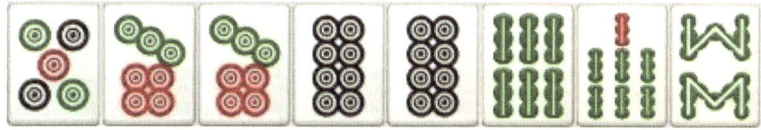

此时我们就要选择打 7 筒，听卡 6 筒，灵活性较高。

打 ⇨手牌 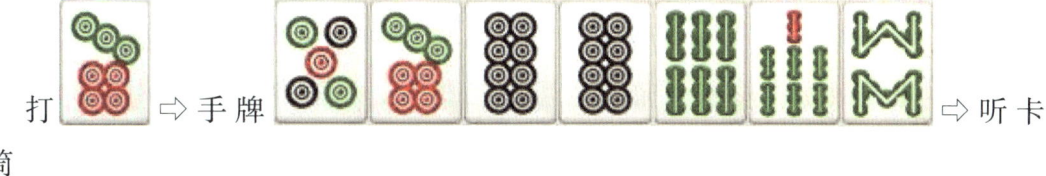⇨听卡
6 筒

同理，剩下 5788 筒，摸进 9 筒的几率很大，摸进 9 筒打 5 或打 8，一样有单吊作用，而且单吊很好转听。打 5 吊 8 是最有攻击性的。

摸进 ⇨打 ⇨手牌 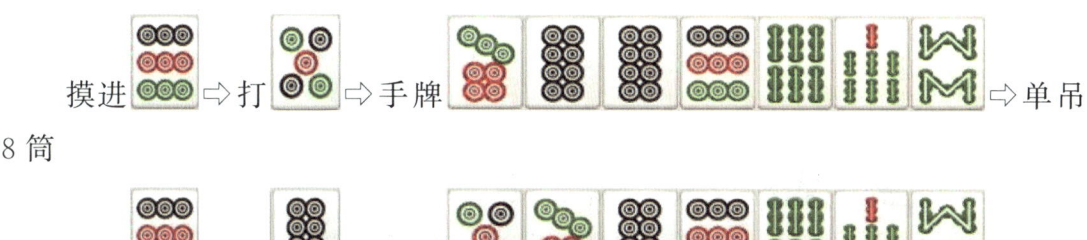⇨单吊
8 筒

摸进 ⇨打 ⇨手牌 ⇨单吊

5 筒

所以这种绝张的复合牌型我们能够利用好，都会大大增加我们的和牌几率。

（四）双头吊将

听牌的时候经常会碰到一些模棱两可的牌，两边不知道应该打哪一边，例如下图手牌：你会打哪一张？

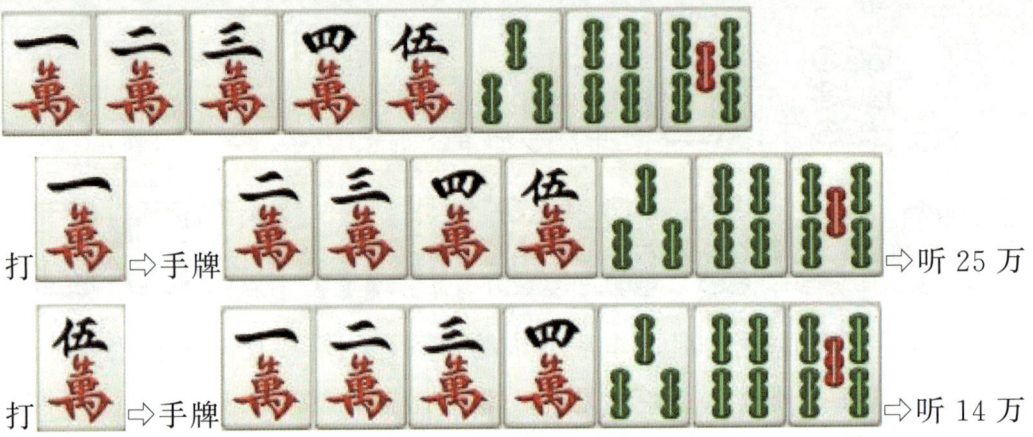

像这种两边的打法，在实战当中经常会遇到，整手牌没有将头，打到最后两头吊将。这种牌打哪一张，主要看听哪一边比较好。

这手牌的 12345 还是比较好判断的，19 是好牌，在序盘的时候我们要选择打 5 万听 14 万。但如果已经到了中盘，河里还没有看到一张幺九，我们就要选择打 1 万听 25 万，此时幺九很有可能已经被抓对。

但如果到了尾盘，幺九还是一张未现，就要根据场上的情况，哪张熟，打哪张。2 万熟打 2 万，4 万熟打 4 万，5 万熟打 5 万，到了尾盘幺九还没出来，基本上被敌家抓对或抓暗刻的可能性很大。敌家抓暗刻不用多说，抓对子我们也不能打，不能在这最后关键时刻为了听得稍微好一点，冒险去助推敌人一把。

大挂 56789 同理，序盘打 5 听 69，中盘打 9 听 58，尾盘根据场上情况跟打熟张。

【案例二】

你会打哪张？

⇨打 2 听 36 或打 6

听 25

⇨ 打 4 听 58 或 打 8

听 47

像这样的五连型，一般不要选择听 36 或 47，因为尖张 3 和 7 不好和出。所以我们要选择打 6 听 25，打 4 听 58。

但如果碰到特殊情况，比如场上的 4 或 6 被碰断、打断，那么我们就要果断选择听 36 和 47。

【案例三】

两头都是尖张，打哪边都一样，应该怎么打？

⇨ 打 3 听 47 或 打

7 听 36

这个时候就要看牌流的指示和河里的情况来做决定。如果场上刚刚有人打过 3 万或 6 万，我们就选择打 7 万听 36 万。场上刚有人打过 47 万，我们就选择打 3 万听 47 万，这种牌听得越熟越好。

（五）半封闭听牌

【案例一】

这手牌你会打出哪一张？

打 ⇒ 手牌 ⇒ 听 14 万

首先我们应该考虑打 2 万听 14 万，因为我们手里抓了 2 张 2 万，2 万对 1 万形成了半封闭，别人手里的 13 万搭子得不到 2 万的几率就会很大，这样他就会选择拆掉 13 万搭子，我们可以等着收炮和。

打 ⇒ 手牌 ⇒ 听 25 万

打 1 万听 25 万，2 万我们手上就有两张，听牌几率变小。

但这些说的是序盘，中后期还是要看实际情况，大挂 67889 同理。序盘选择打 8 听 69 万。

【案例二】

这手牌你会打哪张？

半封闭的尖张 3 我们手里有两张，当然是选择打 3 听 25，就算是有一定的危险也要试一试。大挂 56778 同理，打 7 听 58。

【案例三】

这手牌你会打哪张？

手里有两张 4 万在手，打 4 听 36。大挂 45667 同理，打 6 听 47。

【案例四】

这手牌你会打哪张？

虽然我们手里有两张5万，但是它没有封闭性，打5听47，打4听58。从好听的角度来说，我们要选择打4听58。

从上面这些半封闭的牌组来看，除了这一组，其他的都要选择打对子吊两头。两个原因：

(1) 一是我们留对子，要和的牌自己就多抓了一张，几率上少了1/8；

(2) 二是我们留顺子，手牌会比较灵活；

但这一组如果打5就变成了4567，摸进3万就会变成死牌。摸进8万，自己就会后悔。如果选择打4，就算摸进6万，可以打出尖张7，手里有2张6万，7万半封闭，安全性相对高一些。

（六）顺刻对型听牌

【案例一】

这手牌你会打哪一张？

万和发财

这种牌不能单纯的随便打掉一张，要考量两个因素：

> 一是听两面的 14 万是不是好牌？

> 二是拆暗刻 2 万有没有危险？

从听两面好坏角度来看，肯定是选择听 14 万要好很多。听 25 万和发财要差一些，毕竟我们手里就有 3 张 2 万和一对发财，看似是三面听牌，实际上听张也只有 7 张牌。听 14 万减去手里的 1 张 4 万，实际上也还有 7 张听牌几率。可是像这样的听牌很多人都有错觉，感觉听三面一定比听两面好，门数上多了一门，实际上这只是视觉上的错误。

这手牌手里有 3 个 2 万，对听口 1 万造成了全封闭，别人手里 13 万的搭子也容易拆掉舍出，可以等着收炮和。河里没有 14 万，大部分可能就在牌山里，等着自摸即可。所以不要把目光只盯在 2 万能不能开杠上，这里应该选择打 2 万听 14 万。

【案例二】

根据封闭性原则我们要选择拆刻子，打 3 万听 25 万

同样我们要拆刻子，打 4 万听 36 万。

打 3 万听 14 万和发财，因为 1 万是好牌，所以这组牌我们应该选择听三面。

打 5 万听 47 万，打 6 万听 58 万和发财。尖张 7 万不容易和，所以我们选择打 6 万听 58 万和发财。

打 伍萬 ⇨ 手牌 伍萬 伍萬 六萬 六萬 七萬 發 發 ⇨ 听
47 万

打 六萬 ⇨ 手牌 伍萬 伍萬 伍萬 六萬 七萬 發 發 ⇨ 听 58
万和发财√

以上说的是好处，哪种牌容易和到，此外还要看弊端。我们手里有 5 万暗刻，可想而知敌家多希望得到这张 5 万，所以我们拆暗刻的时候必须要结合场上的情况和局势做出合理的分析，如果贸然打出被敌家收炮，接下来对我们牌势的影响就很大。

但如果不选择打出，敌家几乎得不到，他也和不到。所以拆暗刻之前，能吃的局要考虑会不会被下家吃进，可以点炮的局，拆暗刻前点炮率必须低于 50%，这样才能选择拆暗刻。

如果拆哪一张都有危险，就要选择打出另外的牌，不能去拆暗刻，明知道是炮牌还拆暗刻在牌桌上是大忌，一旦失手就是牌势大变的时候，一定要谨慎。

（七）听牌后要不要碰牌？

1. 根据三家情况决定

听牌后要不要碰牌有一个基本原则，那就是上家打的牌不要去碰，其他的要分具体情况。

（1）如果下家是庄家，我们碰牌下家就会多摸牌。特别是下家牌势好的时候，就会产生大家经常说的"上碰下自摸"，所以下家打的牌我们不要去碰。

（2）如果对家是旺家，我们听的早，比对家听的还早，也不要去碰牌。我们听的比对家早，说明我们的手比他顺，牌势比他好，我们一碰就会"对碰对摸"，改变牌流对我们不利。但如果反过来，对家听的比我们早，我们好不容易一上听，那么此时就可以选择碰牌。即我们手顺，就不动牌，手不顺就把旺家的手气碰过来，就算没有碰到我们这边，也要让好的牌流不是一直朝着对家去。特别是旺家很早听牌，我们就要去故意碰牌，破坏他的牌流。

（3）上家连庄，也要去碰对家的牌，既让上家少摸牌，也让下家多摸牌，加一个人进来拖上家下庄的机会增大。

2. 碰牌后打出那张牌的安危

【案例】

此时场上有人打出一张发财，我们碰不碰？

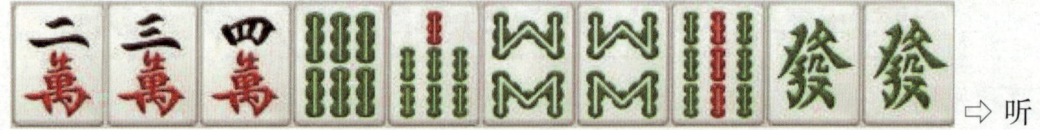 ⇨听

边 7 条

当然要碰，碰完后打 8 条，手牌由听边 7 条改为听 69 条。

这个 8 条是在安全的情况下，但如果说不确定碰了发财后打出 8 条是否安全，就没有必要去碰发财。

对家听牌之前打出一张 7 条，经过我们几巡的观察，7 条很有可能是闪避，手里有可能是 677 打 7，此时 8 条就很危险。也有可能是 778 打 7，那么我们手里的 9 条同样也打不出去。所以此时发财就不能去碰。

打麻将一定是活学活用，不要死搬硬套。麻将也是有气流的，如果第一把听牌后碰牌转听成功，下一把再遇到可以转听的牌型，还可以继续碰牌。

边搭子听牌，如果碰牌，碰了后选择单吊。

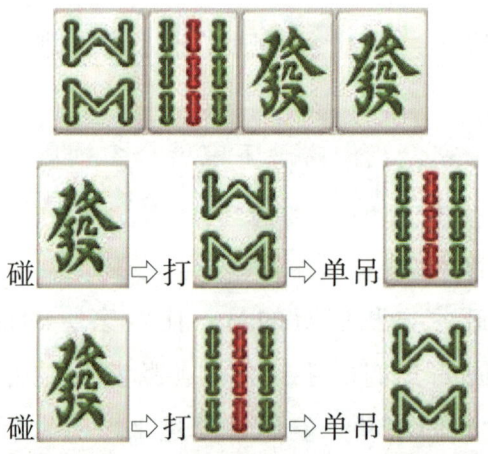

如果打出的这张没有点炮，也没有被别人自摸，那么这个就是对的。反之如果不碰牌，也能够收炮和，甚至自摸。下一把听牌后就千万不要去碰牌，即使边搭子碰牌，碰了后变成两面甚至变成绝搭听牌，也不要轻易去动牌。

结果对我们不错，维持现状即可，但如果说结果变差了就要马上改变。这就是打麻将要跟着气流走，顺势而为。

（八）可以点炮的局与自摸的局

1. 可以点炮的局

可以点炮的局，相信大部分新手经常是手牌还没有听牌，就已经点炮了，这种点炮是最不值当的！还有一部分人在听牌之后，什么也不管就闭着眼睛往河里丢，直至点炮或自摸，这种就是典型的点炮高手。其实我想告诉大家的是，如果这局牌听得比较早，比如说在6—7巡以前，当然是不管三七二十一直接往前面冲。但是如果听得比较晚，估计我们的对手也已经听牌或者将近听牌，这个时候我们就要好好思考了。有时候为了安全起见我们宁可听得差一点，也绝不点炮！麻将的最终目的是和牌，而不是为了听得好冒险点炮。听得好不等于和出率，如果和出率是100％，我们就值得去冒险点炮。

●听的好

那什么是听得好？比如下面这手牌：

这手牌我们打掉3条，听147条三门，但是此时河里已经看到3张1条和1张4条，加上我们手里的1张4条和2张7条，实际上147条我们只剩下5张，还没有两面听得多，只不过是比坎张多出一张而已。

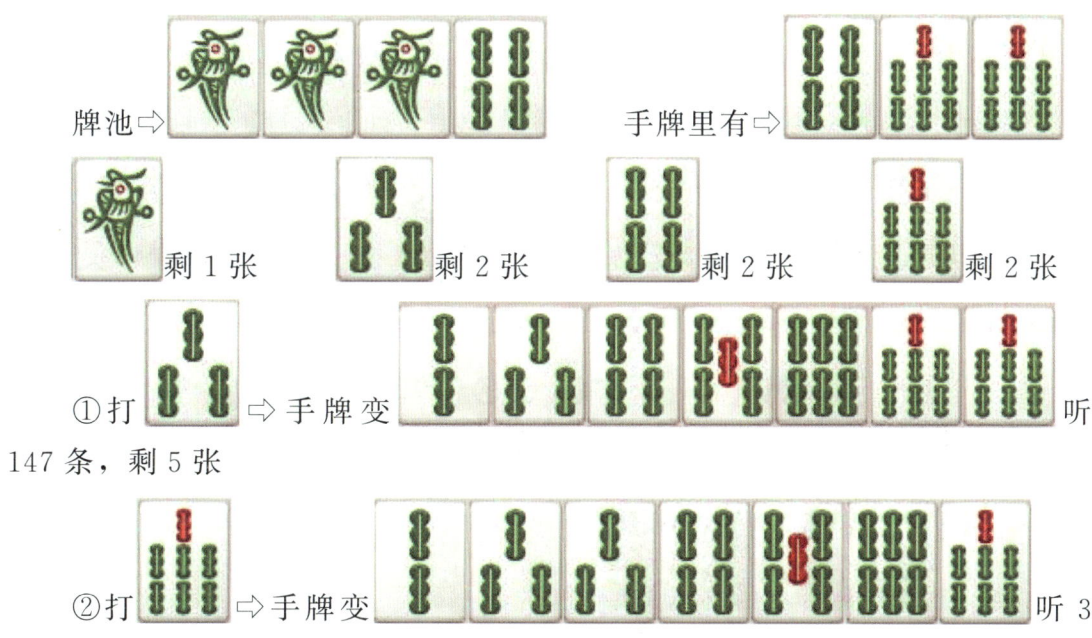

牌池⇨　　　　　　　　　　　　　　　手牌里有⇨

剩1张　　　剩2张　　　剩2张　　　剩2张

①打　⇨手牌变　　　　　　　　　　　　　　听147条，剩5张

②打　⇨手牌变　　　　　　　　　　　　　　听3

条，剩 2 张

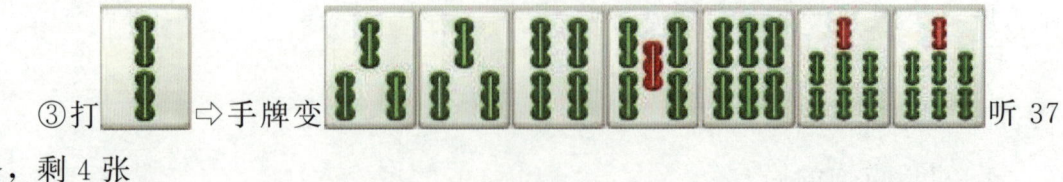

③打 ⇨手牌变 ⋯⋯ 听 37 条，剩 4 张

这种情况，会算牌就很关键。比如说我们现在打 3 条危险，就不如打安全张，宁可听得差一点，也绝不冒险。7 条安全就打 7，听大肚子 3 条。2 条安全，就打 2 听 37 对倒。

这样打看似和牌率低，但也只是从听 5 张变成了听 2 张或听 4 张而已，所以我们不要去犯这种视觉性的错误。这种牌我们不冒险的原因是打 3 条只是和出率比较高，但不是绝对有和，表面上看我们听得漂亮，但如果我们点炮了就等于零。虽然听在大肚子上面不好，但如果是在危险和安全之间面临抉择，我们千万不要有听得烂还不如不听的想法。我们要明白听得再丑，再烂的牌，哪怕只有 1 张，我们就还有机会和甚至自摸。但如果我们点炮了，就要马上结束这一局。和创业是一样的道理，先求生存再谋发展，高手之所以能够成为高手，其中一个就是少点炮，而少点炮考验的就是改听的功夫，像这种留危打安，就是最基本的改听，我们必须要懂。

但是少点炮不等于不输，我们要想赢，多自摸才是王道！所以对于和出率是 100％的牌，哪怕是点炮，我们也要往前冲。因为这种和出率很高的牌，如果我们没有点炮，那么就极有可能自摸，绝不能放弃！

●和出率很高的牌

那么哪些牌是和出率很高的牌呢？比如下图手牌听的是 47 筒，如果此时我们摸进一张 8 筒，我们是直接打掉还是换成有一定危险性的 4 筒？

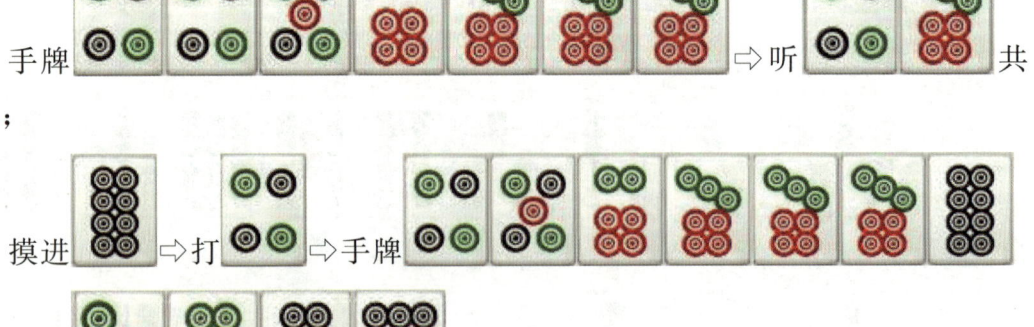

手牌 ⋯⋯ ⇨听 ⋯⋯ 共 3 张；

摸进 ⋯⋯ ⇨打 ⋯⋯ ⇨手牌 ⋯⋯

⇨听 ⋯⋯ 共 10 张；

这手牌我们一定要坚决打掉这张危险的 4 筒，这样我们就改成了听 3689 筒，最关键的是我们手里有 3 个 7 筒，根据封闭性原则，89 筒的和出率基本是 100%，我们很容易自摸。所以我们打这个 4 筒是值得去冒险的，即使点炮了也不用后悔。

我们再回到前面那手牌如下图，我们手里有 2 个 3 条，如果说河里 14 条不多见，比如 14 条各只有一张，各有 2 张也没有关系，这个时候即使 3 是危险张我们也要打，因为 14 的和出几率非常的高。

 ⇨打 3 条听 147 条三门

2. 只能自摸的局

只能自摸的局和可以点炮的局，他们的听牌讲究是完全不一样的，点炮靠的是熟张，而自摸却靠生张。牌桌上有的大家都不要，都愿意打，因为觉得安全，这样我们听熟张就和的快。自摸靠生张指的是序盘前期就已经听牌，我们可以选择生张下叫，这样可以赌自摸。如果序盘前期选择熟张下叫，别人打一张你不和，打两张还不和，这样会让你很煎熬。但如果已经到了中盘以后下叫，我们还是要尽可能地选择熟张下叫。

这里我们要区分和牌率和自摸率，熟张不是说不会自摸，只是因为河里有了几张，自摸率降低了而已。大家都跟打熟张，和牌率自然就提高了。但是生张因为从头到尾都没有人打，被敌家抓了对子或者暗刻，或是已经成了顺子，还有一部分还在山里，所以想自摸。

这个都是基于我们对场上的情况、听牌的生张，能否做出一个准确的判断？这种判断建立在有一定麻将理论水平，能根据河里的牌、敌家的打牌顺序来分析敌家的手牌，然后再来推理山里，还有没有我们想要的生张。所以大家一定要多看看我们"猜牌技巧"这一章。这样对你的自摸率有很大的提高！如果是点炮和，我们就听熟张，因为和得快。

如果牌桌上有枪神在场，不管什么牌，都要往前冲，起手是乱牌也是一样。总的原则是"有局求大，无局求快"！有的时候，一局牌别人点炮不想和，想自摸，不料反被其他家自摸！那么这个时候，可能手气马上就走了，半天还回不来。相信很多人都有这种体会，麻将是越和越旺，连和几把，就会自摸！当运气来了，就没有人能够挡得住你！大概就是单吊能自摸，随便

哪张都能自摸，和的别人都觉得自己不会打牌了。那么这个时候，就是你打牌的最高境界，此时的你心态等各个方面都是非常愉快的，从而达到了人牌合一地步！

（九）3点钟的选听

3点钟是比较特殊的牌搭，有些地方也叫"三明治"。比如下图的135，246，357，468和579，都是中间的2门4张牌，如果听牌了，我们此时要打一张，应该如何选择呢？

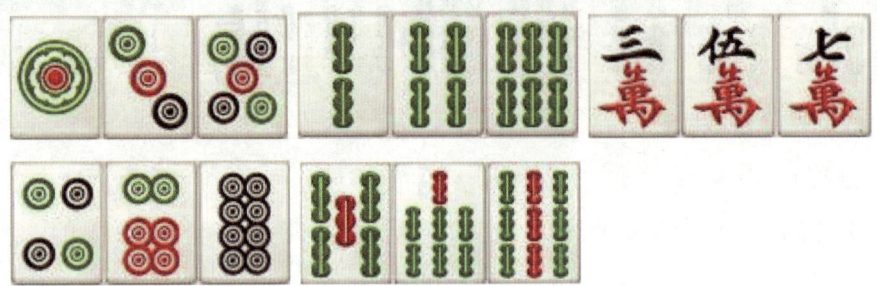

对于听得早的前期来说，我们应该打边留中，比如135，579，应该打19。246，468应该打28。为什么呢？因为序盘前期，我们时间还早，留下中间张后续的改良空间大。

但是如果是到了中期，我们就要观察河里的情况了，河里有1张的是好牌，有2张的也还可以，有3张的，我们就不能要了。1张没有，也不能要。

比如468，河里已经有了2张7筒，那我们听牌的时候，一定要打4筒继续听坎7筒，一是我们踩着线走，打4比打8安全，二是7还有别人跟打的可能，三是打4可以吊7。

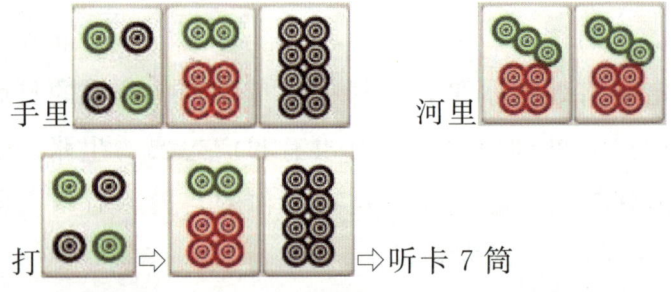

关于吊牌这一块，我要说明一下，虽然我们知道打4可以吊17，打5可以吊28，打6可吊39，但是这个只是针对高手，如果是新手，新手都不知道吊牌是什么意思，那么这个时候，我们就不要吊了，这些都是最基础的。

【案例一】

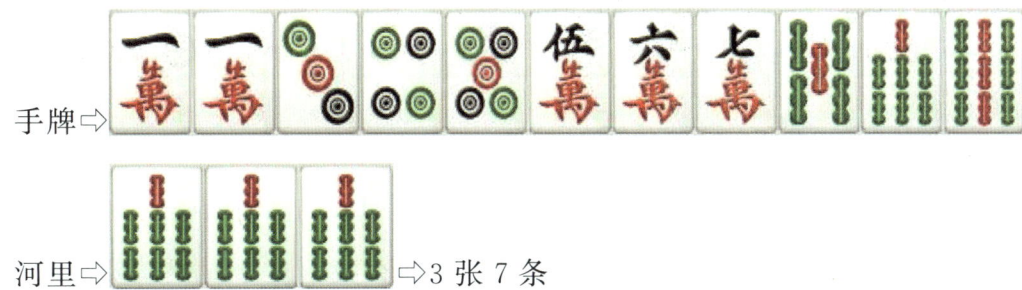

手牌⇨

河里⇨ ⇨3 张 7 条

这手牌河里已经出了 3 张 7 条，我们手里有 579 条。这个时候，不管 5 条有多危险，我们都要去打 5 条听坎 8 条，因为 7 条是绝张，对 8 条造成了全封闭的效果，79 条的和牌几率是 100％。

【案例二】

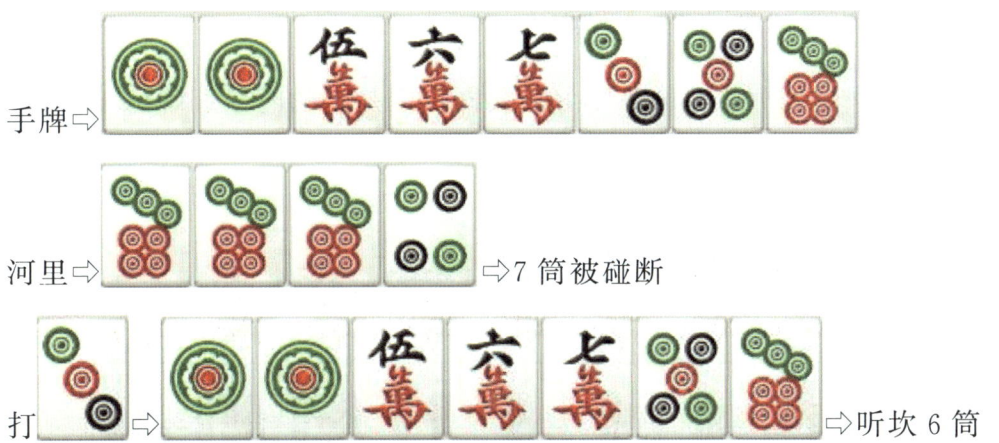

手牌⇨

河里⇨ ⇨7 筒被碰断

打⇨ ⇨听坎 6 筒

这手牌 357 的 7 被碰断了，我们必打 3 留下 57 。碰断 3，我们留 35。246 也是一样的道理，碰断 2，我们留 24，碰断 6，我们留 46。

【案例三】

不管 9 筒是别人舍在河里的，还是碰在地上的，那么 6 筒在人家手牌里的几率就会很高。因为 369 是一条线上的牌，9 筒碰断了，6 筒的利用率就会很大。即使河里有 1 张 6 筒，我们也不要留 57 筒听坎 6 筒，而应该留 35 筒听坎 4 筒。

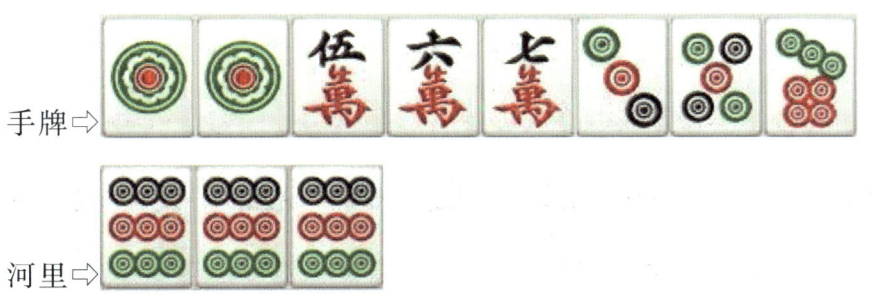

手牌⇨

河里⇨

打 ⇨ 手牌 ⇨ 听坎

4 筒

【案例四】

19 正常是序盘就打出，但是在中盘有人打出 9 万，那他手里极有可能有对 8 万。如果我们手里有 579 万的三点钟，那么我们这个时候就要跟打 9 万，留 57 万！

手牌 ⇨跟打

（十）常见三面听牌

我们打牌的时候遇到差牌不好做抉择，但是有的时候好牌也不太好选择。比如下图这些手牌是我们经常遇到的，手里面没有将头，打掉一张都可以吊三门，都是非常不错的牌型。

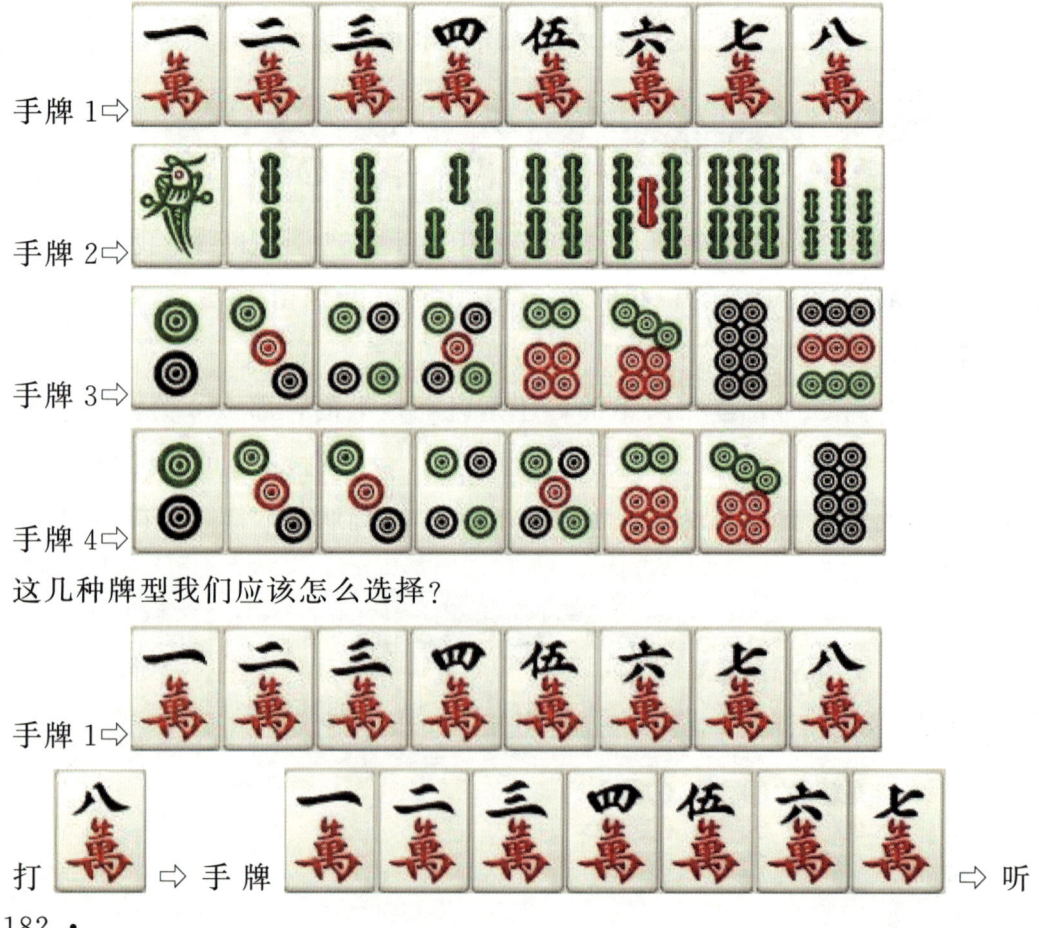

手牌 1⇨

手牌 2⇨

手牌 3⇨

手牌 4⇨

这几种牌型我们应该怎么选择？

手牌 1⇨

打 ⇨ 手牌 ⇨ 听

147 万

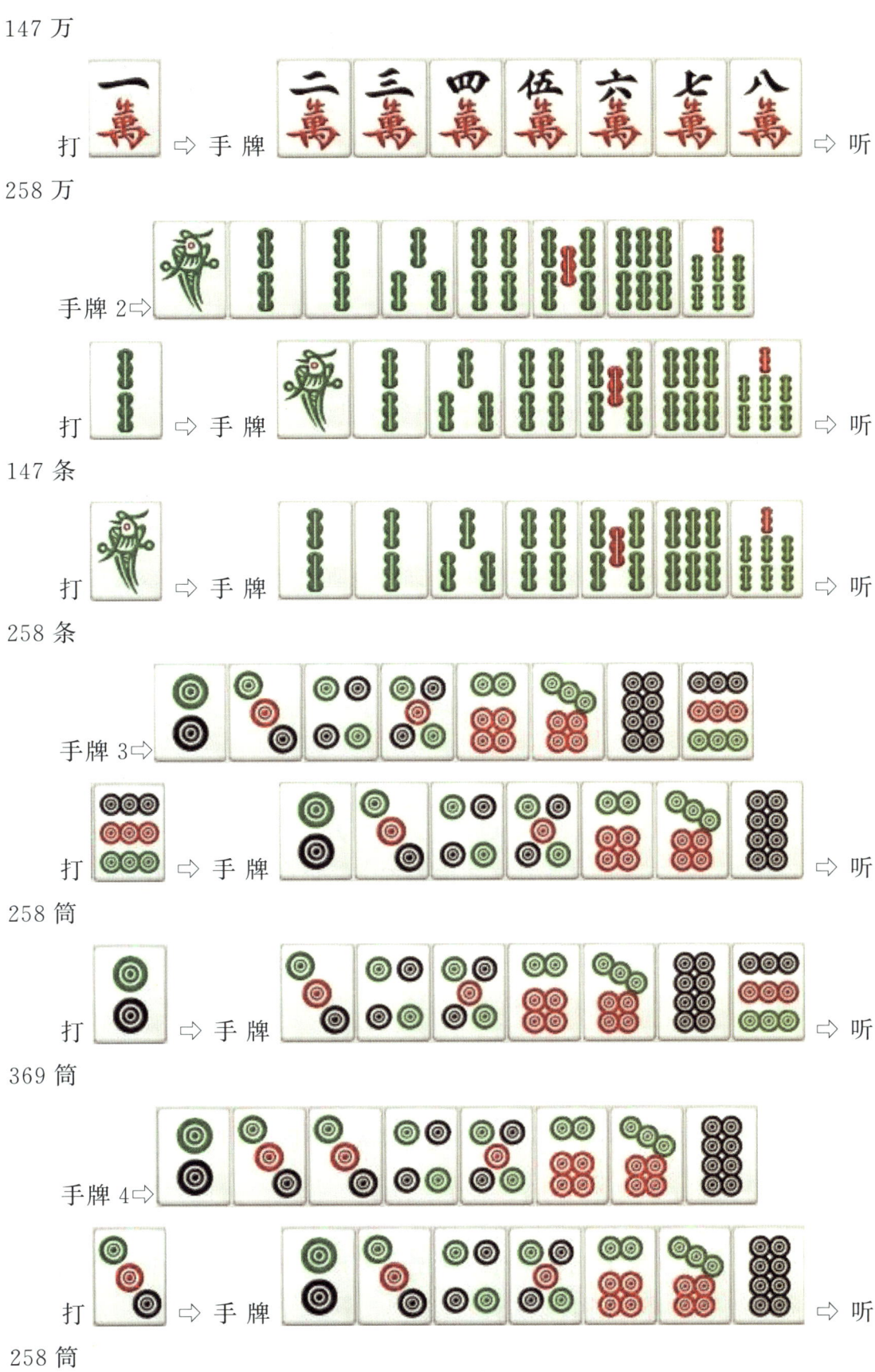

打　⇨　手　牌　⇨　听

258 万

打　⇨　手　牌　⇨　听

147 条

打　⇨　手　牌　⇨　听

258 条

打　⇨　手　牌　⇨　听

258 筒

打　⇨　手　牌　⇨　听

369 筒

打　⇨　手　牌　⇨　听

258 筒

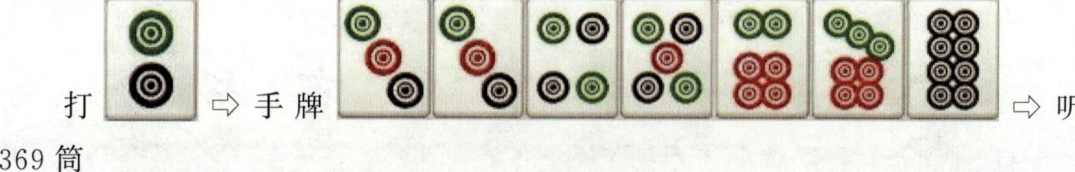

打 ⇨ 手牌 ⇨ 听 369 筒

估计大部分麻友喜欢听 147 和 369，但是我的建议是听 258。可能有的麻友会迷惑，之前不是说 19 好进吗？这个岂不是和之前的内容矛盾了？

不管是听 147，258 还是 369，和牌几乎是一定的。如果我们听 147，369，别人拆 12 和 89 的几率很大，特别是在序盘前期，大家都喜欢打 1928，如果是可以点炮的局，我们是和还是不和呢？放过第一张又来第二张，这样会让你很煎熬。如果是能点炮的局，我们选择听 147 和 369，最终的结局就是点炮和。

我们前面讲过对于好的牌，不是要收炮，而是要实现利益最大化，争取能够自摸。这个就是所谓的"有局求大，无局求快"！这里的求大就是求自摸，听 258 才是最好的选择。再比如 19 如果一直没有人打，那么就有可能在敌家手里成了对子或者刻子，而我们和的 147 和 369 中的 37 都是尖张，大家都知道 37 不管是能点炮还是不能点炮的局都是最不好和的牌。如果是打到中后期，河里再没有看到 19，那么我们听 147 和 369 就麻烦了。

（十一）单吊听牌

关于单吊听牌，有人认为要单吊 19，也有人认为要吊尖张，还有的认为要吊熟张。我想说的是单吊非高手不能善用之，也就是说单吊什么，没有死板的套路，完全凭经验和牌技。

七对是我们所有牌型里面最没有技术含量的一个牌型，但是到了听牌的时候，却是最考验我们技术含量的一个牌型。因为我们听牌的时候是单吊，如果你的猜牌技术不到家，还是不要轻易做七对，七对最好的方式就是顺势而为，不可逆势而上。特别是那些手里有个 3 对就想去打七对的麻友，你回忆一下做了那么多次 7 对，做成过多少次，你就会明白。

【实战案例】

记得之前有个牌局，我们的对家打出一张 2 条，然后上家直接从牌山里面摸打出了一张 8 万，轮到我摸牌，我摸进一张 1 条。那么这个时候，我应该怎么打？我的手牌如下图：

手牌 ⇨ 听 369 条 ⇨ 摸进

⇨ 怎么打？

打 ⇨ 手牌 ⇨ 单吊 1 条

打 1 条继续听 369，打 3 条单吊 1 条。有的麻友可能会说这牌还需要思考吗？直接打 1 条继续听 369 就可以了，常规大部分人肯定都是直接打 1 听 369。

此时牌局已经到了 7－8 巡，对家刚刚打的是条子，而且打的还是 2 条，我不得不思考。这个时候打 2 条无疑是在拆搭，他能拆什么搭子？他手里极有可能是 12 条打的 2 条，那么他接下来就极有可能再打 1 条。如果这个时候我们再打 3，刚好就可以接他下一巡的炮和。

但是我考虑他还有一种可能是 112 打 2，如果是这样的话，那 1 条可能就不会再有了。出于这个考虑，我还是选择打出 1 条听 369，指望对家碰 1 条，谁知道他没有动静，当时我就后悔了。

结果下家拿出 23 条吃 1 条，这个时候我们的手牌相当于听 369 的三面，变成了 69 的两面。因为我手上有 2 个 3 条，下家又出来一张 3 条，剩下一张 3 条很渺茫。最后我们的对家摸一张牌之后，直接打出 1 条，被下家吃和。9 条到最后一张没有出，到最后推牌的时候看牌，才知道上家拿了 9 条刻子。

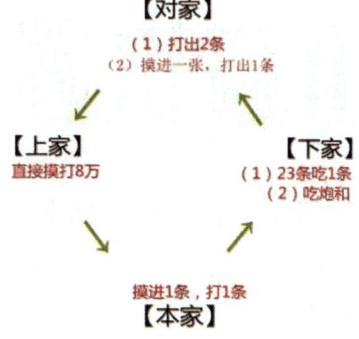

从上面这个案例可以看出，我们单吊别人留不住的牌最好。如果是单吊字牌，河里见一张的字牌是最好的单吊对象，河里一张，我们手里一张，还

有 2 张不见，成对的可能性不大。因为已经有人打了一张了，没有人碰，极有可能全部在山里，要么就是有人当安全牌留在一张在手上了，但是安全牌他迟早还是会打出来的。所以见一张的字牌是绝好的单吊对象，因为字牌没有靠张！

由此我们可以推理，没有靠的序数牌也是绝好的单吊对象，比如 28 被碰，19 就容易出来，如果没有出来，那么大部分可能在山里。再比如尖张被碰，1928 也比较容易出来，46 被碰，37 就容易出来，为什么有的人单吊尖张也能和，那是因为 19 和 28 一般都成了对子或刻子了，尖张 37 反而容易自摸。序数牌单吊我们就要单吊没有靠的才能最大几率单吊成功。

到了中后期跟打熟张的人多了，刚刚打过一张的熟牌也是单吊的好牌，高手一般不单吊，但是单吊必成功！

【实战案例】

我的手牌⇒  听

47 筒

河里⇒

8 筒在河里已经碰断，9 筒又有人打了一张。此时我又摸进一张 9 筒，我想都没想直接打 7 筒单吊 9 筒。为什么我舍双面的牌去单吊？

摸进 ⇒打 ⇒手牌变如下

⇒ 单

吊 9 筒

那是因为 7 筒我手里有 2 个，8 筒又已经碰断了，说明大挂筒子敌家手里没有，敌家手里都是小挂的筒子。那么我们现在需要的 4 筒出来的可能性很小。

再者 8 筒的碰断对 9 筒造成了封闭效果，这样一分析，我们肯定是单吊 9 筒最好。所以这手牌下一巡我就摸到了 9 筒，单吊自摸。

看到这里我想大家应该知道，为什么说七对到了听牌的时候恰恰考验我们的技术和谋略了吧。我们凭运气只能获得短暂的胜利，从长远来看，具有高超的技巧才是长久之道！

（十二）抢听的时和机

抢听就是抢在别人前面听牌。我们听得越早，和牌的几率也就越大。因为听得早，有时候我们烂牌也能和，而且还能自摸。但是有时候，我们抢听要听的牌不仅一张都没有看到，而且如果后面改听的话早就和烂了。那么到底应该抢听还是不抢听呢？

【实战案例】

下图手牌摸进一张 3 条，你会怎么打？

此时我们有 2 种选择：

1. 打掉 369 筒的一张，听边 7 万，抢先听牌；

2. 我们先不听牌，拆 89 万，等筒子这边摸进靠张再听牌；

■抢听的"机"

那此时要不要抢听呢？我们需要先分析一下牌势：

现在手牌是 14 张，这些牌都是我们自己摸进的，而且最后摸进尖张 3 条听牌，表示我们牌风很顺，也就是说我们什么牌都有可能进包括边 7 万。这个时候我们应该毫不犹豫选择抢听，直接打掉筒子。

抢听听牌以后，三巡内没有和到牌，也没有摸到任何万子，我们就可以考虑换牌改听了。如果听牌的三巡内不摸万子反摸筒子，这就是要我们马上换牌的信号，此时我们就要马上拆 89 万，靠筒子听牌。

大家都知道水有水流，电有电流，牌也有牌流，只是牌流我们看不见摸不着。实际上牌流也是有指示的，需要我们靠内心去感悟，牌心合一才是牌技的最高境界。牌风顺，我们就要跟着牌风走，这个就是抢听的机，机不可失！如果不抢听，拆 89 万，下一巡你摸进 7 万，把一手天成的自摸好牌打到外面，那么此时牌气就会打没了。所以这手牌一定要抢听，89 万到了中后期要拆也是比较安全的。此外手上有六连顺，没有牌流的指引，我们也可以耐心等待。

但如果不是牌流的指示呢？比如这个 3 条不是我们摸进，而是上家打出的，我们要不要吃？当然要吃，上家打的 3，再加上自己手里的 6 条，我们需要的 36 条已现 3 个，剩下的 36 条已经不多，不吃我们可能就摸不到了。

■抢听的"时"

如果这个 3 条是上家打出的，那么此时我们要不要抢听呢？

其实吃尖张和摸尖张，还是有很大的区别的，要靠吃才能进张，说明我们的牌势还没有到达如风的地步，自摸和尖张的概率很低。

这个时候我们就要看时间了，如果时间早，我们就拆 89 万，等摸任意一张筒子靠牌。如果时间不早了，比如到了 5—6 巡，我们就要看这些筒子是怎么来的？如果是起手就有的，就赶快抢听，听边 7 万。手里本来就有这么多筒子，再靠它去听牌是不明智的。如果是我们慢慢摸进的，那么说明牌山里面还有很多筒子，我们就可以拆掉 89 万，再摸筒子听牌。总之要不要抢听，第一个看牌流，第二个看时间，谓之时机也！

（十三）改听的目的

当我们听牌后很久都没有和牌，要不要改听？或者听牌后，摸进一张生张，我们是求安全改听，还是直接往前冲？实际上这些没有标准的答案，我们必须要根据牌桌上的具体情况来做判断。我们听牌之后改听，无非是三个目的。

1. 第一个目的是为了和牌

◆ 情形一

比如下图所示手牌

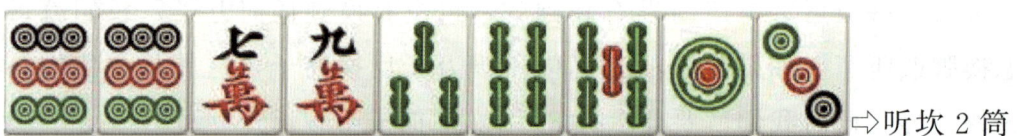

⇨听坎 2 筒

这手牌我们听坎 2 筒，按理说这个还是不错的听张。但是到了 5—6 巡有人杠出 2 筒，4 张 2 筒都没有了。此时已经没有可能再和 2 筒。为了和牌，我们只能去改听。

杠 2 筒  ⇨4 张 2 筒没了

◆ 情形二

到了中后期，我们需要的牌一张也没有出，但是所需要的这张牌周边的邻牌都出来了，唯独我们所需要的这张牌一张没有出来。

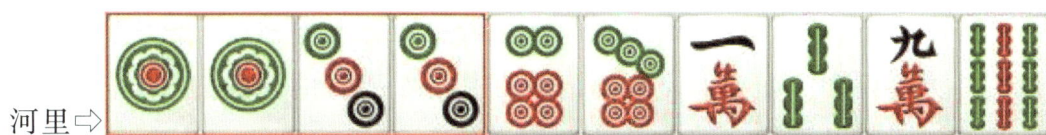

河里⇨

这种情况有可能是敌家抓了暗刻在手或者是其他三家瓜分了我们所和的这张牌。如果此时敌家从牌山摸进一张牌后，又从手里退出一张 1 筒，就可以更加肯定我们所需要的牌被其他三家瓜分了。

◆ 情形三

我们要和的这一张没有出来，它的邻牌也没有出来，比如小挂的筒子都没有出来。到了中后期，即使别人摸了 2 筒估计也不会打出来，这个时候和牌的希望也不大。那么这个时候就要根据自己的旺弱来决定要不要率先动小挂的筒子？手气背就不要动，一动下家吃或其他家和。自己是庄家也不必去动，筒子卡死就有可能黄牌连庄。除非我们的手气特别旺，否则尽量不要冒险打破僵局去改听。

如果是不可以吃和点炮的局，我们就需要根据上面说的几种情况，包括看敌家的舍牌顺序，尽快探知我们所和的牌还有没有，如果没有，应该尽快改听。

2. 第二个目的为了听熟张

比如下图手牌，听的牌河里一张都没有出来，到了中后期和牌的几率就不高了，反而是已经出来的熟张和牌几率高。我们讲过见一张的最好，见两张的也还可以，哪怕桌上已经现了三张，还是可以听最后那一张。即使是坎搭，到特别紧张的时候，撤退的人自然会打出来。

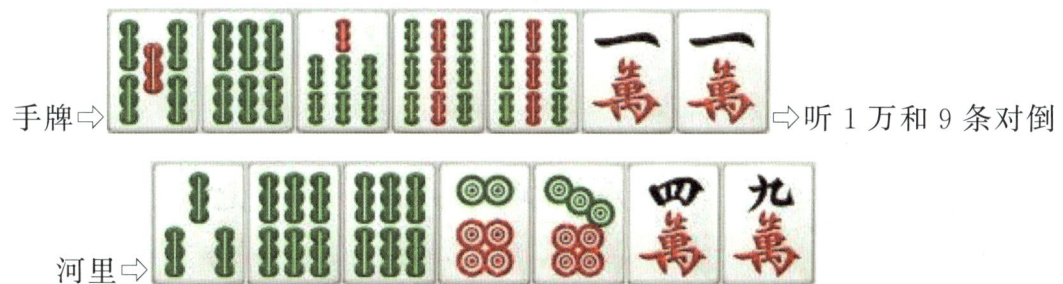

手牌⇨　⇨听 1 万和 9 条对倒

河里⇨

这手牌听的是 1 万和 9 条的对倒，上家打 3 万，我摸进 2 万，此时我们要毫不犹豫打掉 1 万听边 3 万，如下图所示：

摸进 ⇨ 打出 ⇨ 手牌 听边 3 万

不管听 1 万和 9 条的对倒，看起来比听边 3 万要好多少，但它此时都不会比边 3 万要好和。如果上家打出的 3 万是 113 万打的，我们打 1 万上家碰了，我们就还可以再摸一张，总比两家 1 万都对死的要好。从广义层面讲，桌上条子多，另外 3 家几乎都不要，而万子却只有零星的 1－2 张。我们手上是 12 万听边 3 万，这个时候我们摸进一张条子，就有改听的价值了，这个就叫"敌家丢我留"。只要条子这边我们再摸进一张靠张，就有一半和牌的几率了。

3. 第三个目的是为了听多、听宽

【案例一】

下图手牌，我们摸进一张 3 筒，你会打哪张？

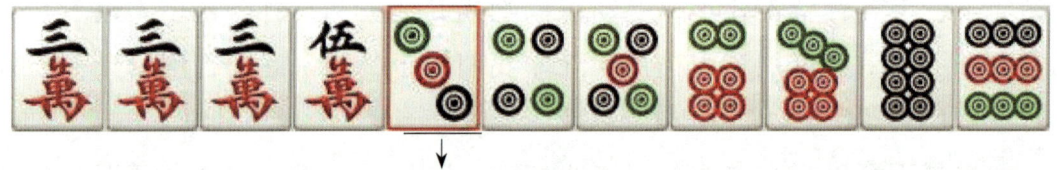

摸进 3 筒

当然打 5 万，为什么？<u>因为同一花色越多越有换牌的价值。</u>

【案例二】

下图手牌摸进 5 条，要不要改听？

⇨摸进

这个时候就需要看牌情了，如果说 5 条或 8 条已经被碰断，我们当然选择改听！

【案例三】

下图手牌听 3 条，假设摸进 7 万，要不要改听？

⇨摸进

这种牌型不适合改听。为什么？因为我们手里有 3 个 8 万，摸到 69 万的概率很大。假设我们选择改听，如下图所示：

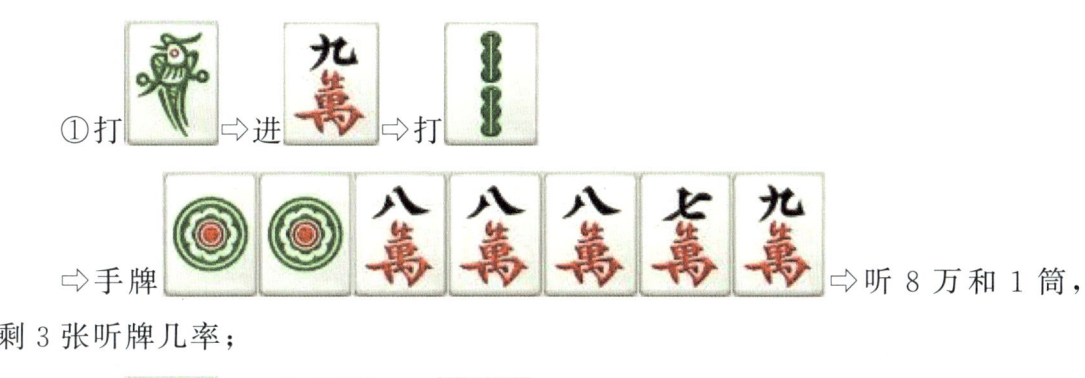

①打 ⇨进 ⇨打

⇨手牌 ⇨听 8 万和 1 筒，剩 3 张听牌几率；

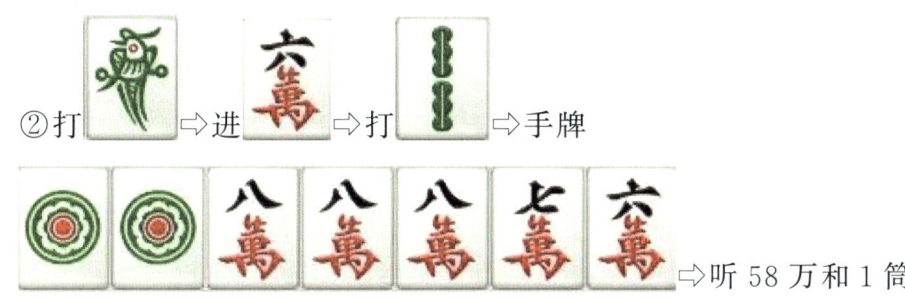

②打 ⇨进 ⇨打 ⇨手牌

⇨听 58 万和 1 筒，剩 7 张听牌几率；

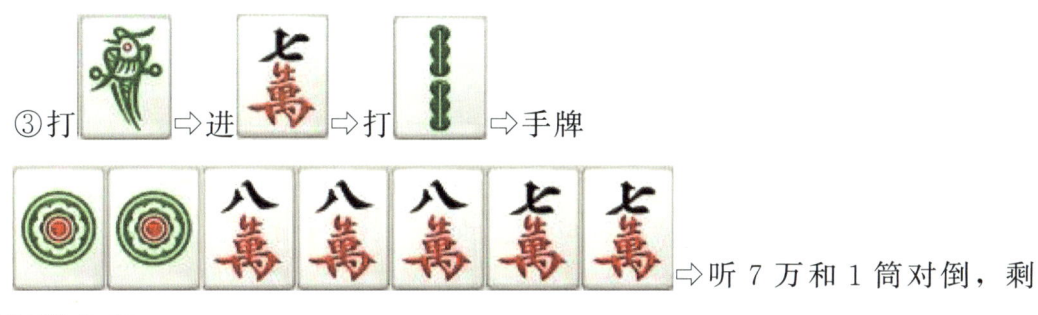

③打 ⇨进 ⇨打 ⇨手牌

⇨听 7 万和 1 筒对倒，剩 4 张听牌几率；

所以这样的牌型不能表面上看上去能听得多，而放弃当下的听牌来改听。

（十四）本节重点

1. 麻将最终的目的是和牌，而不是为了听得好冒险点炮。听得好不等于和出率，如果和出率是 100％，就值得去冒险点炮。

2. 多利用绝张、序数牌的封闭性去考虑改听。改听之后手牌的后续优化空间很大的情况下，我们也可以考虑改听。

3. 147，258，369 这样的三面听，我们应该尽可能地选择 258 的三面听，这个就是所谓的有局求大，无局求快。

4. 单吊听牌，应该单吊别人手里留不住的牌，单吊河里已经出现一张的字牌最好，没有靠张的序数牌也是不错的单吊对象。

5. 抢听的时机要把握好

（1）牌风顺我们就要跟着牌风走；

（2）如果手里的同一花色序数牌是自己一张张从牌山里面摸上来的，此时说明牌山里面还有很多这一类型的序数牌；

（3）看场上的时间：时间早，听得不好，可以考虑不抢听。但是如果时间已经不早，听得不好，我们也要先听了再说。

6. 明白改听的三个目的，和出率不大的牌型或者自己手气很背的时候，自己的手牌已经没有和出机会了，我们不要冒险去改听，从而打破僵局。

如果是不可以吃和点炮的局，我们要尽快地改听。

敌家不要的牌我们可以留，如果是三家都不要，我们后续再摸到靠张，和牌几率要增加很多。

不要犯视觉性的错误，只看牌的表面后续可能听得多，而放弃当下的听牌去改听。这个需要我们仔细分析，然后再做决定。

十一、麻将口诀

（一）有用口诀

1. 一路不见必有鬼，整门不见勇敢冲！

下图手牌摸进一张5筒，你会选择打掉哪一张？

手牌：

河里：

此时河里258筒一张都没有出来，条子也是一整门都没有出来，看似打掉58筒或25条都很危险。

我们先来看一下什么是"一路不见"？"一路不见"是说筒子这一门所有的筒子都出来了，唯独258筒没有出来，说明敌家对258筒的需求非常大。河里面134679的筒子牌都是他们组合好搭子多出来的牌，如果说没有258的话，他们手里的搭子就组合不了顺子。

"整门不见"指条子牌所有的条子一张都没有出来，说明敌家手里的条子牌也不多或是还没有组合好顺子或对子，甚至还没有听张在条子上。这手牌我们选择打掉58筒必定会点杠或点炮，所以应该直接选择打掉25条。

2. 牌回头，留一留

有很多人打牌，分不清什么是危险牌？什么是炮牌？摸到一张危险牌不敢打，以为是炮牌，而去跟打另外一张早几巡别人打过的熟张，结果反而点炮。跟打熟张也点炮，这就是典型的猜牌功夫不到家。说明你还处于初级阶段，分不清哪个生张是炮牌。只要摸到生张就紧张不敢打，要么所有的生张都留到最后，自己听牌不得不打的时候再打出，最后还是点炮。再或是这把牌有自摸的希望，明明不是炮牌，却乱留，结果再旺的手气也打背了。

张张生，张张怕，还不如把自己当成初学者，乱打一气，不管生熟张，摸到没用的就打出，至少这样还能有点炮也有和牌，这个就是为什么打牌怕新手的原因。当然我们更要怕真正的高手。反倒是那种半吊子不用怕，知道一些麻将技巧，不能够熟练运用，半吊子都喜欢跟打，如果说来一个回头牌，我们就可以把他逮住。

回头牌的价值，常见的就是拆搭。比如我们手里有89万的边张搭子要拆，选择打掉9万，下一巡又反手摸进一张7万，此时我们可以选择打掉8条，回头听69万。如下图所示：

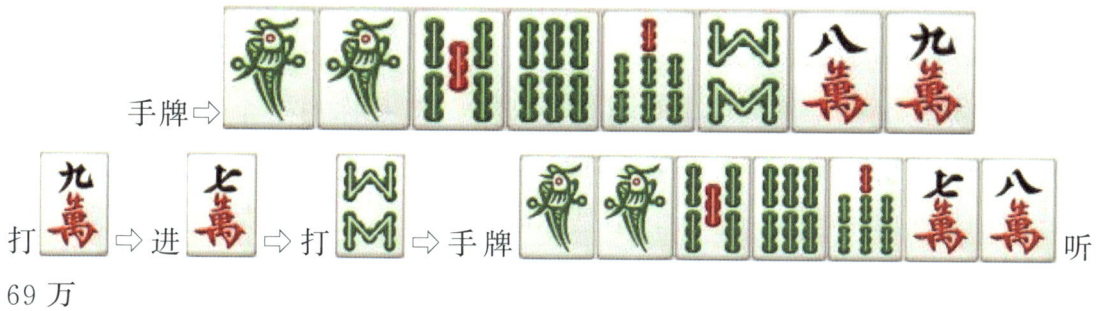

打 九萬 ⇨ 进 七萬 ⇨ 打 WM ⇨ 手牌 ……… 听69万

碰到半吊子喜欢跟打的人，手里刚好有9万，看到我们刚打出9万，以为我们不要9万，结果反而点炮，这就是回头牌的价值。

<u>回头牌还会颠覆各类搭子的价值区分</u>，比如我们手里有57条和78万两个搭子，拆掉7条，下一巡反手摸进一张6条，此时56条和78万哪个搭子价值更高？

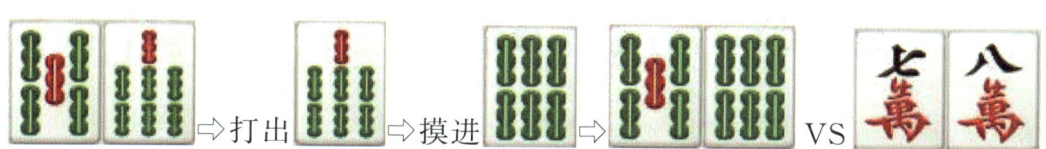

⇨打出 ⇨摸进 ⇨ VS

按照之前课程内容讲的搭子的价值，78 万的价值肯定要比 56 条高，但是由于我们刚刚打掉一张 7 条，56 条的价值实际上就高于 78 万了。

有时候即使是一个悲剧，我们也要留一下回头牌。比如下图手牌：

这副手牌有 13 筒的边张搭子要拆，很多麻友都喜欢先打 3 然后再打 1，下一巡反手又摸进一张 2 筒，这个时候就会形成一个很差的边张搭子 12 筒。虽然说这个搭子比较差，但是它是回头牌所形成的搭子，所以价值必须要提升，比 35 万的卡张搭子还要好。

单张牌也有回头牌，比如我们打出一张 2 条，下一巡又摸进一张 2 条。说明这张牌跟你有缘，打不走的才是真正属于你的，一定要留下来观察两圈，说不定就会有牌流发生即可能会连续摸到这张条子周边的邻牌。

再比如打出 3 筒，下一巡我们摸进一张 5 筒打掉，接着我们摸进 4 筒，这个时候就不能再打这张 4 筒了。俗话说事不过三，我们已经打掉 35 筒了，如果连续打 3 张，打掉一个顺子成牌，那么这把牌你觉得还有和出的希望吗？还有的人刚打出一张 6 筒，反手摸进一张 6 筒，下一巡又摸进一张 6 筒，气得不行全部打掉，结果最后这张 6 筒还点炮了。这个就是不懂回头牌的价值和牌流的信息提示，所以我们一定要记住：牌回头，必须留！

3. 牌从门前过，不如摸一个

意思是说上家打出的牌，你可以吃或碰。但是你的一个吃或是碰之后，对你的和牌进度并没有什么正向帮助，你还不如自己再摸进一张。

比如现在的手牌是一进听，但是你吃碰之后，手牌依然处于一进听，再或者只是增加了下一巡进牌几率。那么我们还不如去摸一张牌，有可能会摸进一张很好的牌，甚至直接变为听牌。即使没有摸进，也不会有什么损失，这样还不会让下家提前摸牌。

【案例一】下图手牌

上家打 2 筒我们碰不碰？

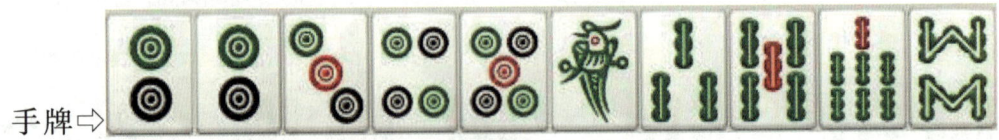

手牌⇨

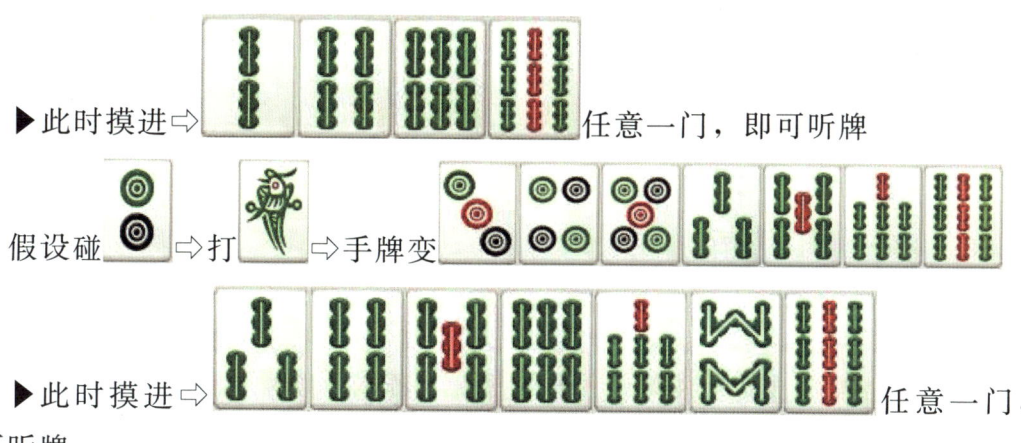

▶此时摸进⇨ 任意一门，即可听牌

假设碰 ⇨打 ⇨手牌变

▶此时摸进⇨ 任意一门，
即可听牌

这手牌如果上家打 2 筒，我们碰 2 筒打 1 条，会有 3456789 条共 7 门可进，进牌几率增加了，牌面没有向前进一步变听牌。

【案例二】

可以吃的局，下图这手牌当上家打出 7 筒，我们是否要用 89 筒吃 7 筒？

我的建议是不要吃，因为我们的手牌牌面不是很好，对子也就两对。

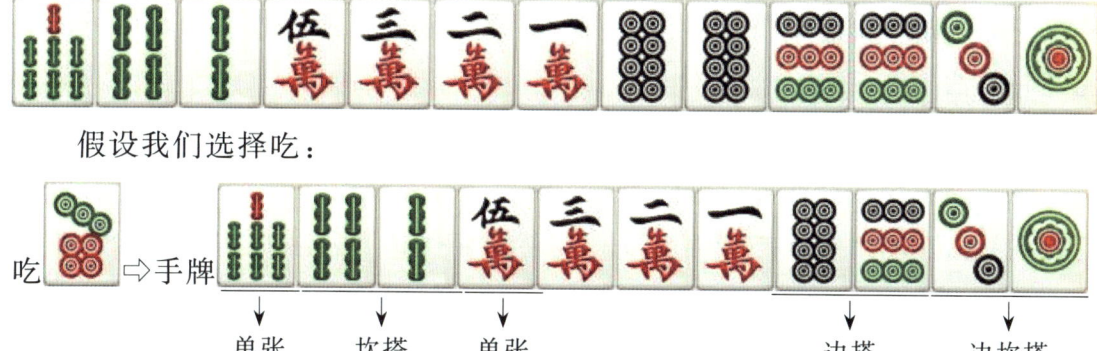

假设我们选择吃：

吃 ⇨手牌

单张　坎搭　单张　　　　　边搭　边坎搭

可以看到吃牌之后，我们手牌产生 3 组搭子和 2 个单张，这样后续不太好进牌，而且还造成两个对子都没有了，无法充分发挥两对子的碰牌效力。

所以这种牌型就要遵从"牌从门前过，不如摸一个"的这个口诀。这手牌的序数牌的分布比较广，我们自己摸牌很容易靠搭优化。手牌里的边搭可以用吃牌进张，对子可以用碰牌来进张，关联牌面比较广的孤张中心牌，可以通过摸牌进张。我们通过这样搭配，更加合理的进牌组合方式，就能加快这手牌的和牌进度。

4. 得吃也要吃，门清是大错

意思是说如果有助于和牌，该吃的牌要吃，没必要为多摸牌或做大牌死守门清，应该顺着牌势去走。比如下图这手牌，当上家打出 7 万，我们要不要吃？

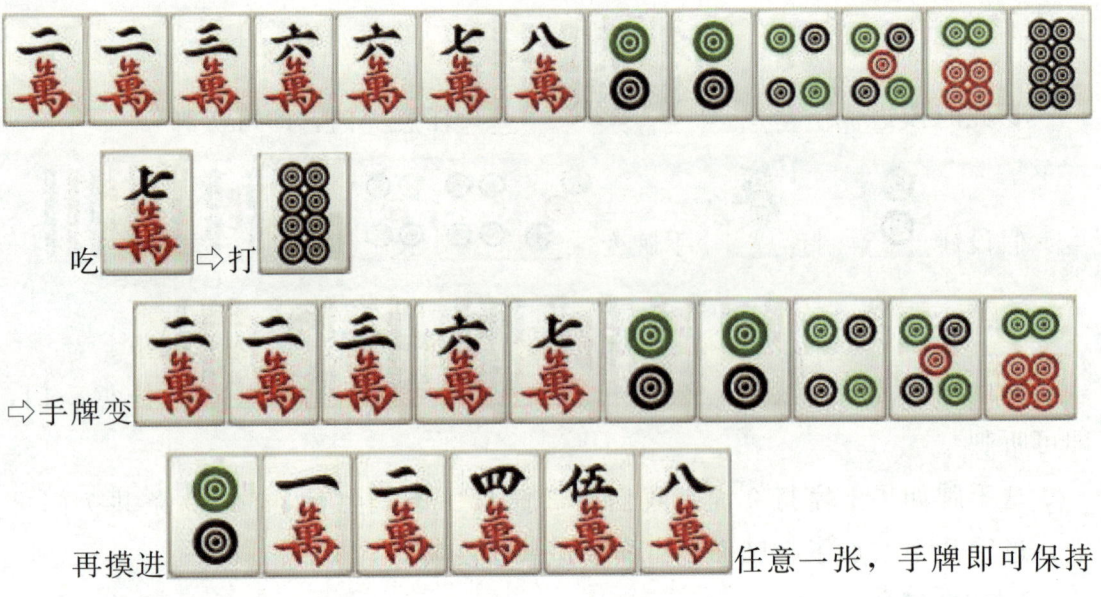

吃 七萬 ⇨打 （牌）

⇨手牌变 （牌）

再摸进 （牌） 任意一张，手牌即可保持双面搭子听牌

我建议吃，根据五搭牌原理，这手牌只有 4 搭，缺一搭。吃 7 万后，打 8 筒，还能产生一组不错的双面搭子 67 万。接下来只要再进 2 筒或 12458 万其中的一张，最终都能保持双面搭子听牌。只能碰牌不能吃牌的局，也可以参考这种打法。

5. 两圈没幺九，上坎或成双

意思是说序盘前期，打了两圈后，河里还没见到你需要的 19 牌，有可能已经在别人手里组成坎搭或对子了。当然有字牌的打法规则中，可能还要多看两圈。

比如序盘打完几圈后，河里还没有见到我们需要的 1 万和 9 筒，那有可能 1 万和 9 筒已经在别人手里组成坎搭或对子了，如下图所示手牌：

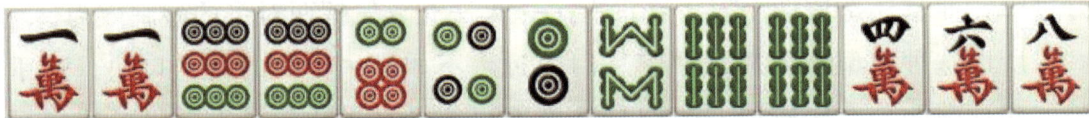

6. 下家打九筒，就要防五八

比如下图手牌是下家的牌背，他摸进一张牌插入手牌如下位置，又从手里如下位置退出一张 9 筒。

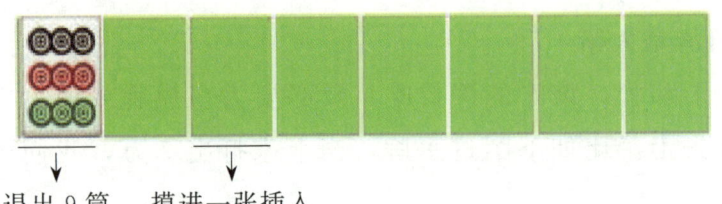

退出 9 筒　　摸进一张插入

此时我们就要想到他手里可能是 79 筒，刚刚可能是摸进一张 6 筒，然后把多余的衍牌 9 筒打掉。那么他极有可能是 67 筒等着进 58 筒 。如果他此时的手牌只剩下 7 张，那么我们就可以断定他听的就是 58 筒。

可能是 7 筒 摸进 6 筒

但是如果他的手牌还有 13 张，这手牌可能还没有听牌，但是他也需要 58 筒的进张。如果我们刚好是下图这手牌，现在轮到我们出牌，应该打哪张？

正常这手牌 3 对肯定要拆对，对 8 筒和对 6 筒，相对而言，拆 6 筒会比拆 8 筒安全。另外根据一条线打法，69 是同一条筋线，是 78 筒双面搭子组成顺子的两头牌，下家 9 筒不要，打 6 筒也会相对安全些。我们还可以推演出来比如下家打一万，就要防二五等！

7. 看庄是救己，能碰不迟延

打麻将时一般大家都喜欢卡下家，但是三家闲家，也要重点防住庄家。庄家如果和牌，我们就会输得比较多。所以当看到庄家已经听牌有自摸迹象时，在庄家摸牌前，在对自身和牌进度影响不大的前提下，可以考虑多碰牌，适当针对庄家，从而让庄家少摸牌。

比如我们的上家是庄家，他已经进了好几手牌，感觉就快听牌。我们的手牌如下图所示：此时对家打出 5 条，我们可以考虑碰牌，然后单吊 57 筒。

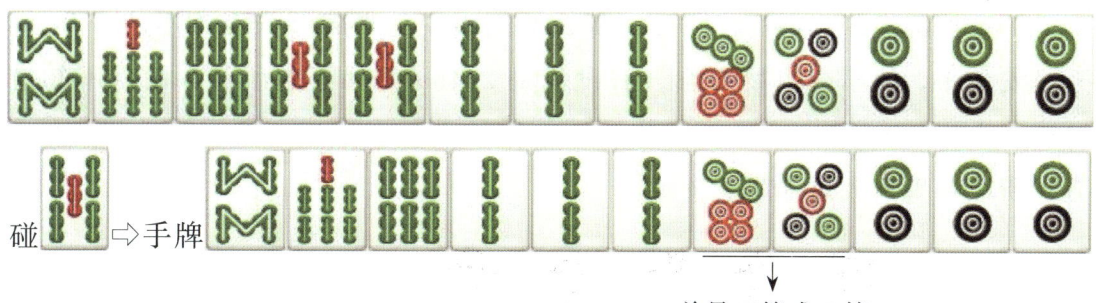

单吊 5 筒或 7 筒

当然如果你觉得很有机会和 6 筒，我们还可以选择打掉 2 条或 2 筒，继续保持坎搭 57 筒听坎 6 筒。

8. 摸大退小不迟疑，坎张必然已升级

摸大退小说的是听牌以后的退牌，不迟疑想都不用想就直接丢出去。

我们先来看看会迟疑是哪种情况？

【实战案例】

我的手牌如下，听 14 条，剩 3 张听牌几率

牌池如下，12589 万都有打，但是不见 3647 万

上家门前碰了 3 刻，手里只剩下 4 张牌。轮到他摸牌，摸进一张后放在最右手边，思考半天后从最左手边，打出来一张 2 万，2 万是安全张。

摸进一张　　　　　　打出 2 万

此时我摸进一张 5 万，于是我果断选择打出最安全的 2 条。有麻友可能会说，5 万应该不是炮牌吧？这里大家可以看到明明牌池里有人打过 5 万，我为什么还要拆搭把自己的手牌打成不听？因为我断定 5 万特别危险，再加上我们听得不是特别好，不值得冒险去冲。为什么 5 万特别危险？

●第一种可能

上家摸牌进张之后打出 2 万，那么他刚刚摸进来的那张应该不是 5 万，5 万是安全张，他不会迟疑打出。假设他是 23456 万如下图所示，吊将不知道打哪一头。2 万是熟张，6 万是生张，他应该也不会迟疑，会直接选择打掉 2 万，所以手里不太可能是五连型。

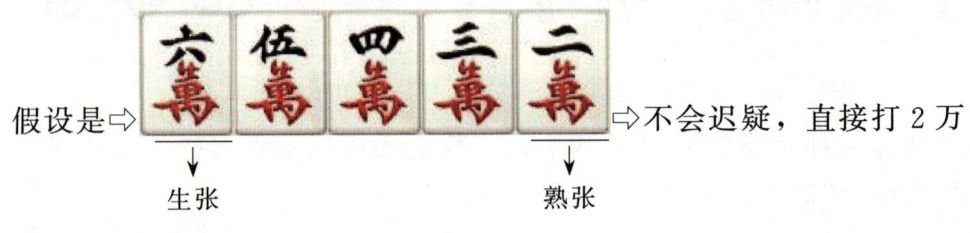

假设是⇨　　　　　　　　　　　　　　　⇨不会迟疑，直接打 2 万
　　　　生张　　　　　　　　　　熟张

●第二种可能

上家迟疑拿不定主意，可能他是 24 万摸进 4 万。考虑是和 4 万的对倒？还是继续听坎张 3 万？这里他退了 2 万，那么就是和对倒了。

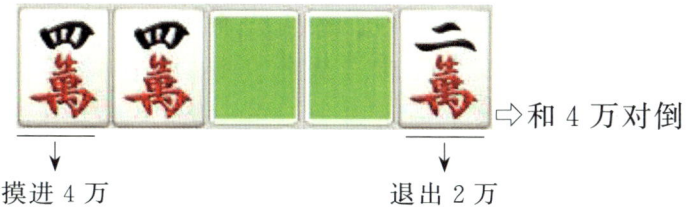

　　摸进 4 万　　　　　　　　　　　退出 2 万　　⇨和 4 万对倒

●第三种可能

上家迟疑拿不定主意，可能他是 24 万摸进 6 万。不知道是听坎 3 万还是听坎 5 万好？现在他退的是 2 万，那么就是听坎 5 万了。

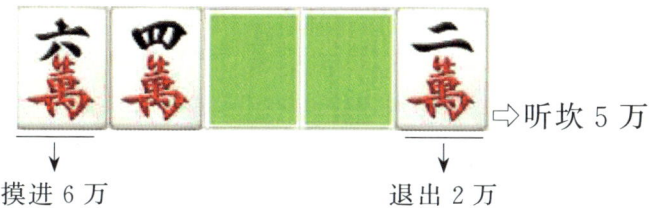

　　摸进 6 万　　　　　　　　　　　退出 2 万　　⇨听坎 5 万

虽然河里 5 万有人打过，但是上家摸大退小后危险系数就很高了。我这手牌和牌几率也不是特别高，14 条的希望不大，没有必要冒险去冲。

最后这把牌黄庄了，最后倒牌，我看了一下上家果然是 46 万听的卡 5 万。很多人打牌都不注意看人家退牌，别人已经听牌或是已经到了中后期，敌家手里面退出来的牌都是信息张，一定要注意看人家听牌之后的退牌，这个是非常重要的！

大家可以不用去记每个人打的每张牌，如果你达不到这种境界，序盘前期不需要过多记住敌家打出的牌。自己手里没用的危险张，能早点打掉就早点打掉，不用扣在手里，你晚打一圈和早打一圈，性质是完全不一样的！但是到了中期，再打生张就要小心了，而且这个时候需要留意敌家从手里面退出来的每一张牌。

◆ 那么别人手里退出来的牌，我们应该怎么去看？

（1）我们要看一下他有没有迟疑，需要想半天才打出来的牌和不需要思考就直接打出来的牌，给我们提供的信息是不一样的。

如果这个人打牌的时候迟疑了 1—3 秒，表示他现在在选择，这个时候就出现了重要的情报，特别要盯着河里已经出来的牌先看一下，然后再结合他退出来的那一张牌，我们必须要马上反映他是什么样的牌搭退出来的。就算不能准确地猜出，也要给它锁定在一个大致的范围。

真正的高手都是花 20％的时间处理自己的手牌，80％的时间盯着敌家的手牌。如果你连自己的手牌还需要花费大量的时间去处理，或是还经常打错，最大几率还打不出。那么我建议你就不要去想着猜测别人的手牌，先把自己的一手牌打好了再说，这样至少你有点炮也会有自摸！要不然弄到最后，自己的一手牌没有打好，别人的手牌也没有猜测准确。把牌都打得稀巴烂，得不偿失。

（2）我们还可以看对手打牌的表情和气势，人摸到好牌和摸到差牌的心里变化是不一样的，需要我们在场上有空余的时间去细微的观察。

退牌无非是转听或者退局，其中转听有一个升级的问题。何为升级？指的是由原来的坎张听牌变为双面听牌，比如 24 万，摸到 5 万打出 2 万，那么就从原来的坎 3 万变成了听 36 万，这个就是升级。所以刚刚上家摸的不是 5 万，因为摸到 5 万就升级了，他不会迟疑要不要打 2 万，应该是面露喜色，而不是面露难色。还有一种升级就是相反的，比如 57 万，摸到 4 万，退 7 万，这个叫作摸小退大，同样也是升级。

总结下来升级的牌是不需要迟疑的，别人打出来的时候是会面露喜色的，或者是表现出不错的气势，我们一看就知道。所以这个口诀叫作"摸大退小不迟疑，坎张必然已升级"，当然我们也可以说成是"摸小退大不迟疑，坎张必然已升级"！

9. 九后又打八，四七莫轻发

这句话的主要意思是别人听牌后，他先从手里打出 9 然后又打 8，就有很大几率要 4 和 7。比如说现在大家看到的这手敌家手牌，此时听边 7 筒。

听边 7 筒

如果此时你看到敌家听牌之后（怎么判别敌家有没有听牌其他章节有讲），又摸到一张插到手牌如下位置，我们看到的是敌家的牌背。

摸进一张插入

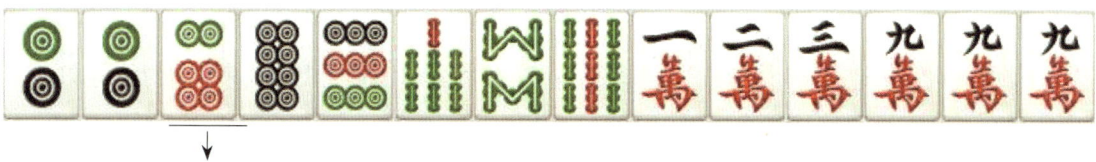

摸进一张 6 筒

当然这里大家可以看到摸进的是一张 6 筒。那么这个时候，我们就要在 69 筒之间选择打掉一张。3 和 6 是 369 一条线上面的中张，如果打 36 要点炮，打 69 筒也有可能点炮。打 6 和打 9 都有风险，而且都是一样的听 7 筒，那么还不如打风险小一点的 9 筒。就算不能点炮，正常的打法也是打 9 筒留下 6 筒，因为 68 筒的改良价值要比 89 筒的改良价值要高。打 9 筒此时我们听卡 7 筒。

①摸进 打 ⇨手牌变如下，此时听卡 7 筒

听卡 7 筒

接下来又摸进一张 5 筒，现在要从 58 筒之间选择打掉一张。5 筒在 258 一条线上，还是中张，危险性比 8 筒大，于是再打出 8 筒。

②摸进 打 ⇨手牌变如下，此时听 47 筒

听 47 筒

这手牌连改了两次听牌方式，最开始听边 7 筒，然后听卡 7 筒，最后听 47 筒。他打出的牌依次是 9 筒和 8 筒。

这个 9 筒和 8 筒，首先必须是要从敌家手牌里面退出来的。再有他可能先打 9，中间直接摸打几张没有用的牌，然后再打 8。比如他连续摸了几巡，摸到一些对手牌没用的牌，直接打掉，直到摸进 5 筒，再打出 8 筒。当然他也有可能连续打出 98 筒，因为我们不能排除他打完 9 筒之后，下一巡就摸进了一张 5 筒。

因此不管是他连续打 98，还是先打 9 中间隔几张无用的牌，然后再打 8，道理都是一样的。他大部分可能就是需要 47。为什么？我反复强调过，到了中后期或者是听牌阶段，手里面的牌都是有关联性的，敌家不可能到了中后期或者听牌阶段了，还莫名其妙地从手中退出来 9 筒和 8 筒。

所以当我们从牌山里面摸到一张和自己手里相同的牌的时候，这张牌虽然没有用，但是我们可以先放在自己手牌的右边，不要插进去，先去打手牌里另外一张相同的牌！比如下图手牌，摸进一张 7 条，选择打出手牌里的那张 7 条。

打出 7 条　　　　　　　　　　　　　　　　摸进 7 条

这样能够很好地去迷惑我们的敌家。还是那句话，到了中后期从手里退出来的牌都是信息张，而直接摸打的牌，只能起到辅助作用。

上面讲的是大挂先打 9 后打 8，需要的是 47，小挂也是相同的道理。有人先打 1 再打 2，那他手里有可能是 45 需要 36。为什么一直在和大家说序数牌的对称性，我们明白了对称性，只需要去研究一面就可以了，明白了大挂就不需要再去研究小挂了，因为牌理都是相通的。9 和 1 对称，8 和 2 对称，5 和 5 对称，6 和 4 对称，3 和 7 对称。然后再看一下需要的牌，56 需要的 47 和 45 需要的 36 对称，我们要学会延伸和变通。

10. 碰听舍出生张来，八成不是要邻牌

这句话的意思是说，某一敌家碰听后，他八成听的不是碰完之后舍出那张牌的邻牌。这里碰听指的是手牌一进听，碰一张牌后手牌就听牌了。我们现在说的是碰听之后的状态，大多数情况是两对或者三对的牌型。我们先来看两对，两对又分两对半和单纯的两对。

（1）两对的牌型

●单纯的两对

如下图所示

这手牌不管是碰 8 筒还是碰 8 万，都是打 2 条听卡 5 条或打 6 条听卡 3 条。

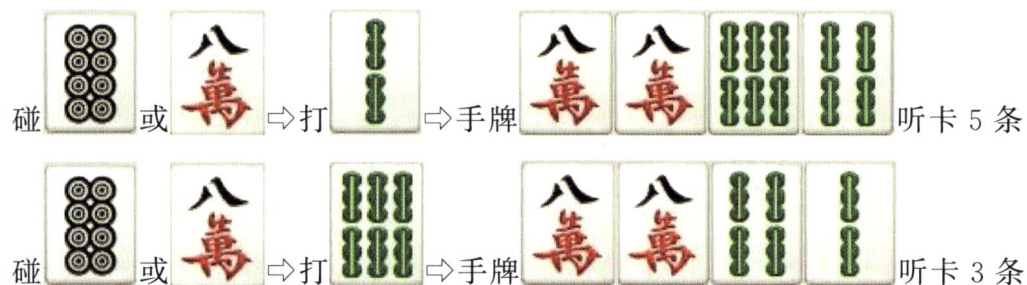

我们要打的这张牌和听的这张牌没有关联。这里的 2 条或 6 条换成其他的孤张也是一样，碰牌之后都会选择直接打掉孤张，然后这个孤张和要听的牌都没有关联。

只有一种情况那就是 346 条如下图，碰牌之后，打出 6 条听 6 条的邻牌 5 条，但是大部分情况我们的手牌都会选择留下两对半的牌型，不会留单张 6 条在手里。

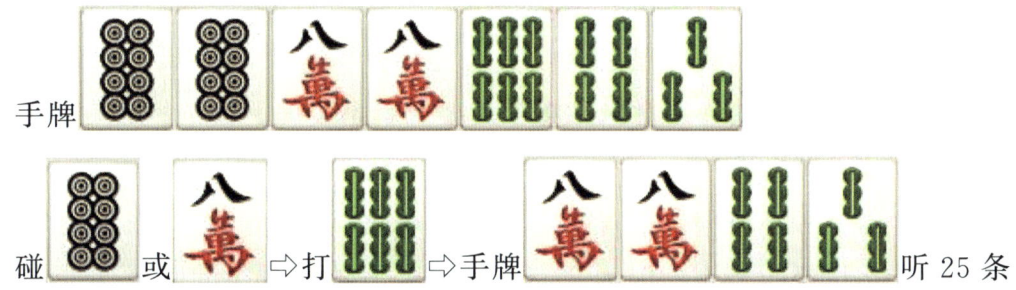

●两对半的牌型

下图手牌：碰 2 万打 6 条，手牌听 6 筒。6 条是一对半 677 的衍牌，和听张 6 筒无关。

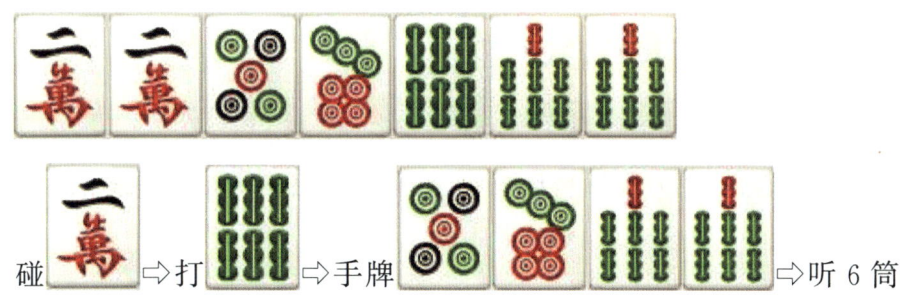

（2）三对的牌型

◆单纯的 3 对

下图手牌，我们任意碰出一对，都是打出白板，同样白板跟我们手里的听张没有任何关系！

如下图所示手牌：

像这种单纯的三对，他有可能要一条线。这手牌不管我们碰 1 万、2 筒还是 9 条，都是要选择打掉 6 条。假设我们碰 1 万打 6 条，如下图所示：

碰完牌后，打 6 条要 9 条，9 条不是 6 条的邻牌。打 6 条要 9 条即为"一条线钓牌"，一条线钓牌只针对老手和高手，对于新手没有用，新手都不知道钓牌是什么意思，那就不用钓了。

从上面这几手牌，我们可以看出碰听之后，舍出来的牌几乎都跟听张无关。要么舍出那张牌的邻牌拿出做将了，要么就是废牌。

● 三对半的牌型

当然也有一种小概率，三对半的牌型碰听之后，舍出的那张牌的邻牌是炮牌。为什么说是小概率？因为只有新手才会去留三对半的牌，这种都是最基本的最大几率打法，三对要选择拆对，打成两对半才是最大几率。很多新手经常打错，打着打着就打成了三对半了，

如下图所示手牌：打出哪张才是最大几率打法？

这手牌如果想选择打掉 1 万的，我可以基本肯定你的麻将胜率应该是低于 50％。这手牌打掉 7 条变成"两对半牌型"才是最大几率。

但是大部分新手会选择打 1 万，打 1 万不管我们碰 2 万还是碰 5 筒，都会选择打掉 7 条。此时 7 条的邻牌 58 条就是炮牌了。

58 条

　　还有一种可能，有些新手碰了 2 万后不打 7 条，打 6 条，听 7 条和 5 筒的对倒。

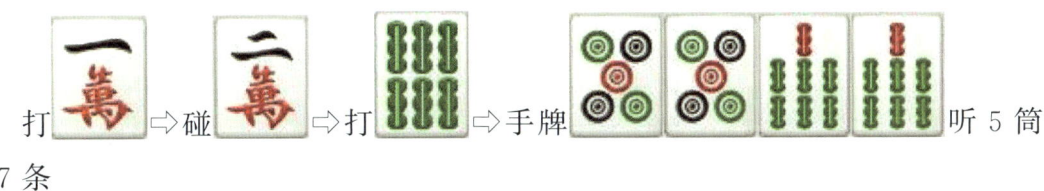

打⇨碰⇨打⇨手牌　　　　　　　　　　　　　　听 5 筒和 7 条

　　除非我们碰 7 条打 6 条，此时听 2 万和 5 筒对倒。

打⇨碰⇨打⇨手牌　　　　　　　　　　　　　　听 2 万和 5 筒

　　碰出的这张牌和打出的这张牌是邻牌，这个时候我们就可以判定他不会再要打出的 6 条的邻牌。

　　从这里我们也可以分辨出来新手的特征，当他碰听后却又要和打出的邻牌时，说明他最大几率打不好。这样的新手，听牌时舍出的那一张一定是真牌，邻牌就是炮牌。比如上面这手牌，大部分新手会打 1 万，后面碰 2 万或 5 筒后，不管他是打 6 条还是打 7 条，他要的都是打出的这张牌的邻牌。这样的新手在牌桌上面应该占有 2 成，所以我上面说这是一种小概率事件。大部分碰听之后舍出来的牌都和听张无关，所以就有了这句口诀："碰听舍出生张来，八成不是要邻牌"！

　　11. 听牌又碰是钓将，邻牌熟牌谨慎放

　　之前我有个牌局：上家已经听牌，对家打出一张东风，上家碰东风打 5 万。我的手牌及牌池情况如下图所示：此时轮到我摸牌，摸进一张 6 万，我应该打哪张？

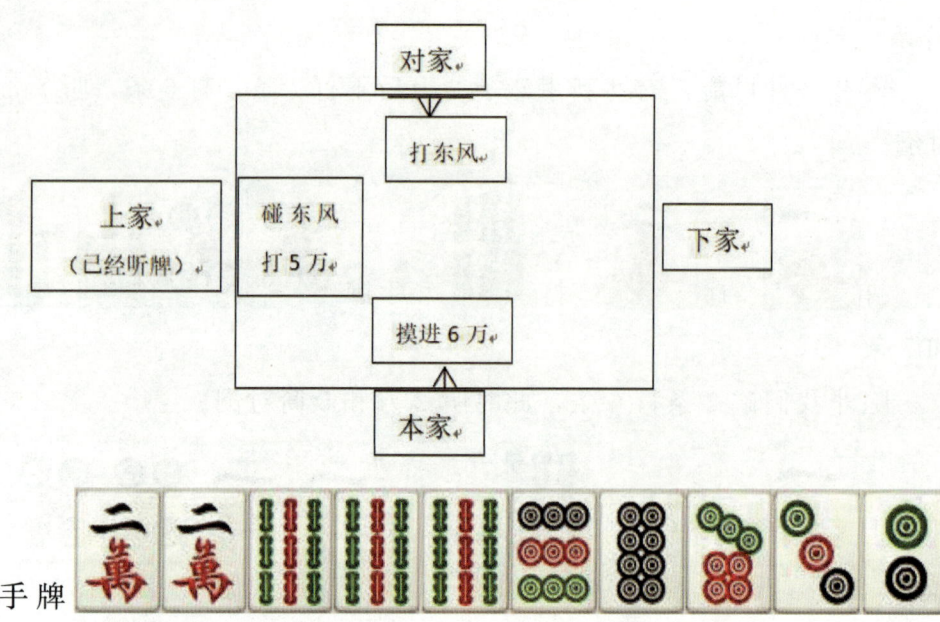

我的手牌

此时听 14 筒

河里：

可以看到河里 4567 是熟牌。常规来讲，想都不用想直接打 6 万，继续听 14 筒。

但是刚刚上家已经听牌，我为什么知道他听牌？因为这个人有一个习惯，听牌之后喜欢把牌盖住，现在又碰东风必然是转听。此时河里 4 万已经出来了 3 张，7 万也已经被碰，上家极有可能刚刚是 56 万听 47 万，现在碰东风打 5 万可能是转听。

所以我第一时间就感觉这个 6 万很危险，再根据牌谱口诀"听牌又碰是钓将，邻牌熟牌谨慎放"。5 万的邻牌 6 万是熟牌，这个时候就不能再打了，有立即被单吊和牌的风险，这张是 50% 的炮牌，我们摸到只能认命，乖乖等上家打了再说。于是我选择拆掉 23 筒打 2 筒，如下图所示：

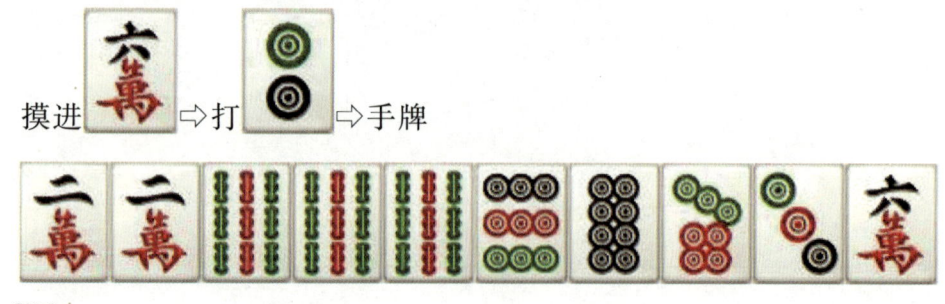

下一巡上家摸进一张之后，从手牌里中退出 6 万。巧的是我下一巡摸进一张 4 筒，此时我当然跟打 6 万，听 25 筒。

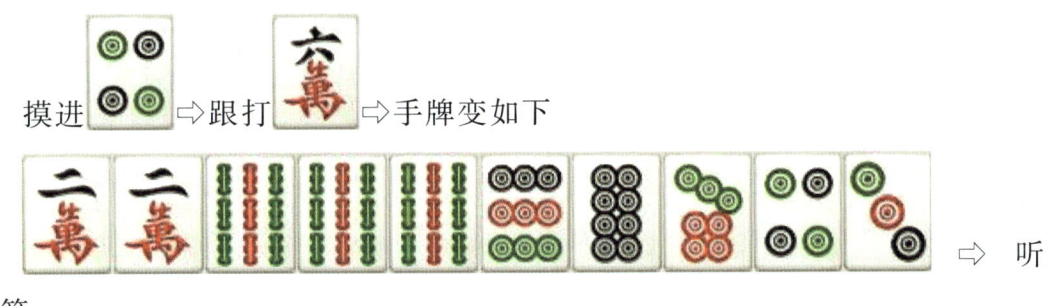

摸进 ⇨ 跟打 ⇨ 手牌变如下

⇨　听 25 筒

下家打牌后，对家看我刚上一巡打过 2 筒跟熟，没想到被我杀了个回马枪和 2 筒。所以听牌后又碰牌，大部分情况就是转听。这样的局面很好处理，反正他打哪一张就是单吊那一张的邻牌。

比如碰掉将头之后打 2 万，他不是单吊 1 万就是单吊 4 万。为什么碰牌？表示他听得不好，或者是听得好但是需要的牌已经不多了，所以选择碰牌转听。单吊听牌都是非常容易被改良的。我们上面说的是两面搭子的听牌。如果河里没有发现异常，那么他多半是边搭或者是坎搭听牌，所以我们只需要考虑这两种搭子的邻牌就可以了。

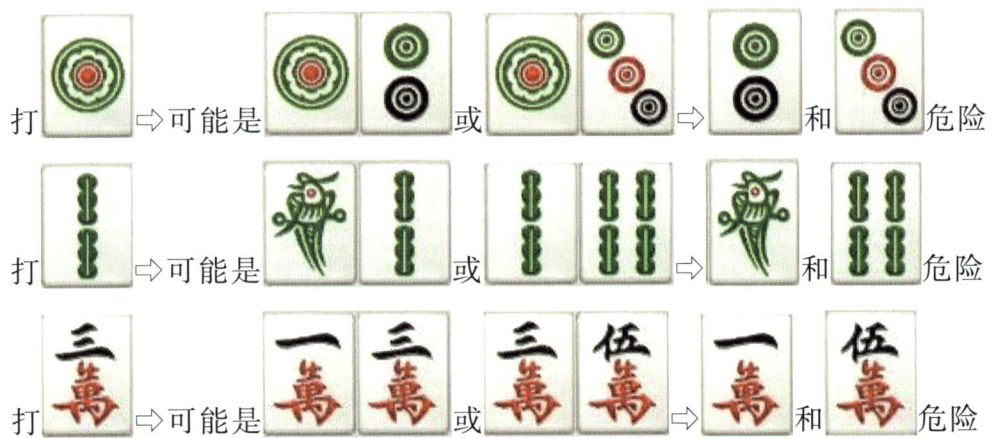

打 ⇨ 可能是 或 ⇨ 和 危险

打 ⇨ 可能是 或 ⇨ 和 危险

打 ⇨ 可能是 或 ⇨ 和 危险

打 1 则 23 危险，因为他是从 12 或者是 13 中打出的。打 2 则 14 危险，因为他是从 12 和 24 中打出的。打 3 则 15 危险，因为他是从 13 和 35 种打出的。

大挂同理，我们可以以此类推。当我们摸到这些危险张的时候，千万先留住，等他打了之后再跟打。因为他这样去改听太过明显，大部分人接下来几巡就会选择继续换听。根据这个常识，我们还可以故意听这张危险张，等他再换听的时候，就可以和他。当你能够达到这种水平，就会少有败绩了！

12. 开局舍牌看三家，别人不要我留它

这句话的意思是说起牌之后，先舍哪一门牌，我们不能跟着别人走。比如桌面上有 2 家不要万子，这个时候说明敌家手里的万子很少。再根据之前给大家讲的配牌几率，那么现在牌山里面的万子是很多的，这个时候我们就可以留下万子，如果手里万子的对子比较多，那就更容易碰成刻子，做成万一色都是很有可能的！就算我们碰不到，在牌山里面被我们摸到的几率也是很大的！如果是可以吃的局，那就更要这样做了，开局舍牌看三家，别人不要我留它！能吃的局三家最关键的是上家，上家不要什么，我们就要留下什么，比如下图手牌：

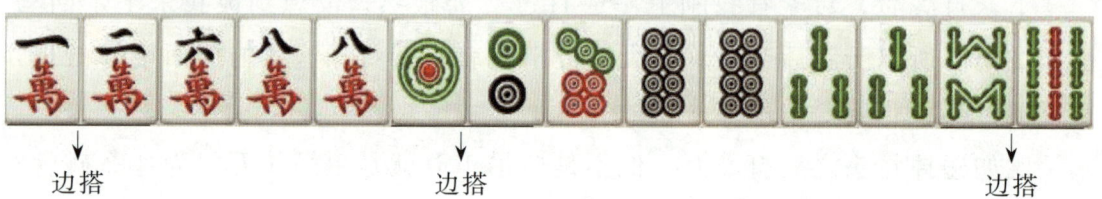

边搭　　　　　　　　　　边搭　　　　　　　　　　边搭

这手牌有六搭牌，而且有三个边搭，如果要拆掉一搭，绝对是从 12 万，12 筒和 89 条这三搭牌中选择。如果此时上家起手打过小挂的万子牌，那么我们就要考虑拆掉 12 筒或 89 条。

这个就是牌桌上说的"一家摸不如两家摸"。当我们手上的牌搭是上家不要的搭子，那么我们进牌的几率就变成了两倍。其次就是他拆过的那一搭，比如上家拆过 68 条，我们手里如果有 89 条，就要留住它。虽然 89 的搭子质量很差，但因为上家拆过 68 的搭子，现在我们手上的 89 价值必须要提升。

如果是不能吃的局，我们就看三家，三家不要小挂的筒子，我们就留下 12 筒，考虑拆 12 万和 89 条。三家不要大挂的条子我们就留下 89 条，去拆 12 筒和 12 万。因为起手打的第一张数牌，一般都是离这个同花色的数牌比较远，它连不上，所以才会打出来！敌家手里没有，我们等着摸牌进张即可！

13. 有局求大，无局求快

有局求大是大家都期待的，比如我们起手就有 5 对牌，就要想着做 7 小对，如下图牌型：

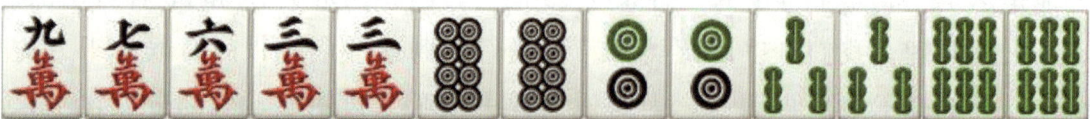

有 8—9 张同花色的牌，就想着做清一色或者混一色，如下图牌型：

类似这样可以和高番数的牌就算有局，我们甚至还希望能够步步高升，混一色变清一色又带一条龙，小七对又想变成豪七对，这种心理就叫作有局求大！

◆ 做大牌的标准

（1）张数标准

清一色的牌型，起手必须要有9张同花色的牌型，才可以往清一色上面去想，少一张都不行。为什么？比如下图手牌：起手就有9张筒子牌，手里还剩下4张没有换掉。

就算接下来的4巡，每一巡都能进一张筒子。不管是摸进、吃进还是碰进，也需要4巡。那么再根据之前讲的，让大家统计自己圈子里的平均和牌巡数，正常情况大部分规则下，基本上平均和牌巡数发生在第8巡左右。如果说你们那边的麻将张数很少，比如说只有72张，那么这个平均和牌巡数，就会更快。也就是说这手牌，每一巡都能进一张筒子，也需要4巡才能听牌，那么你觉得你在剩下的4巡左右再和牌的几率有多大？更何况你也不可能在前4巡，每一巡都摸进筒子牌。所以手里没有9张同花色牌型的时候，就不要贸然地去做清一色。这个是第一个标准——张数标准。

（2）牌山牌流的标准

当我们起手有9张同花色牌型的时候，还要参考接下来的摸牌情况。按照"配牌几率"起手"我多敌少，我少敌多"的概念。正常情况下，我们起手能够拿到这么多张筒子牌，接下来再想在牌山里摸几张筒子牌，实际上概率是很低的。这也就是为什么有的人起手拿到8—9张同花色牌型，就想着去做清一色，最后却再也摸不到筒子牌的主要原因。

所以起手有9张同花色牌型的时候，还要看接下来的一个摸牌情况再做决定。如果接下来摸的全都是条子或是万子的话，我们就要顺着牌势去走，不要强行去做清一色。但如果接下来摸的全是筒子牌，此时就说明牌山里面的牌流对我们是有利的，我们就可以试着去做筒子的清一色。

（3）吃碰进张的标准

如果敌家打出的牌，对我们有利，即我们可以吃碰到。也就说明敌家手里动牌的牌流对我们有利，这是敌家手里动牌牌流的标准。为什么有时候我们无心做清一色，却半路出家，很轻松地做成了清一色，这个就是牌流的问题造成的。

258 做将的打法，将将和也是一样的道理。必须起手要有 9 张 258 将，才可以去做将将和。同样也需要参考上面的这三个标准。

◆ 七对

手牌 4 对是我们打 7 对的一个分水岭，当我们手牌有 4 对的时候，这个时候要考虑的就是 7 对的和牌价值。如果 7 对的和牌价值是平和的 4 倍以上，可以考虑去贪 7 对。如果没有或只有 2 倍或 3 倍，这个时候还是要遵循最大几率打法，手牌 4 对选择拆对。为什么拿倍数来衡量？

因为只有在足够高的倍数下，才值得我们去冒险贪大，贪大是需要承担风险的。我们要考虑承担的风险和换回来的回报，成不成正比？只有在足够高的倍数下，这种 5 倍的牌型才能去贪。高倍数下，贪了 10 把里面有 7 把失败了，只需要有 3 把甚至是 2 把就可以把前面贪失败的损失赚回来。所以有些时候会算账很重要。但是在贪的过程中必须要稳住心态，如果说稳不住，经常喜怒无常，那么还是建议等有 5 对，三摸一的时候再考虑 7 对。而且打 7 对的同时，依然要参考上面的说的牌山牌流的标准。

14. 对三挂张四，对七伴个八

意思是作为金三银七的 37 牌，在麻将牌局中很重要，大家一般不会轻易舍出。所以 37 的对子不容易碰牌。既然不容易舍出，又不好进牌，那在 37 对子旁有一张邻牌，就有助于进牌。毕竟带有 37 的双面搭子，其中一面可进边缘牌，比如 34 需要 2，78 需要 9。

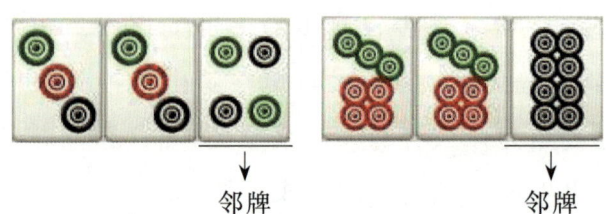

边缘牌大家打的频率比较高，所以比较容易进牌。即使不能吃牌，但至少敌家打出了，还可以知道我们所需要的牌还有几张，如果没有打出，那么大部分可能就在山里。

15. 二五先打八，拆边不拆卡

（1）二五先打八

25 先打 8 是让我们优先留住中心牌，再打边缘牌。先打 8 并不是让我们一定要先打 8，再打 2。2 和 8 在序数牌里占对称位置，它们的价值等同。同等前提下，先打 2 和先打 8 没有本质上的区别。

但手牌一上听，手里刚好有 258 三个单张的时候，我们应该先打 5。因为打 5 除了 5 不是进张，其他的都是进张。而如果打 2 或者是 8，会少一门的进张！

比如下图手牌，打 5 万，我们进 12346789 万都可以听牌，这里共 8 门。

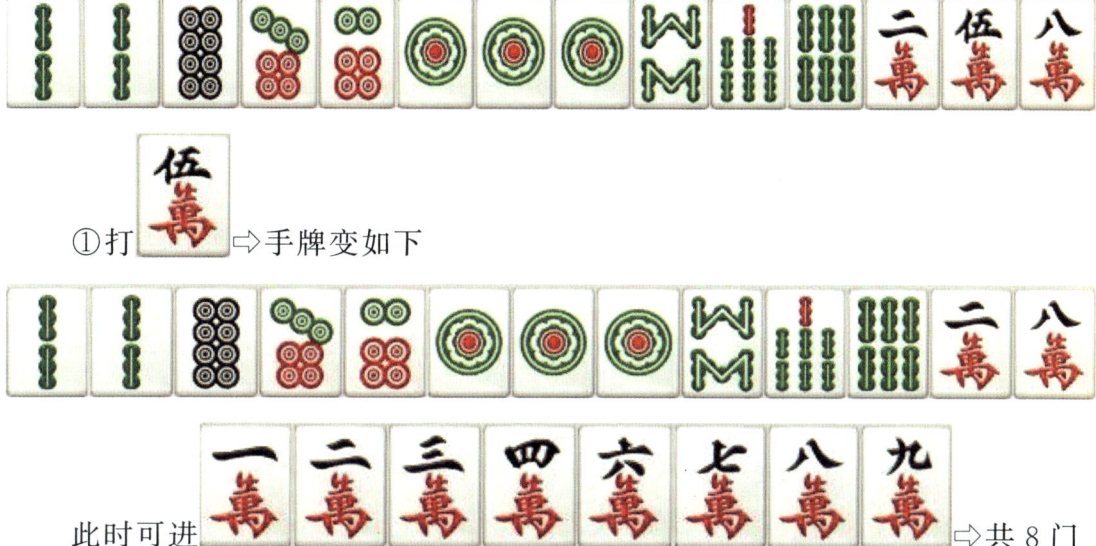

①打 ⇒手牌变如下

此时可进 ⇒共 8 门

但是如果打 8 万，我们只能来 1234567 万听牌，这里只有 7 门，比刚刚少 1 门。

②打 ⇒手牌变如下

此时可进 ⇒共 7 门

打 2 和打 8 进张是一样的。而且这里不用担心打 5，会丢失 2 个可以优化成两面搭子的机会。5 我们进 46 可以变成两面搭子，但是我们留下 28，进 37 也可以变成两面搭子。

⇒ 进 　和　 ⇒ 优 化 成 两 面 搭 子

注：258 先打 5 只适用于手牌一上听的时候！其他时候，我们还是要先打 28。

（2）拆边不拆卡

意思是手牌同时有坎搭和边搭的时候，我们应该先拆边搭，再拆坎搭。

例如下图手牌：

坎搭 24 筒　　　　　　　　　　　　　　　　边搭 12 万

24 筒摸进 5 筒打 2 筒，就优化成了 45 筒的两面搭子。而 12 万只能摸进 4 万先优化成坎搭，然后再摸进 5 万把他优化成两面搭子！

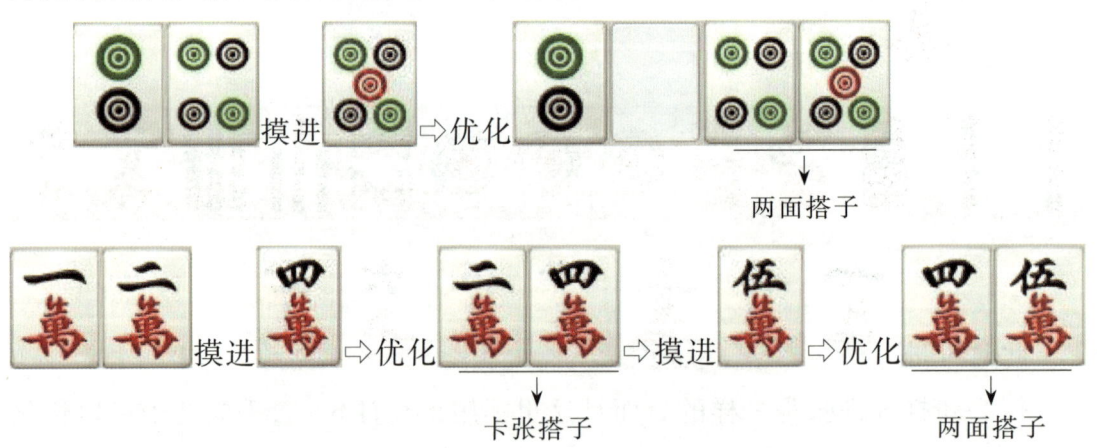

如果上面的 12 万换成 35 万，就需要拆掉 24 筒了。

坎搭 24 筒 ————————————————— 坎搭 35 万

因为 24 筒我们只能摸 5 筒优化成两面搭子，而 35 万我们摸进 2 万或 6 万，都可以把它优化成两面搭子！

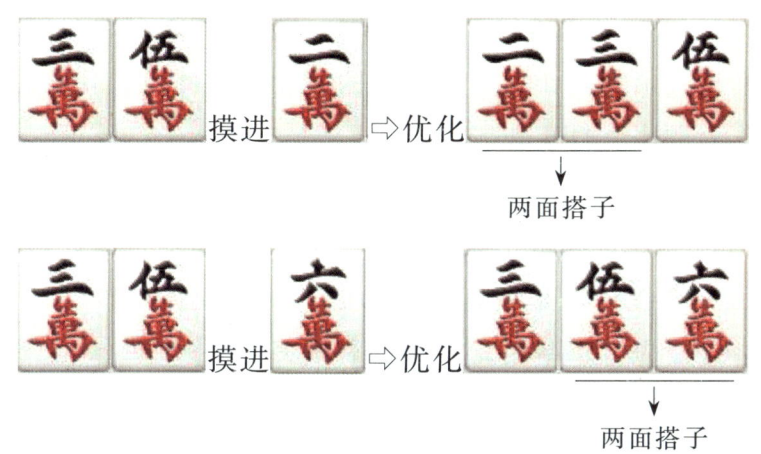

两面搭子

两面搭子

（二）无用口诀

麻将的口诀有很多，有用的口诀让我们受益匪浅，无用的口诀只会让我们误入歧途，本节内容给大家盘点 8 个误人子弟的麻将口诀。

1. 宁挨千刀剐，不和第一把！

这句话的大概意思是说你第一把就和了，会导致你后面的运气越来越差。有些麻友第一把就和了后，他就以为自己今天很行，后期大意飘飘然，再加上自己的牌技不行，从而导致输牌，我觉得这个才是最主要的原因。我非常不认可这种迷信的说法，四人作战，麻将的胜败按照平均分配的话，那么每四局，每人才能胜一局。所以你多赢一把，就可以有让自己多输三把的资本。第一把就赢，我们应该更有底气，保持一个轻松愉快的心情进入打牌状态。虽然打麻将运气很重要，但我们也不能迷信，迷信和运气是两个概念。

2. 起手打闲张，再打四方风

我们起手肯定先打字牌，然后再打 19，其次 28。因为字牌的关联性太差，留守不利于牌面的优化，序数牌怎么样都比字牌的关联性好，组搭能力更强。字牌的单张我们只能再摸到一张相同的字牌组队成搭，而 19 我们可以摸进 23，78 成搭。先打闲张，再打字牌，不仅让自己的手牌优化改良空间降低，而且打闲张的序数牌，更有可能让对手进牌。而且后续如果摸到闲张的邻牌，更是得不偿失。这样打只会降低自己的进牌几率，同时提高对手的进牌几率，损己利他。因此建议先打字牌，再打其他的闲张序数牌。

3. 有风先打东，打东不落空

同等前提下，每张字牌自己摸牌成对的几率是一样的，所以同等前提下风箭牌先打哪一张，没有多大区别。如果起手河里一张未现，可以全凭自己的牌感去打。手里风箭牌多张的时候，有些麻友习惯先打东风，我们没有必要按照固有的思想套路去出牌，让别人熟悉你的出牌习惯并没有什么好处，可以按照自己抓牌的先后顺序去打字牌。

4. 先打中发白，一般是平和

这点同样也是迷信，个人是非常不认可的。大家如果觉得有异议，在平常的实战当中可以去做一个统计，是最有说服力的。比如说你可以统计先打中发白平和的次数多，还是先打东南西北幺九的平和次数多。

我们不光可以统计这些，还可以统计每次麻将自己赢几把？输几把？自己心里要时刻有数，不要特别在意当下一两场的输赢，这些都说明不了什么问题，我们要总结近 10 场的输赢和之前近 10 场的输赢作比较，比之前少输了，说明我们牌技是有进步的。但如果说比之前近 10 场输的多了，我们就要分析原因了。如果排除自己的技术问题，纯粹是运气问题的话，这个也是没办法的，就当自己的前 10 场没有赢。

但如果说你没有去做统计，你就会因为最近的连输导致心态很差，即使后面运气很好，技术没有问题，也很难再赢回来。输赢一定要控制在自己能力范围之内，实战中让你很纠结犹豫的一些牌型，都可以做个记录，回头自己多做演习推理，看看这种牌是不是还有多种可能。另外今天输了是因为运气、技术、心态或是因为一些人或事导致的，也可以做个统计，然后从中可以发现很多规律，下一场去打的时候，我们尽可能避免上一场所犯下的错误，不能盲目打，这样我们的麻将才会越打越好。

5. 幺九扣紧点，宁可打中张

19 牌的关联能力比 28 牌差，比 34567 这样的中张牌更差。不打 19 打其他的序数牌，相当于把差牌留给自己，不利于自己的牌面组搭，不利于往双面搭子上面去优化和改良。而把好牌打出去，更容易让敌家进牌，相对进牌几率来讲，这样一反一复相差也是很大的，这种打法只会让对手求之不得。

同等前提下，19 牌肯定是先打，贵阳捉鸡麻将和东北的不能缺幺断九的打法除外。

6. 幺鸡不能打，一打就是俩

这点有点类似于第 2 个和第 5 个，这句话的意思是说单张幺鸡牌打出去容易被碰，如果说没有被碰，打完一张之后又容易摸到第二张。这种就是概率问题，不能排除你打完一张再重新摸进。配牌几率这章我们说过，这种都是小概率事件，麻将我们要主做大概率事件，当然同样我们也可以做个统计。

7. 对二挂张一，给三莫轻吃

什么意思呢？也就是说你手里有 122，别人打 3 你不要去吃，等着去碰 2。这种说法绝对是错误的，本来 3 作为金三银七就很难进张，现在有人打 3 给你，你还不吃。一旦 2 在别人手里，或者是已经组合好搭子，再或者是埋在牌山尾部，这个时候你再想吃 3 可能就没有机会了。退一步讲，就算你吃了 3 以后打出 2 被别人进牌了，相当于你和进牌的这个人各自前进了一步，此时至少你们两个都领先另外两家一搭成牌。有些时候碰牌也是一样，所以我们防守敌家很重要，但是也不能过分防守，伤敌一千自损八百就得不偿失了。四人麻将相对进牌速度最快的前两名，最后结束的时候，都不会是最大的那个输家。你的进牌速度领先于另外两家，总比 4 个人在同一起跑线上要有优势。

8. 能吃就吃，能碰就碰

麻将的进牌方式主要有吃牌、碰牌、摸牌、杠牌这四种方式，我们打麻将无非是把自己的手牌从五进听打到四进听、三进听、二进听、一进听直至听牌和牌。不管是吃、碰还是摸，只要能使我们的手牌向前进一步，都可以去做，反之则不能去做。碰与不碰，吃与不吃，取决于能不能使我们的手牌向前进一步。即使能增加手牌下一巡的进牌几率，也不要去吃碰。

特别是我们上家打的牌，或者说下家已经听牌。比如我们现在的手牌是二进听，上家打了一张牌，我们碰了之后手牌还是二进听，或者只是增加了下一巡的进牌几率，依然处于二进听，这些都是我们能知道的结果。但如果我们去摸一张的话，接下来我们的手牌会变成什么样，就不知道了，有可能会摸进一张很好的牌，直接把手牌从二进听变为一进听。再者如果下家已经听牌，我们去碰，只会增加我们下家的和牌几率。

第四章 麻将战略思维

十二、牌风不顺怎么打

麻将胜负的高低不在于当天牌风很顺的时候，应该怎么去打？牌风好，运气好，谁都会打。但当天牌风不顺，我们运气很差的时候，应该怎么处理？麻将牌谱当中有一句话叫作"牌不顺，要养，心不顺，要稳"。打牌最忌讳的就是手牌不顺，越打越燥，有的人手气背就开始摔牌骂娘，甚至开始敲桌子指责别人打牌慢，这种人一般都是输得最惨的。因为此时运气很差，再带着情绪去战斗的话，只会让你接下来的手气更背。想要成为麻将高手，在于懂得知进退，手牌不顺的时候也能处理得很精彩。最高的境界，莫过于一手烂牌还可以逮个杠。一晚上的烂牌可以让自己少输，牌局结束后即使是输的，也能有很大的成就感。少输也是一种赢，很多人不明白这个道理。麻将娱乐，来日方长，今日虽败，尚有明日，这些都是心态方面的问题。麻将的胜负高低，不只是单纯的某一方面就能够决定。

那么打麻将一直输怎么办？给大家分享 6 个可以扭转战局的方法！

（一）六个方法扭转战局

1. 乱吃乱碰改变牌流

大家有没有去分析思考过，打麻将我们能不能避免成为 4 人当中最倒霉的那一个？如果不幸成为 4 人当中最倒霉的那一个，应该怎么办？

此时我们就不能按照之前的老套路去打了，不要按照常理去打牌。什么意思？即不该碰的，我们要碰一碰。不该吃的，吃一吃。先一顿乱打、乱碰，搅乱场上的节奏。当我们乱打几把之后，就会打乱场上的摸牌顺序和敌家的进牌节奏。尤其是了解你出牌套路的对手，可以打乱他猜测你手牌的思路！

乱打几圈，打乱牌势和进牌节奏后，再看看我们的牌势有没有发生掉转，如果此时你发现手牌进牌有所好转，可以再按照常规套路去打。牌桌上风云诡谲，一张牌打错就有可能满盘皆输。

2. 牌风不顺，适当时机选择改听

如果当天打牌不顺，听牌这一块也要有所讲究。虽然不提倡迷信，但是我们也不能任性固执己见。比如前面已经有好几盘，每当自己一听牌，就打出给对家碰，再放炮给对家。此时我们就要留意对家，他有可能是你今天的克星，你不要不服气！这个时候，你就要避其锋芒，不要和他硬刚。

另外是牌的花色点数，比如前几局只要是听 58 筒，打到最后就点炮。或是起手就听 58 筒，最后还是被别人自摸。此时就证明我们听得不顺，不顺就要改变，切不可固执硬刚，如果后面有机会摸到其他牌改听，一定要当机立断选择改听！

3. 换位置改变牌势

如果一起打牌的都是不错的朋友，此时你一直在输，可以和大家商量下能不能换个位置？正常情况下大部分朋友，都会同意和你换的。换位置的目的是什么呢？牌桌上的 4 个玩家，水平参差不齐，每个人的打牌套路不同，有的人喜欢冒进，有的人比较保守。4 个人的位置固定下来之后，你发现你是最倒霉的那一个，那是因为其他三家最少有两家打牌套路是能够压住你的！

很简单的道理，如果是可以吃的局，你坐在高手的下家，很难从他手上吃到牌。只能碰的局，你坐在高手的对面，此时你的牌势很好，已经听牌。上家一打牌，对家就会碰牌针对你，总体来说能够坐在你认为麻将水平最高的那个人的上家是比较好的！正常会打牌的都不会刻意针对他的上家。而且换了位置之后，整个牌势和上牌的顺序也会发生调转，其实跟上面说的，一顿乱打、乱碰来搅乱牌势和上牌顺序是一样的道理！

4. 牌风不顺，控制好心态

一时的不顺，不代表接下来也会不顺。所以我们一定要保持一个良好的状态在场上，如果输赢按照平均分配，你一个月打 10 场麻将，4 个人平均分，你也只能赢 3 场左右，而且这中间你可能会连续输 6—7 场，然后再连续赢 3 场。按照圈数计算，你打一圈下来，4 个人平均分，你也只能赢一局，不可能每一局都是你赢。所以不能让输赢左右我们的心态！

虽然说不能让输赢左右了心态，但是我们也不能无底线地去打，输赢要控制在自己的能力范围之内！而恰恰很多人在自己失败的时候，还想着继续打来翻本，把把牌都想赢，把把都想做大做强。而在自己赢的时候，就想着要赢得更多，巴不得把他们全部干趴下！你觉得这现实吗？

如果输赢没有超出自己的范围，单纯因为牌势不好而影响到你的心态了，那么这个时候你可以假装出去打个电话，或者上个厕所，出去抽支烟平复几分钟，忘掉之前的战绩，然后再和他们打！此时对手的手气和牌势非常好，他们的心态非常愉悦，而我们此时的心态是非常糟糕的，短暂的休战对我们是有利的！

5. 能和就和，不要强行贪大

手气不好的时候，千万不要看不起小和！不要再去强行贪大，即使有些牌可以去做大牌，也不要强行地去贪大，顺着牌势走，快速组搭，快速听牌，然后达到快速和牌！管他什么大和小和，我们先和一个再说。不要去贪自摸，有的时候好不容易听了一手牌，而且听得非常不错，这局牌别人点炮你不想和，还想赌自摸，不料又被其他家自摸。那么这个时候，就有可能即将有所好转的手气，马上又走了，半天回不来。过水不管是自己牌势好的时候，还是牌势差的时候，我都是极力反对大家这样做的。相信很多人都有这种体会，麻将是越和越旺，连和几把，就会自摸。当运气来了，就没有人能够挡得住你！大概就是单吊能自摸，边张也能自摸，绝张也能自摸！和的别人都会觉得自己不会打牌了！到了这个时候，就是你打牌的最高境界，此时你的心态各个方面都是非常愉快的，你的牌技再高一点，就会达到一个良性的循环，反之则是一个恶性循环！

6. 运气与技术

麻将和战场、商场一样，相信大家都遇到过上半场你还是赢家，到了下半场就成为了输家。或者说上半场你是最大的输家，到了下半场却成为最大的赢家。这个就要引入主要关键词——"博弈论"。博弈论即两人在平等的对局中，各自利用对方的策略变换自己的对抗思路，从而达到取胜的目的。

归根结底地说，麻将是四个人之间的博弈，在技术水平差不多的情况下，运气就会占很大的比重，正常情况下会有一个大赢家，一个大输家，然后另外两家输赢都不大！很多人都说麻将只有运气，没有技术！我想说的是运气谁都会有，但是你不可能，每次都是运气最好的那个人，我们要努力成为不是运气最差的那个人。什么意思呢？给大家讲一个故事！两个人在森林里行走，突然后面跟上来一只老虎，发现情况后，其中一个人就从包里拿出球鞋换上。另外一个人说"你穿什么球鞋，你也跑不过老虎呀，何必呢？"于是这个人回答说："我不需要比老虎跑得快，我只需要比你跑得快就可以了！"

根据这一理论，我们所有的动作：舍牌、碰牌、听牌、和牌和过牌，甚至是故意点炮，都要围绕着桌面上最弱的那家来进行，所有的矛头，都要针对他，直到将最弱的那一方打残为止，这样就可以确保你不是最大的输家。只要坚持这么做，那么你通常会小输小赢，偶尔会大赢，但很少会大输，所以长此以往你一定是个正收益的玩家。

有些麻友估计就不大理解了，这样一来，我们不输不赢，只是当个打麻将陪跑者有什么意义呢？兵法有云："为将者未虑胜，先虑败，故可百战不殆矣！"其实和创业是一样的道理，不要先想着创业成功了会怎么样？应该多想想创业失败了会怎么样？这里我们不光要想失败了会怎么样，还要想能不能提早采取措施，规避出错的风险！所以当下我们看似在陪跑，实则后面运气来的时候，我们技术再好一点，就可以大赢一场了。

但是这一点，又恰恰是反人性的，因为大部分人，普遍都是同情弱者的。看到另一方输的比较多，运气比较差，你就会可怜他、同情他，甚至故意不和他的牌，不吃他的嘴钱。但是你们仔细回想一下，恰恰是你故意放的那一把牌，让对家和了一把很大的牌，那么这个时候你的运势就会极速地掉转，这就是所谓的"超级拐点"！还有很多人喜欢犯一个错误，那就是喜欢和赢家作对，看着别人赢了，就眼红。红眼病犯了，在牌桌上面是大忌。你不能和趋势作对，要顺应战局的发展。正确的做法一定是去踩弱势的一方，避开强势的一方。所以无论是牌局，还是战场，还是投资市场，甚至是打游戏，理论都是一样的。首先你得活下来，然后再去求发展！局部的小输小赢说明不了什么问题，你要确保的是长期战线，最终的结果才是最重要的！

总结下来想要打好麻将，一定是技术、心态、运气、思维和战术缺一不可。其他的 4 点我们都可以通过人为的学习去提高，而运气绝对是我们能够通过人为干预最少的一点。所以运气固然重要，大家切不可全部依赖于运气，否则你会输得一塌糊涂！

另外如果遇到以下 4 种情况，我们必须要退出战局。

（二）四种情况退出战局

1. 炮牌超过 2 张

比如下图手牌

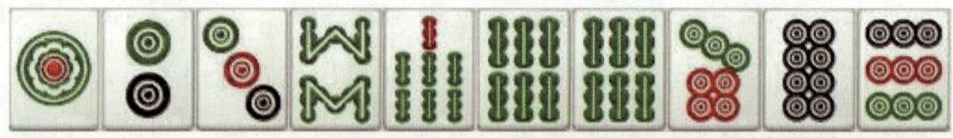

河里

万子这一整门，河里只有 147 这一条线没有出现。如果此时我们摸进一张 4 万，只能留下这张牌，选择打出 6 条，单吊 4 万。

摸进 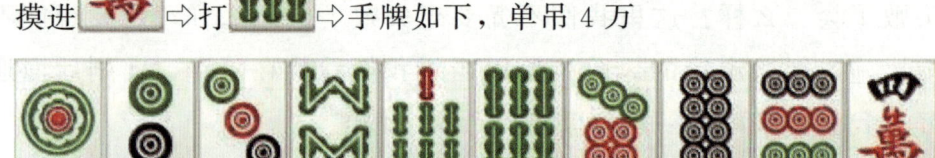 ⇒ 打 ⇒ 手牌如下，单吊 4 万

但如果下一巡又摸进一张 1 万，我们这手牌基本就没戏了，因为此时我们听得不是特别好。之前的内容也讲过，手牌听得不好的时候不建议冒险去冲，这个时候我们只能边战边退。如果后续再摸进一张 7 万，我们就要坚决地撤退了。

2. 十巡以内我们还没有达到一进听

很多地方都打牌都只有数牌，减去庄家手里的 14 张，闲家 13 张，牌山里面还剩下 55 张。如果有的地方再抓 6 只鸟，剩下就只有 49 张牌可以摸。平均下来，每个人最多摸 13 张牌也就到底了。大多数情况都打不到 13 巡，就已经有人和牌了。具体的平均和牌巡数，我们在"牌局分段"这一章有具体讲过，根据当地具体情况、同桌水平等去衡量。所以牌局到了差不多 8—9 巡的时候，我们的手牌还没有达到一进听，就要有撤退的心理准备了。如果此时我们的手牌还停留在两进听，还想靠剩下的两三巡摸牌进张，然后再和牌，那就太天真了。很多人明明没有听牌，却在快黄牌的时候冲生张点炮，那真的是得不偿失。

3. 连续 5 巡不进牌

即使我们的手牌起手就是二进听，但是连续 5 巡之内都不进牌，无法前进变成一进听。这个就等于牌流告诉我们下车防守，即使打到敌家和牌，我们还停留在原地。敌家打出一张牌，给你吃碰，你如果不退，一吃碰就会点

炮。所以当牌流不顺的时候，5 巡不进牌，我们就坚决得退局。

4. 连续点炮 3 把以上

如果说你连续点炮 3 把，这一把刚听牌，又摸到危险张炮牌。或者是你还没有听牌，就摸到炮牌危险牌，这个就是牌要玩你，如果你还不知进退，那就必输无疑。连续点炮几次以后，我们就要严防死守，可以把所有的生张全部当炮牌，甚至前几巡打的全部都可以看成炮牌。我相信大家都不会奇怪，当我们运气背的时候，摸什么就会放什么。上一巡看别人刚打过，这一巡跟打就会点炮。字牌桌面已现 2 张，你打出去也会被别人单吊。所以连续点炮，一摸到生张、危险张，我们就要选择果断撤退，安全为上。

（三）小结

当牌风不顺的时候，我们要学会放弃当下一两局甚至三四局的输赢，学会养牌，把牌势养好之后，再去进攻。如果牌风不顺还想着赢，主打进攻，就会造成敌家越打越顺。敌家赢得次数越多，状态就会越好。敌家的心态、状态、牌势都碾压你，而此时我们如果能有效地阻击他一到两次，哪怕只有一次，也可以有效地打断他这种状态。

再者我们上半场一直很背，一把没有赢过，到了下半场突然赢了一小把，此时我们是开心的，接下来的牌势和状态也都会慢慢地恢复。牌风不顺的时候，能和我们就要和，哪怕听得很好也不要贪自摸。多和几次，牌势自然而然就上来了。有些时候看似只是一把小和，对于有些敌家来说就不一定了。比如说对家正在做大和，马上就要成了，而你的这一小和直接给他打断了。再比如上家连续坐庄好几次，你的小和也能打断他。对于你来说没有什么，对于敌家来说，这种打击是很大的。打击敌家，也是在帮助自己！

十三、配牌几率

（一）配牌几率

我们知道麻将是由数牌和字牌组成，一共 34 门牌。数牌指条，筒，万 3 门牌，每门有 9 张，3×9＝27 门。字牌指东南西北中发白 7 门。依照配牌几率计算，麻将起手 13 张，手里有条筒万的几率是各 9/34，有字的几率是 7/34。我们换算一下 9/34≈0.265，7/34≈0.205，手牌按照理论上平均分配的几率是 13×0.265＋13×0.265＋13×0.265＋13×0.205，简化成数字即条子、筒子和万子各 3.445 张，字牌 2.665 张。这个是最基本的概念，我们头脑里面一定要有这样的一个基础印象。

（二）四面一眼

四面一眼指的是一种单吊听牌的形态，说得通俗一点就是四副成牌加一个单张，三张已完成的刻子、顺子均为已做好的成牌，也可以叫作面子。比如刻子 3 个 9 条，顺子 678 筒。

在没有完成三张面子之前，我们叫作搭子。那么四张牌有几个搭子呢？可以有两搭，如下图 1256 万，1188 筒。

 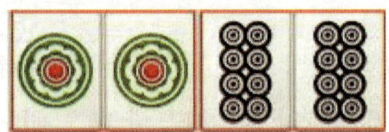

也可能只有一搭，如 1228 筒，1359 条。因为我们只能把 122 分成一搭，135 分成一搭，8 和 9 它是连不上的，所以张数多不一定就有搭子。

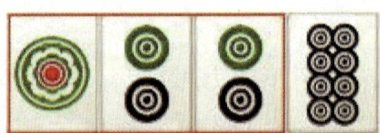 

搭子的基础可以是 4 张，3 张，2 张。但最少就是两张，一张不会是搭子。最后的那一张可以是一眼，可以单吊将得到。搭子也是分好坏的，我们必须知道什么是搭子，什么不是。

（三）我多敌少，我少敌多

根据上小节讲过的配牌几率我们可以知道，麻将起手配牌 13 张里面，大约会有万子两搭，条子两搭，筒子两搭，字牌一搭或者是没有。估计有很多人会有疑问，麻将怎么可能把把牌都会这样平均分配？虽然每次起牌平均分配的几率不大，但是我们知道了几率就有了基本的战术概念——"我多敌少，我少敌多"！

▶什么是"我多敌少，我少敌多"？

比如起手牌我们条子有 7 张，万子只有 2 张，那么此时我们就要想到敌人手里万子可能有 6－7 张，而条子只有 2－3 张。即我们手牌里越少的，敌人手里就越多，我们手里越多的，敌人手里就越少！

这也是为什么我们只要打一张单张，下家就能吃碰的原因。这个概念在扑克牌里面表现得最为明显，例如你有一张 2 和两张 A。那么另外两个人，要么两人各有一张 A，要么有一家有两张 A。麻将也是同样的道理。

不过麻将因为一门有 36 张，我们拿了 7 张，外面还有 29 张，另外一家也拿 7 张条子也是有可能的，但是我们只讲大概率事件，也就是最有可能发生的情况。这个道理虽然很基础，但很多人都没有仔细思考过。比如有的麻友，这把牌桌面没有现出一张 56789 万，因为 7 万没有靠张，打出 7 万结果就点炮，这个就是对基础知识不了解所导致的！

▶摸牌几率

除了起手配牌的几率以外，我们还要考虑到摸牌的几率，那就是平均每四巡摸一张万子，每四巡摸到一张条子，每四巡摸到一张筒子，每五巡摸到一张字牌。由此几率我们可以延伸，如果手里有一张万子，摸到第 12 巡，理论上能摸到 3 张万子。这就是为什么有的麻友经常碰到打了 7 万，又来 6 万、8 万甚至又来 7 万的主要原因！

起手某一个花色的牌型特别多的时候，我们不要被这种花色的牌型所迷惑了。比如我们起手就有 8-9 张条子，后面再从牌山里面摸进几张条子概率是很低的。那么这个时候，我们就只能靠吃碰进张这一门的牌。

什么意思呢？上面我们说过，当我们手里某一个花色的牌型很多的时候，敌家手里就会很少，那么这个时候，敌家打出的概率也会很大。但是如果 2 巡过去还没有看见敌家打出，这个时候就要果断放弃清一色的念想。因为敌家手里虽然不多，但是有可能已经组合好成牌或者是搭子！所以不要一看起手有 8-9 张同花色的牌型，就强行地去做清一色，需要根据后续的上牌和吃碰做决定。即使有的地方不能吃和，原理是一样的。但是如果我们起手只有 4-5 张同一花色的牌，摸了几巡之后，还是这个花色的牌型，那么这个时候说明牌山里面还会有很多这个花色的牌型！

麻将起手 13 张，我们只需要四副成牌加一对就可以和牌。所以不管有多少搭，搭子有多好，我们只需要其中的五搭就可以和牌。很多人经常不知不觉把手牌打成了六搭，要么就是一直在五搭和六搭之间徘徊，这种人就是典型的不会算搭子！此外，我们拿到刻子的概率比拿到顺子的概率低很多，所以如果有一天我们经常起手就有暗刻，说明今天手气不错。

那怎么判断手牌的好坏呢？我们起手有五搭以上就是好牌，四搭左右要看是什么搭子，好搭子就是好牌，三搭勉勉强强，只有两搭的话就是烂牌了。

所以我们起手就要定攻防，起手牌很烂，这把就不要想着去赢了，该弃和的牌，果断选择弃和。这把烂牌我们能逮个杠，或者是能拖到黄牌，我们就算赢了。千万不要因为牌不好，还想着去赢，本来这把输个 2 分就够了，最后输个 10 分甚至更多。有的时候，少输也是一种赢！

要想成为麻将高手，我们心里一定要有配牌几率的概念！我们问一个人麻将有多少张牌，如果他连这个也不知道，那我们跟他说几率、习性和顺序这些麻将的基础概念，也许是他打了一辈子麻将也不会去考虑的问题，而这个却是成为高手必须掌握的基本概念。

（四）本节重点

1. 知道配牌几率和摸牌几率。

2. 四面一眼，知道什么是好牌好搭子，起手定攻防。

3. 知道运用"敌多我少，我多敌少"概念。

十四、摸调顺序

（一）摸调顺序的概念

打麻将的基本规则是由庄家开始各家按逆时针摸打一张：庄家摸一张打一张，下家摸一张打一张，对家摸一张打一张，上家摸一张打一张。那什么情况下可以改变摸调顺序呢？

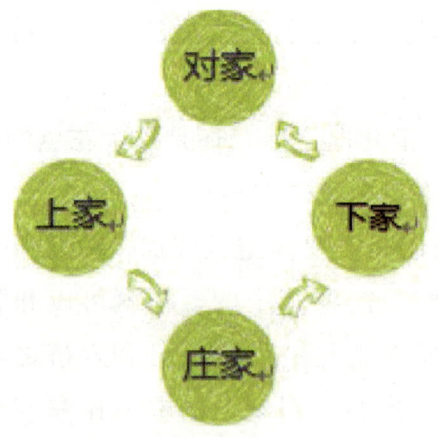

（二）吃牌

如下图所示上家打出 8 万，我们 79 万吃上家的牌，上家的牌就变成我的牌，称为吃落。吃落即吃牌后牌会向下掉，原来我要摸的牌就变成了下家摸，下家的对家摸，对家的上家摸。吃牌造成牌落下去顺差一位！

我们手牌  上家打出  我们吃

牌

（三）碰牌

我们碰谁的牌，谁的牌就变成你的牌。例如我们手中有一对9条，对方打出一张9条，我们可以碰牌。这张牌原本是上家摸的，我们碰牌后，这张牌变成下家摸。原本是我的牌，变成了对家摸。这个就是"对家打，本家碰"，会有"对碰对摸"的情况出现。"对碰对摸"是牌桌上经常听到的，意思是我碰对家的牌，我要摸的牌就会变成对家的。我碰上家的牌，我的牌就会变成下家的。我碰下家的牌，对家的牌会变成下家的牌。

碰上家：我的牌下家摸

碰上家：下家的牌对家摸

碰下家：对家牌下家摸

碰下家：我的牌上家摸

碰对家：上家牌下家摸

碰对家：我的牌对家摸即"对碰对摸"

由此如果我们想要哪家的牌，就可以利用吃碰去摸进那一家的牌。

◆ 想要上家牌

（1）吃一张，没有别家动牌，一圈后则可以摸到本来是上家的牌。

（2）打给下家吃或碰一张，如果中间没有吃碰牌，则会摸到上家的牌。

◆ 想要对家牌

对家打出或者我打给对家碰，对碰对摸，上家摸过牌后没有别家碰牌，则可以摸到对家的牌。

◆ 想要下家的牌

打给上家碰一张，则可以直接摸到。

（四）杠牌

杠牌和碰牌的原理是一模一样的！

（五）切忌有吃就吃，有碰就碰，有杠就杠

胜败的关键往往就是一张牌的顺序，我们可以通过吃碰杠牌来改变摸调顺序。但不是能吃就吃，见碰就碰！如果我们不断地碰牌吃牌，最后剩下 4 张牌，那我们听什么牌别人就一清二楚了，而且会给下家提供更多摸牌进张的机会。

【案例】下图所示手牌，听 12457 条五门。假设上家打出 3 条，我们用 45 条吃 3 条，再打 6 条，听张就变成了 14 条两门，造成了手牌的局限性。

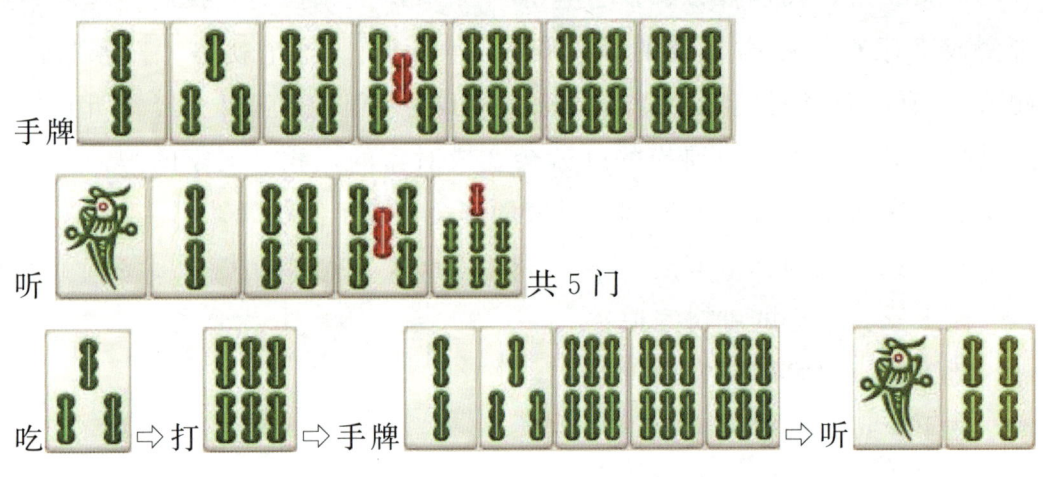

所以说手牌越长可变化性越多，进牌的几率也越高，反之就会有很大的局限性。另外我们吃了这张牌，就不能摸牌了。如果我们感觉要吃的这张牌，自己可以摸的到，那就不要吃。

碰任何一家的牌，下一步就是下家摸牌。即碰牌可以让下家提前多摸牌，尤其是碰下家的牌。牌桌上有一句话叫作"上碰下自摸"，中期碰下家的牌会让他迅速进张。比如说下家摸一张牌打出西风，我们碰西风，他再摸牌就有可能摸到他刚刚摸的那一张同花色的牌。假设他上一次摸进的是 3 万，这一次就有可能摸进 4 万。为什么？因为不管是手洗牌还是机洗，都没有办法洗得那么均匀。而打牌的时候，很多人都喜欢把同花色的牌摆放在一起，所以一局打完后把桌面上的牌推到机子里面去洗的时候，几张同花色的牌被连续洗在一起的概率还是很大的！所以我们碰下家，他容易连续摸两张牌刚好凑成一搭！如果不碰，他可能需要再摸几巡。但是如果下家刚刚第一次摸的那张牌，没有插进手牌里面直接打出，那么我们再碰下家的牌，他就不会连续摸到两张相邻的牌。

碰牌要看时间！ 下家起手牌如下图所示：先打出独张 9 万，下一步肯定要拆搭子 79 条或 89 筒。此时我们碰 9 万，下家加速进张摸牌就有可能摸到 56789 条或 789 筒组成顺子，无需再拆 79 条或 89 筒。

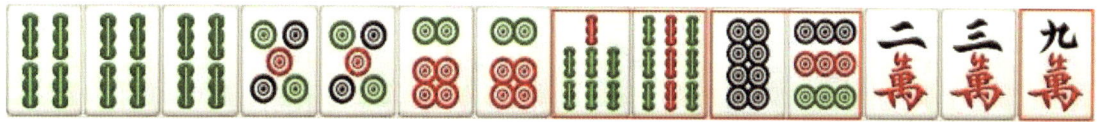

"下家起手牌"

如果我们过两三巡再碰第二个 9 万，那么下家的拆搭就有可能拆错，一旦拆错，运气就会滑落。打麻将是四人各自作战，各自运用自己的策略从而达到和牌的目的。但是我们一定要明白此消彼长的道理！特别是我们的下家手气非常旺的时候，一定要少碰！避免他快速成牌，连续自摸！

有的时候甚至碰一张牌，就能决定这局牌的生死！ 如下图所示：下家独张 1 条和 1 万要打出！他打 1 万，你碰牌！他摸一张之后插入手里，再打出 1 条听牌。对家打一张南风，上家碰牌打 1 筒，听牌 14 条。这一碰，上下两家都听牌，他们都有自摸的可能，那么这局牌是不是生死就是由你来决定的？

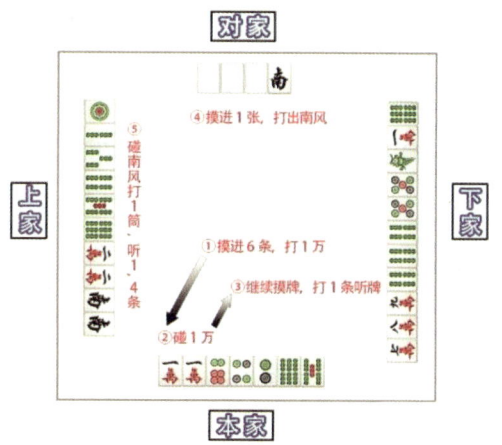

反过来如果刚刚我们那张一万不碰，对家摸一张打南风，上家碰牌听 14 条，那么下家的 1 条就死定了。因为上家听 14 条是非常不错的搭子，即使对家不打南风，他也有可能摸到 14 条听南风，那么对家的南风也死定了，我们这局牌就会相对安全。我们的这手牌，本来就是一进听，碰了之后，只是增加了下一巡的进牌几率，并没有使我们的手牌向前进一步变为听牌！所以切忌有碰就碰，能吃就吃！

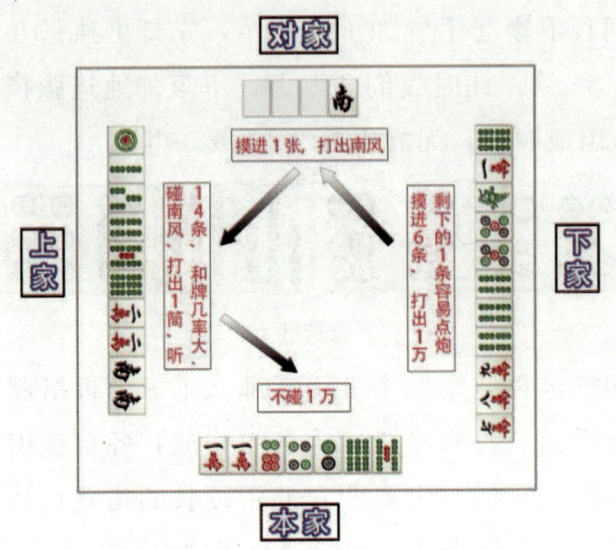

（六）本节重点

1. 了解摸调顺序，知道什么是吃碰杠牌。

2. 知道通过吃碰杠牌改变摸调顺序，改变牌势。

3. 切忌能吃就吃，能碰就碰，把握合适的吃碰时机。

注：麻将进牌的方式有摸牌、吃牌、碰牌和杠牌四种，不管你们当地的玩法适用于几种，牌理都是一样的。比如说不能吃的局，就只是少了一个吃牌进张的口子而已，同样可以运用于碰牌、摸牌和杠牌。

十五、麻将牌流战略

牌流是我们成为麻将高手必学的一个战略，也是最为深奥的一个麻将战略！

（1）牌流的观念

牌流有两个观念

1. 进牌顺与不顺

比如下图手牌，摸进一张1万，紧接着下一巡又摸到8万，这样的牌流就对我们非常有利。此时这手牌没有条子，如果摸进一张3条，接着又摸进一张 6 条，和我们的手牌是反着来的，这样的进牌就是牌流对我们不利。此时牌的流向，在往坏的方向发展。这里说的是流进我们手牌的牌流！

在这个观念下，如果我们摸牌进牌很顺，牌流往我们有利的方向进行，这个时候我们就不要去动牌，即不要去吃上家的牌，碰三家的牌，包括杠牌。如果动了牌，就会影响到牌流，比如我们手里有 12 万，本来可以摸到 3 万的，但是吃碰之后，我们的 3 万进张，就被吃落或者是被别人摸走。所以大家一定要记住：在牌桌上面，如果牌流顺，我们就要多摸牌不要吃碰，牌流不顺，我们就要故意通过吃碰来改变牌流。

2. 牌墙的内容形成牌流

我摸到一张万子，下家也摸万子，对家也摸万子，甚至上家也跟着摸到万子，万子在这一块聚集起来，这也是牌流。

水有水流，电有电流，牌同样也有牌流。水的流向就是摸牌的顺序。摸牌顺不顺跟牌山里面的内容有关，牌山里面藏着什么牌？万子？筒子？还是条子？是藏着我们打出的那一挂系列牌型，还是我们期待进牌的那一张？

相信大家也经常碰到这样的情况，某一个人门前堆砌的牌山，怎么摸都是万子牌。这个时候就有人谴责他到底是怎么码牌的，怎么码了一堆万字牌在门口。其实不仅手搓麻将如此，有时候机洗也是如此，一个人摸万子退万子挂，4 个人也都打出清一色的万子在河里，摸也摸不完，这个就是牌流，由牌墙的内容所组成。

■ 牌墙里牌流的形成原因

在"摸调顺序"这一章也和大家讲过，不管是手洗麻将还是机洗，它洗的时候都没有那么均匀。大部分人都喜欢把手牌同花色牌型摆放在一起，很多人还喜欢把河里打出的牌堆放在一起。所以当我们一局牌结束后，往机子里面去推牌的时候，多张同花色的牌型被连续洗在一起的概率是很大的。因为现在大部分麻将机都是强磁的，洗牌速度非常快，机子不会等推下去的这些牌全部被打乱了之后，再往上吸牌，这样无形之中就形成了牌流。

■ 牌墙里牌流的价值

这种牌流不仅左右了听牌的速度，也是影响最终结果的关键因素。比如说三家都听牌了，而且听的都是筒子，但是牌流开始往条子这边变化。这时候只有没有听牌的那家摸条子，接着他连续摸换。最后的结果是没有听牌的这家赶上牌流，最终和出了条子牌，而最早听筒子的那三家都成了陪打。再或是 4 家都听万子，其中有一家听 147 万。但是听 147 万的这一家，发现桌子上面的牌流，往筒子方面发展变化。如果这个时候他有机会能够转听到筒子上面，那么这个时候就必须转听筒子牌。哪怕看起来听筒子牌还没有听 147 万听得好，也要果断选择改听筒子，这个就是高手所为！但是问题的关键是，怎么样才能看见牌流并且利用牌流、制造牌流呢？

（二）发现牌流

1. 摸调顺序发现牌流

从摸调顺序中发现牌流，分为顺和不顺两种情形。

所谓的顺就是以平均速度每两巡，能使手牌向前推进一步，不管是吃进、碰进、或者是摸牌补洞前进，都可以称之为顺。即使我们没有摸进想要的牌组成面子，但是我们摸进的牌全部都是有用的，这样就算是我们的手牌没有向前推进，也能够使手牌搭子优化得更好。只要摸的不是完全靠不上的孤张和字牌，比如 13 条，虽然我们没有摸到 2 条，但是摸到了 4 条，将这个边张搭子优化成了两面搭子，这种也可以当成是顺！

所谓的不顺，指连续三巡以上不进牌，摸到的牌毫无价值可言。最重要的是打出去的牌，下家不能吃，或者是其他家不能碰，无法改变摸调顺序。牌流陷入泥浆状态，动也不动。当我们摸调不顺的时候，就要遵循牌流的指示，有吃就吃，有碰就碰！如果是不能吃的局，就直接跳过吃，原理是一样的。麻将进张的方式只有 4 种：吃碰摸进和杠牌进张。这 4 种进张方式，不管每个地方的规则满足几种，和我们讲的牌流战略、速战兵法、最大几率打法都是不冲突的。

如果是连续摸牌进张，我们就不要去吃上家的牌或者碰三家的牌。因为牌墙里面可能就藏着你要的牌，牌流绝不可忽视。但是当我们摸调不顺的时候，就要想办法改变牌流。

比方说下图手牌：

三进听的牌型摸了 3—4 巡都不进牌，这一巡又摸到一张熟牌西风，打出

去肯定又不会动牌，牌流还是一样。这个时候我们就要从手牌里面，选一张下家最有可能吃进的牌。如果下家没有打过小挂的条子，那么我们就打 1 条，没有打过小挂的万子，我们就打 12 万。不能吃的局，如果河里没有看见过 9 条，那么我们就打 9 条，目的是让敌家碰牌或者是下家把牌吃落，改变一下摸牌顺序。牌流只要一动，就会影响战局。不管是往好的方向发展，还是往坏的方向发展，绝对比维持着摸调不顺的步调前进要好得多！

2. 连续舍牌发现牌流

根据听牌的原理，熟搭绝对比生搭要好。再加上一个重要的概念，两家摸胜过一家摸。靠自己摸进牌的几率是四分之一，如果加上上家摸进并且打出来，然后被我们吃进的话，就会变成二分之一，多了一倍。所以说留着能吃的熟搭子，绝对要比漂亮的生搭子要好！不能吃可以点炮的局，熟搭也要比生搭好。在这样的条件下，牌墙的内容就是决定成败的关键。

要想知道牌墙的内容，光靠我们自己发现或者上面讲的摸调顺序中发现是远远不够的，需要多方面的情报去判断，例如敌家的连续舍牌。牌墙的内容虽然我们没有办法看到，但是我们可以根据敌家摸打，换牌的方式来发现。比如对家直接摸打了筒子，上家也是直接摸打筒子，下一巡对家又是摸打筒子，上家也摸进一张筒子，这个时候就说明牌山里面会有很多筒子牌。这个就是根据连续舍牌来发现牌流，但是怎么去判断敌家刚刚摸的是什么呢？

我们要多注意敌家的牌背，或者是从敌家的打牌习惯中去发现别人摸的是什么牌。如果他们是直接摸打的，我们就不用去过分地去盯着他们。比如对家和上家直接摸打出一连串筒子牌，牌山里面的牌流就已经产生了。如果说他们是从手牌里换出来的筒子，此时我们就需要判断他刚刚摸进的那张牌是不是筒子了？如果你不能准确判断他摸进的那张是不是筒子，情况就不明朗了，需要进一步地观察。

◆ 人为的牌流

【案例】

比如下图手牌起手就有多搭，先拆一个最差的边搭 12 万，其他三家看牌情也跟着拆。

此时河里就有很多万子牌，再加上牌山里面冒出来的，万子牌就遍地都

是不值钱了。不过要制造三家舍万子的牌流，我们自己手里必须要有很多万子，拆完后手里还有万子的搭子。并且在摸回来其他万子的时候，可以转向地留住，这样我们就可以占据有利的局面。比如很多时候，场上会有很多跟屁虫，我打什么他打什么，我把 12 万拆了，他马上就把手里的 3 万打出来。这个时候如果我们再摸进 2 万，我们就留下 2 万，等到我们再摸到 4 万，就可以杀他一个回马枪。河里万子遍地都是，最后的结果就是其他三家都不要万子，此时大家会以为所有人都不要万子。但只要我们听的牌里还有万子，牌墙里面还有万子，那么我们就一定可以和牌。

3. "上上把牌的过程"发现牌流

麻将的牌流看上去好像很邪门，实际很多时候都是人为造成的！我们上面也有讲过不管是手洗还是机洗，麻将都不可能洗得很均匀，因为大部分人都喜欢把同花色的牌型摆放在一起，河里的牌也喜欢摆放在一起，这样就会把同样的牌洗在一起。你摸我摸大家摸，一个人不要大家全部都不要。因此当你看见大家从牌山里面打出的牌，几乎都是同一门花色的时候，那么就是牌流产生的时候。

所有的字牌也算是同一门，有时候连续四五手内会出现十多张字牌，这个时候我们就要抓住牌流的机会，将那一门牌扣住，这个是很重要的时机。尤其是单吊的时候，宁可放弃好张的听牌，大家摸打什么牌我们就跟着换什么牌，几巡之内一定还会再出现。

【案例】

之前我有手牌如下图所示：现在是单吊 1 万。

单吊 1 万

这个时候场上有人开始舍字牌了，对家摸了南风打出，上家摸了红中也打出。现在我又摸进一张白板，看了一眼河里一张白板都没有出来。我迅速回忆，上上把牌下家杠了白板，那么这一把白板连续出现的几率就会很大，或者同时出现的几率就会很大。字牌正常是要先打的，如果不见很有可能是敌家起手就抓了对子或是刻子。但根据刚刚上家和对家的舍牌来看，现在应该是出现字牌的牌流了，那么白板就很有可能全部被洗在一堆里了。

于是我选择打出 1 万，单吊白板。下家摸牌之后，还是继续打出字牌。

果不其然轮到对家摸牌的时候，又摸到了白板，他继续打出，最后被我叫和。牌局结束后大家在牌山里翻牌一看，后面还是一张白板。所以请大家记住，我们不要成为常识的俘虏，要学会变通！

4."黏牌"发现牌流

什么是黏牌？比方说下雨天，因为天气潮湿，牌就容易黏在一起。夏天打牌，那些特别胖的人手里容易出汗，也容易黏牌。如果有黏牌的状况出现，我们就要熟记上上一局牌结束时的配牌状况。

【案例】

记得有一次下雨天打牌，大约在第6巡左右，我的手牌如下已经听牌，听69万。

⇒听69万

此时我摸进一张发财，河里已经出来了2张发财。第1张发财是对家起手打的，第2张发财是上家第5巡摸到打的。我想到上上一局发财有人碰过，所以就选择打掉生张9万，单吊发财。

↓
单吊发财

通过我对上家的观察，我知道他手里有一对9万，没想到上家真碰了9万。我又接着摸牌，结果摸进发财绝张，自摸和牌。就算9万上家不碰牌，其他家摸打牌，至少我也有点炮和。我赌的就是这个自摸！为什么我连续摸到2张发财？因为发财黏牌了，这就是天时。发财黏在一起就成了双胞胎，这个时候心思缜密，能利用天时，能察蛛丝的人就会得利！

注：为什么这里是"上上把牌的过程发现牌流"或"上上局"，因为麻将机都是两副麻将。

5.回头牌发现牌流

相信大家也经常遇到过，在牌桌上面，有时候回头牌会无止境地来个不停，甚至有时候会打到留局为止。所以回头牌也是牌流的重要指标。

【案例】如下图所示：

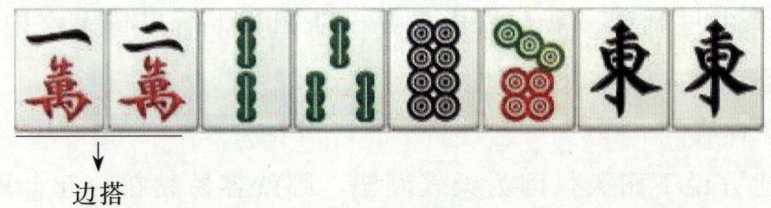

↓
边搭

12 万边搭最差，我们拆掉 1 万却又进 4 万，变成了 24 万坎搭，又回到原来的局面。或者是拆 12 万打出 1 万，马上又摸进 3 万，变成了 23 万回头要 1 万，这个就是回头牌。

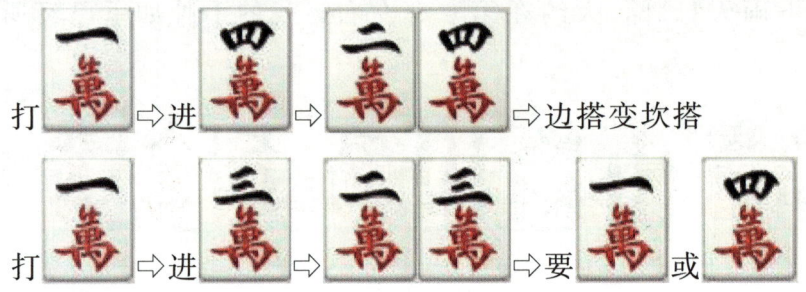

打 [一万] ⇒ 进 [四万] ⇒ [二万] [四万] ⇒ 边搭变坎搭

打 [一万] ⇒ 进 [三万] ⇒ [二万] [三万] ⇒ 要 [一万] 或 [四万]

我们说过回头牌必须留的口诀，但有时候回头牌只有一张，应该怎么办？比如打了 1 万来 4 万，我们试着留下了这个 24 万，但是最后却再也摸不到万子了。

大家需要了解的是我们人不是神仙，没有谁能够知道下一张具体来什么牌？当我们拆万子来万子，也许后面就是万子的牌流，但也有可能不是。不过只要我们连续两巡摸进，就可以确定是牌流了。

拆了第一张，接着我们马上摸进万子，又继续拆，如果真的是牌流，第三张一样也会摸进。如果此时河里已经打了 2 张，就后悔莫及了。所以当我们摸到回头牌，不管接下来是不是牌流，最好是强留一巡，等确定不是牌流了再继续拆。一巡有时候可能不够，尤其是第一张就摸到字牌的时候。如果连续 2 巡都没有摸到，那么肯定可以拆了，这个是给大家的留回头牌的标准！

（三）怎样制造牌流？

制造牌流就是将麻将打到顺的地步，制造出有利于我方的牌流，产生摸调顺利，从而达到局面容易掌控的状态！

1. 找到五搭牌

那么要怎么去打？牌流才会照着我们控制的方向去走呢？首先第一步，我们要先找到五搭牌，要从手牌一立起来，就开始拟定好战局，然后参考几率、四家选手的特性、个人机缘和发现桌子上牌流的情况，去找到五搭牌。

2. 打好手牌

其次打好手牌，从而达到快听、快和的局面。只要我们照着这个流程打对几次，接下来的牌风就会变得很顺，任何孤张都容易摸进邻牌靠搭。想吃什么牌，想碰什么牌，别人不打自己也可以摸的到。只要我们打到顺，就没有人能够挡得住你了！

■ 如何从手牌孤张中找出五搭牌？

如何找搭子，相信大家应该都会了，从现成的手牌搭子中找出五搭很容易。但是要想从手牌孤张中找出五搭就是学问了。

我们要找出五搭牌，首先就要利用基础的几率观念，条同万每门牌各 36 张，字牌总共 28 张。"配牌几率"里讲过，它们的比例是 3.445：3.445：3.445：2.665，将这样的几率平均分布，假设每个人的手牌拿到条同万和字牌都是平均的，那么牌山中剩下的条同万大约还有各 22 张，字牌大约还有各 17 张。

虽然起手牌不可能这样平均分配，但是我们可以根据"我多敌少、我少敌多"的概念做这样的一个思考：当我们打出最少的那一门，如果敌家可以接得住，那么牌流就消失了，因为这种配牌几率是正常的。但当我们拆掉手里最多的那一搭，或者是打掉我们手里花色最多的那一门的孤张，而其他的敌家也开始跟着拆，那么此时牌流就形成了！

当敌家的孤张舍出之后，我们可以重新计算一下牌张的分配。比如说下家舍出孤张 1 筒、5 筒，此时我们就可以假设下家小挂的筒子都没有，可能只有一挂大挂的筒子，也是指这一门牌的张数已经平均分配。再比如下家舍出孤张 258 万，表示下家的万子牌就只有舍出的这 3 张，他手里势必筒子或条子有一门牌比较长。

在这种反复思考计算下，再以目前舍牌的张数，慢慢调整对牌墙内的牌张数目的认知，这样可以为我们将来舍牌留搭提供头绪。比如说四家全部开始舍出 2 条、6 条这类牌，也就是陷入了 4 家都不要条子的状况，此时就要切记"牌回头、必须留"。为什么？因为四家都不要条子，那么除了河里面舍出的条子牌，剩下的条子是不是都在牌山里面？接下来有可能两巡会摸到一张条子，甚至每一巡都会摸到条子。四家都不要条子，接下来的 10 巡里面，就是条子牌流。我们留住任何一张条子，都比中间张、万子、筒子的花色牌都有用。

■ 权衡制造牌流的利弊

防御和攻击不能兼备，留住条子的牌流具有攻击力，但是我们舍出手牌其他花色的中间张就是放弃防御。这个时候我们还要考虑敌家吃碰进张后的危险程度，与条子牌流流向的影响，最后以几率计算进牌的可能。比如手牌一立起来，条子有 4 张，万子有 6 张，筒子只有 1 张，字牌有 2 张。我们可以这样预言：这手牌必定会摸到 2—3 张的筒子。如果 2 张字牌留着不打，摸到 7—8 巡，应该会靠到一搭字牌对。在这样的几率下，我们心里就必须要有警惕。这张筒子孤张，如果随便舍出，接下来我们摸到任何筒子牌就会全部成为废牌，一旦打了，就会成功给敌家吃碰！所以在五搭牌没有好之前，我们可以这样判断，必定有一搭，是由这个孤张筒子所组成的。

为了制造牌流，势必会对手牌造成影响。在牌局开始的时候，我们就要去评估其利弊。其次四家不动牌，是对我们友善的牌流，还是不利的牌流？如果敌家不动牌是友善的，那么我们手里的孤张绝不能打出被敌家吃碰。如果敌家动牌对我们有利，我们就要找到敌家能够吃碰的牌舍出。

从另一种牌姿来研究，假设我们有 6 张字牌全部不成对，如果 6 张字牌全部留着，必然在五巡左右，会摸到一张字牌对。如果起手没有五搭，手牌立起来的第一件事，就是要去思考、去预测，并运用几率去估算，会从哪里得到第五搭牌。

这个就是打牌的计划，照着这样的计划走，才能演出和牌的戏码。

举一个简单的例子，比如下图手牌起手只有三搭，当然我们也可以把这里的 7899 万看成 2 搭，那么就有 4 搭牌。第五搭会从哪里兜上来？

35 万一搭　　78 万一搭　　对 9 万一搭　　　　69 条一搭　　　124 筒一搭

筒子 3 张，条子只有 2 张，我们几乎可以确定前几巡必然会摸进 1—2 张的条子，所以条子这边的牌是绝不能舍弃的牌。如果以为条子很少，而轻易舍出 69 条的话，就是不了解牌流战略！

（四）如何控制牌流？

我们上面讲的制造牌流，是单纯以自己的手牌持牌几率做考量，然后来规划战局，通过配牌的几率和敌家前期的舍牌情况，来考虑留搭和留某一门单张。再或者是考虑起手牌要不要做清一色，都可以给到我们很多的重要信息！

但是除了上面讲的那些之外，在牌桌上面，不光要参照自己手牌的配牌几率，还要以其他三家的手牌来做考量。敌家不要的牌，我们要去留。

● 考量上家的手牌

如果是能吃牌的局，特别要考量上家的手牌，上家不要的我们就要留，一旦靠成一搭之后，就相当于变成自己在摸，上家也在帮你摸！如果我们马上靠成搭子，马上吃到了上家打的牌，表示牌流很顺。但是吃牌之后又会产生新的摸调顺序，如果吃牌后，后面又卡住了，那么就变成不顺了。这个时候就要去重新思考，接下来应该怎么让上家把牌碰回去，或者是我们碰下家的牌回来？

不能吃只能碰的局也是相同的道理！比如现在场上有 3 家或 2 家不要万子，我们就可以留下万子。即使此时我们手里摸进来的万子是孤张，也要给他留下。一旦万子孤张靠成一搭，我们就很容易摸牌进张组成一副成牌，或是靠成万子对，很容易碰出。此时说明牌流对我们很顺！和吃牌相同的原理，碰牌之后，也会产生新的摸调顺序，如果碰牌后，后面又卡住不进张了，那么就是变成不顺了。这个时候，同样也要去重新思考，接下来应该怎么让其他家把牌碰回去，或是我们碰下家的牌回来？

● 考量下家的手牌

该不该让下家吃碰？我们要控制到什么时候？不让下家吃碰对我们有利？还是让下家吃碰对我们有利？如果说让下家吃碰我们的手牌会进牌，自然是有利的，但是进牌后结果被自摸或者是点炮，就是不利了。牌局的顺逆，就在这细微的调整当中。如果说一路控制对于我们是好的结果，那么甚至可以把所有能够被吃碰的牌，全部当成炮牌来处理。

其次不能让下家吃碰到牌流的牌。比如说我们连续四五巡摸到万子，但手里有一个万子孤张要打出，这个时候不要轻易舍出这个孤张，一旦被下家吃碰，就会变成下家连续摸万子。原本对我们有利的局面，就会变成对敌方有利。

最后我们必须每次检讨，被吃碰之后，自己的手牌是否掉落了。如果总是被吃落，则表示原本顺利的牌流，都被吃碰所破坏了。所以我们一定要坚持到下家拆搭了再打，比如下家打了小挂的万子，我们跟打小挂的万子，下家没有打过大挂的万子，我们就不要去打大挂的万子！因为一旦被下家吃碰，牌就往下落，我们也无法前进。不如我们提前挡住水流，先让自己壮大，然后再去利用下家。

● 考量离我们最远的对家

对家的进牌状态如何？如果对家连续和牌，摸调顺利，我们能做的就是改变打法，改变对下家的控制，使牌流改变。比如我们可以从盯张改成松张，让对家原本顺利的摸调变成阻塞。相反原来是松张，现在就要改盯张。如果改变打法不能影响敌家的牌流，那么我们就以乱吃乱碰去造成牌流的重新错位。

上了牌桌，我们要有一人主宰的气势，先要主宰的不是胜负，而是牌流，是谁顺谁逆！事实上只要看见旺弱的指标，就能够判断顺逆，好比我们摸到绝张、三连坎自己能够打对等等。在牌桌上面，最容易控制的是下家，因为下家的吃牌和摸牌，可以由我们来干预，我们少碰牌，他就少摸牌。我们打生张让别人碰，也可以让他少摸牌。我们不打下家没有打过的那一挂，也可以让下家少吃牌等等！但是如果想让下家旺起来，却是最不用烦恼的事情！而对上家的控制，有八成也在我们手里，我们多碰两张牌，他自然也会少摸牌。但是对家我们鞭长莫及，要不断地去思考控制对家的战术。但是目的是让牌流对我们有利，如果牌流不能有利，至少要对敌家有害。能快，当然是打旺自己最好！不能快的时候，那么我们就要让四家一起慢！

另外牌流不止是舍在牌桌上面的牌，还有摸调的顺逆，当你看见敌家一直把摸进来的牌，往自己手牌中间插进去，表示他一直摸到有用的牌。这个时候如果还不想办法改变牌流，最后只有失败了。怎么改变？比如不该吃的吃一下，不该碰的碰一下，哪怕是拆了自己手里的成牌或者是搭子，也要去改变一下摸调顺序！

（五）危险讯号的概念

牌桌上有危险讯号，如果我们看到危险讯号不做一点措施，我们就有堕落的可能。

【案例一】

比如下图手牌是下家的手牌，下家序盘就两搭落地。此时下家摸进一张牌听牌，然后下家舍出的牌是我们能碰的牌，我们是碰还是不碰？

下家手牌⇨

我们可以先思考，序盘搭子不够，要怎么样才能得到第五搭？当然是靠手里的孤张。如果下家的手牌是摸进一张 1 万，只好舍 8 筒听牌，听卡 2 万。

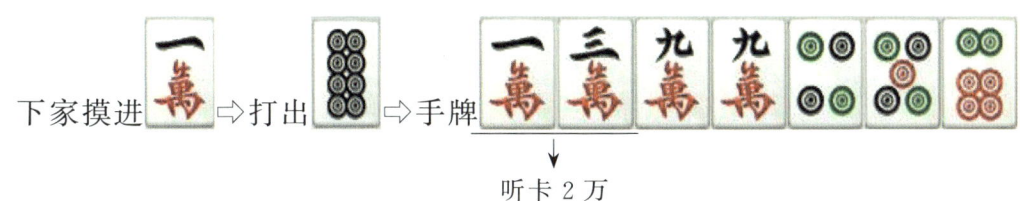

下家摸进⇒打出⇒手牌

听卡 2 万

如果我们碰 8 筒，下家下一巡会摸到什么牌？2 万？4 万？不管牌堆里洗得干不干净，一听牌就有人碰给你摸，那就是顺。这一手不自摸，又能挡得住几手。这个就是危险讯号，不能碰的危险讯号！

同样也有反过来的危险讯号，意思是有的时候要动牌，有时候不能动牌，该动的时候不动也危险。

【案例二】

我曾经打过这样一局牌：对家已经听了 45 巡了，而且现在是他坐庄，今天手气非常好。但是他此时还没有自摸，摸牌气势一直在增加。下家又是最弱家。我的手牌如下：

我的手牌⇒听 36 万

此时下家打出一张 2 筒，我可以碰。但是我们现在已经听牌了，听 36 万。碰还是不碰？碰了就变成单吊。在犹豫碰还是不碰的一瞬间，我感觉到了危险讯号，于是快速拿出对 2 筒碰牌，碰完之后打 4 万单吊 5 万。

碰⇒打⇒手牌⇒单吊 5 万

这里估计大家就不明白了，本来听的好好得干吗去碰牌？因为此时对家是旺家的第 1 名，而我现在处在第 2 名，下家是最弱的第 4 名。第 1 名的对家此时已经听了 4—5 巡了，现在又是他坐庄，所以我必须要采用"位置战略"里面的"扬黑抑红"战术阻截他，让他下庄。哪怕这手牌我们不和，让其他家和，对我们来说也是有利的。我打出 4 万之后，下家摸牌打牌，最后还是下家点炮给对家，依然没有能够成功拦住对家。但是如果刚刚我不碰，就是对家自摸了，所以这个就是危险讯号的概念！

1. 气势的消与长

我们上面讲了危险讯号的概念，有时候要动牌，有时候不要动牌。接下来我们介绍一下危险讯号，以此决定要不要动牌来改变牌流。

首先我们先来说气势，气势敌长我消，是第一种危险讯号。这个时候针对的是一个特定的敌家，通常是最早听牌或者桌面上面有大牌的人。如果场上有敌人一路挺进，造成另外两家气弱开始撤退，此时我们也要早早地撤到战局外吗？

【案例】

比如现在对家在做清一色，根据他的摸打情况估计他应该在二进听左右。上家和下家一直没有进牌，而我们手里的牌也很烂，字牌都还没有打完，我们的手牌如下图。此时上家打出一张6万，我们要不要碰？

碰了就会改变牌流，所以一定要选择碰牌。有的人会想改变牌流，对我们是否有利呢？如果对家这两三巡都没有摸牌进张，那也还好！但关键是这几巡都是他一个人在摸牌进张，而桌子上大家都没有动牌，没有人碰牌和杠牌，此时的牌流是对对家有利的。此时我一碰牌，就会导致牌流发生调转。很多人这个时候都是稀里糊涂地在打，不会考虑这么多。正常情况上家打牌我们肯定是不碰的，而且碰的是大肚子的牌型，就更不应该碰了。

所以大家要记住，当气势消长出现的时候，我们要先把牌流打乱，让我们先产生气势，从战局外重新回到战场。如果此时三家都放弃战斗不想听牌，最后只能是坐等失败。我们一旦开始吃碰，就算没有进张，也要一副高兴的样子。目的是回到战线上，另外两家很弱的也会安心一些，就会相应地扭转一些气势回来。所以当气势上危险的时候，即使不听不玩的牌也我们得吃碰，气势是根本，不可不察！如果后面能够把成功牌流从对家手中调转走，局势就会发生很大的调转！

2. 对手连进三搭

当对手连进三搭，不管他是连碰三搭，还是连吃带碰的三搭，总之是门前三坎落地。

【案例】

比如下家碰了8万、2条、7条，手里还剩下4张牌，变成了听牌的局面。

下家碰的牌⇨

⇨下家手牌　　　　　　　　还剩 4 张⇨听牌

我们只有一巡的机会，去判断我们的生死，以及牌流的流向。我们的手牌如下，现在轮到我们摸牌，摸进一张 5 万，此时要不要打孤张 8 筒？

下家连进三搭，8 筒如果是我们来不及跑的炮牌，就不要去打了。即使看到桌面上已经有人打过 58 筒，也不要打。因为这是上家和对家早就跑了的危险牌，如果我们现在还打，点炮给下家的几率就要大于 50%。所以大家请记住：**敌人连进三搭，手里如果还有没有跑掉的炮牌，可以不用跑了！**

其次一巡的机会断生死，怎么去判断？连进三搭的敌人，比如此时我们的下家，他连进 3 搭之后，留意他接下来第一张摸的什么牌？如果是无用的数牌，比如说摸到 2 万，他不能和，但是其他的两位敌家要。他虽然最终打出来了，但是也有犹豫过，这就是气势还没有起来，我们还可以放心，目前的牌流还能接受，不需要我们乱碰或是乱吃改变牌流，只需要忍耐手中还没有跑掉的孤张即可。

但如果接下来他开始摸安全的字牌或者是安全的数牌，那么接下来再摸几手，他的气势和信心就会增加，到时候我们就挡不住了。比如下家刚刚三坎落地后，第一张摸的不是 2 万，摸的是大家都不要的 1 条，想都不想就直接打出，说明此时牌流对他很顺。因为他听牌后，牌流没有给他出难题，听牌后很好跟打。如果此时我们还不动牌，他就可以一直不带犹豫地表演到自摸。所以这个时候我们就要通过乱碰一两搭，或是乱吃一两搭来改变牌流。

比如此时上家打出一张 3 筒，我们含泪也要把 3 筒碰了，并且还要表现得很愉快！目的是搅乱牌流，也让下家觉得我们也听牌了，均衡士气。如果接下来下家开始摸生张，那他现在听牌的状态也会陷入泥潭。对于已经听牌的敌家，对他有利的牌流，就算我们不能完全阻止他和牌，至少也能让他摸进生张在手里，让他犹豫纠结一下，如果说他中招把已经听牌的牌打成了不听，那么我们这一波操作就算真正成功了！

3. 连续五巡不进牌

【案例】

我们的手牌如下图：两进听的牌，从第 5 巡开始就是这种牌，一直摸到第 10 巡还是不进张，连续 5 巡都不进张。此时要不要继续战斗？

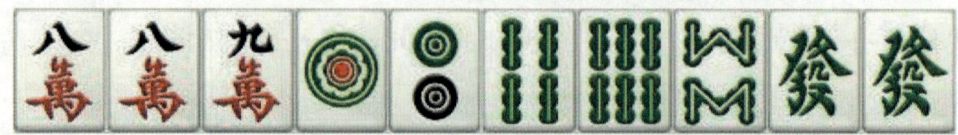

这其实就是牌流最直接的指示：让我们下车防守。不会进牌的牌流，就是打到敌家和牌，同样还在原地踏步走。碰到连续 5 巡不进牌，可能有些斗志强的人，还在思考如何和牌？如何力挽狂澜？怎么样能碰到 8 万？怎么样能碰到发财？如果能够摸进 3 筒就好了？

但是打牌不能一厢情愿，不能不顾牌势，硬想听牌和牌。可以这么说，如果牌不要你进，牌要你输，一定会有让你输的方法。

例如我们现在想碰 8 万，此时对家真的打出 8 万给你碰牌。我们碰 8 万打出 9 万，而对家刚好是手牌 788 万打 8 万，听 69 万，和的就是我们这张 9 万。再比如有时候别人是 8999 万打 8 万，我们碰 8 万打 9 万就点杠了！

所以当我们连续 5 巡不进牌，就要有舍的决定，有舍才有得！但是当我们决定不玩了，本来要碰的，就不要去碰了，本来不能碰的，倒是可以试着去碰，也许碰才是魔鬼的考验。反正不去改变牌流，多半我们也是输。我碰到很多这样的牌，连续几巡不进，反正没有希望了就乱碰，比如用 1223 筒碰 2 筒，没有想到最后尽然意外地和牌了，这个就是有心栽花花不开，无心插柳柳成荫！

4. 拆错的搭子出现

【案例一】

下图手牌手里有 24 万和 68 条的搭子要拆，24 万和 68 条的进张几率相同。

在没有任何参照的情况下，我们凭牌感拆了 24 万。过了一巡之后，我们

又摸进一张 3 万，这个就是拆错的搭子出现。

拆　　　打出　　或　　　⇒又摸进　　⇒危险讯号出现

这是天字号，最危险的讯号出现，对于我们来说气势会一落千丈。如果今天牌势很好，只是偶尔一次这样的事情出现，也是正常的！但如果今天一晚上点子都很背，又出现了这样的情况，就说明牌流对我们不友善，最后肯定要输，甚至可以断定这一把也不太可能听牌了。

此时我们就要勇敢地去碰牌或者是吃牌，想办法改变一下牌流！不能吃牌，就想办法碰牌！哪怕把自己手牌碰乱了，也要去碰。

假设我们不拆错 24 万，就可以直接摸进 3 万，这是有利的牌流，连坎张的尖张 3 万都能摸到。如果此时我们照着有利的牌流走，接下来多半会有好事发生。

但如果我们不照着有利的牌流走，依然照着拆错搭的牌流走，那么接下来就是以失败收场。碰到这样的情况，真正的高手一定会足够冷静，就算是相公牌也要想办法去吃碰。比如上面这手牌，场上有人后面打 9 筒，我们可以选择碰牌。即使手里是大肚子和边肚子这样的牌型，也可以去碰牌。只要手里有能碰的出去的牌，不管碰了之后对手牌有什么影响，都要去碰。

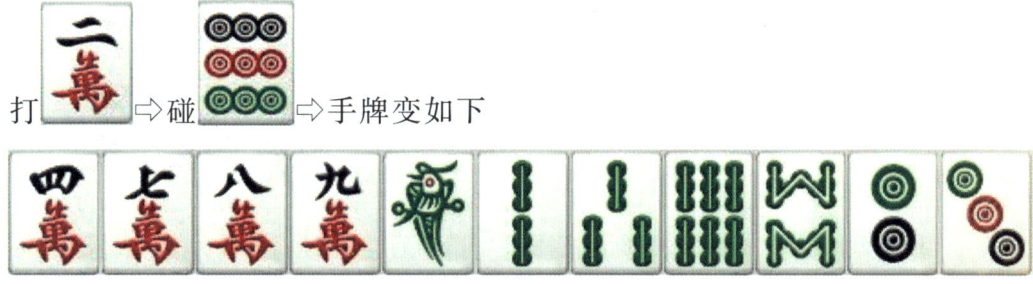

打　　　⇒碰　　　⇒手牌变如下

再或者能吃的局，我们拆了 24 万以后，过几巡上家又打出一张 3 万，也说明牌流对我们不利。后面如果上家打出一张 9 万，我们含泪也要用 78 万吃 9 万，然后再打 9 万。去打本来会打对，要做的事情！

拆　　　⇒打出　　或　　　⇒上家打出　　⇒牌流不顺

打　　　⇒吃　　　⇒手牌变如下

注：上面的这两种情况，不管是我们摸进 3 万后，还是上家打出 3 万后，后面没有其他敌家吃碰的情况下，我们才能想办法去改变牌流！

如果我们摸进 3 万后或者上家打出 3 万后，有人吃碰了，那么我们可以再摸一手，看看后面的牌流怎么样？对我们友不友善？

这是我们当天牌势一直很差的情况下，才可以这样做。如果今天牌势还可以，只是偶尔有一次这样的情况，是正常的，按照常规的思路去打即可！

【案例二】

拆错对子或者是选择错误也是一样，比如下图手牌：我们拆西风后，有人打发财，此时我们碰不碰？

按照前面讲过的内容，像这种两面搭子的四面招雀牌型是不碰的，碰了会有单吊的风险。但是这里要选择碰发财，去做原来会打对，应该做的事情。不碰是在没有打错的情况下，现在我们打错了，是错的牌流，就要选择去碰！

【案例三】

可以吃的局

这手牌我们拆 12 万的边张搭子，打 1 万。但是过了一巡上家打出了 3 万，这个时候我们就要选择吃 3 万。

吃了以后拆南风或是东风，同样也是去打本来打对，要做的事情！

5. 尾盘跟打被吃牌

【案例】

牌局近尾声，我们的手牌如下图所示：一进听的牌，进 69 条或 3 筒都可以听牌。

　　上家前一巡打过6条。我们手上的2万和5万是生张，不敢打，所以一直没有听牌。上家这一巡又打出5万。我摸进一张6筒，虽然我们此时还是一进听，但是我们摸到6筒，24筒坎搭就变成了三连坎，多了5筒的进张。从顺利的角度来看，此时我们的牌流是顺的，当时我毫不犹豫贴着上家打5万。

进⇨打⇨手牌如下，多了5筒的进张

　　没有想到的是下家用46万吃牌，这个就是尾盘跟打被吃牌。

　　如果有这种状况发生，下一巡就一定要吃牌改变牌流。敌人坚持到最后，能够得到我们的神助攻，气势增长不少，而我们原本不会打的牌，竟然被他吃掉。从另外一个角度来看，下家吃到我们跟打的牌，则表示有利于他的牌流发生，不利于我们的牌流即将出现。这个时候就是想办法改变牌流的时候，下一巡上家打9条，我直接选择吃9条打6筒，如下图：

吃⇨打⇨手牌

　　接下来下家直接摸打一张牌，对家摸一张没有用直接打出，放下家的炮。如果我刚刚不吃上家的9条，那么就是下家自摸和牌。由此可见，当不利于我们的牌流发生时，我们就一定要改变牌流！

　　6. 对手听牌后换牌

　　在牌桌上面，如果敌家听牌后一直没有自摸，或者是也没有人点炮给他，这样的情况就是牌流对我们有利，我们只需要保持现状即可。但如果敌人突然换牌，甚至是连换两张，那么他换牌的状态就有两种。

　　【案例一】

　　第一种手牌如下：已经听牌，听边搭7条。河里已经打了3张7条，那么这手牌听的是绝张7条。

手牌 ⇒

听 7 条

牌池 ⇒

接着又摸到危险张 7 筒，不敢打，89 条也没有人打过，打出去估计也有可能会被碰。于是就选择打出安全张 1 万，手牌退至一进听。

安全张，打出　　　　　　　　　　　　　　　　　　　摸进危险张 7 筒

但是没有想到下一巡，居然摸进了绝张 7 条。就又激发了他战斗的决心，拼命冲出 7 筒，这个是第一种状态！原本已经下车，现在又重新上车，冲出 7 筒之后，是既欣喜又欣慰。

进 ⇒ 打 ⇒

绝张　危险张

第二种状态是有将的牌，又摸进一张变成了暗刻，然后去拆搭子，如下图所示：

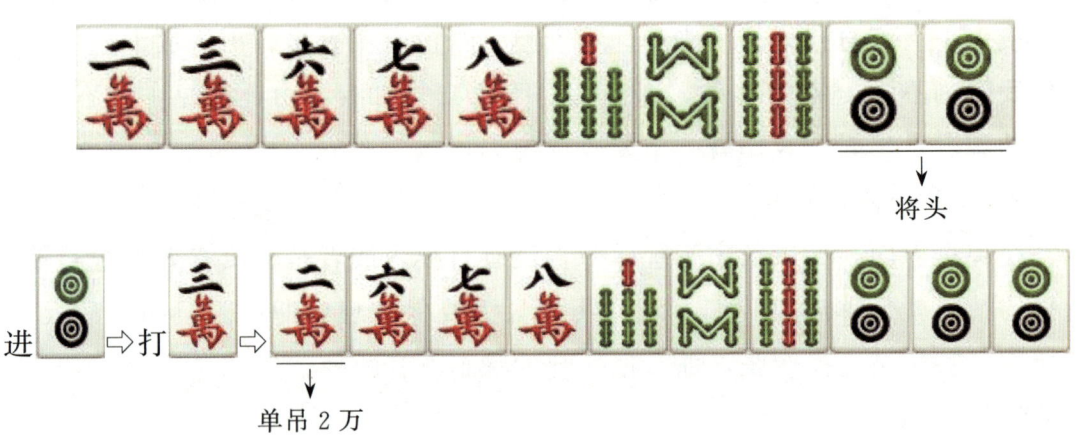

将头

进 ⇒ 打 ⇒

单吊 2 万

打 3 万，想着自己连拆 13 万，引诱别人的 2 万出来。但是没想到下一巡又摸进 6 条，现在 7 条已经是绝张，当然要打 2 万，听绝对有和的 69 条，这

个就是第二种状态。

听 69 条

对手听牌后突然换牌，而且是连换两张，我们还可以通过观察敌家的表情来进一步确认是不是上面说的这种状况。如果是换成看敌家的牌背，就是敌家把他的听搭给退出来。本来是 23 万听 14 万，退掉 3 万又退 2 万，就是牌流对我们不利，说明他手里还有比两面听更好的牌搭，此时我们就要马上做出反应。

反过来有时候敌人单吊好几巡，一直都不和，听错张，这就是敌人衰落的表现，我们只需要保持现状即可。所以不要在敌人久听不和时，去做出不正常的吃碰，即不要去改变他的牌流，让他继续沉沦海底！但如果因为其他敌家吃碰，而让这个他有转牌的机会，我们就要马上采取措施，来进行牌流的再次改变！

7. 绝对死亡的信号

【案例】

有个牌局：下家从手里打出来一张 6 条，我判定他是闪避，有可能是 667 条打 6 条，也有可能是 566 条打 6 条，无论如何是听 47 条或 58 条。接下来他又摸到 3 条打出，下一巡又摸到 9 条打出，几乎就要自摸了。每次他用手搓牌的时候都非常激动，感觉是条子，但一看不是少了条，就是多了条。这个时候大家的气氛都紧张到了极点，现在又轮到他摸牌，打出第三张是 2 条，现在是什么情况？

下家打说明条子牌流产生

此时就是绝对死亡的信号来了，我们只有 2 个字，等输！因为条子的牌流已经产生，牌墙里面堆着这么多条子，再不改变摸调顺序，下一两巡，下家必定会自摸。

那么应该由谁来改变摸调顺序呢？

牌山里面很有可能连续堆着条子，每个人都有可能摸进条子，会不会一

改变，导致下家马上自摸呢？这个时候我们就要先搞清楚：是只有下家在摸条子，还是场上的 4 家都在摸条子？

➤ 如果只有下家在摸条子，那么简单的一个吃碰，就可以改变牌流，阻止下家再摸条子。

➤ 如果对家也摸条子，那么我们现在吃碰改变也没有用。

➤ 如果三家都摸条子，我们就要找到没有摸条子的那一家给他吃碰。

当时打这手牌时，我就在观察大家的摸牌情况，下家摸条子，我摸的也是条子，上家也是摸条子，只有对家摸的不是条子。

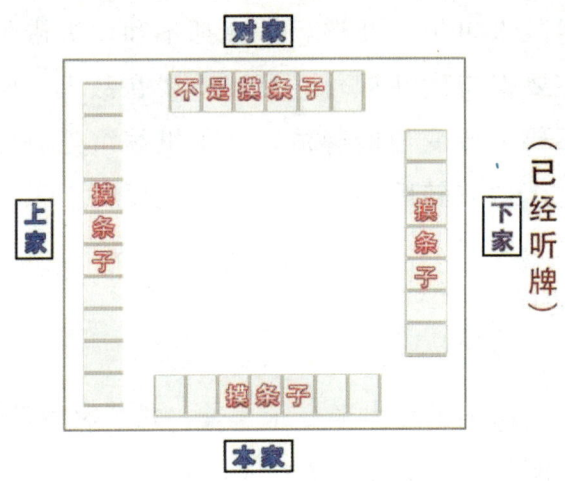

说明我和下家、上家是一样的条子牌流。我没有办法解决，我吃碰也是会落下去给下家摸条子。除非我能碰到下家的手牌，让对家要摸的牌给下家摸。但关键是下家已经听牌，下家接下来打的可能都是他不需要的条子牌。我的手牌如下：手里没有条子对，就算有条子对，这种碰出的几率太渺茫了！

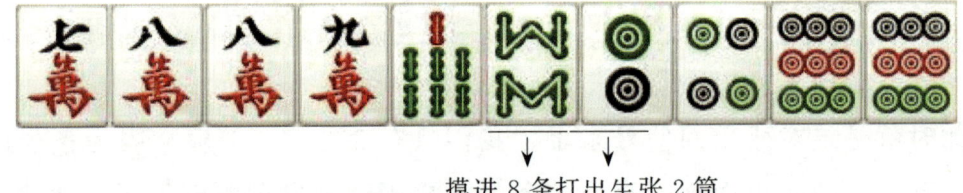

摸进 8 条打出生张 2 筒

此时我们轮到上家摸牌，他也摸进了一张条子牌，喊着这张牌不能打，然后从手里打出一张 8 万。虽然此时我能够硬碰，但是我碰了之后，下家同样会接着摸条子牌流。所以我没有碰 8 万，接着摸到一张 8 条，拆搭选择打掉生张 2 筒，看看能不能有机会让其他敌家碰。结果 2 筒没有人碰牌。接着下家也摸进 8 条，最终下家自摸结束这一局！

这里有一个小插曲：最后倒牌，对家手里有 2 筒一对在做将，他没有碰牌。他如果选择了碰牌，说不定接下来还有机会结束这一段条子牌流！控制牌流是麻将这门学问里，最深奥的部分，对家虽然打牌很多年，但关键时刻没有碰 2 筒，说明他明显没有达到这个层次。我这里开了一扇门，就是为了让其他敌家能够接过，然后走进这扇门，但无奈的是没有人接盘。

这也可以说明麻将的胜负，是可以由那些高手所掌控决定的。给谁顺，让谁逆，都可以通过场上的选手配合去改变。但是牌流很深奥，很多人包括一些麻将老手都只是在门外。如果我们能够走进这扇门，开始挖掘，耐心研究，就会发现麻将真正的奥秘虽然非常难掌握，但是我们只要有一万小时定律的决心，时间久了，麻将就是有心人的天下！

这里如果有看不懂的麻友，可以在家里把麻将拿出来演习比划一下，或者是用纸画图比划一下，可能会更容易理解一些！以上那么多牌例都是我实战当中的一些经典牌例。有人可能会有疑问，你怎么能记得这么清楚？因为我打麻将有做记录的习惯，虽然对局已逾数万局，但是实战中的一些有意义的经典牌例，我都会记录下来，写出感想，统计次数，然后找到规律！

所以我同样建议大家养成记录的习惯，记录经典的牌型、记录对战次数、对战时间、对战的地方、对战位置、对手信息、还有输赢情况等等！当你记录的次数越多，你就会从中发现很多规律，包括自己的不足、对手的长处与不足、地方位置的优势等等！总之如果你经常打麻将，我的建议是不要盲目打！我们要学会有计划、有规划，这样才能把麻将越打越好！

十六、碰牌战略

打麻将牌势不好应该怎么办？麻将技术固然重要，但有时候战术也是很重要的！

（一）上家和对家今天牌势比较旺，我们牌势很差。

这个时候就不要一心想着和牌了，我们要削齐锋芒。

【案例】

我们手牌如下：此时下家打出一张 5 条，我们碰不碰？我们要碰牌，碰牌之后，手里多出一个 246 连坎对手牌还是有益的。

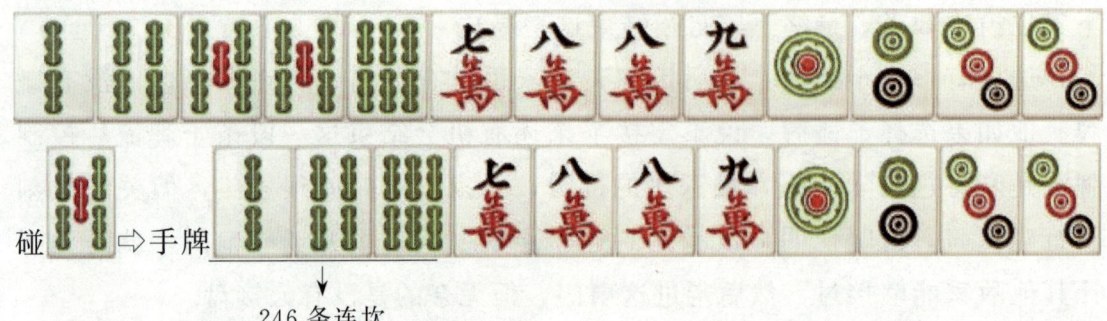

碰 ⇨ 手牌

↓
246 条连坎

如果是对家打 3 筒呢？我们选择碰

碰 ⇨ 手牌

有的人可能会感觉奇怪，碰是一副成牌，不碰也是一副成牌，岂不等于白碰？前面的内容不是说这样的牌型不要去碰吗？我们牌势很差的情况下就要另当别论了，如果这个时候河里 12 筒都有出来的话，我们一定要碰。但是如果下家牌势很旺或者也已经听牌，我们就不要去碰了，选择跟打就可以。

而现在是对家和上家牌势很旺连连和牌，所以这个时候对家打 3 筒，我们要选择碰掉，然后再打 12 筒。这样既能牵制下家，又能把牌势很旺的对家的牌调到我们下一巡来抓，同时又杀了上家的锋芒，让上家白白过了一圈摸不到牌。现在上面这种情况是对家和上家的牌势很好，我们的牌势很差的情况。

（二）单纯上家牌势很好

这个时候我们依然可以多留对子，有碰就碰，不要去考虑什么最大几率，速战兵法。但是有碰就碰的前提是下家没有听牌。这样做有两个好处：一是让上家少摸牌，二是看一下能不能通过摸调顺序改变一下我们的牌势。

（三）如果上家牌势很好，下家牌势也很好，我们被夹在中间
怎么办？

这个时候我们依然可以多留对子，尽可能地跟打，但是就不要有碰就碰了。这样做也有 2 个好处：一是看一下有没有抓杠的机会，二是一门牌总共只有 4 张，我们就抓了 2 张甚至 3 张，如果我们不让他现出来的话，那么对敌家留牌留搭，选听方面都会造成很大的影响。

再有就是牌很差的时候，我们可以每摸到一张牌，都思考半天。即使知道怎么打，也要思考半天，不要打得很快，拖延一下时间，这样对敌家的情绪方面也会造成一定的影响！后面时间一到转身就走，不要恋战想翻本！

（四）如果三家都已经听牌

我们可以假装自己也已经听牌，气势高涨一些，让他们以为你也马上要自摸了。这样敌家就会见炮就走，大部分人都不会再去贪自摸了。甚至还有一些敌家手里有机遇牌可以做大的，也不会再做了。

还有如果身边有朋友，可以让他帮你代打几圈，你下场休息一会再打！这些可以让你糟糕的心情和心态适当缓解一下。

总之你点子很背，就要想办法打游击，让自己少输一点，夹缝中求生存，中间发现牌势有所好转，马上调转头就发动攻击！如果一直没有好转，就拖延时间，早点离场！如果最近点子一直很背，纯粹排除不是自己的牌技问题，是运气问题的话，那么你就要先修整一段时间，等过段时间自己手上没活心里没事的时候再去打！

十七、12 圈基本战略

麻将战略很少有人注重时间，作为一名合格的麻将选手，时间观念应该列为最基本的战略之一，这里的时间指的是我们每打一场麻将的时间。

【案例】我们刚开场就拿到下图手牌：这手牌我们可以朝着 7 对的方向去发展，此时场上有人打出一张 6 万，我们碰不碰？

这里给大家引入一个"赢在头四圈"的概念，如果这手牌是刚刚开场，我们应该选择碰牌。

碰

没有碰之前我们是七对三摸一，一进听的牌。碰了 6 万后，我们同样是一进听，后续碰 8 筒、东风、1 万，或者进 69 筒都可以听牌。这 3 个对子都是非常容易碰出的对子，69 筒也很好进张，这手牌平和的和出率非常高。

如果我们不碰4条，做七对的成功几率尚未可知。俗话说"打牌若无底，神仙也无解"。很多人都不懂得规划战略，一上桌就照着老套路去打，特别是有些喜欢做大牌的，只要有点大牌的影子就死做大牌，或者是一上场就死盯敌家，还没有等到打到中场，就节节败退。这种人都是不懂得赢在头4圈的战略。

● 头四圈（一圈4局，4圈为16局）

上场开始打的第一局牌必须要抢和，而不是做大牌，切莫过分地看重盯张，更不要去扣牌。要知道如果头4圈没有掌握好牌风，导致牌风转弱的话，那么接下来就像逆水行舟非常吃力。赢在头4圈，以开始打牌的头2圈最为重要，即使我们不能独占鳌头，但也不能屈居末位。事实我们到了4圈还没有开和的话，那么我们基本上是大势已去，即使你在拼命挣扎，能打个平手也算是很不错了！

● 第二个4圈

如果我们头4圈有一家牌风很旺，那么下4圈开始，其他三家就要有同舟共济的概念，三人要合力围歼他。遇到他要摸牌，就算拆搭也要去碰掉它，一张也不要放松。他坐庄听牌时，我们宁愿放张给另外一家和牌，也绝不让他连庄。倘若他坐庄的时候满手幺九，打也打不完，那么三家闲家就一起做牌逼他多输。总之要用合纵连横之术控制旺家，绝不能让他一家独大旺到底。如果遇到三家不配合，或者是有两家是新手根本不懂这个战略！那么以个人而论，我们头四圈就要抢快，无论是什么和，反正只要有和，我们就和，哪个快我们就朝哪个来，就抢一个"旺"字。到了第二个4圈的时候我们再趁势逼近，有机遇牌我们就做大牌，没有机遇牌我们就保守不冒进，尚有斩获那么就都是锦上添花了。

● 第三个4圈

如果还有第三个4圈，这个时候我们就要逼紧牌势，越保守越好，尽量让每一家都和小牌，没有大牌的出现。这样下来就算后四圈我们没有和牌，打到收场，你也不会是那个大输家。

如果你经常按照这种战略去打，长久下来一定是一个正收益的玩家。而事实上大部分麻友都是头4圈不好好打，打到中场了发现自己输多赢少，急急忙忙开始追赶。这时候你的状态，思维各个方面都是很糟糕的，你说你还怎么去追赶？也有一些人头四圈赢了不少，最后还是输个精光，甚至还要倒欠别人。上面这两种情况主要就是不懂得麻将的"12圈基本战略"，引用《三国志》中的一句话就是，"有战术没有战略，其败也固已"！

十八、位置战略

打麻将位置真的很重要吗？有时候自以为打了几十年麻将的老手，同样不了解其中精髓。只知道麻将是几率类，由运气高低造成输赢的游戏。但是麻将除了运气、几率外还有很多重要的东西需要我们不断去领悟。例如有时候我们是五面听牌，下图手牌我们听 14758 万，却输给了别人听坎 2 条，被碰断了两头居然还能自摸这就是几率。

有时候自己的手牌十几张可进，甚至二十几张可进，却一直丝毫不动也是几率。起手一进听的牌，打到最后都没有听牌，直到别人自摸甚至自己点炮，这也是几率。三面听牌发现有十一张没有出来，起手盖牌，以为绝对自摸和和牌，但是打到最后自己点炮也没有看见要进张的牌。最后结束翻牌一看，发现自己要的牌全部埋在牌山最末端，这个也是几率。

麻将几率固然重要，但是麻将同样也是一个气控制的比赛，谁能主宰牌桌上的气势、气流、气运，谁才能主宰胜利。要想掌握气，就不得不知道位置的重要性。所有的麻将书籍都会强调扬黑抑红的战术，位置的观念建立在扬黑抑红的基础上。但是麻将的位置有三种，第一种是地理位置即东南西北四个座位。第二种是旺弱的位置，赢的最多的第一名与第二、第三及最弱的第四名的位置。第三种是强敌在哪里，弱敌在哪里的相对位置。

（一）地理位置战略

● 地理位置的重要性

经常打麻将的麻友应该都知道，一个邪门的位置，经常会出现邪门的事情。在香港就流行一种，打麻将之前要看牌桌风水的习惯，实际上就是麻将的座位。灵不灵需要我们实际中去测试。

我经常去一家棋牌室，里面一间是雅室。凡是晚上打麻将，我都要坐在迎门那个位置，坐在那个位置打麻将我经常会连庄 10 局，牌势很好。而坐在背面那个方位，不但和不到牌，还经常点炮。我还测试过在另外一家棋牌室，里面有一个内位，坐在内位那个方位的人，没有赢过一场。

所以全国有很多地方，在开始打麻将之前，都要定庄，定庄一般是掷骰子的点数来决定你要坐哪个位置。甚至有些地方，确定位置打了几圈后还会重新调换各自的位置。因为他们特别计较方位的效应，认为坐什么位置跟输赢有很大的关系。这个就是信则有不信则无。但如果只当作玄，就跟打麻将排除气流一样，只能算是麻将的初级者。大家可以从今天开始注意，是不是只要坐到某一个旺位，就几乎注定了胜利。而做到某一个霉位，牌就会异常得难打，即使是最旺的那家换到了霉位，都有可能马上被逆转。但能不能坐到旺位，不是我们能够决定的。且不说丢骰子的不是我们，而且骰子的点数你也不可能去干预，甚至有些时候连抽座位的机会都没有。那么面对可能决定我们输赢的玄气场，我们应该怎么去运用呢？

● 如何运用地理位置

我们必须要知道东南西北四个方位，上一场他们的战果如何？比如说坐东位的人，战果怎么样？其次我们要知道东南西北这四个位置的某一位置，是牌很好，所以坐在这个位置的人很好打？还是本身坐在这个位置的人自己技术好？再有哪些位置的牌很好，很早就听牌，还是这个位置每次都要打到中期才能听牌？哪些位置的点炮几率很高，他们是因为摸牌进张而点炮还是因为乱打而点炮？我们要去了解每一个位置的属性和特征，才能针对不同的位置制定不同的战略规划。

当我们坐到旺位，而打牌技术很烂的人也在这个位置坐过，但因为他的技术问题并没有打得很好，还经常性冲炮。那么我们再坐到这个位置，就要全力地去攻击，按照最大几率，快速原则去打，遇到一些机遇牌，大胆去贪大，不要有下车防守的想法。所以说位置一定是建立在有一定麻将基础上的。当我们坐到最背的位置再想听牌、和牌都是多余的。听了也不和牌，摸打给敌家吃碰，喂饱敌家后还要点炮清一色，这个时候就要守多于攻，改变打法，搞乱气流、牌流。坐在很背的这个位置，大牌碰不出，听牌很难和，一拆搭它就来的这种痛苦座位，我们要了解上一场坐在这个位置的人遭遇的困境，然后反其道而行。比如说起手就有东风对、幺九对很难碰出。下一次序盘再拿到这些对子，就可以直接拆对打出。再比如听牌听得很好，几巡过后还不和，后面有机会就要去转听。我们宁可手牌多搭，也不提前跑牌拆搭。所以针对每个位置的属性和特征，来制定不同的策略，这样就可以在起跑线之前稳操胜券。

大家没事的时候，可以多看看经常打麻将的地方，统计一下每个位置的具体情况。如果说可以挑位置，那么你就可以每次提前一点过去，找到统计后觉得最好的那个位置坐下。如果不能挑位置，就根据统计的每一个方位的属性和特征，来制定相应的策略。

（二）旺弱位置战略

1. 旺弱位置的概念

四人当中的第一名就是最旺家，叫作"红"，也是"扬黑抑红"中的红。第二名和第三名要看输赢，如果都是赢的，即使赢得差距很大，但只要都是正的，这两个人的气势就不相上下。如果都是负，负数的差距就是运气的差距。如果说三四名都输得差不多，说明三四名的运气在伯仲之间。也有的时候三家赢一家输，一家独输的第四名就是最背家，也叫作"黑"，"扬黑抑红"中的黑。

刚上牌桌，我们还不知道谁旺谁弱，我们只需要按照最大几率和速战兵法去打即可，一路打到听牌和牌，无视盯张和控制危险张，将攻击视作防御，经过一两圈后，旺弱就会慢慢体现出来。这个时候我们就要根据各家的强弱调整打法，旺弱的位置决定每一局的打法都不同，如果不依照这个原则去打，想要必胜绝对是空谈，这也是麻将高级战略的精髓，掌握战局，决定输赢。

2. 旺弱位置第一名战略

第一名的旺家绝对不要离开战局，不要无意义地下车防守弃和，旺家的任务就是打最大几率和速战兵法，不要刻意做大牌。如果碰到混一色、碰碰和、清一色、7小对这些机遇型大牌，也要戴着钢盔冲出去，可以考虑贪大。既然是旺家，就要主打进攻，旺家下车防守弃和，就等于塞住了自己的旺气。无论如何都要保持在战局当中，旺家不要硬是去盯张影响自己，桌子上最会和最快和的就是旺家，一旦本来会和的牌没有和，旺家就会换人。

◆ 第一名旺家在相对位置时的打法

（1）我们是旺家，下家是最倒霉的第四名

这个时候即使下家能吃到牌，或是因为我们多碰牌导致他多摸牌，他的牌局进展依然很困难，而且讽刺的是最背的那家往往经常吃不到旺家的牌。旺家的打法总结下来就是朝着最大几率、速战兵法去打，并且不必恶碰，不必禁牌。尤其是因为扣牌而减慢速度的打法，是没有必要的，唯一要避免的就是点炮给最背的那一家。我们要让最背的那一家，沉沦到底，后面的牌局才会更容易进展，反正已经有一个人垫底了。很多新手为什么会大赢，就是因为他是旺家，下家做了一个倒霉蛋，而且新手的打法只看自己的手牌，一路冲刺，正好符合上面说的旺家打法原则。

（2）我们是旺家，下家是第三名

第三名什么概念？几乎是点炮率最高的，也有可能是和牌率最高的。正因为这样来来去去，所以他才停留在第三名。但因为他有和牌的能力，所以我们绝对不能再让他向上浮上来。面对第三名的下家要封庄，要完全控制住让他不要连庄。在他当庄的时候，我们就要把这手牌打的保守一些，越保守越好，不要轻易让他吃牌、碰牌，张张盯死。其他时候还是要按最大几率和速战兵法去打，不必理会第三名的下家和牌。

（3）我们是旺家，下家是第二名

第二名是正的第二名还是负分落后的第二名，打法略有差别。当下家是正分的第二名，且和我们差距不大的时候，他这个位置就决定了常红与由红转黑的关键。这个时候就要有效地控制第二名的下家，甚至把他打进败部，那么我们一家独走就在眼前。所以下家是正分的第二名的时候，我们要打得保守，适用于慢速打法，但是不要影响最大几率。如果下家是负分的第二名，我们可以暂时不理会他，直接打最大几率和速战兵法即可。

3. 旺弱位置第二名战略

第二名的任务是最艰难的，最容易风云变色的位置。第二名的首要任务就是和旺家第一名战斗，当旺家连庄，唯一不能下车防守的就是第二名。即使坐在旺家的上家，也必须以最大几率和速战兵法打到听牌和牌。当旺家第一名连庄，最有可能和牌的就是第二名。如果第二名防守不玩，只顾盯庄，旺家其实根本不需要吃碰，也有可能听和，否则他是怎么变成旺家的？所以第二名去盯他，只是无聊的消遣，不要以为张张不让他吃碰就是尽责，明智的选择是和别人的牌，让旺家下庄，这才是处在第二名的首要任务。

第二名的第二个任务是扶持最弱家即第四名，"扬黑抑红"就是第二名这个位置的真实写照。扶持第四名能够造成局势的逆转，气势的变动，而影响最大的就是第一名的旺家和第三名，获利者当然是第二名。第三个任务是打击第三名，过水背家，和第三名的牌，恶意碰第三名的牌，让他少摸牌等等，将第三名打落水中，这样牌局才能进行得很顺利。

◆ 第二名在相对位置时的打法

（1）我们是第二名，下家是旺家的第一名

此时想要阻止旺家听牌几乎不可能，但是想延缓旺家快速听牌还是可以办到的。处在这个相对位置，当然要打得超硬，适用慢速打法，不提前闪避，不先打会被吃的孤张，尽可能地少碰几对，特别是那些没有台的，字牌的对子。但是不碰也不能着急拆，要不断的根据牌局进展，阻碍下家进牌，同时还要将自己手牌打到听牌。

旺家的和牌没有针对性，如果我们助攻到旺家听牌，受伤的不一定是我们这一方，所以我们没有必要完全防御，延缓即可。即使旺家连庄，也不必恐慌，继续保持战斗，只要我方能够提前听牌，我们就有更大的几率可以和牌。其次也没必要过水等着和旺家的牌，旺家不会因为被第二名和牌从而气势衰弱。但是当第二名因为过水后自己和不到，就容易沉沦海底，所以第二名有和就要和，没有必要刻意去和第一名旺家的牌。

（2）我们是第二名，下家是第三名

打击第三名是最重要的工作，能够打多硬，就要打多硬。绝不让第三名能够吃进、碰进，自己尽可能地不要去碰牌，不要让第三名有提前摸牌的机会。同样适用于慢速打法，只有给到第三名足够的打击，自己才能稳坐第二名。

（3）我们是第二名，下家是最倒霉的第四名

此时打软就是我们要做的工作，即不要刻意扣牌，该碰的碰，扶持第四名。可以打中间，不打幺九，这样还能避免被其他两家碰到好对，有碰就碰，甚至可以硬做大牌，焦土作战。给第四名的下家制造多进张的机会，他会将自己摸到的烂牌掉下去，此时不管坐在我们对面的是第一名还是第三名，对我们都有正向的帮助。

4. 旺弱位置第三名战略

第三名会继续沉沦还是逆势上游，打对与打错就是关键。所以我们要先弄清楚，为什么会打到第三名？是自己的错还是敌家打得特别好？如果不是自己的错而是敌家打得太好，那就是相对位置的错误。敌家没有打得很好，自己一直打错，接下来调整心态，打对就可以。打对了就会慢慢爬起来，这个时候就特别考验我们的技术。但如果是敌家打得太好，我们就必须要改变打法，以求生存。

第三名的基本战术可以这样认定，其他三家的旺弱与我无关，我们的目

的就是活着，活着的关键就是上家。如果说上家打的超硬，我们就要打得超软，让下家快速听和。超硬即扣牌主打防御，超软即主打进攻。如果上家正常打，我们就要改变自己的打法，慢速改打快速。

如果说气流改变，对第三名有没有影响？当然有，如果旺弱重新分配，输的第三名会变成最输即变第四名。而赢的第三名也有可能变成最赢，即第一名。所以虽然我们处在第三名，也有赢的第三名和输的第三名之分。

◆ 第三名在相对位置时的打法

（1）我是第三名，下家是第一名

这样的情况就是等输的位置，第一名最常和的就是第三名和第四名的牌。我们可以先打最大几率看看有没有问题，没有问题就继续保持战斗。但如果频频出状况，怎么去主打防御也无济于事。如果我们盯死旺家，坐在下家的旺家是绝对不会让我们复活的，只会换另外一个人当第一名，但几乎不会是我们，因为我们在打慢速。所以如果我们想要保持战斗，胜负的关键是上家而不是下家。如果上家把牌扣死，此时下家再是第一名的旺家的时候，我们处于夹缝中，只能祈祷战局早点结束，或想办法调换位置。

（2）我是第三名，下家是第二名

此时我们要踩扁第二名，才有机会自己变成第二名。但是踩扁第二名也有可能会把唯一能够对抗第一名的武器消灭了，让旺家的第一名开始一路上高速。这个时候我们就要看，第二名是我们的敌人还是伙伴？什么是伙伴？如果我们不扣牌，下家的第二名会不会经常和别人的牌，尤其是和到第一名的牌，那么他无形之中就成了我们的伙伴。反之坐在下家的第二名就是我们的敌人，我们必须打得超硬。如果我们正常打还是会掉血，就还是要打慢速。如果打慢速反而是旺家第一名自摸，我们就要调整回来打最大几率和速战兵法，不用过分地去防御第二名。

（3）我是第三名，下家是最倒霉的第四名

此时气流转变的关键就是第四名，第四名如果翻身战局就会发生很大的改变。但是第四名想要浮起来还是很困难的。如果让第四名浮起来，我们第三名最有可能掉下去，会让我们从小输变成大输。所以虽然"扬黑抑红"是打法战略，但事实上能够扬黑的人只有胜部的人可以。我们现在是第三名，现在又是小赢的情况，可以打软再搏一下。但如果此时我们第三名是输的，就只能以防守为攻击，打得很硬了。为什么呢？如果此时下家的第四名非常弱，他如果能和牌，会和的通常都是次弱第三名的牌。第四名和几次第三名的牌后，就有可能拔地而起，我们再要扬黑，就是拿自己给第四名当垫脚石。所以处在输的第三名，是不适合去扬黑的，如果是赢的第三名可以主打进攻搏一搏。

5．旺弱位置第四名战略

当不幸成为第四名，纯粹排除不是自己牌技的问题，而是自己牌势的问题。要把自己打旺有以下 4 种方法：

（1）连和，不要看不起小和，过分贪大，有和我们就要和。连和几次之后，再看看自己的牌势有没有好转。

（2）打对，牌张全部选对，拆对搭，听对牌，下对车，该碰有碰，不该碰有忍。

（3）击败第一名，背到底第四名只会和到第三名，但第三名又会踩扁第四名，永远都只是在深渊中徘徊。所以在场上要尽可能地收集到旺家第一名的打牌习惯、出牌套路去和到第一名的牌。当收集到足够的情报之后，最基本的打法就是过水。

（4）死盯转气，不止盯下家甚至是盯四家。

上面 4 种方法用完都无解，我们还可以恶搞。恶搞有 3 种：

（1）恶搞磊打，再烂的牌也要去做大牌。

（2）乱吃乱碰，看看能不能通过摸调顺序改变自己的牌势。

（3）起手牌特别差的时候，可以把牌一盖，假装天听，通过这种方法打乱敌人的阵脚。

以上这三种方法都要有心理准备，等着输牌，不过输了一把之后，接下来就有可能是气流改变的时候。

我是第四名，下家是第一名。既然要改变气流，我们就要完全防御，甚至连慢速原则都不要去打，要按照完全不会被碰进，吃进的打法蠕动前进。只要死盯住旺家，旺弱就有机会重新分配，就会对我们有利。

我是第四名，下家是第二名。这个时候就要看第二名是赢的第二名还是输的第二名？如果是第一名独赢，可以先让第二名继续活着当伙伴。这个时候就要打得超软，试试看他能不能翻身，这样旺弱也有机会重新分配。

我是第四名，下家是第三名。这个时候踩死一个垫底，我们就能向上爬一名。先用慢速原则，试图求上进，第四名绝对不能点炮，在点炮面前和牌听牌都要靠后，最重要的就是不能点炮。这样才会有气，有气之后才能慢慢突击。而且第四名最会点炮给第一名和第三名，第三名是瞄得很准的，大部分都是和比他弱一点的第四名。

十九、如何成为麻将高手

麻将属于博弈类的游戏，所有有输有赢的这类游戏，都可以统称为博弈类。麻将属于4人之间的博弈，是13张数字排列的一种游戏。你之所以会经常赢，那是因为你的对手在你面前太弱了，你之所以会经常输，那是因为你的对手太强了！本章给大家分享想成为麻将高手的六个点，让你的麻将胜率上一个层级。

（一）第一点防作弊

为什么把防作弊放在第一位？因为不管你是新手、高手还是老手，只要别人使用了高科技产品，使用千术，你无论如何都是输的。大家不要觉得作弊离我们很远，其实它就在我们身边。麻将这项游戏牵扯到了利益，人性在利益面前都是脆弱的。你的牌友当下可能不会作弊坑你，但是并不代表他输的多了后，不会去作弊。如果身边的朋友经常赢你，那么只有2个可能：要么他技术比你好，要么他使用了作弊手段。千万不要觉得他只是运气很好而已！365天他能天天都运气好吗？365天你能天天都运气很差吗？

所以我们要时刻眼观六路、耳听八方，多看对手的牌背。如果你的对手手上突然多了一张牌或是少了一张，你不要觉得他只是一个相公，感觉很搞笑，实际真的是这样吗？还有对手突然去推牌堆或是上牌堆，我们都得留意一下。甚至有很多新手自己的手牌都看不过来，根本没有空余的时间去观察别人，你说怎么打？

（二）挑对手

为什么要挑对手？如果在排除对手可能作弊的情况下，还是经常输，那就是因为你对手技术比你强。

首先我们得清楚自己目前处于什么阶层？阶层指的有2个方面：一是技术，二是收入。

● 收入

和一个跟你收入不对等的人打，你觉得你赢他的几率有多大？很简单的道理，人家一场输个万儿八千的无所谓，还能保持良好的心态，笑嘻嘻地和你继续打，你能吗？你能做到，你就可以和他打。做不到，就不要和他打。因为你们不在一个阶层上面，人家在气势和心态上面就会秒杀你！所以不和收入不对等的人玩，哪怕你们关系再好！

● 技术

麻将技术一共分为 3 个阶层：新手、老手和高手。新手也就是初学者，想要成为老手，也就是一个时间问题，多打几场，自然也就能够成为老手了。而想要成为高手，却是一个极难进阶的过程，你如果在自己的麻将圈里能够经常赢，或者是 10 战 6－7 胜，那么你在你们那个圈子里面就是高手！

我们每次上桌前都要拍拍胸脯，问一下自己，能不能打得过这 3 个人？你了不了解这 3 个人，他们 3 个的水平处在什么阶层上面？他们 3 个是否会作弊坑你？有把握打的过，我们就上桌！回忆一下，你和他们打了这么多年，你赢的多，还是他们赢的多，你自然而然就能清楚这些问题了。所以不是所有的牌桌，都能上去坐的！

对人和玩法及规则都不了解的情况下，轻易上桌是要交学费的。为什么有些人在外面工作的时候和经常玩的人打，会经常赢。然后春节回到老家和不经常打的同学、朋友亲戚打，反而输了。不是你的技术不好，而是你换对手了，你对你的对手不了解。他的技术层面、是否会作弊、出牌套路等等都不了解。虽然你们是朋友、是亲戚，只能说对他这个人很了解，但是对他的麻将水平一点都不了解。

所以挑对手很总要，不要别人一个电话一打，你风雨无阻直接就去了。如果你经常赢他，你看他还打不打电话给你，就是因为你经常输。你是高手，你也只能在你们那个圈子里算是高手，如果跳一个圈子就不一定了。因为天外有天，人外有人！

（三）学习

有的人可能会说，我身边就那么几个朋友，已经排除了他们作弊的可能，也就放假休息的时候偶尔打打。我没得挑，怎么办？那么这个时候，你就需要暂停这项游戏，抽空多学习关于麻将的知识攻略、书籍等等。只要是跟麻将有关的都可以了解一下。戒又戒不掉，不如抽空多学习，提升技能，避免踩坑！想在这项游戏上取得多高的胜率，取决于你对这件事情的付出有多少！即使付出不一定有用，但是不付出 100% 是没用的！我每天会花费大量的时间去研究、学习麻将，做笔记、做统计、反复摆牌演习推算，所以才会有这么多的实战技巧与案例可以分享给大家。既然热爱这项游戏，又戒不掉，就要多花点心思去学习！

（四）挑地方

不知道你们有没有遇到过让你们感到不舒服，全身不自在的那种地方。那是因为你自身的磁场和周围的磁场相冲所导致的！所以我只去让我感觉到舒服的地方去玩，而且有些地方是一个房间里面放很多台麻将机，有很多人走来走去，甚至还有人站在后面看你打，更有甚者他不光看，嘴上还要说上两句。你说这种地方，你能赢吗？另外不要总是指定一个人挑地方，偶尔你也可以挑一个地方，这样也能有效避免别人使用作弊的机子坑你。

（五）时间

每打一场麻将之前，都要和大家约定好结束的时间，不管谁输谁赢，时间到了起身就走，绝不恋战。什么是时间呢？也是说你打多长时间，都能够保持一个很清醒的头脑在场上！不是所有的人都可以从傍晚打到天明的。

这样做有 2 个好处：

（1）你上了牌桌，证明是有把握赢他们 3 个的，所以时间到了，你有借口可以脱身。这样不至于别人说你牌品不好，毕竟是我们提前约定好的。

你们可以回忆一下，之前打了那么多场次，只要有想捞回来的这种心态的。

（六）心态

心态是麻将的最高境界，如何控制好我们的心态呢？影响我们心态的主要原因就是输赢。最有效、最直接的方法就是每打一场之前都给自己定一个数额。什么数额呢？即今天给自己定的数额全部输完之后，晚上还能睡的着就可以！比如你一个月的工资是 10000，那么就给自己定个 1000 或者是 500，上牌桌前跟大家说好，不要怕丢人，能坐在一个牌桌子上的，都是知根知底的人，你有几斤几两大家都很清楚！

输赢一定控制在自己的能力范围之内，不能跳到圈外去！不能动摇我们的根基，影响我们的生活、家庭以及事业。这样的话，这我们场输了，下一场还能保持一个良好的心态上桌，要不然上一场输得太多，下一场就有想捞回来的心态，甚至怯场。比如敌家随便麻将桌上用力摔一下，其实他没有和，你就以为他和了，心里为之一振。此时你已经没有杀气了，自然打错牌的概率会加大，出错的概率次数也会增多，即使今天运气再好，也会把一手好牌打的稀巴烂。每一场，甚至每一把都有一种想剃手的感觉！所以不光每一场给自己定数额，每一年也可以给自己定数额，只在自己的能力范围之内玩，输赢看淡一点，以一种纯娱乐的心态去打。你就会发现，你离高手越来越近了。

另外如果你老婆或是老公今天不让你去打，你偏要去打，那么这一场大概率是输的。还有在打的过程中，工作的事情一直在烦你，你一直打电话发信息，那么这一场你也大概率是输的。以上这些都是影响心态的因素！心情不好，状态不好，就不要去打麻将！

讲到这里，你们知道我为什么不说运气吗？因为运气我们没有办法把控，但是上面和大家说的这六个点，我相信只要自己自控力够好，大家都是可以做到的！虽然运气很重要，但是输一次就归结于运气，那么你输 100 次，也都要归结于运气吗？只有把我们能做的，全部都做到，剩下的交给天意，你的胜率才会更高！

二十、如何快速转运

打麻将运气不好怎么办？很多麻友打麻将都只相信运气，不相信技术。那么我们就来讲讲如何快速转运？

你知道人在什么时候，更容易时来运转吗？千万不要去相信什么星座、算命、塔罗牌什么的！我们只有运用科学的方法才能快速赢得好运气。如果你最近连输超过三场，纯粹觉得是运气问题的话，那么请你先暂停麻将这项游戏！做到以下三条，不出两个月，不光是打麻将，对我们生活中做生意，做人做事都会有很大的帮助！

（一）首先第一条：保持笑容

谁又能拒绝一个经常面带微笑的人呢？伸手不打笑脸人，跟身边的人好好说话，顺畅交流，用好这一点真的特别管用。暴躁的情绪是好运的天敌，暴躁其实是无能的表现，因为你无法接受和承受眼前的这一切，才会有如此的反应！但是改掉它也很简单，两个小方法：

➤ 养成和任何人说话沟通都用普通话，哪怕是在自己家里也可以说普通话。当你试着都用普通话和别人交流，会有意想不到的收获。

➤ 每天对自己说不要发脾气，可以在手机、电脑上设置不要发脾气的壁纸、床头上贴小纸条，时时刻刻提醒自己，压制住自己的坏脾气，哪怕那一瞬间你是在刻意压制自己，但是时间久了你会发现，习惯成自然，慢慢地你的脾气状态都会慢慢好起来。

在牌桌上面不要喜怒无常，赢了一点就开始飘了，感觉整个世界都是你的了！输了一点，就开始发脾气敲桌子了。要时刻保持一个轻松愉快的状态在场上，这样你打错的概率才会少很多，同时也让大家知道你玩得起也输得起。牌品看人品，不要让你的对手把你看得太透。

（二）无论多大的诱惑，坚决不碰那些高风险的事

什么是高风险的事？就是你琢磨了半天，总觉得这事儿哪不对劲，并且仔细考虑过最坏的结果一旦发生，自己压根就无法承担的这种事就叫高风险。一定要连尝试都不要尝试，千万不要给自己找借口，只有高风险才有高回报，我要搏一搏单车变摩托。万一失败了你能扛得住吗？转换到麻将上面也是一样，输赢要控制，不要超出自己的能力范围！别总想着一把和个大的彻底翻盘。你回忆一下那些能够让你几把就翻盘的牌局又有几次，所以运气差的你，只有一路小和才能冲向胜利。不要大的你弄不来，小的还看不到。麻将是越打越顺，你多胡几次，牌运自然就会发生调转！

（三）先敬罗衣后敬人，容貌就等于运气

穿衣风格把自己收拾得干干净净的，不要天天把自己搞得邋里邋遢的。早上起床洗个澡，刮个胡子，你会发现你一整天都特别清爽，特别精神，自己看了都喜欢你自己。当你足够自信，你就会发现你的磁场变得很强大，周围的人都愿意跟你聊上几句。俗话说"人捧有钱汉，狗咬破衣裳"就是这个道理。心情好了处处是生机，心情不好处处是困境。运随心转，不是玄学。科学的原理就是先解决心情，才具备解决问题的条件。如果你实在解决不了自己的心情，就假装出一副好心情。转换到麻将上面也是一样，今天心情不好，状态不好，就不要出去打。等哪天手上没活，心里没事的时候再去打。如果一定要去打，还不如直接送点钱给你的对手，他还能感激你一阵子！

以上这三条，管不管用，你们不妨试试。

实战练习题

本书实战技巧知识点众多，需要大家熟记于心并且灵活运用。在本书的最后，给大家提供二十三道实战题型，希望大家能够在练习的过程中查漏补缺，巩固本书中的知识要点，把所有的技巧变成真正属于自己的必胜秘诀！

注：所有题型的答案在后面一页

【题一】

这手牌你会打哪张？——（　　　）

【题二】

这手牌你会打哪张？——（　　　）

【题三】

这手牌你会打哪张？——（　　　）

【题四】

这手牌你会打哪张？——（　　　）

【题五】

这手牌你会打哪张？——（　　　）

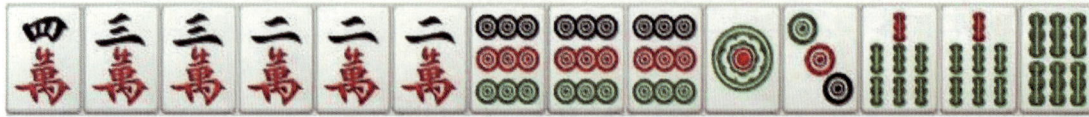

【题六】

这手牌你会打哪张？——（　　　）

【题七】

这手牌你会打哪张？——（　　　）

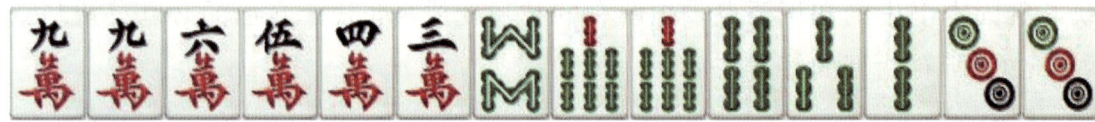

【题八】

这手牌你会打哪张？——（　　　）

【题九】

这手牌你会打哪张？——（　　　）

【题十】

这手牌你会打哪张？——（　　　）

【题十一】

这手牌你会打哪张？——（　　　）

【题十二】

这手牌你会打哪张？——（　　　）

【题十三】

这手牌你会打哪张？——（　　　）

【题十四】

这手牌你会打哪张？——（　　　）

【题十五】

这手牌你会打哪张？——（　　　）

【题十六】

这手牌你会打哪张？——（　　　）

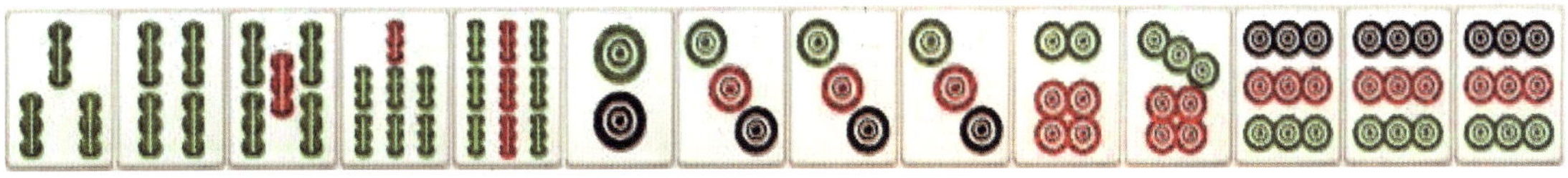

【题十七】

这手牌你会打哪张？——（　　　）

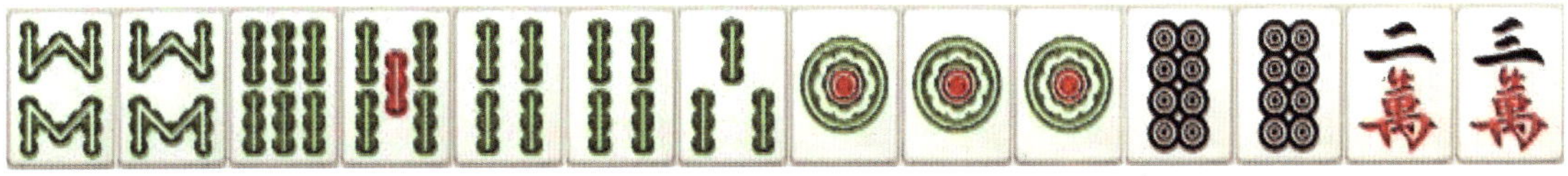

【题十八】

这手牌你会打哪张？——（　　　）

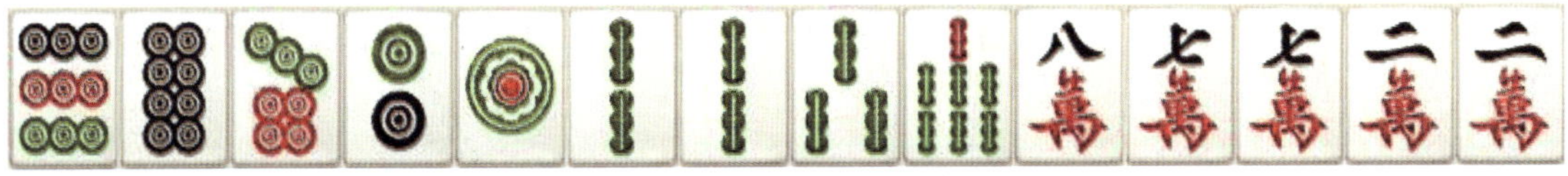

【题十九】

这手牌你会打哪张？——（　　　）

【题二十】

这手起手牌你会打哪张？——（　　　）

【题二十一】

这手牌你会打哪张？——（　　　）

【题二十二】

这手牌你会打哪张？——（　　　）

【题二十三】

这手牌你会打哪张？——（　　　）

正确答案

【题一】

这手牌你会打哪张？——答案：打5条

分解手牌

筒子这边有2种分解方式：

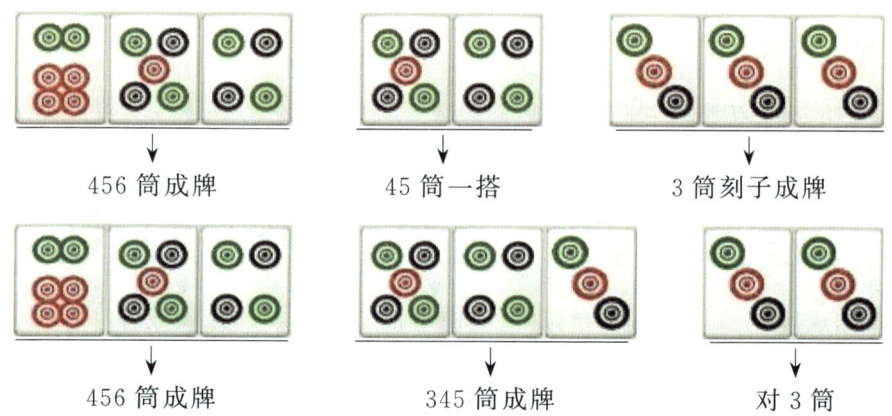

| 456筒成牌 | 45筒一搭 | 3筒刻子成牌 |

| 456筒成牌 | 345筒成牌 | 对3筒 |

可以看到，筒子这边不管怎么分解都是"2副成牌＋1组对子"或"2副成牌＋1组两面搭子"，根据五搭牌原理，条子这边再分解出来"1副成牌＋1组两面搭子"或"1副成牌＋1组对子"这手牌就可以达到很高效的听牌。

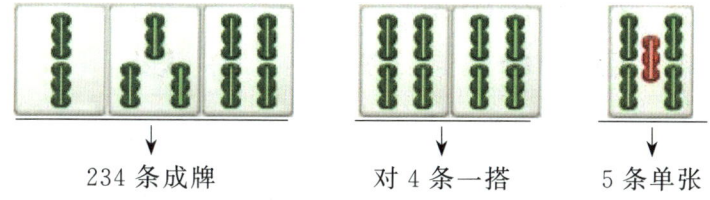

| 234条成牌 | 对4条一搭 | 5条单张 |

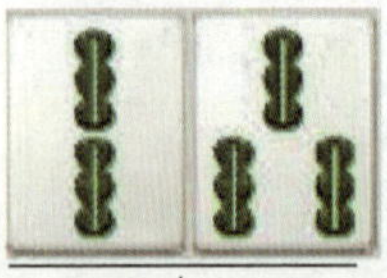

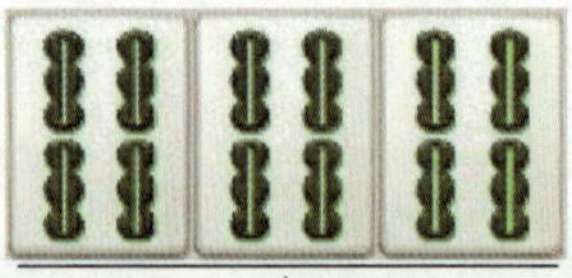

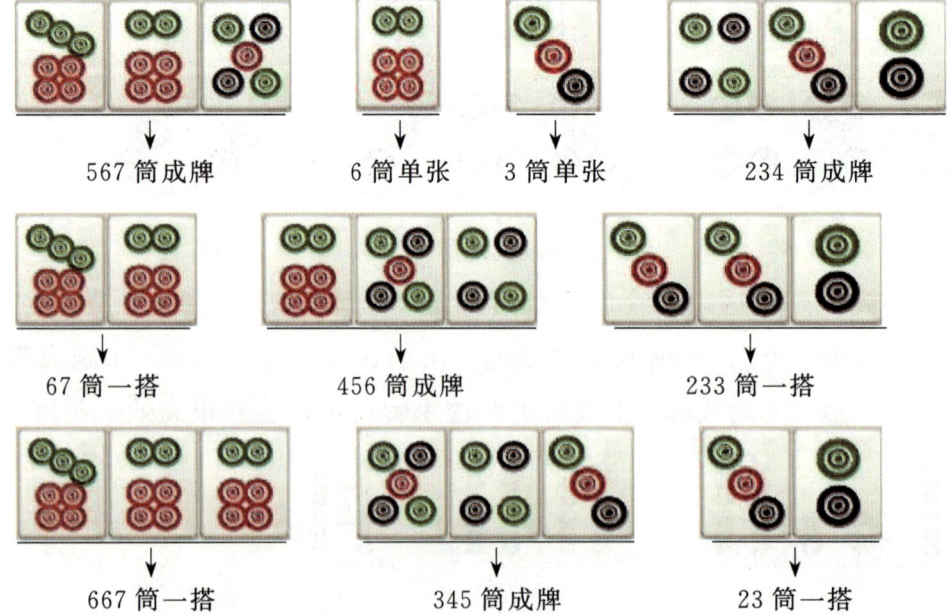

23 条一搭   4 条刻子成牌   5 条单张

所以这手牌的正确打法是打掉 5 条！

打 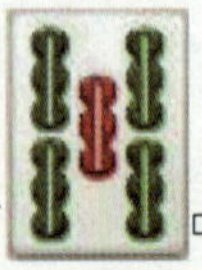 ⇨ 手牌变如下，听 14 条或 36 筒

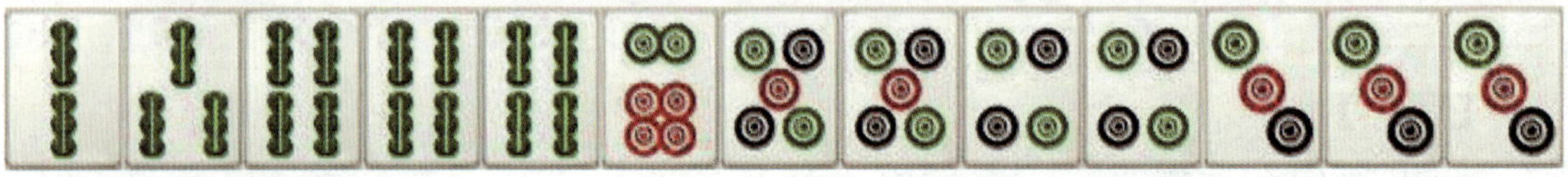

【题二】

这手牌你会打哪张？——答案：打 4 条

筒子这边的牌型是双翼型，也就是两个可以连在一起的大肚型。

分解手牌

筒子这边有 3 种分解方式

567 筒成牌   6 筒单张   3 筒单张   234 筒成牌

67 筒一搭   456 筒成牌   233 筒一搭

667 筒一搭   345 筒成牌   23 筒一搭

可以看出筒子这边的双翼型很容易组合成"2 副成牌＋1 组对子"，对子还可以自由变换，这种双翼型的复刻牌型是非常灵活的。摸进 58 筒，可以打出 2 筒，或摸进 14 筒，打出 7 筒，都可以变成"2 副成牌＋1 组对子"。当手牌搭子不够的时候可以把双翼型看成三搭牌结构。

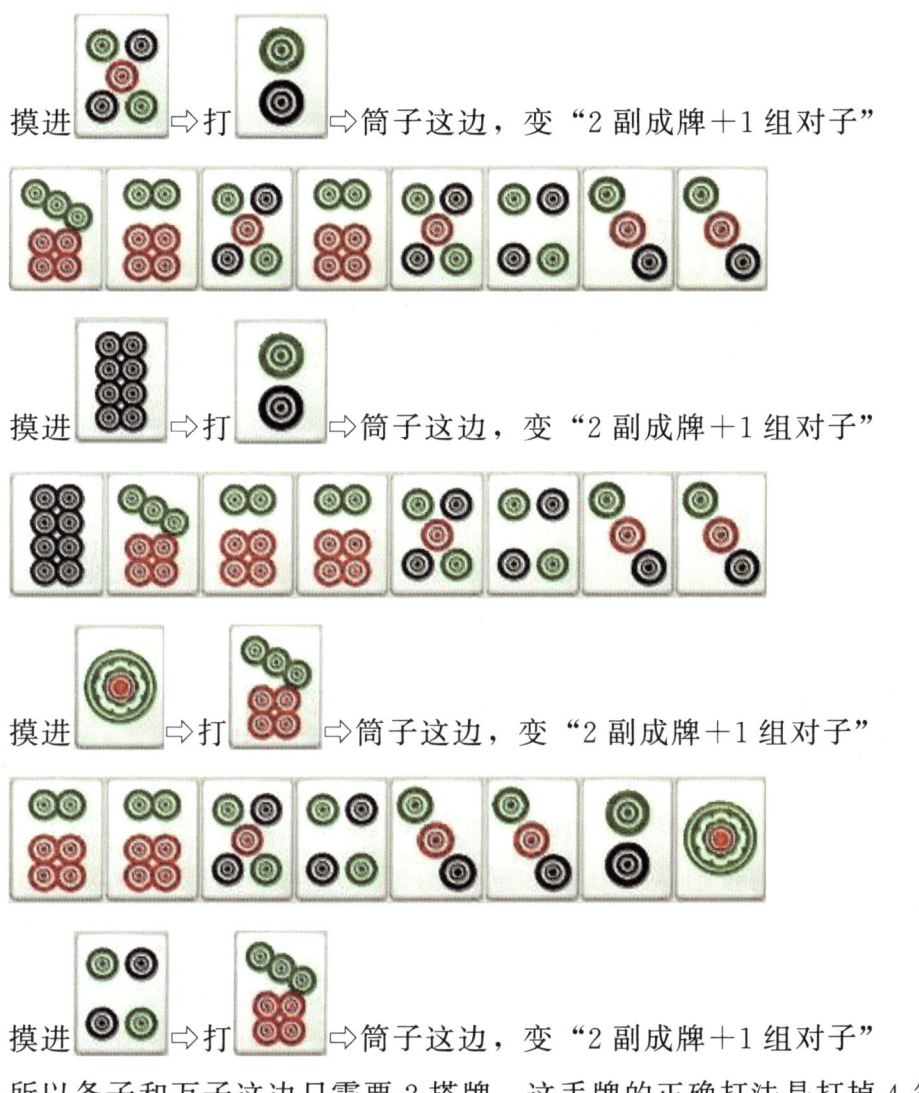

摸进 ⇒打 ⇒筒子这边，变"2 副成牌＋1 组对子"

摸进 ⇒打 ⇒筒子这边，变"2 副成牌＋1 组对子"

摸进 ⇒打 ⇒筒子这边，变"2 副成牌＋1 组对子"

摸进 ⇒打 ⇒筒子这边，变"2 副成牌＋1 组对子"

所以条子和万子这边只需要 2 搭牌，这手牌的正确打法是打掉 4 条！

【题三】

这手牌你会打哪张？——答案：前期打 6 筒，后期打 3 筒

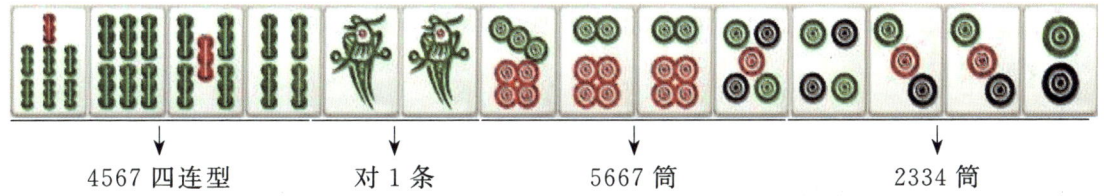

4567 四连型　　对 1 条　　5667 筒　　2334 筒

筒子这边同样也是一个双翼型，这手牌依然是一上听的牌型，47 条或 36 筒任意靠上一搭，都可听牌，可打的牌也只有这四张牌。

双翼型最大的价值就是可以给手牌提供"两副成牌＋一组对子"，但是我

们的手牌已经有了一组对子，就不需要筒子这边的双翼型再去承担找对子的责任。

所以这手牌在前期的话，可以打掉 6 筒。67 筒需要 58 筒，23 筒需要 14 筒，前期 14 筒是比较好进的听口。

打  ⇨手牌变如下

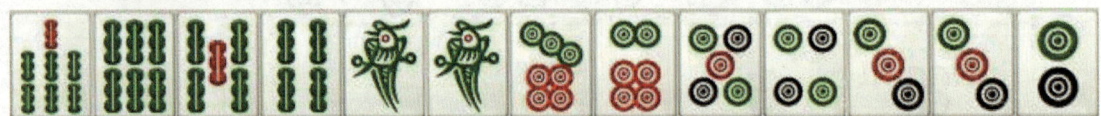

如果在后期，可以打掉 3 筒，保留 67 筒进 58 筒的口子。以上这些是根据各类搭子的价值区分来决定打 3 筒还是 6 筒。

打  ⇨手牌变如下

在四连型牌型的价值中，价值最高的是四连型，其次才是大肚型。所以就算不知道双翼型的价值区分技巧，通过四连牌型的价值区分技巧，也能够知道这手牌应该打 3 筒或 6 筒，拆掉一个大肚型。

还有就是这手牌，同样也是最大几率"一对三单"类型，一对 1 条做将牌，3 筒、6 筒、4 或 7 条任意靠上一搭就可以听牌。在"金三银七"的理念里也讲过，手牌有 3 和 7 的时候，那一整门都是进张，那么手牌有 4 和 7 的时候，2—9 都是进张，手里还有一对 1 条，1 条也是进张。筒子这边有 3 和 6，1—8 都是进张，这样也能一眼就看出来，筒子这边已经占用了这么多张。所以牌里都是相通的，规则只是增加了游戏的乐趣和难度而已。

【题四】

这手牌你会打哪张？——答案：打 8 筒

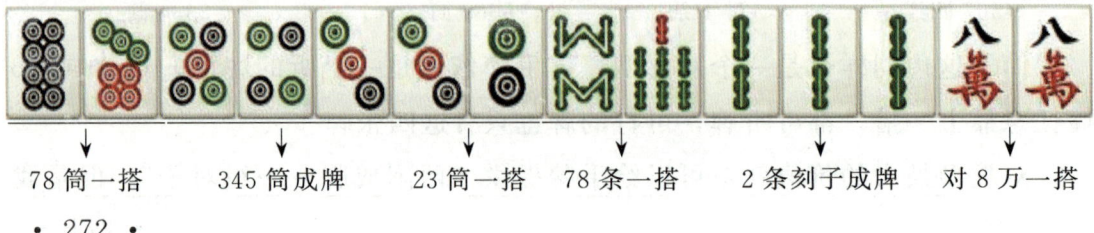

| 78 筒一搭 | 345 筒成牌 | 23 筒一搭 | 78 条一搭 | 2 条刻子成牌 | 对 8 万一搭 |

很明显，这手牌 6 搭多一搭，需要拆搭，应该拆掉哪一搭呢？对 8 万是将头，可拆的只有 78 筒、23 筒和 78 条这三组两面搭子。两面搭子的好与坏取决于它的靠张是中张还是边张。

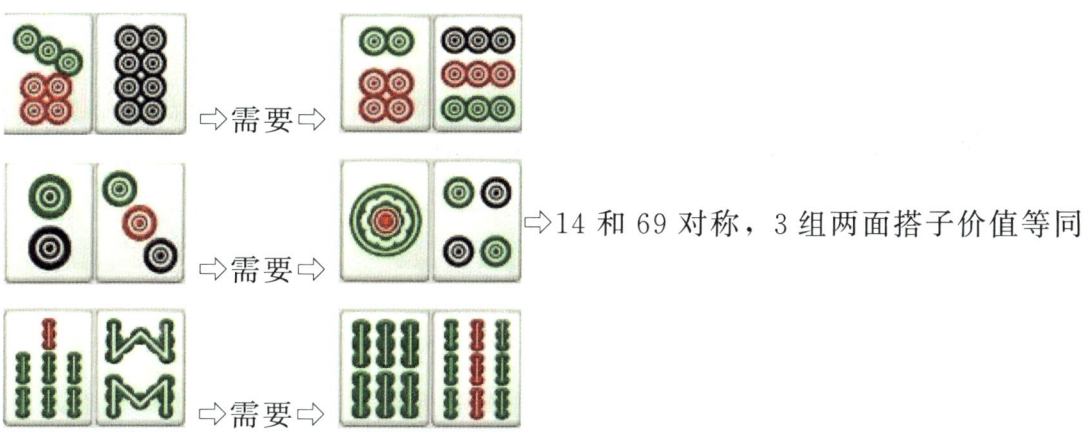

⇒14 和 69 对称，3 组两面搭子价值等同

排除河里已现张的影响，这三组两面搭子价值一样，应该怎么拆？

价值一样的时候，我们就需要考虑打出一张后，剩下的那一张还有没有用？

筒子这边还可以这么分解：

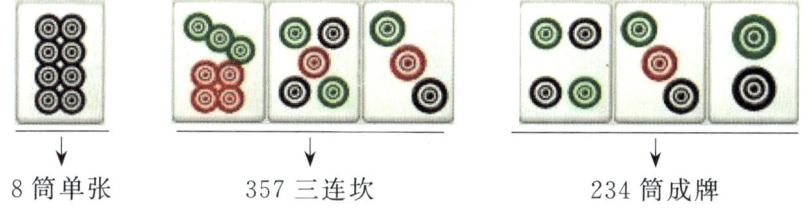

8 筒单张   357 三连坎   234 筒成牌

所以这手牌正确打法应该是打掉 8 筒！这样只丢失了 9 筒的进张，进 6 筒同样有用，还可进 14 筒。

打 ⇒手牌变如下

两面搭子的好与坏取决于它的靠张是中张还是边张，手里全是价值一样的两面搭子的时候，可以考虑拆掉一搭后，剩下的那张，还能不能对手牌起到优化改良作用。同时三连坎的牌型可以降低拆掉两面搭子的损失。

【题五】

这手牌你会打哪张？——答案：打 6 条

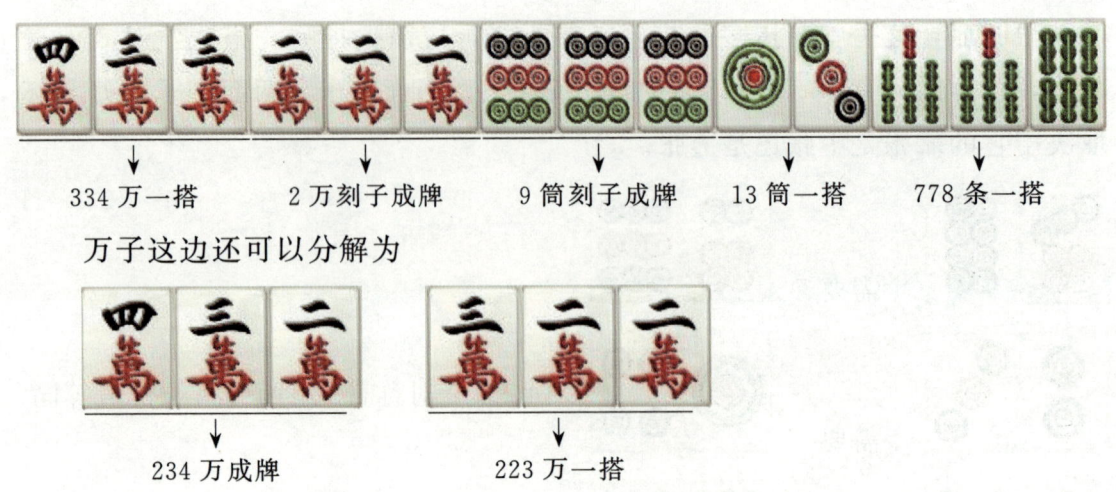

334 万一搭　　2 万刻子成牌　　9 筒刻子成牌　　13 筒一搭　　778 条一搭

万子这边还可以分解为

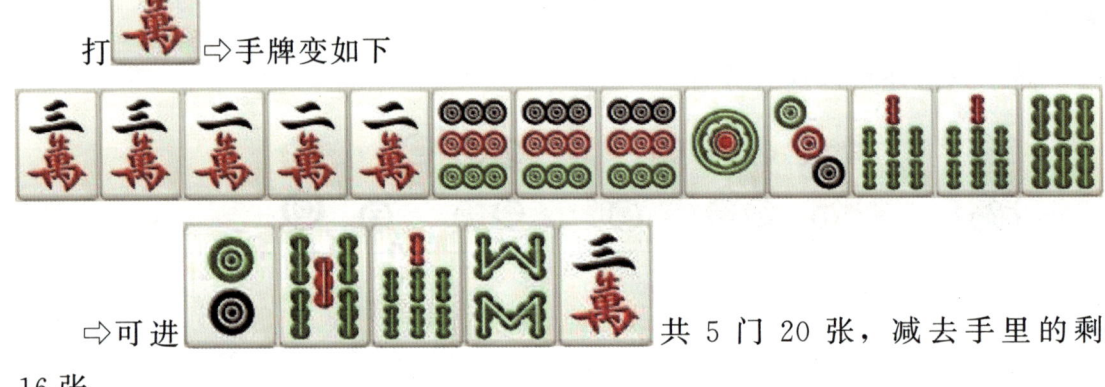

234 万成牌　　　　　　　223 万一搭

万子这边不管怎么分解，这手牌都有 5 搭牌。13 筒肯定不能拆，拆了就只剩 4 搭牌了。这手牌有 2 个对子，2 对慎重拆对，我们可打的只有 4 万或 6 条。

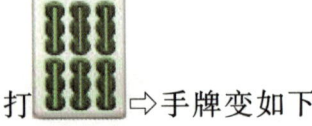打⇨手牌变如下

共 5 门 20 张，减去手里的剩 16 张

打⇨手牌变如下

共 7 门 28 张，减去手里的剩 20 张所以这手牌应该打掉 6 条！

手牌两对慎重拆对，而且手牌拆成两对半是最大几率，这手牌万子这边是一个六连的顺刻对型，这种六连的顺刻对型是很容易分解出来一个一对半

的牌型。

【题六】

这手牌你会打哪张？——答案：打7筒

分解手牌

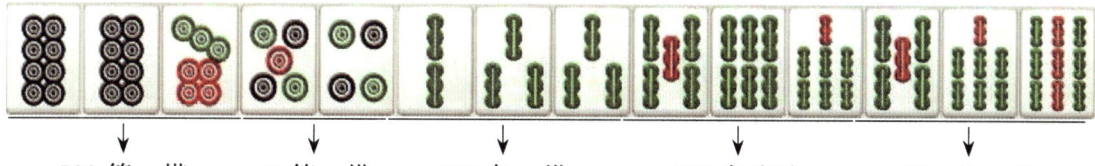

788筒一搭　　　45筒一搭　　233条一搭　　567条成牌　　579条一搭

这手牌从平和的角度考虑，手里只有两个对子：对8筒和对3条，对子不能拆。

从大和的角度考虑，条子这边有9张同花色牌型，根据后续的上牌，可以考虑清一色。而且整手牌有4对，可以根据后续上牌考虑7对。

所以这手牌应该打掉7筒！

打7筒只丢失9筒的进张，进6筒同样有用。而且打7筒考虑了平和，同时兼顾了大和的可能。

【题七】

这手牌你会打哪张？——答案：打7条

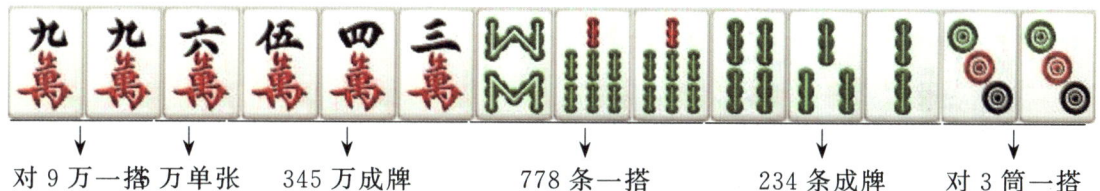

对9万一搭 万单张　345万成牌　　　778条一搭　　　234条成牌　　对3筒一搭

这手牌五搭牌已经齐了，手牌三对应该拆掉一对。三对遇到手里有单张的时候，应该如何取舍？有的麻友可能会选择打掉3万或6万其中的一张。

但是手牌一上听手里有很多对子的话，最终的结局极有可能会听在对倒上。假设打掉6万，条子这边摸进69条只能选择打掉7条。

打⇨手牌变如下

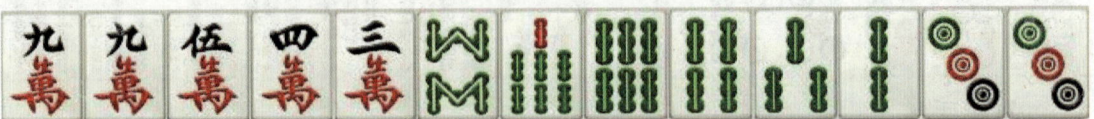

摸进 ⇨ 打 ⇨ 手牌变如下，听9万和3筒的对倒（摸进9条也是一样）

所以这手牌应该保留万子这边的3456四连型，选择在三对里拆掉一对，打掉7条，固定78条的两面搭子。原因有以下3点：

（1）这手牌缺的是好型的两面搭子，不缺对子。

（2）留下万子这边的四连型，摸进2457万可以给手牌提供一个两面的口子甚至三面的口子。

（3）打掉7条只是损失了碰7条的机会，而且尖张7条并不好碰。

但如果把这手牌的"6万"换成"6筒"，此时就可以果断地选择打出这张6筒了。

有的麻友可能会有疑问，打掉7条，后续摸进69条，不还是要打出6万吗？这不是多此一举吗？但是大家想想，我们打掉7条，不也就只是损失了2张7条的进张，但是换回来的却是万子这边多面听牌的机会。假如后面没有摸进69条，万子这边的四连型靠张只要摸进2457万其中的一张，就会对这手牌的后续听牌起到很好的优化作用。

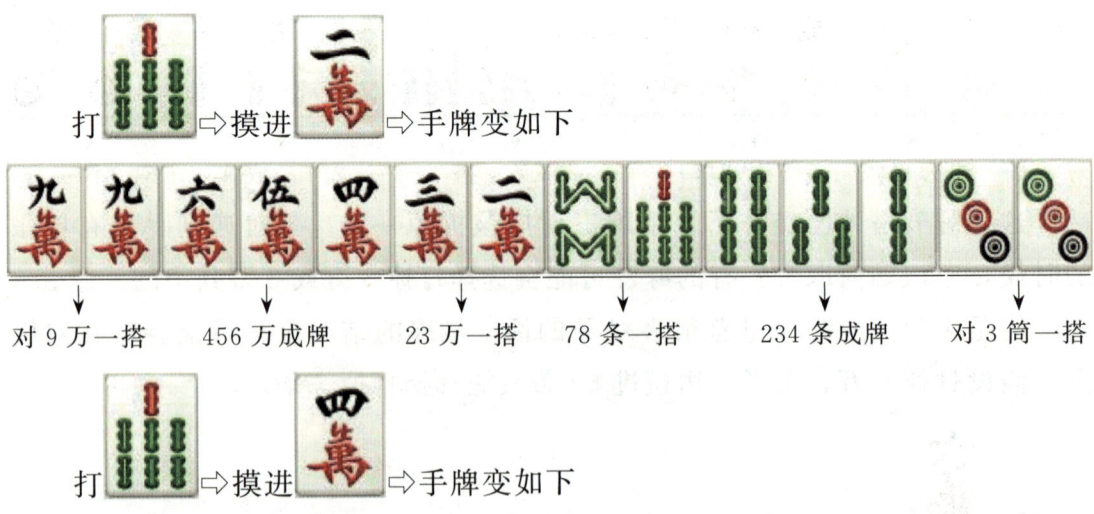

打 ⇨ 摸进 ⇨ 手牌变如下

对9万一搭　　456万成牌　　23万一搭　　78条一搭　　234条成牌　　对3筒一搭

打 ⇨ 摸进 ⇨ 手牌变如下

九万 九万 六万 伍万 四万 四万 三万 W W W | | | | ◎ ◎

对9万一搭 　　456万成牌 　　34万一搭 　78条一搭 　234条成牌 　对3筒一搭

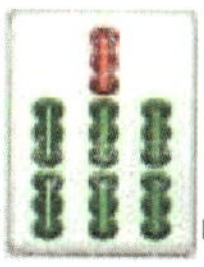

打 | | | ⇨摸进 伍万 ⇨手牌变如下

九万 九万 六万 伍万 伍万 四万 三万 W W | | | | ◎ ◎

对9万一搭 56万一搭 　　345万成牌 　78条一搭 　234条成牌 　对3筒一搭

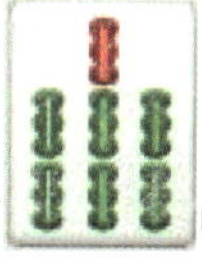

打 | | ⇨摸进 七万 ⇨手牌变如下

九万 九万 七万 六万 伍万 四万 三万 W W | | | | ◎ ◎

对9万一搭 　567万成牌 　　34万一搭 　78条一搭 　234条成牌 　对3筒一搭

此时我们又要面临一个难以取舍的局面，那就是手牌一上听，手里又有两个对子的时候，我们应该怎么打？之前和大家讲过，手牌一上听应该先定将，但是手牌两对不太适合拆对，遇到这种冲突应该怎么取舍？

这个时候我们就要看下这两个对子的周边有没有其他的邻牌，如果是孤零零的两个对子，可以选择拆掉一个对子，拆掉一对也就只是损失了这个对子的碰出机会。但如果说两个对子周边还有其他邻牌，就不能选择拆对，而要选择拆其他的两面搭子。这手牌打7条摸进2457万，我们可以打掉3筒或9万。所以手牌一上听的时候，要尽可能地去规划一下自己的后续听牌，这样能有效避免因为听的不好，从而丢失一手好牌的机会。

【题八】

这手牌你会打哪张？——打4条

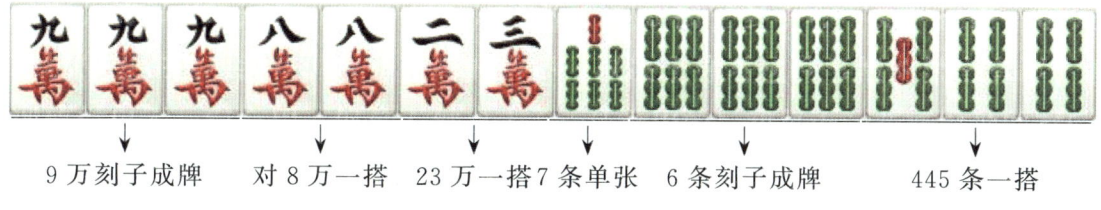

9万刻子成牌 　　对8万一搭 　23万一搭7条单张 　6条刻子成牌 　　445条一搭

有的麻友可能会想打掉 7 条

打 ⇨手牌变如下

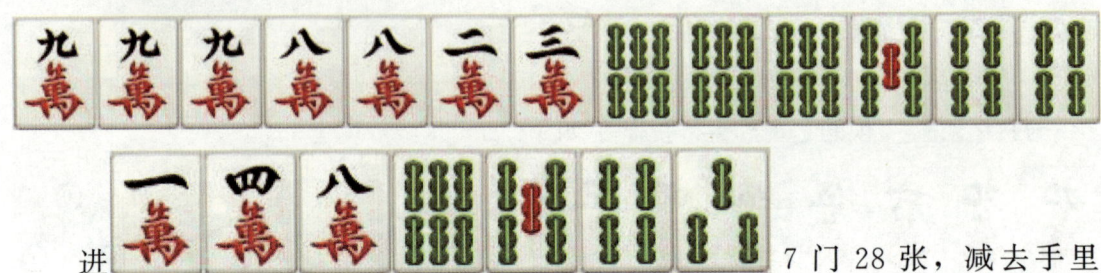

进 7 门 28 张，减去手里的剩 20 张听牌几率

那么这手牌还有没有更高效的打法呢？

万子这边的牌我们不能动，能动的只有条子这边，5 条肯定不能打，假设打 4 条，如下图所示：

打 ⇨手牌变如下

进 7 门 28 张，减去手里的剩 22 张听牌几率

比打掉 7 条多了 2 张牌的听牌几率，但是我们手里有 3 张 6 条，根据序数牌的封闭性原则，6 条对 58 条造成了半封闭效果，会导致 58 条的联络性变差，敌家容易舍出，如果没有舍出大部分可能就在牌山里，只需要等待自摸即可。所以这手牌正确打法是打掉 4 条！大家不要看到刻子就想着开杠，能不能杠出来另说，而且往往我们手里多出来的牌，就是敌家所需要的牌。

这手牌容易犯错的有 2 个点：

（1）手里有 3 个 6 条，很多人贪杠。

（2）手里只有两对牌，两对不适合拆对，手牌打成两对半才是最大几率。但是我们手里有一六连顺刻对型，我们上面已经讲过了，它是很容易变换出来一个一对半的牌型和对 8 万组成两对半。从理论上讲这手牌可以有 3 个对子，即使 8 万碰出也不缺对子。

【题九】

这手牌你会打哪张？——答案：打 3 条

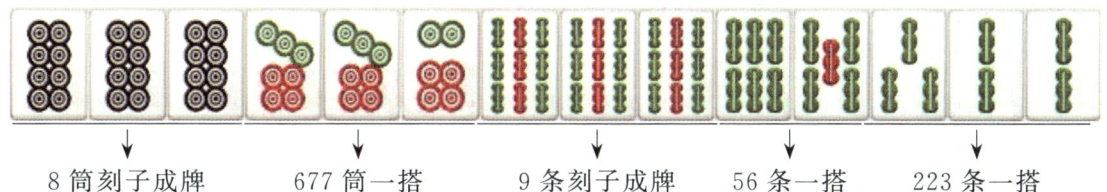

8 筒刻子成牌   677 筒一搭   9 条刻子成牌   56 条一搭   223 条一搭

这手牌是一个一上听的牌型，这手牌我们五搭牌已经齐了，所以 56 条肯定不拆了。手里有 2 个对子，2 对不适合拆对，我们可打的牌只有 3 条和 6 筒。677 筒在 8 筒的带动下，摸进 56789 筒都可以形成两副成牌，如下图所示：

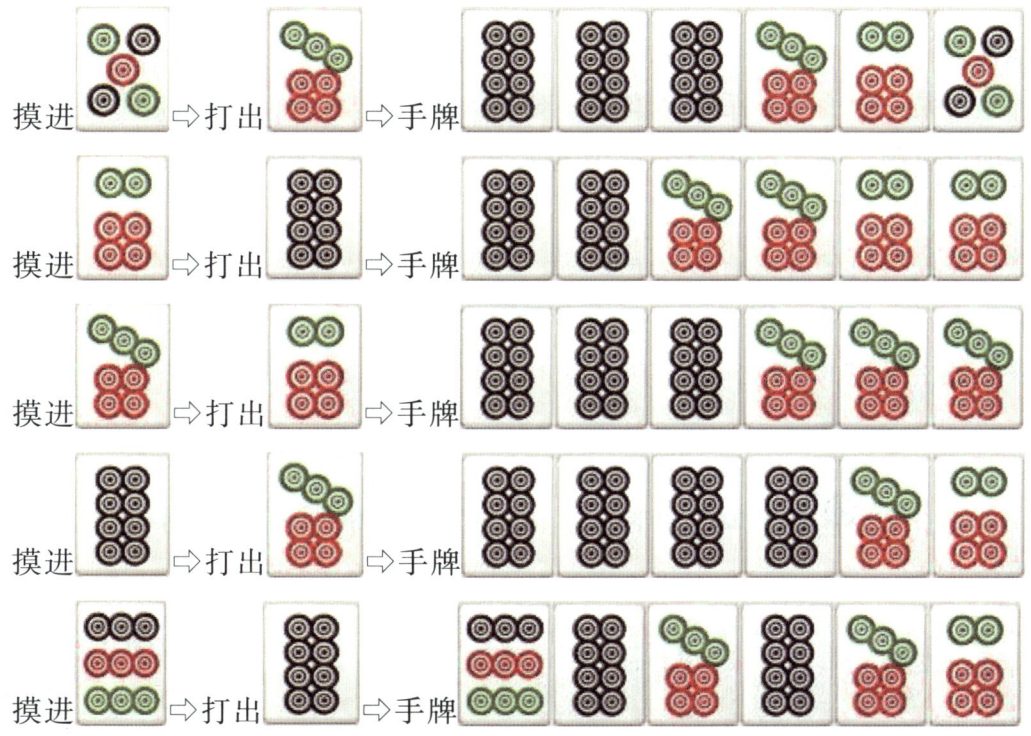

条子这边的 223 条需要 14 条，4 条同样是 56 条两面搭子的进张，这里就存在了有效牌重复的问题，所以这手牌的正确打法应该打出 3 条！打掉 3 条后，这手牌就形成了两对半的牌型，同时符合最大几率打法。

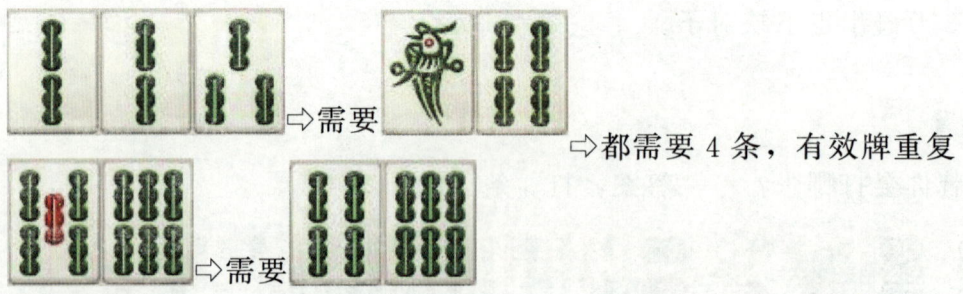

⇒需要

⇒都需要 4 条，有效牌重复

⇒需要

这手牌筒子这边同样还是六张顺刻对型，很容易变换出来一个一对半牌型，不能去拆！

【题十】

这手牌你会打哪张？——答案：前期打 3 筒，中后期打 7 万

对 1 条一搭 3 条单张　　456 条成牌　　8 万刻子成牌　7 万单张　234 筒成牌 3 筒单张

这是一个一上一听的牌型，一对 1 条做将，36 条、7 万、3 筒任意靠上一搭即可听牌。条子这边的 3456 四连型肯定不能拆，四连型的价值要比大肚型高。条子这边留下 36 条，进 12345678 都可听牌。

我们可打的牌只有 7 万或 3 筒。3 和 7 在序数牌中占对称的位置，它们的靠张也是一样的。打 3 筒，进 12345678 条和 56789 万都可听牌，共 13 门 52 张，减去手里的 10 张，还有 42 张的听牌几率，如下图所示：

①打 ⇒手牌变如下，进 12345678 条和 56789 万都可听牌，剩 42 张听牌几率

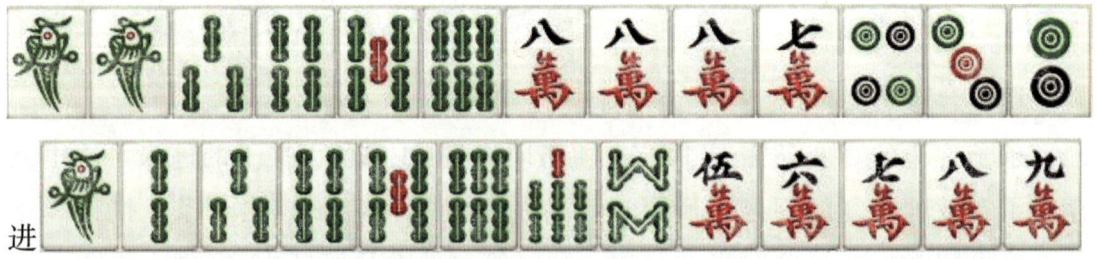

进

但是只有摸进 68 万是听得不错的，摸进 579 万听的都是卡张或对倒。

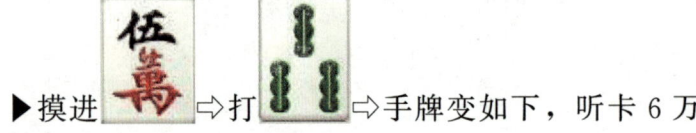

▶摸进 ⇒打 ⇒手牌变如下，听卡 6 万

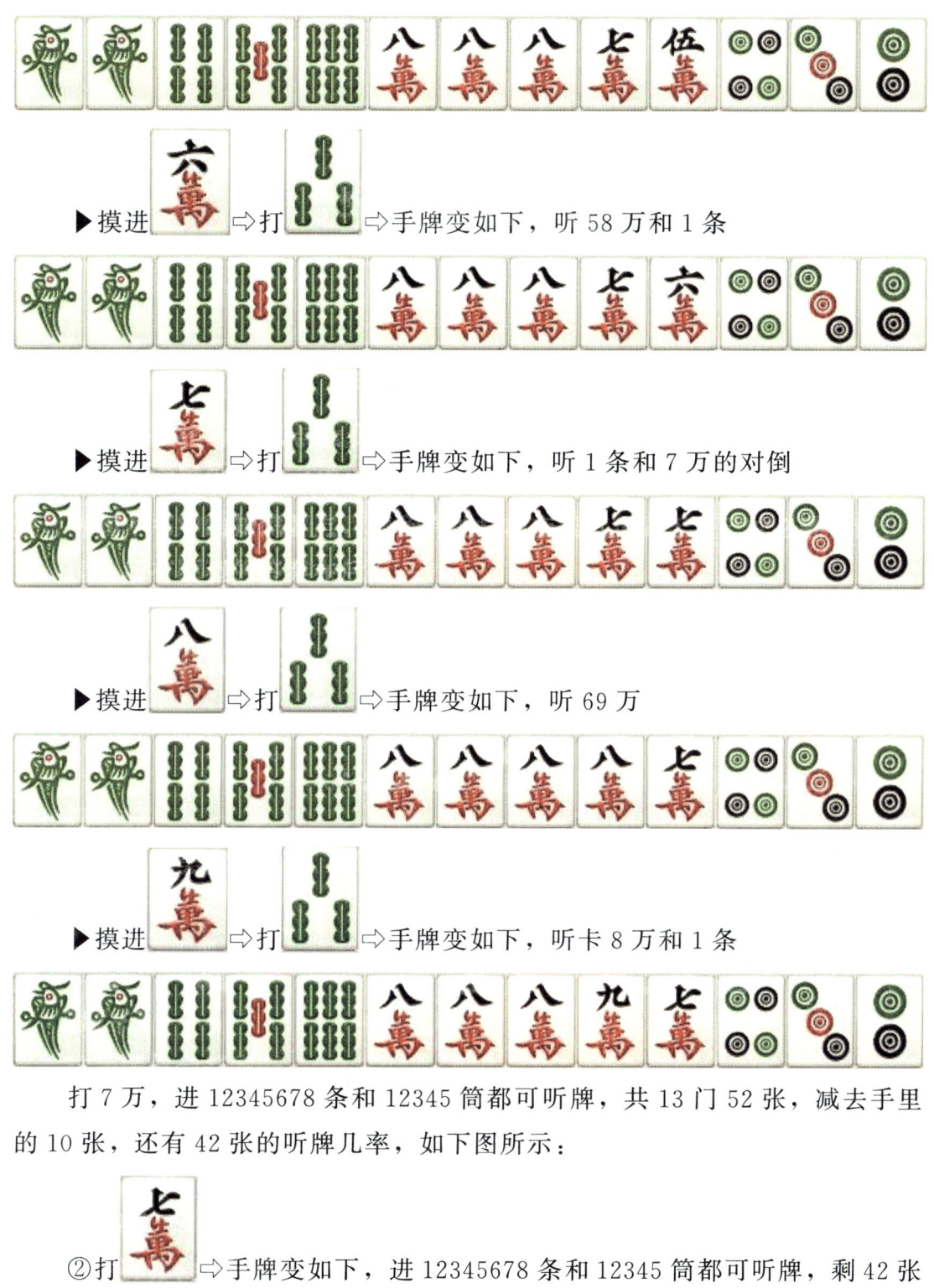

▶摸进 ⇨打 ⇨手牌变如下，听58万和1条

▶摸进 ⇨打 ⇨手牌变如下，听1条和7万的对倒

▶摸进 ⇨打 ⇨手牌变如下，听69万

▶摸进 ⇨打 ⇨手牌变如下，听卡8万和1条

打7万，进12345678条和12345筒都可听牌，共13门52张，减去手里的10张，还有42张的听牌几率，如下图所示：

②打 ⇨手牌变如下，进12345678条和12345筒都可听牌，剩42张听牌几率

但是筒子这边只有摸进 3 筒听得不是很好，摸进 1245 筒都是两面听牌。

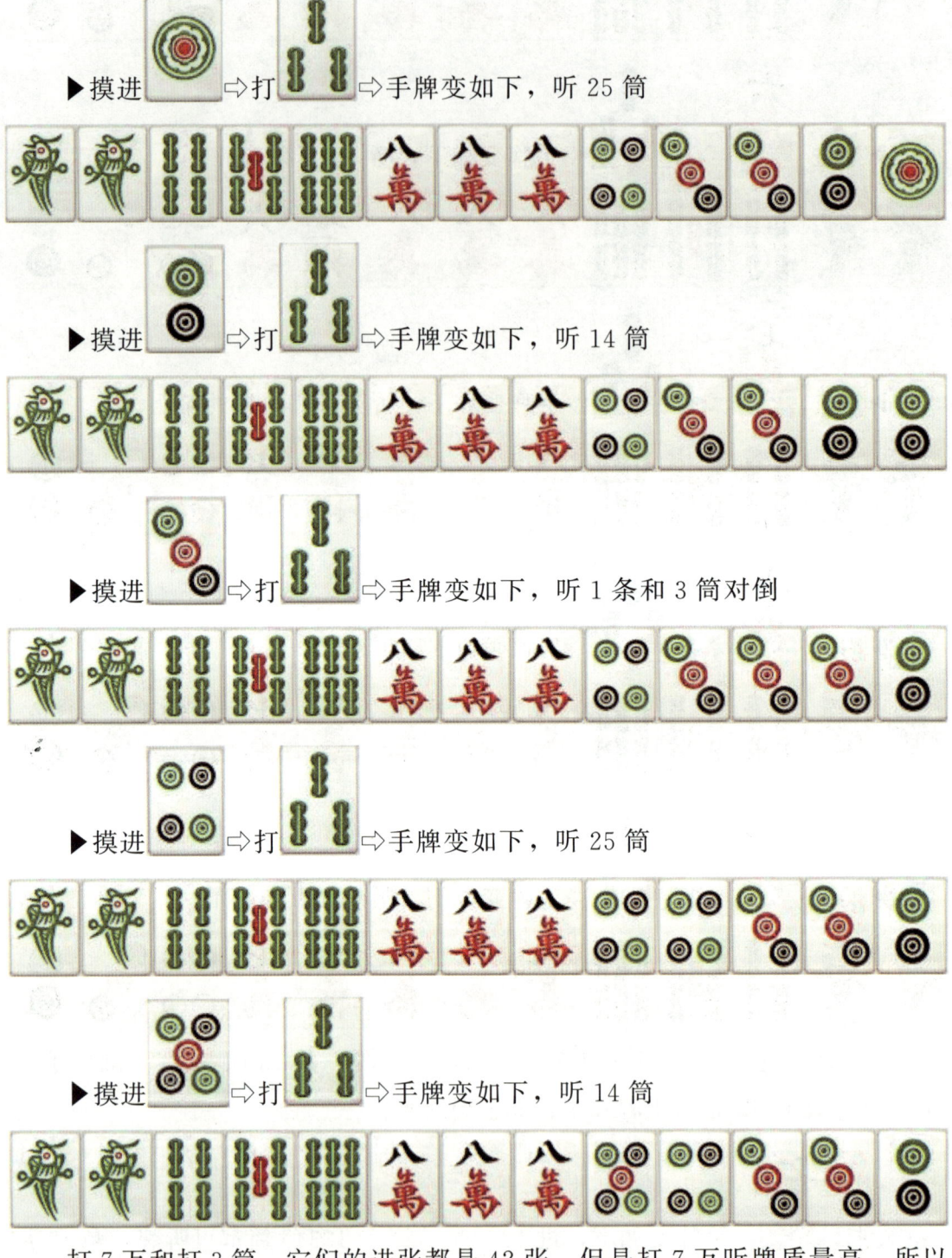

▶摸进 ⇨打 ⇨手牌变如下，听 25 筒

▶摸进 ⇨打 ⇨手牌变如下，听 14 筒

▶摸进 ⇨打 ⇨手牌变如下，听 1 条和 3 筒对倒

▶摸进 ⇨打 ⇨手牌变如下，听 25 筒

▶摸进 ⇨打 ⇨手牌变如下，听 14 筒

打 7 万和打 3 筒，它们的进张都是 42 张，但是打 7 万听牌质量高，所以这手牌综合比较下来：

在序盘前期，可以打掉 3 筒。为什么呢？因为我们手里有一对 1 条，序盘前期这种 1 条的边张对子，非常容易碰出，一旦碰出，就可以打掉 36 条其中的一张，听万子这边的 679 万。手里有三个 8 万，就会对 9 万造成全封闭的效果，对 67 万造成半封闭的效果。所以只要 1 条碰出，这手牌就是必须自摸的一手牌，序盘前期我们不能放弃这种碰听的机会！

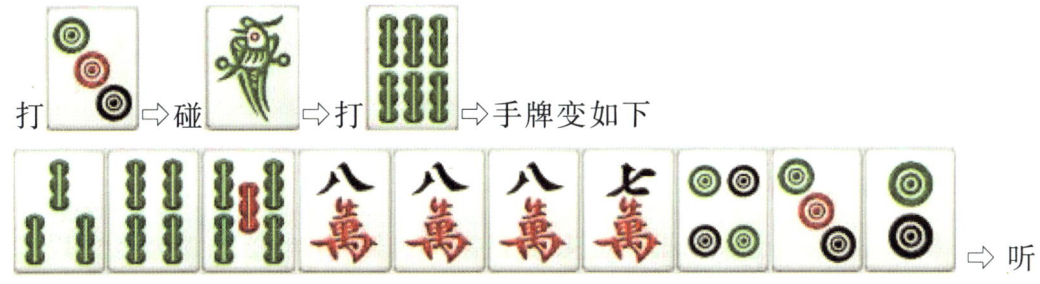

打 ⇨ 碰 ⇨ 打 ⇨ 手牌变如下

⇨ 听

679 万

如果这手牌到了中盘或者到了尾盘，应该直接选择打掉 7 万，就不要等着 1 条这边的碰听机会了，此时我们应该追求更高质量的听牌。

【题十一】

这手牌你会打哪张？——答案：打 2 万

根据分解手牌的原则：我们应该优先分解出靠边的成牌。

分解手牌：

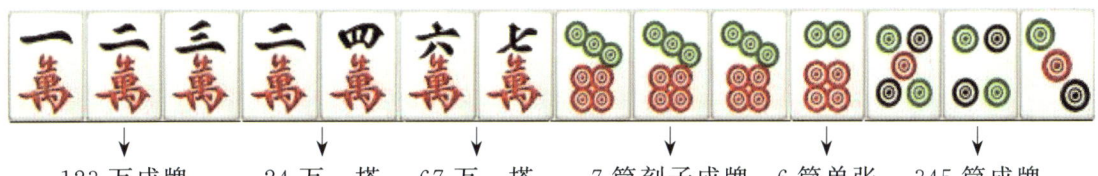

123 万成牌　　24 万一搭　　67 万一搭　　7 筒刻子成牌　　6 筒单张　　345 筒成牌

分解到这里，相信 80% 的麻友会选择打掉 3 筒或 6 筒，看似打 3 筒或 6 筒没有违反五搭牌原理，也符合最大几率打法，手牌无将一上听，保留两个搭子才是最大几率。

打 ⇨ 手牌变如下

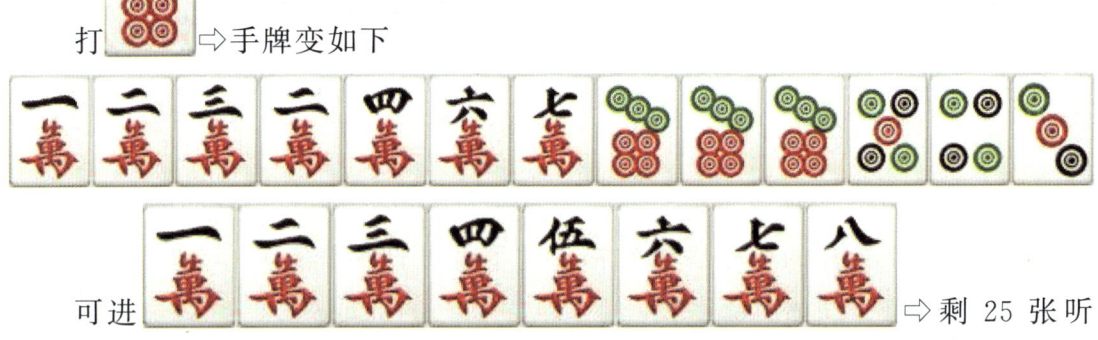

可进　　　　　　　　　　　　　　　　　　　　　　　⇨ 剩 25 张听

牌几率

其实这手牌还有一种分解方式：

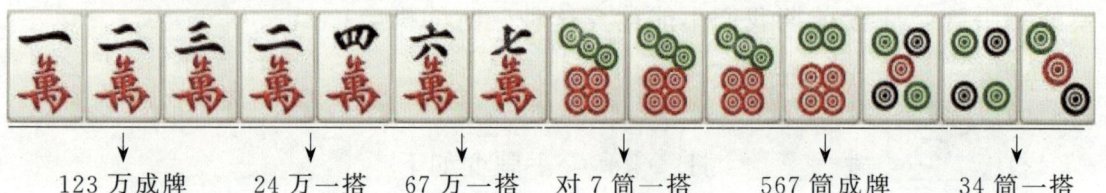

123 万成牌　　24 万一搭　　67 万一搭　　对 7 筒一搭　　567 筒成牌　　34 筒一搭

这样分解这手牌就有六搭牌了，多一搭要拆搭，可拆的只有 24 万的卡张搭子，所以这手牌正确打法应该直接打掉 2 万。剩下的这张 4 万还可以跟 123 万组上，提供 14 万的进张。

打 ![二万] ⇨ 手牌变如下

可进

剩 34 张听牌几率

比选择打 36 筒多 11 张听牌几率。

【题十二】

这手牌你会打哪张？——答案：打 7 万

分解手牌

345 条成牌　　4 条单张　　889 条一搭　　　344 万一搭　　7 万单张　对 1 筒　4 筒单张

手里有 3 个单张应该怎么打？手牌四搭缺一搭，手里缺搭的时候，我们应该留下 34567 这样的中张牌来靠搭。这手牌可打的牌有 4 条、7 万、4 筒，三张牌都是中张，应该打哪一张？

◆ 4 筒靠张有 23456 筒，如下图所示：

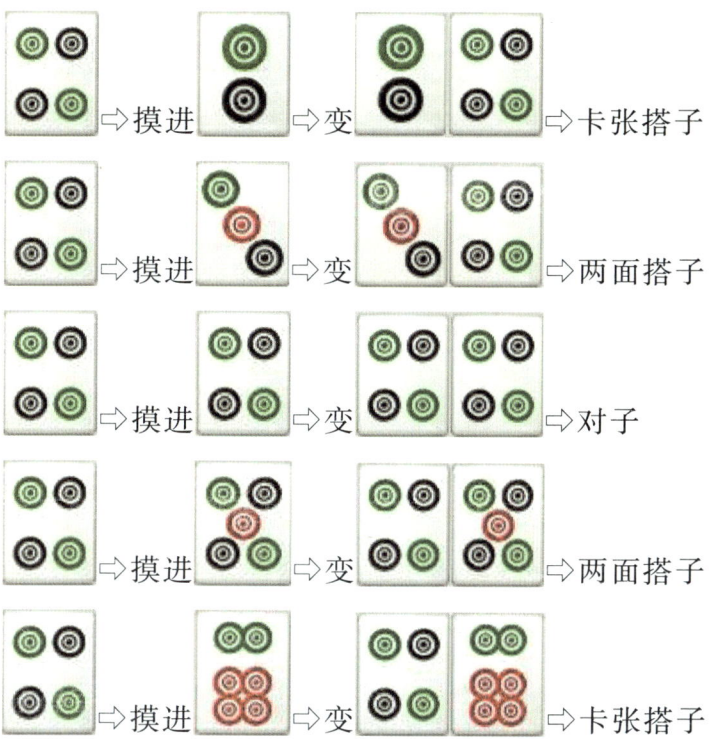

⇨摸进 ⇨变 ⇨卡张搭子

⇨摸进 ⇨变 ⇨两面搭子

⇨摸进 ⇨变 ⇨对子

⇨摸进 ⇨变 ⇨两面搭子

⇨摸进 ⇨变 ⇨卡张搭子

◆ 4 条在 345 带动下变成 3445 大肚型，听在大肚型上不是特别好，但是利用大肚型靠张非常不错。4 条的靠张是 23456 条，如下图所示：

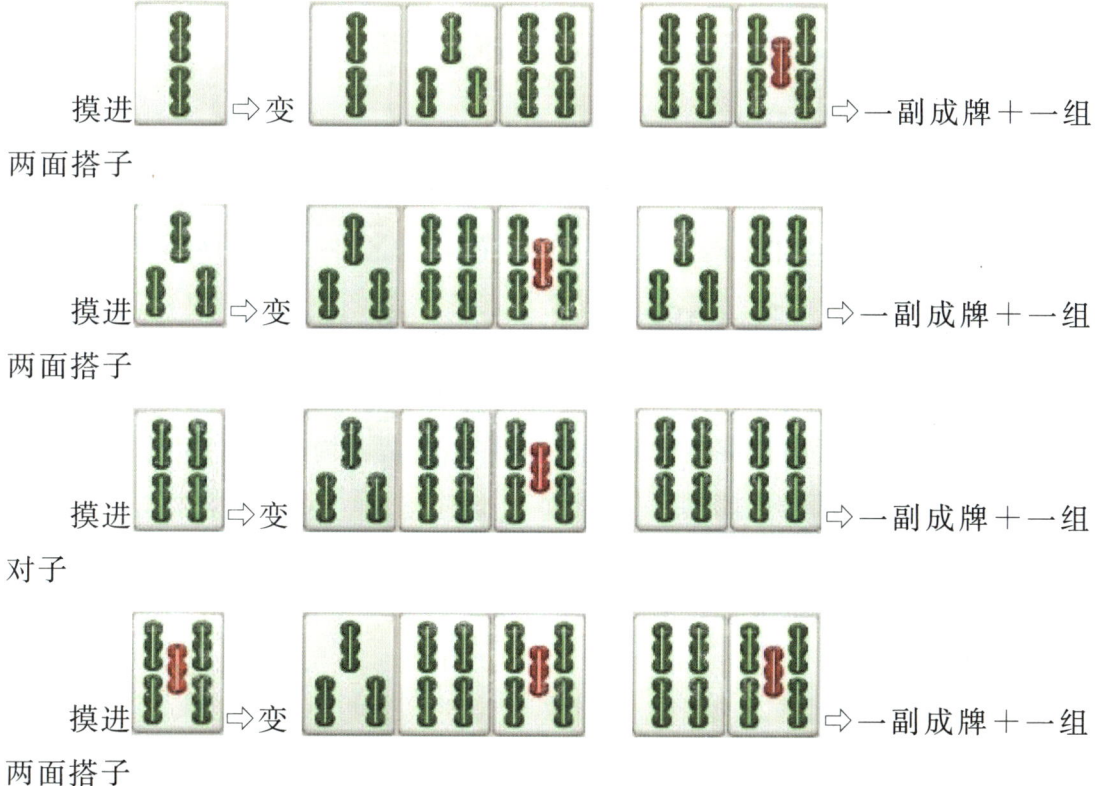

摸进 ⇨变 ⇨一副成牌＋一组两面搭子

摸进 ⇨变 ⇨一副成牌＋一组两面搭子

摸进 ⇨变 ⇨一副成牌＋一组对子

摸进 ⇨变 ⇨一副成牌＋一组两面搭子

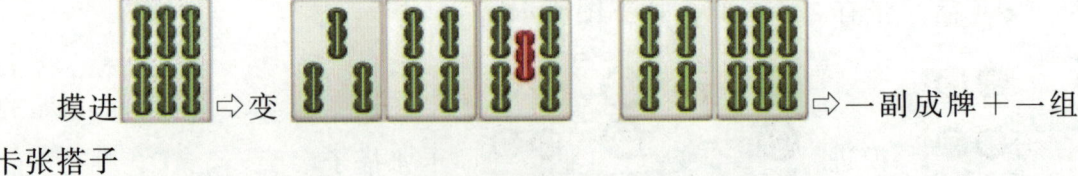

摸进 ⇨ 变 ⇨ 一副成牌＋一组卡张搭子

◆ 7 万的靠张有 56789 万，如下图所示：

七万 ⇨ 摸进 伍万 ⇨ 变 伍万 七万 ⇨ 卡张搭子

七万 ⇨ 摸进 六万 ⇨ 变 六万 七万 ⇨ 两面搭子

七万 ⇨ 摸进 七万 ⇨ 变 七万 七万 ⇨ 对子

七万 ⇨ 摸进 八万 ⇨ 变 七万 八万 ⇨ 两面搭子

七万 ⇨ 摸进 九万 ⇨ 变 七万 九万 ⇨ 卡张搭子

其中

伍万 七万 和 三万 四万 四万 ⇨ 需要 六万 ⇨ 存在有效牌重复问题

六万 七万 和 三万 四万 四万 ⇨ 需要 伍万

综上分析，这手牌最好的单张是 4 条、其次是 4 筒，最差的是 7 万，所以这手牌正确的打法是打掉 7 万！

【题十三】

这手牌打出哪张能使手牌最大几率听牌？——答案：打 6 万

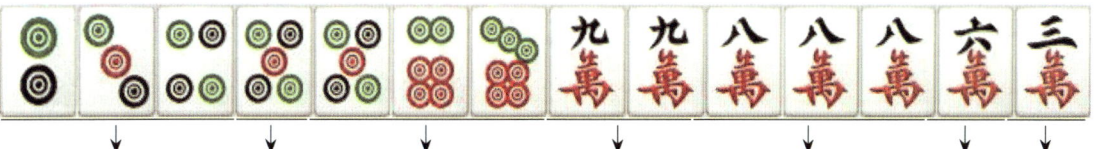

234 筒成牌　5 筒单张　567 筒成牌　对 9 万一搭　8 万刻子成牌　6 万单张万单张

这手牌的正确打法应该打掉 6 万！6 万的靠张有 8 万，我们手牌就有 3 张 8 万，而且 36 万还有 45 万的重复进张。而 5 筒有 234 和 567 两个顺子的加持，来 2345678 都是进张。

假设打 5 筒，如下图所示：

▶ 打 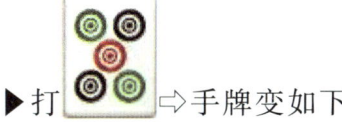 ⇨ 手牌变如下

可进 ⇨ 剩 29 张听牌几率

▶ 打  ⇨ 手牌变如下

可进

⇨ 剩 43 张听牌几率

▶ 打  ⇨ 手牌变如下

可进

⇨剩 46 张听牌几率

后续如果碰 9 万可以打 3 万，如下图所示：

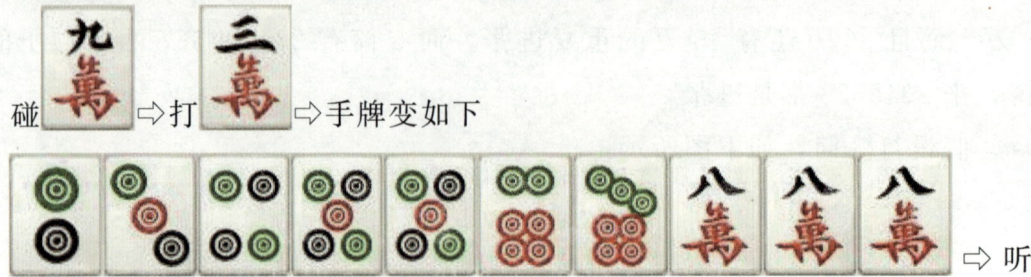

碰 ⇨打 ⇨手牌变如下

⇨听

258 筒

当手牌**一上听，同时还是 3 个中单靠张听牌的时候，一定要看看这三个中单周边的牌，会给我们带来什么作用。**

【题十四】

这手牌你会打哪张？——答案：打 5 筒

万子这边有两种分解方式：

万子这边无论怎么分解，都是三搭牌，要么是"两副成牌＋一组两面搭子"，要么是"两副成牌＋一组对子"。万子这边的牌效率非常高，可以灵活变动，像这样的牌型叫"两连对顺刻队型"，这种牌型在听牌形态里价值很高，所以这手牌要打的肯定是筒子这边。根据五搭牌原理，筒子这边只需要再来一副成牌＋一组对子或一副成牌＋一组两面搭子，再配合万子这边的两连对顺刻队型，这手牌就可以听牌。

所以筒子这边打掉 5 筒，能够同时满足"一副成牌＋一组对子"或"一副成牌＋一组两面搭子"，这手牌至少是四面听牌！

打  ⇨手牌变如下，听 47 万或 69 筒

当我们手里有两连对顺刻对型的时候，千万不要去拆，这种复合牌型很容易给我们的手牌提供"两副成牌＋一组对子或两面搭子"，灵活性和可变化性很高！

【题十五】

这手牌你会打哪张？——答案：打 6 万

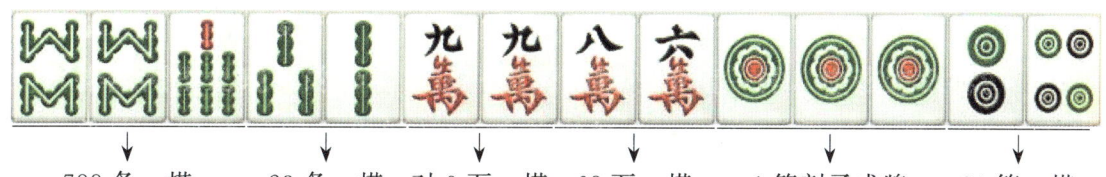

788 条一搭　　23 条一搭　对 9 万一搭　68 万一搭　1 筒刻子成牌　24 筒一搭

这手牌有六搭，我们要拆搭，可拆的有 68 万和 24 筒这两个卡张搭子。这两个卡张搭子从序数牌的对称性来讲，它们俩的价值是一样的，需要的进张都是尖张 3 和 7。这个时候我们需要考虑的是，拆掉以后剩下的那一张能不能对手牌起到优化作用？

▶假设拆 24 筒打 4 筒，如下图所示：

打 ⇨摸进 ⇨筒子这边变

整手牌还是六搭牌结构，所以拆 24 筒不太合适。

▶拆 68 万打 6 万，如下图所示：

打 ⇨手牌变如下

摸进 ⇨打 ⇨手牌变如下

此时手牌变五搭，而且进入一上听的牌面。

所以这手牌应该直接打掉 6 万！

【题十六】

这手牌你会打哪张？——答案：打 9 条

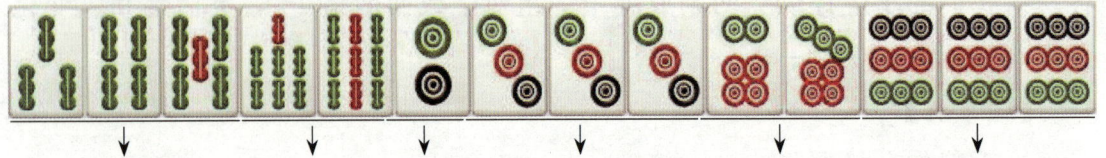

345 条成牌　　79 条一搭 2 筒单张　3 筒刻子成牌　　67 筒一搭　　9 筒刻子成牌

打掉 2 筒保留了 79 条和 67 筒这个四人抬轿的牌型，从最大几率的角度来说没有问题。但是这手牌有点特殊，主要在于手里四人抬轿的牌型，有一组 79 条的边张搭子，手里还有暗刻带单张的牌型。

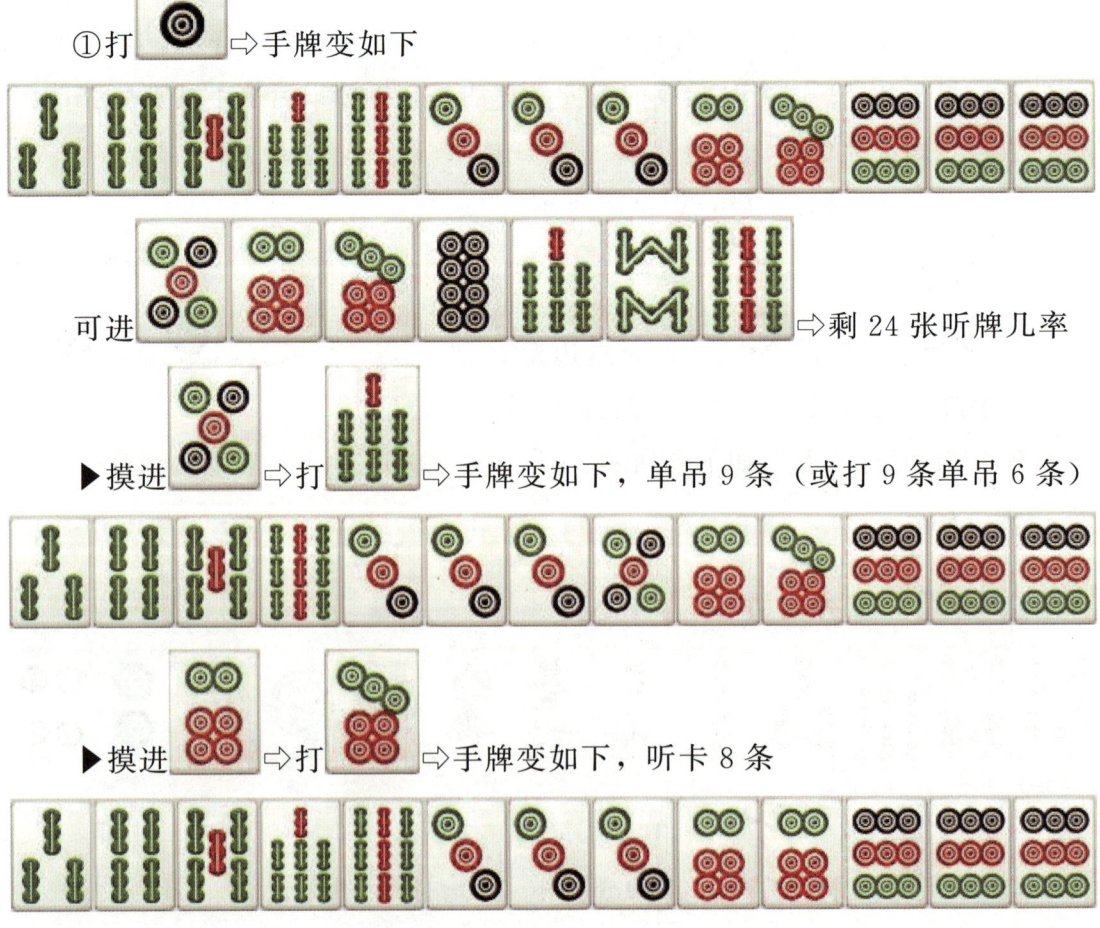

①打 　⇨手牌变如下

可进 　　　　　　　　　　　　　　　　⇨剩 24 张听牌几率

▶摸进 　⇨打 　⇨手牌变如下，单吊 9 条（或打 9 条单吊 6 条）

▶摸进 　⇨打 　⇨手牌变如下，听卡 8 条

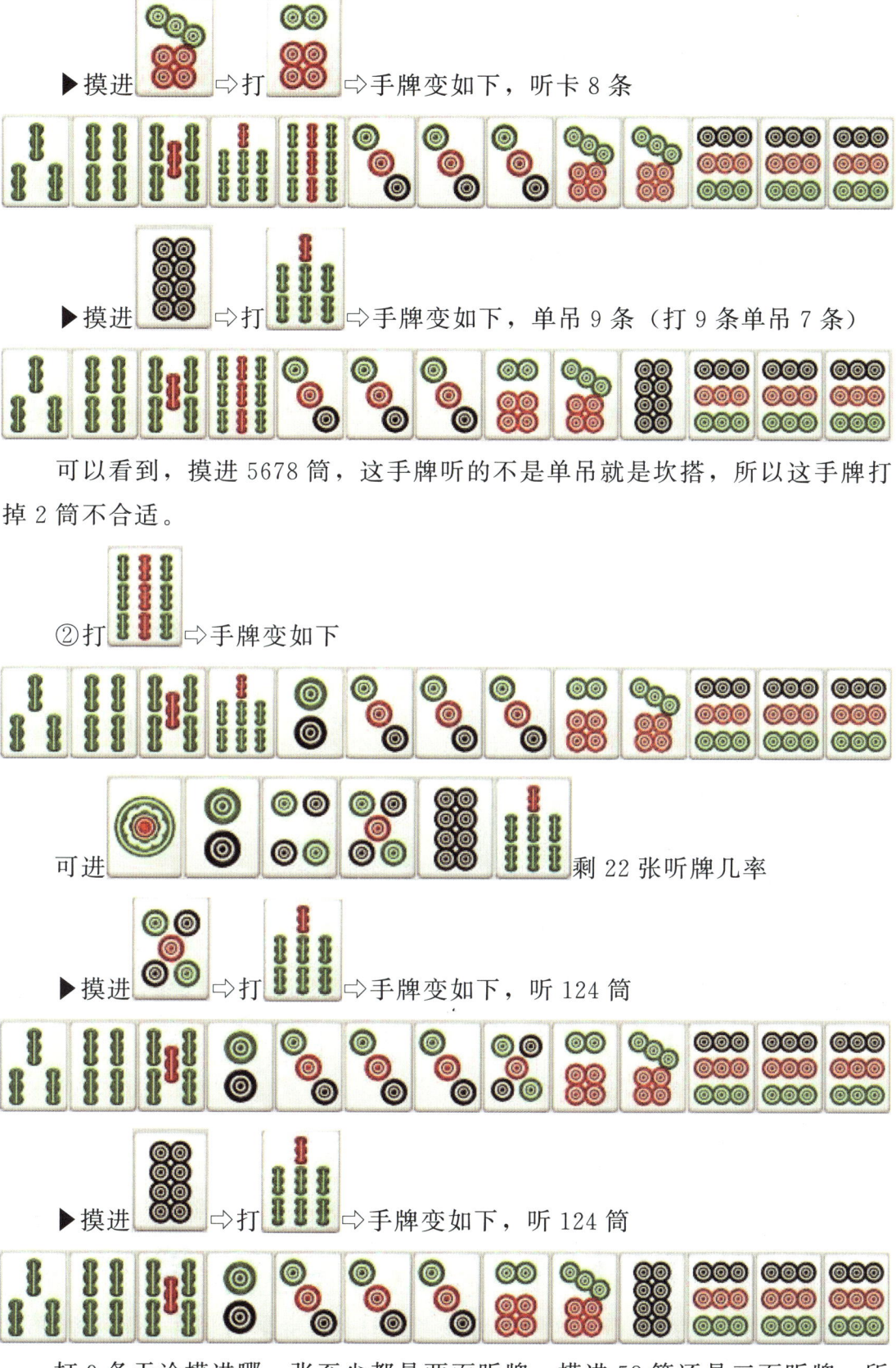

▶摸进 ⇨打 ⇨手牌变如下，听卡 8 条

▶摸进 ⇨打 ⇨手牌变如下，单吊 9 条（打 9 条单吊 7 条）

可以看到，摸进 5678 筒，这手牌听的不是单吊就是坎搭，所以这手牌打掉 2 筒不合适。

②打 ⇨手牌变如下

可进 剩 22 张听牌几率

▶摸进 ⇨打 ⇨手牌变如下，听 124 筒

▶摸进 ⇨打 ⇨手牌变如下，听 124 筒

打 9 条无论摸进哪一张至少都是两面听牌，摸进 58 筒还是三面听牌。所

以这手牌应该打掉 9 条！

<u>进张在 20 张以上的时候，我们应该追求听牌的质量，不应该追求听牌的</u><u>数量！</u>

【题十七】

这手牌你会打哪张？——答案：打 4 条

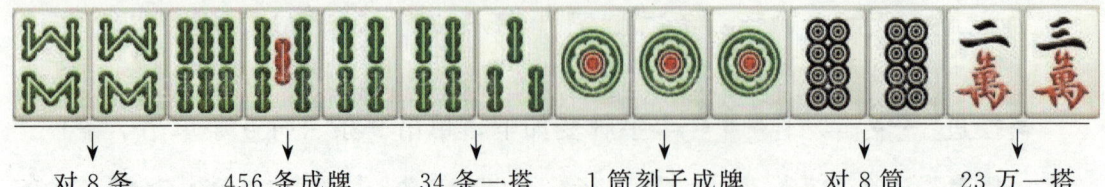

| 对 8 条 | 456 条成牌 | 34 条一搭 | 1 筒刻子成牌 | 对 8 筒 | 23 万一搭 |

手牌六搭需拆掉一搭，可拆的只有对 8 条、34 条、对 8 筒、23 万这四个搭子。手牌两对不适合拆对，那么这手牌只能在 34 条或 23 万上拆吗？如果这么想的话，就有点欠缺考虑了。首先我们要看下这手牌是在前期还是在后期？

如果现在到了中后期，手牌缺的是成牌，不缺对子，而且这手牌又是一上听的牌型，这个时候我们也可以考虑把手牌的将头确定下来，手牌一上听先定将同样也是最大几率。能拆的只有对 8 筒和对 8 条，两组对子单论价值一样，我们要考虑拆掉后剩下的那一张，能不能对手牌起到优化作用。所以这手牌我们应该直接打掉 8 条，到了中后期这种 28 的边张对子还没碰出的话，基本上出来的可能性很小。

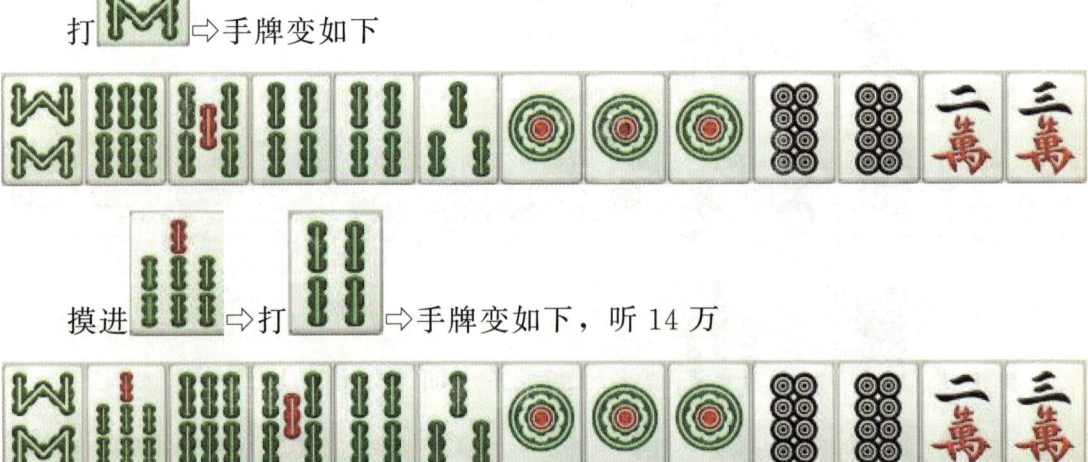

但是如果在前期的话，这手牌可以考虑打掉 4 条，打掉 4 条后手牌变成两对半牌型，只不过这个两对半要稍微差一些，因为 688 条是卡张带对，但

是依然不影响手牌保留两对半才是最大几率。

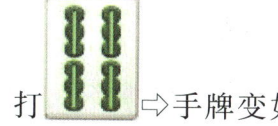

打⇨手牌变如下

手牌虽然打成两对半是最大几率，但手里的两个对子都是边张对子时，在中后期我们也可以考虑把手牌打成一进听先定将！

【题十八】

这手牌你会打哪张？——答案：打 7 万

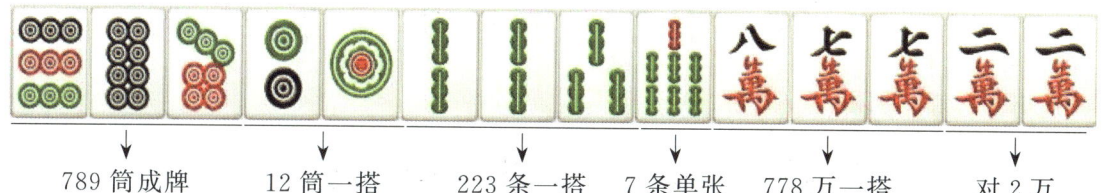

789 筒成牌　　12 筒一搭　　223 条一搭　　7 条单张　　778 万一搭　　对 2 万

　　可以看到手牌五搭已经齐了，有多少麻友想打掉 7 条？想打掉 7 条的麻友还需要再仔细回顾一遍本书的内容。这手牌有 3 对，3 对我们要拆一对，可拆的只有对 7 万和对 2 条。对 2 条要比对 7 万好碰，留下尖张 7 条，后续摸进 56789 条都可以凑成一搭，替换掉比较差的 12 筒边张搭子。所以这手牌应该直接打掉 7 万！

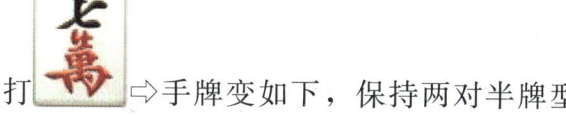

⇨靠张有

打⇨手牌变如下，保持两对半牌型

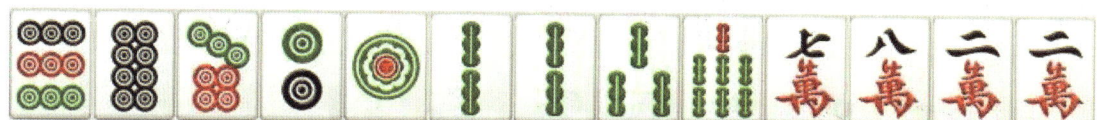

　　手牌五搭牌已经齐了，但五搭牌里有比较差的搭子，手里同时又有三个对子，而且还有中张的单张牌，此时应该选择拆对，保留这个单张！

【题十九】

这手牌你会打哪张？——答案：打 5 筒

筒子这边，像这样的对子上下带两个单张的复合牌型，如果我们手里搭子不够的情况下，可以把它看成 2 搭，但如果手里搭子已经够了，这手牌基本要拆的就是 5779 的复合牌型。

条子这边是一个靠边的顺刻对型，靠边的顺刻对型，最大的价值就是给手牌提供"一副成牌＋一组对子"。所以当手里有这种牌型的时候，我们要尽可能地去发挥它的最大价值。

所以条子这边可以这么分解：

万子这边分解：

条子和万子这边合起来一共四搭牌，所以筒子这边只需要一搭牌就够了。

这里想打掉 7 筒的麻友，得重新好好学习最大几率打法了。打 7 筒虽然符合最大几率打法里的"手牌一对先定将"。但是一对一上听先定将，相比较手牌打成两对半的进张效率要差很多。同样是最大几率套路打法，可以选择的话，一定要选择两对半套路打法，所以这手牌可打的牌只有 5 筒或 9 筒。

▶打 9 筒手牌保留两对半牌型

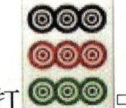

打 ⊚⊚ ⇨手牌变如下，保留两对半牌型

可进（略） ⇨剩 22 张听牌几率

▶打（略） ⇨手牌变如下，手牌先定将

可进 [一萬][四萬][七萬][三筒][八筒] ⇨剩 19 张听牌几率

▶打 [五筒] ⇨手牌变如下，保留两对半牌型

可进 [一萬][四萬][七萬][三筒][八筒][东][二条] ⇨剩 22 张听牌几率

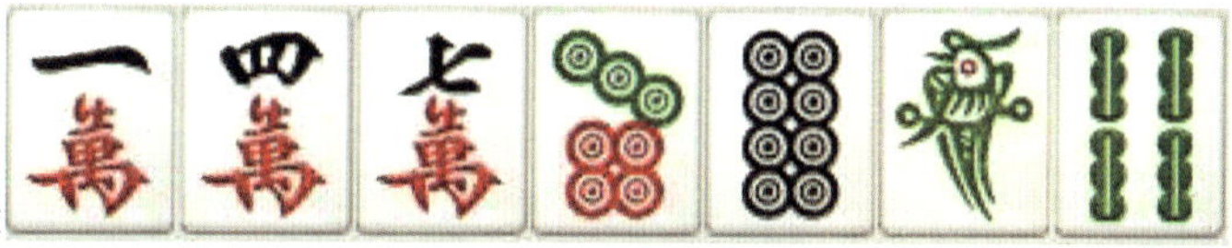

可以看到，5 筒和 9 筒进张几率是一样的，应该怎么打？这手牌应该直接打 5 筒，为什么？原因有三点：

1 手里的 779 筒对需要进张的 8 筒，几乎可以造成半封闭的效果。

2 打 5 筒，会造成敌家踩线走，引出 8 筒。

3 中心张 5 筒还是尽早打出比较好，留下 5 筒无非是感觉 5 筒比 9 筒好靠张。

▶打 [九筒] ⇨如果后续摸进 [四筒] ⇨手牌变如下

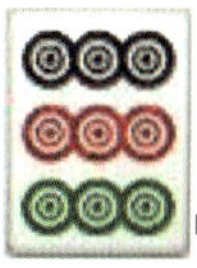

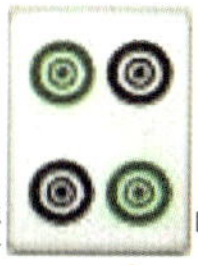

此时还是要打出 4 筒，如果想拆 23 条或对 7 筒的话，说明你对最大几率打法还是不了解。同理，手牌保持两对半才是最大几率。

如果拆 23 条打 3 条，如下图所示：

①打 [三条] ⇨手牌变如下

可进 [一万 四万 七万 ◎筒 ◎筒] ⇨剩 19 张听牌几率

②打 [◎筒] ⇨手牌变如下

[发 发 发 条 条 二万 三万 四万 伍万 六万 ◎筒 ◎筒 ◎筒]

可进 [一万 四万 七万 ◎筒 ◎筒 发 条] ⇨剩 22 张听牌几率

所以这手牌应该直接打掉 5 筒，留下 5 筒后面只会给手牌添乱。

【题二十】

这手起手牌你会打哪张？——答案：打 7 万

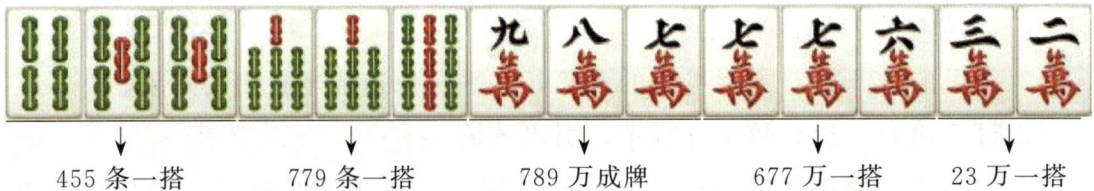

　　455 条一搭　　　　779 条一搭　　　789 万成牌　　　677 万一搭　　　23 万一搭

　　这手牌五搭牌已经齐了，手里有 3 个对子，3 对要拆对。对 5 条、对 7 条、对 7 万都属于中张对子，应该怎么拆？

　　拆对子带搭子的类型，我们应该拆掉好的对子带搭子，把碰牌机会留给差的对子带搭子，我们可拆的只有 455 条和 677 万。这里我们应该直接打 7 万！

打 [七万] ⇨手牌变如下

　　大家不要觉得手里有 3 个 7 万，想贪杠，舍不得拆。像这样的尖张 7 万利用性很强，剩下的一张基本在别人手里，打出的几率很低，所以应该拆掉最不好碰的尖张 7 万。而且这手牌就算 7 万真的开杠了，这手牌也基本废了，手里瞬间多出来 689 万三张废牌，打掉它们也需要三巡的时间。

杠 ⇨ 手牌变如下

↓
多三张废牌

拆对子带搭子的类型，我们应该拆掉好的对子带搭子，把碰牌机会留给差的对子带搭子。

【题二十一】

这手牌你会打哪张？——答案：前期打9筒，后期打7条

778条一搭　对2条　34万一搭2　3筒一搭　对7筒和789筒/7筒刻子和89筒

筒子这边无论怎么分解都是3搭牌，而且都需要7筒的进张。这手牌六搭需要拆一搭。77789筒是一个顺刻对型，靠边的顺刻对型，能给手牌带来最大的价值就是"一副成牌＋一组对子"。但这手牌已经有了一对7条，一对2条，不缺对子。

所以这手牌在序盘前期，应该拆89筒的边张搭子打9筒，手牌保留条子这边的两对半牌型才是最大几率。

打 ⇨ 手牌变如下

如果已经到了中后期，手里的89筒边张搭子，河里未现，就不能再打了。因为我们手里的3个7筒，对89筒造成了全封闭的效果，到了中后期89这种边张大部分可能就被敌家抓了刻子在手或是抓了对子在手。中后期打出去，被点杠、被碰的风险很大。中后期让敌家碰一下，无疑是让敌家的手牌向前推进一大截。所以中后期应该直接打掉7条，打掉7条后对手牌没有影响，手里依然有两个对子存在，手牌机动性依然很高。

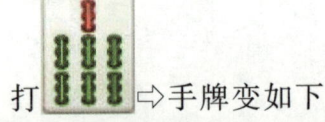

打 ⇨ 手牌变如下

靠边的顺刻对型，能给手牌带来最大的价值就是"一副成牌＋一组对子"。

【题二十二】

这手起手牌你会打哪张？

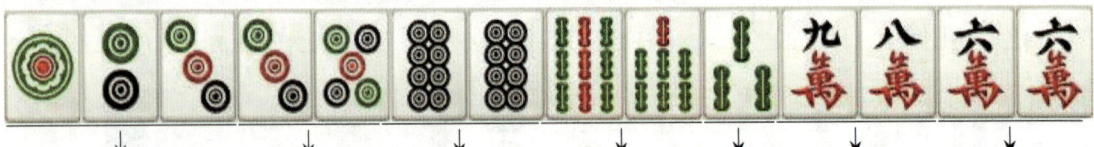

123筒成牌　　35筒一搭　对8筒一搭　79条一搭 3条单张 89万一搭 对6万一搭

分解到这里，估计会有很多麻友会随手打掉3条。打3条手牌仍旧是六搭牌，后续摸进任意一张靠张还是要拆掉一搭。而且现在手里还有89、79、35这样的卡张搭子，搭子质量不是很好。这手牌应该直接打掉9万，打掉9万后，剩下的这张8万还能和对6万组上，同样不会丢失7万的进张。

打 ⇨ 手牌变如下，手牌变五搭

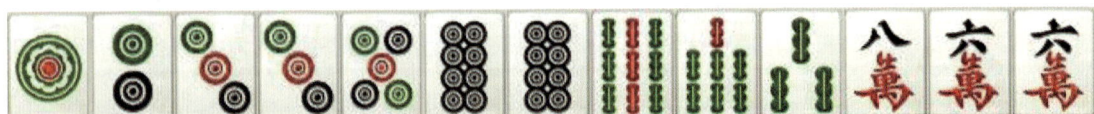

保留3条，后续如果可以摸进245条，还可以继续拆掉79条的卡张搭子。

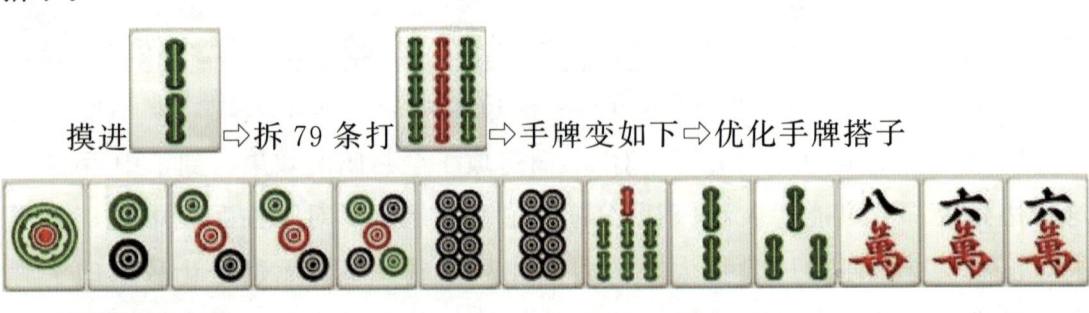

摸进 ⇨ 拆79条打 ⇨ 手牌变如下 ⇨ 优化手牌搭子

【题二十三】

这手牌你会打哪张？——答案：打4万或7万

万子这边：

这手牌缺对子，所以筒子这边应该分解为：

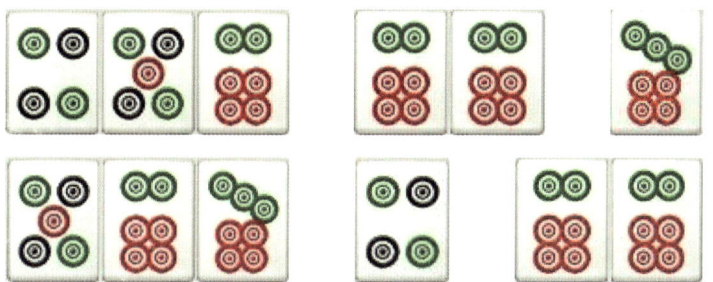

这手牌为最大几率"一对三单"类型。当手牌为"一对三单"类型时，打掉可靠张数最少的一个单张，保留可靠门数张数更多的两个单张，为最大几率打法。

4 万和 7 万的靠张有 23456789 万，4 筒和 7 筒的靠张同样有 23456789 筒。

▶假设打 7 筒，筒子这边进 36 筒才能听牌。

打 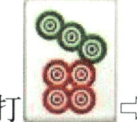⇨手牌变如下

筒子这边进 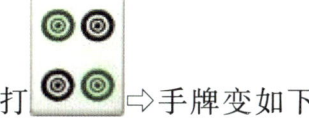⇨才能听牌

▶假设打 4 筒，筒子这边只能摸进 6 筒这手牌才能听牌。

打 ⇨手牌变如下

筒子这边进 ⇨ 才能听牌

▶打 4 万，剩下的 7 万还能有 56789 万的进张，而且手上 6778 万的大肚型，在 345 万的加持下，来 2 万也是进张。

打  ⇨ 手牌变如下

万子这边可进

▶打 7 万同理，剩下的 4 万还有 23456 万的进张。3445 的大肚型在 678 万的加持下，来 9 万也是进张。

打 ⇨ 手牌变如下

万子这边可进

所以这手牌应该打 4 万或 7 万，打 4 万和 7 万的进张是一样的。打 4 万，可进 256789 万和 23456789 筒，共 14 门 56 张，减去手里的 11 张，还有 45 张的听牌几率。

这手牌的难点在于筒子这边的六张的顺刻对型，上面有给大家讲过，它是可以自由切换出一个一对半的牌型，比如 456 筒成牌，剩下的 667 筒是一对半。如果 567 筒成牌，剩下的 664 筒是一对半。所以这个六张的顺刻对型，不光可以和"最大几率两对半"的套路打法相结合，而且还可以和"一对三单"的套路打法相结合，最主要的原因是六连的顺刻对型，可以自由地切换一对半，如果选择拆掉这个六张的顺刻对型，它也就失去了它最大的价值！